HISTORIA DEL MUNDO

PIJOAN

De la Escuela Superior de Arquitectura de Barcelona.
Ex director de la Escuela de España en Roma.
Del Kaiserl. Deutschen Archäologischen Institut.
Del Institut d'Estudis Catalans.
Del Royal Canadian Institut. De la Hispanic Society of America.

HISTORIA DEL MUNDO

TOMO CUARTO

SALVAT EDITORES, S. A.
BARCELONA - MADRID
BUENOS AIRES - MEXICO - CARACAS - BOGOTA - RIO DE JANEIRO

Primera edición. 1926-1930
Segunda edición. . . 1950
Tercera edición. . . 1952
Cuarta edición. . . 1955
Quinta edición. . . 1960
Sexta edición. . . 1961

© Salvat Editores, S. A. 1961

Depósito legal. B. 4.276. — 1961 (IV)

N.º R.º 01741. — 61 (IV)

Imprenta Hispano-Americana, S A. — Barcelona.
Printed in Spain

Segismundo Pandolfo Malatesta. Templo Malatestiano. Rímini.

INDICE DE CAPITULOS

Págs.

I

Las tiranías y el humanismo del siglo xiv. Cola de Rienzo. Petrarca . . 1

II

El Renacimiento italiano en el siglo xv 17

III

El avance de los turcos en Europa en los siglos xv y xvi 31

IV

Los descubrimientos geográficos en el siglo xv. Colón . . . 45

	Págs.

V
El absolutismo pontificio. Los Borgias. Savonarola. Maquiavelo . . . 59

VI
Los orígenes de la imprenta 73

VII
Los comienzos de la Reforma. Erasmo y Lutero 87

VIII
Difusión del protestantismo. Zwinglio, Calvino y Knox 101

IX
Las guerras de religión en Alemania, los Países Bajos y Francia . . 115

X
Los comienzos de la contrarreforma, la fundación de la Compañía de Jesús y el concilio de Trento. 133

XI
Copérnico, Kepler y Galileo 145

XII
El imperio español en América 159

XIII
Los comienzos de la grandeza británica 175

XIV
La revolución inglesa 189

XV
Los comienzos de la moderna Biología. Vesalio, Paracelso, Acquapendente, Malpighi y Roberto Boyle 203

XVI
Descartes, Spinoza y Leibniz. 217

XVII
De Newton a Kant 231

	Págs.

XVIII
Los mongoles en la India 245

XIX
La Francia borbónica. «Le Grand siècle» o siglo de Luis XIV . . . 259

XX
El «Siglo de la Filosofía». Voltaire y Rousseau. La Enciclopedia . . 281

XXI
Pedro I y Catalina de Rusia. Federico el Grande y María Teresa de Austria   301

XXII
Los franceses e ingleses en la América del Norte. La independencia de los Estados Unidos 315

XXIII
La revolución francesa 331

XXIV
Napoleón 351

XXV
Liquidación del período napoleónico. El Congreso de Viena 369

XXVI
La Constitución de los Estados Unidos. La Doctrina de Monroe . . . 381

XXVII
La emancipación de las colonias españolas en Sudamérica 395

Combate de bandas de condotieros italianos.

CAPITULO PRIMERO

LAS TIRANIAS Y EL HUMANISMO DEL SIGLO XIV. COLA DE RIENZO. PETRARCA

Durante la Edad Media, los personajes capitales en la escena del mundo habían sido Dios y el Alma; a mediados del siglo XIV el protagonista es el Hombre, el conjunto humano, extraña mezcla de Espíritu y Materia. Este mecanismo formidable desea la gloria y llega a veces al superhombre, pero cae otras veces en desórdenes que hacen de él un monstruo. Por sus caídas, tanto o más que por sus grandezas, el hombre empezó a ser lo más interesante para el hombre; se observaban sus acciones como un vasto panorama inexplorado; su potencialidad parecía inagotable para el bien y el mal; el hombre empezaba a pretender la superación de su propia naturaleza. No es que se desconociese por ello el valor de otros factores; a menudo en estas páginas tendremos que hacer alusión a la supervivencia de los conceptos medievales de Dios y el alma. Dios continuó siendo el Creador y sustentador del Universo; sólo algunos eruditos de los siglos XIV y XV, muy pocos, abrigaban sus dudas acerca de la cosmografía celestial, con un empíreo para los bienaventurados poblado de amables personas. El alma era todavía la partícula divina que sobrevivía después de la descomposición del conjunto humano, cuando la materia volvía a disolverse en ceniza. Pero alma y cuerpo reunidos formaban una combinación tremenda, capaz de los más altos conceptos y heroísmos, y también de las más bajas pasiones.

Séquito de un déspota italiano del siglo XV. Catedral de Monza.

Durante la Edad Media el estudio del hombre había consistido principalmente en el estudio de su alma; la ciencia humana había sido más bien una psicología que una antropología; ahora lo admirable empezaba a ser el compuesto de músculos, inteligencia y voluntad. Su belleza física y sus virtudes sociales interesaban ya tanto como la parte espiritual. El alma participaba en la acción, animándola, regulándola; pero era el cuerpo el que le daba las ocasiones de obrar, y aun la estimulaba con reacciones favorables y contrarias. Los primeros humanistas, sin perder su fe en Dios y en el alma, comprendían que el cuerpo humano era el laboratorio indispensable para sus manifestaciones aquí en la tierra, y concedían al cuerpo una atención y dignidad que no le habían reconocido los doctores escolásticos de los siglos precedentes.

El cuerpo era objeto de todos los cuidados; incluso cuando se hallaba reducido a cadáver: se le enterraba, se le embalsamaba y se le hacía objeto de solemnes exequias que duraban, a veces, varias semanas. En ocasiones, el esqueleto, descarnado, descansaba en un sepulcro principal, y las entrañas se conservaban en otro lugar; incluso a veces existía un tercer enterramiento para el corazón. Se establecían mandas y rentas para exequias perpetuas y aniversarios.

La devoción se había humanizado también. El misterio de la Trinidad no preocupaba tanto como antes a las mentes; en cambio, se mostraba cada día mayor confianza hacia los santos y la Virgen. Abundaban las cofradías bajo la advocación de un santo patrón por el que se tenía predilección, a veces no justificada más que por su rareza. Los príncipes creaban Ordenes militares puramente honoríficas bajo el patronazgo, también, de la Virgen o de un bienaventurado, las cuales servían de excusa para banquetes, cortejos y exhibición de insignias y estandartes. No había excelencia que no se adjudicara a María; se insistía en el dogma de su Concepción Inmaculada y se proponía el de su Ascensión. Una cofradía de Marsella, los Victorinos, sostenían que Moisés vio en la zarza ardiente, no a Jehová, sino a la Virgen María ya con su Hijo en brazos. Hasta los burgueses y artesanos se asociaron en compañías, o *puys* (en Francia), para celebrar certámenes poéticos en honor de la Madre perfecta, modelo de mujer: no la ideal de los trovadores, sino una dama doméstica, burguesa, que cría a su hijo y cuida del hogar.

El pensamiento medieval, escolástico e imperialista, que el Dante había glorifica-

Las tiranías y el humanismo del siglo XIV

do (con sus aspectos teológico y caballeresco), no sucumbió gradualmente ni aun de un modo heroico. En lugar de ceder el lugar a la nueva concepción moral y política, se atrincheró en los antiguos principios de la caballería feudal. Los siglos XIV y XV viven un verdadero Renacimiento romántico en que se glorifica lo que aún queda de feudalismo. Los antiguos señores, impotentes contra el creciente poder de la monarquía, parodiaban la vida aristocrática en pequeñas cortes locales, de las que sólo algunas tuvieron originalidad suficiente para renovar lo antiguo, intensificando ciertos aspectos estéticos y sociales. Tales fueron, por ejemplo, las cortes de los duques de Borgoña, de Anjou y Berry, en Francia. Torneos y fiestas y cortes de amor substituyeron a las verdaderas actividades del genio medieval.

Los torneos, preparados durante meses, se convocaban por heraldos que repartían, en sus viajes, carteles de desafío. La fiesta (porque se trataba, al fin y al cabo, de una fiesta) comenzaba después de fastidiosas ceremonias, y acababa con la concesión de un premio: una flor, una banda o el beso de la hermosa que presidía los combates desde un palio de honor. Tanta falsedad no satisfacía completamente. Mientras, en los gremios ciudadanos fermentaba un espíritu de descontento, que a veces se desbordaba en motines callejeros y en verdaderas guerras. En ciertos países, como en Flandes, la exigencia de los burgueses, que reclamaban la libertad de federación de los municipios, constituyó un peligro para la monarquía. Los príncipes raramente atendían a las justas demandas de sus vasallos: tan imbuidos estaban de espíritu caballeresco, que consideraban al plebeyo como incapaz de raciocinar. Se llamaban: el *Fuerte*, el *Malo*, el *Sin Miedo*, el *Cruel*, el *Temerario*. Por excepción, a Carlos V de Francia se le llamó el *Bueno*, y a Martín de Aragón, el *Humano*.

En aquel momento final de la Edad Media que es el siglo XV, lo que importaba era la victoria, el triunfo, la gloria, el poder, aunque se obtuvieran de un modo vergonzoso. Las víctimas (a veces poblaciones enteras) excusaban fácilmente a sus verdugos porque éstos eran fuertes. Europa asistió a un verdadero espectáculo gladiatorio en que la mejor arma era la ambición y el mejor derecho el triunfo. Para vencer se tenía, a menudo, que fingir; y astucia y disimulo

Casamiento en una corte italiana del siglo XV. Catedral de Monza.

Retrato ecuestre del condotiero Guido de Fogliano.

fueron cualidades tan necesarias como la energía y la magnanimidad.

Los rencores entre príncipes, originados por meras rencillas personales, desencadenaron en el siglo XV conflictos en los que se sacrificó gran parte de la riqueza acumulada por las monarquías de la Edad Media. Hubo en España guerras por minucias fronterizas entre Castilla y Aragón; hubo guerras entre Castilla y Portugal por si una princesa era de sangre real o espuria; hubo, sobre todo, en Francia la llamada Guerra de los Cien Años, porque, con algunas intermitencias, duró casi un siglo. En uno de sus períodos los partidarios del rey francés se llaman *armagnacs*, porque un conde meridional de este título fue entonces defensor de la Corona, mientras que los partidarios de los ingleses (que ocupaban gran parte del norte de Francia) se llamaban *borgoñones*, porque los duques de Borgoña se habían aliado con los ingleses. Ambos bandos se destrozaban sin piedad, y sin casi saber qué significaban tales denominaciones. Estaban en juego, ¡claro está!, intereses políticos y económicos. Los ingleses aspiraban a la corona de Francia, a la que tenían derecho por línea femenina. Los duques de Borgoña, sin declararlo, se hallaban impacientes por terminar con su condición de feudatarios del rey de Francia.

A esto añadíase que los flamencos preferían también una Francia inglesa a una Francia francesa, por su comercio con la Gran Bretaña. En tal confusión, sin considerar derechos ni provechos para los pueblos, los príncipes se asesinaban en sus palacios y los burgueses se acuchillaban por los caminos. Fue necesario el entusiasmo inspirado y el buen sentido de una campesina sin educación, Juana de Arco, para terminar con aquel desorden. Hecha prisionera y entregada al clero francés sometido a Inglaterra, éste la condenó a morir en la hoguera acusándola de bruja. En realidad, Juana afirmaba tan sólo que había tenido visiones de santos y de la Virgen, que la animaban a salir de su pueblo, pero no practicaba sortilegios ni encantamientos.

Para mantenerse y hasta justificar su posición, los príncipes y señores de la época habían de dar en grande, como en grande habían recibido. Los artistas debían crear siempre algo mejor para conquistar el derecho a la fama; los eruditos tenían que estudiar el pasado y superarlo. Empezaba el culto de los grandes hombres, y los más fáciles de imitar eran — ¡cosa extraña! — los antiguos griegos y romanos. Sus historias estaban escritas en latín y griego; pero los textos clásicos presentaban infinidad de ejemplos de verdaderas vidas que eran los más accesibles, a pesar de ser remotos en la Historia. Los áridos textos medievales contenían noticias de hechos, pero no transmitían los detalles de la vida de los grandes hombres. En cambio, Cicerón, Livio, Séneca, Plutarco, daban retratos vivos de héroes que fueron ensalzados por la fama, y entraron en la lucha deliberadamente para obtener un triunfo que les diera esta inmortalidad, tan apetecida, que es la Gloria. Y he aquí cómo, por manera indirecta, se llegó al Renacimiento, o resurrección de la mentalidad clásica; pretendiendo rehabilitar al hombre, se buscaron modelos en los antiguos, y se creyó dignificar a la Humanidad rehabilitando la antigüedad.

Las monarquías del siglo XIV y sobre todo del XV fueron autoritarias. Cuando les con-

Las tiranías y el humanismo del siglo XIV

venía, los reyes convocaban cortes o parlamentos, pero eran asambleas sin facultad para proponer; sólo podían censurar a la corona o denegar los auxilios pecuniarios que pedía el monarca; éste, si le parecía bien, podía contraer deudas y obtener así los recursos que le eran negados. También empezó a usarse el término *razón de Estado*... y si el Estado entonces no era idéntico al monarca, era ya por lo menos idéntico a la monarquía.

Al mismo tiempo, los reyes también se manifestaban como humanistas. Carlos V de Francia, después de comer, quería oír hablar de batallas y aventuras, de *nouvelles de toutes manières de pays*. Por la tarde le presentaban objetos exóticos, telas de oro, arneses de campaña... Leía las bellas historias de las *Escrituras* y los *Hechos de los Romanos*, sentencias de los filósofos y libros de ciencias. «Y vivía de esta manera —dice su biógrafo—, no tanto por el gusto que él encontraba como para dar ejemplo a sus sucesores.» Esto es, buscaba ya el premio de la fama. Gran constructor, Carlos V de Francia reformó el Louvre y los otros palacios reales. El inventario de su biblioteca incluye cinco ejemplares de Marco Polo, Ovidio, Lucano, Valerio Máximo, Livio, Josefo y Aristóteles, cuya *Política* tomó el rey como guía para su gobierno.

Los triunfos individuales se sublimaron como triunfos simbólicos del Amor y de la Muerte. Aparecían en cortejos y cabalgatas civiles, y substituían a las procesiones medievales de clérigos llevando reliquias y simulacros de santos. Cada una de las Virtudes tuvo su carro triunfal, del que tiraban

El tirano de Ferrara con su familia, dando órdenes a un criado.

Capítulo I

Francisco Sforza, el fundador de la dinastía de tiranos de Milán.

Los tiranos del siglo XIV, en Italia, eran aventureros que, con perseverancia y falta de escrúpulos, conservaban su hacienda, ciudad o provincia, valiéndose de las mismas artes o mañas empleadas para conquistarla. Algunos, una vez conquistada, la vendían a otro tirano vecino por unos cuantos millares de ducados, y acaso con este dinero levantaban un ejército para tomarla otra vez; pactos, tratados y promesas sólo se cumplían cuando ello redundaba en beneficio de ambas partes.

Los tiranos de la Italia del Renacimiento solían vivir rodeados de esbirros, que les admiraban por su audacia y les seguían por su munificencia. Sus dádivas y sus fortunas deslumbraban a las poblaciones que, ante aquel espectáculo de prodigalidad, olvidaban los crímenes que habían facilitado el encumbramiento de sus señores. Se cuenta que uno de estos tiranos solía hacer su aparición solemne, sentado en el marco de una ventana de su palacio, como un ma-

animales adecuados, con sus emblemas propios y cortejos de seguidores. La Fama iba arrastrada por caballos blancos; la Pureza tenía por corceles dos unicornios... Pronto aparecieron en tales cortejos los dioses del Olimpo, identificándolos con las virtudes humanas, los cuales bajaban a la tierra en carrozas algo infantiles. Aquello parecía un entretenimiento intelectual, como los torneos eran un entretenimiento caballeresco.

En ideas políticas, a mediados del siglo XIV, en Francia, aparecen los libros de Oresmes y Mézières. En ellos se discute ya el peligro de la tiranía. «Cuando los actos del príncipe no procuran el bien común del pueblo, sino su provecho personal, debe llamársele tirano, porque no *señorea* justamente.»

Pero donde los tiranos surgieron con más originalidad y atrevimiento fue en Italia.

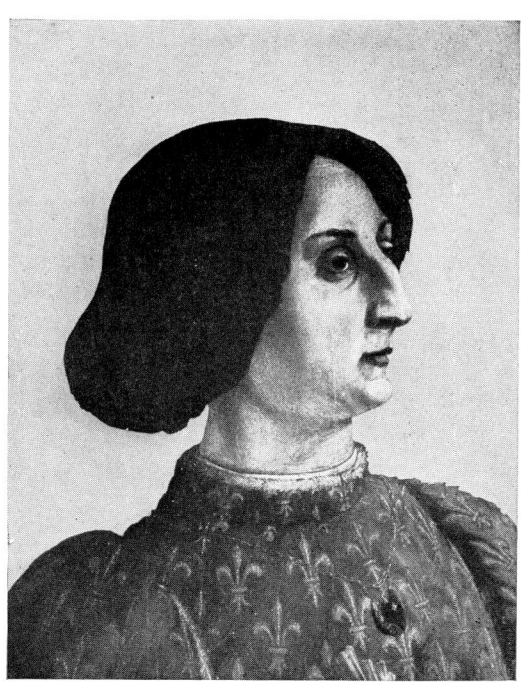

Galeazzo María Sforza, hijo de Francisco Sforza, duque de Milán.

Las tiranías y el humanismo del siglo XIV

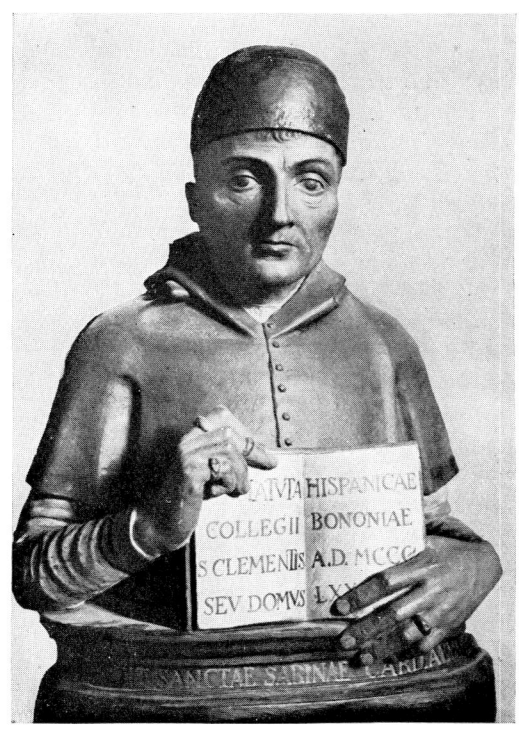

Busto del cardenal Albornoz.

se elegido por el pueblo o poseyera el poder por haberlo heredado de sus mayores. Por ejemplo, absolvía a César de su ambición, y aprobaba que Dante hubiese colocado a Bruto y Casio, los asesinos de César, en lo más profundo del infierno. El libro de Salutati está lleno de improperios contra Cicerón porque era republicano. Le dice a Cicerón, *a quien tanto admiro*: «¿Por qué me hablas así, Cicerón?... ¿No te acuerdas de lo que tú mismo has escrito?... Si en tu tiempo, Cicerón, hubieseis tenido un verdadero príncipe, no habría habido guerra civil ni desórdenes en Roma.» En una palabra, Salutati desaprueba la tiranía, pero admira a César y critica a Cicerón por no haber apoyado al tirano. Su principal razón es que, si no hubiera sido César el tirano, hubiese sido Pompeyo. He aquí un humanismo del que bien puede decirse que ya es cesarismo sin ambages.

Otro tratado, *De la Tiranía*, escrito hacia el 1357 por Bartolo, profesor de Derecho de

niquí revestido de oropel y galas. Sus vasallos miraban tal ostentación con paciencia, pues sabían que, si la criticaban, el tiranuelo podía doblegarlos con ejecuciones y castigos. Algunos tiranos se alababan de haber inventado nuevos métodos de tortura y se transmitían como secretos de familia las fórmulas de sus infalibles venenos. Todo era permitido, y hasta apreciado, porque estos excesos eran una manifestación de fuerte personalidad.

La defensa de la tiranía fue hecha más tarde por Maquiavelo en *El Príncipe*, pero ya en el siglo XIV empezó a teorizarse acerca de la forma de gobierno personal. Un cultísimo humanista de Florencia, Coluccio Salutati, hacia el año 1370 escribió casi una apología del *Tirano*. Coluccio, que era un funcionario de la República florentina, no aprobaba empero la tiranía cuando el tirano era *superbo* y gobernaba injustamente; pero no insistía en exigir que fue-

Ludovico el Moro, último de los Sforzas célebres.

Capítulo I

la Universidad de Pisa, define al tirano diciendo que es el que gobierna sin ley. Hay tres clases de tiranos: los que lo son manifiestamente; los que niegan serlo y lo son, y los que lo son a la callada, sin negarlo ni afirmarlo. Según la opinión de Bartolo, empréstitos, contratos y tratados firmados por los tiranos no obligan en absoluto a los pueblos al cesar la tiranía. Los tiranos que lo son veladamente, son los que hoy en día llamamos *caciques*, o jefes políticos, y Bartolo dice que son los que más abundan, «porque si es casi imposible encontrar un individuo sin defectos, es también raro encontrar un gobierno sin tiranías».

Los tiranos trataban de transmitir el poder a sus hijos, lo cual estaba casi en contradicción con los principios mismos del régimen. ¿Cómo podía pretender que se reconociera la autoridad hereditaria quien había empezado por forzar el acceso al poder con sólo el derecho del más fuerte? Generalmente, la vida familiar de los tiranos era irregular; algunas veces preferían los bastardos a sus hijos legítimos. De ahí se originaban ocasiones de luchas y guerras. A la amiga la hacían cantar por sus poetas áulicos y la enterraban en magníficos y ricos mausoleos.

La obsesión por evitar la tiranía aparece en las *Ordenanzas* que dio el cardenal Gil de Albornoz a los territorios pontificios de Italia. Fueron publicadas el año 1357 y sirvieron para la gobernación de los Estados del Papa hasta 1816. Su extraordinaria eficacia exige que prestemos un poco de atención a estas *Ordenanzas* y a su autor. Como arzobispo de Toledo y Primado de España, Albornoz había intervenido en campañas contra los moros de Andalucía. A los cincuenta años de su edad, retirado en Aviñón, fue enviado por el Papa a Italia para acabar con los que en Roma, y en el resto de las tierras de la Iglesia, se habían rebelado contra el Papado. Cruzó los Alpes en 1353, armado sólo de una bula papal y seguido de un tropel de gente armada que no podía llamarse un ejército. En cinco años logró dominar la situación, apoyándose en unos cuantos tiranuelos cuyo título legalizó y aniquilando a otros que no quisieron reconocer su autoridad. Es también digno de nota que, al ser acusado de haberse apropiado caudales, en lugar de rendir cuentas, Albornoz envió al Papa, a Aviñón, una carreta cargada de llaves, diciéndole que no podía presentar mejores comprobantes del empleo de fondos que las llaves de las ciudades que había conquistado. Una baladronada que prueba claramente que el cardenal

Retrato de Petrarca.

Las tiranías y el humanismo del siglo XIV

Sitio de Siena en el siglo XV.

Albornoz se hallaba también contaminado de humanismo, lo mismo que los tiranos a quienes combatía con tanto ardor.

El régimen político impuesto por Albornoz en los territorios pontificios está lleno de previsiones para evitar que se levanten nuevos tiranos. Dividió el Estado en varias provincias, cada una regida por un rector, nombrado por el soberano, que en su caso era el Papa. Los rectores elegían siete jueces, que venían a formar un consejo, análogo al de las futuras Audiencias de los virreinatos españoles de América. Cada juez percibía un sueldo anual de cien ducados, y por ningún concepto podían ser ciudadanos o habitantes de la provincia, para que no pudieran hallarse interesados en los negocios que habrían de resolver. El texto original de la Constitución de los Estados Unidos establece una restricción semejante al prohibir que los senadores sean ciudadanos de los Estados que van a representar en el

Capítulo I

Triunfo del duque de Urbino, coronado por la Fama.

Congreso. El rector es también el que elige al mariscal, pero en ningún caso podía elegir a uno de sus parientes. La hueste armada del mariscal nunca puede exceder de 200 hombres de a caballo. Los cargos eran por pocos meses, para que los funcionarios, pasando de una a otra provincia, uniformasen la administración y para que no entraran en deseos de gobernar tiránicamente.

En las *Ordenanzas* de Albornoz hallamos lo que se llama *sindicación,* la primera idea de las famosas *residencias* de las leyes españolas de Indias. He aquí el párrafo de estas *Ordenanzas* referentes a la sindicación: «Ordenamos que tanto los jueces como los mariscales, al acabar sus servicios, comparezcan en persona delante del rector y allí den cuenta cabal de lo que han hecho durante su oficio. Deberán contestar a los cargos que se les hagan y darán cumplida explicación de sus relaciones con individuos, comunidades y el gobierno. El tiempo que deben emplear en defenderse será proporcionado a la duración de sus servicios: si fue de seis meses será de diez días; si de un año, quince días, y si más de un año, veinte días. El oficial cuyo cargo va a cesar deberá anunciarlo al tesorero del rector con un mes de anticipación, para que éste pueda notificarlo a todas las partes interesadas con ocho días de tiempo, y enviar éstas representantes o síndicos que puedan tomar parte en la acusación.»

En las *Ordenanzas* de Albornoz se faculta al rector de la provincia para convocar una asamblea de notables; pero ésta no tenía ni carácter representativo ni autoridad legislativa. La misma falta de Parlamento encontramos en las Indias españolas, donde el virrey era otro rector.

Que la tiranía o el poder absoluto era inevitable en el siglo XIV, lo prueba el episodio de Cola de Rienzo, quien años antes había pretendido restaurar el poder de

Las tiranías y el humanismo del siglo XIV

Roma desde Roma, esto es, haciendo otra vez a Roma cabeza del Imperio. ¿Pero con quién: con el Papa o con el Emperador? Nunca lo puso en claro. Con todo, Rienzo deseaba algo más que su propio engrandecimiento. Era romano, de origen plebeyo, pero había estudiado y llegado a ser notario, sentía un amor intenso y verdadero por la vieja Roma, había explorado cuidadosamente sus ruinas y hasta llegó a hacer una primera colección de copias de las inscripciones de sus numerosos monumentos. Llevado por su humanismo romántico, logró instaurar su tiranía en la urbe, aunque tomando el clásico título de Tribuno. Se firmaba: *Nicolás, severo y clemente tribuno de la paz, justicia y libertad, defensor de la Sacra República Romana.*

Después de haberse hecho fuerte en Roma, Cola de Rienzo invitó a los otros tiranos y gobiernos de Italia a confederarse y constituir la unidad italiana, bajo los auspicios de Roma, *caput mundi*. Rienzo encontró para esta prematura restauración histórica tales simpatías, que demostraban que el terreno por lo menos estaba bien preparado. Por ejemplo, Petrarca, que seguía con gran interés desde Aviñón la aventura de Cola de Rienzo, le escribió en esta ocasión una carta que no puede ser más entusiasta. Empieza así: «Me propongo escribiros cada día, no porque crea tener derecho a que me contestéis, siendo vuestras ocupaciones tantas y tan varias...» «Yo veo claramente que estáis colocado en un pináculo, expuesto a todas las críticas, no sólo de los italianos, sino de toda la raza humana, y no sólo de los que viven ahora, sino también de las generaciones futuras. Comprendo que habéis tomado una espléndida y honrosa responsabilidad, y que estáis ocupado en una tarea inaudita y glo-

Triunfo de la duquesa de Urbino, acompañada de las Virtudes.

Capítulo I

Triunfo del Amor. Cupido en su carro con su cortejo de amantes. Bronce de Andrea Riccio.

riosa. La posteridad os recordará perpetuamente. Habláis con firmeza inconmovible desde la roca capitolina. Al rumor de que ha llegado una carta vuestra, la gente se reúne con más interés que si hablara el oráculo de Delfos... Las gentes no saben qué admirar más, si vuestras palabras o vuestras acciones; por el amor a la libertad os parecéis a Bruto, pero por la elocuencia a Cicerón», etc. Petrarca, que escribía esta carta desde la corte pontificia de Aviñón, no deja de recordar a Rienzo que debe restaurar la majestad de la vieja Roma, pero sin dejar de prestar el debido acatamiento al Papa, pontífice romano. En cambio, Cola de Rienzo quería llamar a Roma a los príncipes candidatos al Imperio, y allí, después de oírles, decidir él, Cola de Rienzo, cuál era el que tenía mejores títulos para ceñir la corona imperial.

Por algún tiempo, Cola de Rienzo deslumbró a las gentes con sus restauraciones

Las tiranías y el humanismo del siglo XIV

de la Roma pagana; pero pronto se encontró rodeado de descontentos. Fue excomulgado y tuvo que escapar a Nápoles y después a Bohemia, donde residía una sombra de emperador; éste, en lugar de descender a Italia y rescatar a Roma, como le proponía Rienzo, permitió que el arzobispo de Praga encarcelara al tribuno y después lo enviara a Aviñón, para que fuese juzgado por el Papa. La sentencia de un tribunal de cardenales fue de pena capital, pero no se cumplió, pues intercedieron Petrarca, el emperador Carlos IV y el propio arzobispo de Praga. En el año de 1354 Rienzo volvió a Italia con el séquito del cardenal Albornoz, quien le reinstauró en Roma, si bien esta vez con el título de senador. Su segundo gobierno fue de una duración mucho más corta que el primero y murió asesinado en un motín.

Pero nada explicará tan bien qué es el humanismo de la Italia del siglo XIV como una breve exposición de la vida y las ideas de Francisco Petrarca. El padre y el abuelo de Petrarca eran florentinos y fueron expulsados de su patria por el mismo bando que obligó a Dante a emigrar. Petrarca recordaba haberle visto en su casa del destierro, pero dice que Dante era más joven que su abuelo y más viejo que su padre, y, por tanto, difícilmente pudo fraternizar con ninguno de los dos. Pese a la comunidad de gustos y desventuras del Dante con sus progenitores, sorprende que Petrarca no leyera *La Divina Comedia* hasta que, ya casi viejo, su amigo Boccaccio le mandó, desde Florencia, un manuscrito del poema del Dante, precedido de una epístola preliminar en verso.

En su respuesta a Boccaccio, dice Petrarca que, habiendo deseado siempre poseer libros de todas clases, «había sentido una extraña indiferencia, completamente ajena a su modo de ser, por este libro que no le era difícil procurarse». Petrarca añade que nada se había escrito en lengua vulgar que superase a este monumento de la literatura universal que es *La Divina Comedia*. Reconocía la superioridad de Dante por sus escritos en lengua vulgar, pero encontraba el latín de éste más que deficiente, crimen imperdonable para un humanista como Petrarca.

En realidad, encontramos en la indiferencia de Petrarca por Dante el recelo que inspira, en una época de renovación, la apoteosis de un tiempo pasado.

El contraste entre Dante y Petrarca señala ya el salto que dio la Humanidad en cosa de cincuenta años; porque *La Divina Comedia* fue escrita después del 1300, y Petrarca formuló sus juicios acerca de Dante medio siglo más tarde. Continuando la historia de Petrarca, diremos que su padre, desterrado, se trasladó a Aviñón y allí pasó él sus primeros años. En su autobiografía, llamada *Carta a la posteridad,* Petrarca refiere:

«En la ventosa Aviñón y en Carpentrás pasé cuatro años aprendiendo gramática, lógica y retórica, tanto como mi edad lo permitía, y tanto como estas disciplinas se enseñaban en las escuelas; ya sabrá el lector cuán poca era. Después marché a Montpellier para estudiar leyes, pasando

Triunfo de la Muerte. La Parca, en su carro, cruzando un campo de cadáveres. Relieve de Riccio.

Triunfo de Venus. Fragmento de un fresco de F. Cossa.

allí cuatro años, y tres en la Universidad de Bolonia. Aprendí algo de Derecho romano, y creo que hubiera sido un abogado distinguido si hubiese continuado los estudios; pero me pareció penoso esforzarme en aprender un arte como el Derecho, que no podría practicar honestamente. Porque si hubiese intentado ser un abogado escrupuloso, ciertamente me hubieran tomado por idiota...» De manera que, según su propia afirmación, Petrarca regresó a Aviñón, a la edad de veintidós años, sin haber terminado sus estudios.

Sin embargo, aquel mal estudiante, con la protección de la familia Colonna, continuó su educación viajando. El primer paisaje que le impresionó profundamente fue un valle del Pirineo, donde pasó un verano con sus protectores. Fue un verano de juventud, en compañía de personas cultas, que Petrarca, en su vejez, dice que no puede recordar «sin que se le escape un suspiro».

Después visitó a París, el Rin y Colonia, donde buscó las ruinas de la antigua ciudad romana; por fin, Italia y Roma. Acabada su formación intelectual, se retiró a un lugar llamado la Valclusa, a quince millas de Aviñón, donde compró una pequeña hacienda y vivió en la soledad, leyendo los clásicos y cultivando su jardín. Allí escribió la mayoría de sus canciones y concibió el proyecto de un gran poema en latín: *Africa,* tomando por asunto las campañas de Escipión.

Sus poesías, y sobre todo sus cartas y ensayos, habían circulado con tanto éxito, que en 1340, cuando Petrarca tenía sólo treinta y seis años, recibió, en un mismo día, dos invitaciones, una de la Universidad de París y otra de la sombra de Senado que todavía subsistía en Roma, para coronarle como poeta laureado. Decidióse por Roma; la ceremonia de su coronación, en el imperial Capitolio, fue objeto de otra de sus famosísimas cartas.

Desde este momento, Petrarca es el personaje más admirado de Europa entera. Pero es una gloria innegable de Petrarca el no haber experimentado envanecimiento, absorbido enteramente por sus estudios y sus escritos. Estuvo por encima del común de las gentes; fue otro caso de personalidad extremada y superior; no tiranizó a nadie, y llegó hasta a olvidarse de sus contemporáneos, viviendo independiente en un mundo ideal, poblado de griegos y romanos, a quienes escribía cartas como si pudiesen contestarle a vuelta de correo.

He aquí la carta que escribió a Homero, al recibir una traducción de *La Ilíada* en latín:

«No tuve la fortuna de aprender el griego, y la traducción latina que de vuestros poemas hicieron los romanos se ha perdido, por negligencia de sus sucesores... Para comunicarme con vos he tenido que esperar más tiempo del que Penélope esperó a Ulises. Casi había perdido ya toda esperanza.» En esta fantástica epístola, Petrarca se queja a Homero de vivir rodeado de bárbaros (por tales tiene a los que no son italianos

Las tiranías y el humanismo del siglo XIV

o romanos). «Quisiera que estuviésemos separados de ellos, no por los Alpes, sino por el Océano, porque ellos casi no han oído hablar de vos ni de vuestros libros. Ved si no es una cosa mísera esta fama por la que nos afanamos.» Las cosas que Petrarca comunica a su vate corresponsal del otro mundo, o sea Homero, no pueden ser más juiciosas. Le dice que si Virgilio no habla nunca de él, Homero, es porque pensaba mencionarle con gran elogio al terminar *La Eneida*. Pero aún le tranquiliza más diciéndole que Horacio y Ovidio hablan de él con intensa admiración. «Flaco — o sea Horacio — os llama a vos, Homero, el mayor de los filósofos.» Las confidencias de Petrarca con Homero acaban por pedirle que salude a Orfeo, Lino y Eurípides, y como fecha y dirección añade textualmente: «Escritas en el mundo de los vivos, en la ciudad de Milán, el 9 de octubre del año 1360 de esta última edad del mundo.»

A Cicerón le trata Petrarca con mucha más confianza que a Homero. Petrarca encontró en Verona un manuscrito con las cartas auténticas de Cicerón a sus amigos, y tiene por tanto bastante información para criticarle. «¿Qué locura te hizo lanzarte contra Antonio? Tal vez dirás que tu amor a la República. Pero la República había ya caído en irreparable ruina, como tú mismo reconocías. Puede ser que un sentimiento del deber, el amor a la libertad, te obligara a obrar como tú obraste, aunque fuese sin esperanza. Esto lo podemos muy bien comprender en un grande hombre. Pero, entonces, ¿por qué te hiciste amigo de Augusto? ¿Y cómo podrás excusar a Bruto?» «¡Ah, cuánto mejor no hubiera sido para un filósofo meditar pacíficamente lejos de la ciudad, y no haber sido cónsul, ni haber encontrado un Catilina que te llenara la cabeza con el humo de la ambición!... Escrita esta carta en el mundo de los vivos el 16 de junio de 1345 de este Dios que tú no conociste.»

A pesar de preferir la soledad y la quietud, Petrarca continuó viajando y estudiando a las gentes. Admiraba el mundo bello con la fruición de un espectador moderno. Su predilección por el arte clásico no le impidió comprender la belleza de la catedral de Colonia y de la iglesia de Aquisgrán, donde está enterrado Carlomagno, «a quien veneran las gentes bárbaras». En Colonia se regocijaba contemplando el hormiguero de gente paseando por la alameda del río, pero lamentaba sobre manera que no hubiera en aquella ciudad ninguna copia de Virgilio, «aunque sí muchos Ovidios». Petrarca aprovechaba cuantos viajes hacía fuera de su patria para explorar cuidadosamente las bibliotecas.

Además de viajero curioso, Petrarca ha conseguido el título de primer alpinista europeo, por una carta en que describe su ascensión al *Mont-Ventoux* (Delfinado). «Quería experimentar — dice — la sensación que produce una gran altitud... Recordaba, además, lo que escribe Tito Livio de Filipo de Macedonia, que subió al monte Hemón

Triunfo de Venus. Fragmento de un fresco de F. Cossa.

Capítulo I

(Tesalia), desde el cual creía poder ver el Adriático y el mar Negro.» Petrarca y su hermano fueron a dormir al pie del monte y la ascensión se hizo al amanecer. «El aire era excelente; nos complacía la sensación de nuestro cuerpo ágil y vigoroso, con la inteligencia despejada.» Los diferentes episodios de la jornada, la depresión e irritabilidad causadas por la fatiga, la pereza producida por la altitud, y, por fin, el goce de descansar tendidos en la cumbre, están descritos por este precursor nuestro de una manera que calificaríamos de moderna.

Las cartas y ensayos latinos de Petrarca nos interesan hoy tanto o más que sus poesías en lengua vulgar, pero no fue así por varios siglos. Nuestros abuelos y tatarabuelos no leían de Petrarca más que sus canciones en vida y en muerte de *Madonna* Laura. En ellas se poetizan las visiones de una mujer que algunos creen que fue una ficción puramente imaginaria del propio poeta. Pero, por otros, Laura se ha identificado desde muy antiguo con una dama casada de la familia de Sade. Tuvo varios hijos, y la fecha de su muerte parece coincidir con una nota obituaria que escribió Petrarca en su manuscrito de Tito Livio. Más tarde se dijo que aquel año se secaron todos los laureles de Italia. Más sorprendente todavía parece el amor de Petrarca cuando nos enteramos que el poeta había tenido dos hijos naturales de una mujer que nos es completamente desconocida. Sea quien fuere, Laura aparece en las canciones de Petrarca sin ningún simbolismo metafísico, y esto la distingue grandemente de la Beatriz del Dante, que representa el conocimiento teológico. Laura no es más que una mujer; sus características son sus gestos, su ademán femenino, su gracioso saludo, el dulce mirar y la voz suave. Un cabello dorado, besado por el céfiro, bastaba para revelar toda la belleza de la mujer, paralela a la grandeza intelectual del hombre. La sublimación de Laura es otra manifestación de humanismo: la pareja está formada; el genio, el tirano, el déspota, se dignifica por una sublime compañera, que es espejo de honor, pureza y gallardía. Y ella es la que confiere el lauro, que quiere decir la fama, el deseado triunfo de la vida activa.

Triunfo de Apolo.

Vista de Florencia, desde el monte de San Miniato. Al fondo, las colinas de Fiesole.

CAPITULO II

EL RENACIMIENTO ITALIANO EN EL SIGLO XV

Ya hemos visto como el humanismo del siglo XIV trajo consigo un deseo de renacimiento de la mentalidad clásica. Petrarca, escribiendo cartas a Homero, quería asemejársele en lo posible; Cola de Rienzo, admirando a Bruto y César, creía ser más romano que los próceres que le observaban desde las siete colinas. Pero Rienzo y Petrarca eran menos griegos y menos romanos precisamente porque querían romanizarse o helenizarse. Este sentido arqueológico de la vida, esta erudición del Renacimiento, no tenían nada de clásico. Como dirá Goethe, «los antiguos eran modernos cuando vivían». Sin embargo, el espíritu humano hace a veces sus mayores progresos por los más extraviados caminos. Para conocer a aquellos griegos y romanos, admirables capitanes, estadistas y poetas, hacía falta desenterrar mármoles y descifrar manuscritos, aprender lenguas muertas, estudiar, investigar y comparar. Y he aquí el verdadero renacimiento: no de lo que renació (que no renació nada), sino de las facultades puestas en juego para hacer renacer, que se avivaron con aquel esfuerzo de la mente.

Por lo pronto, hubo que aprender el griego, que muy pocos entendían en el Occidente latino en tiempos de Rienzo y de Petrarca. El primer maestro de griego que llegó a Italia era un bárbaro calabrés llamado Pilato, que había residido algún tiempo en Constantinopla. Hizo, para Petrarca y Boccaccio, una deplorable traducción de Homero en prosa latina.

Mucho más culto era ya Manuel Crysoloras, de Bizancio, a quien los florentinos hubieron de llamar para que enseñara griego en su Universidad. Residió en Florencia tres años, desde el año 1397 al 1400, despertando tal entusiasmo, que sus discípulos aseguraban que cada noche solían soñar lo

Capítulo II

que habían aprendido aquel día. Uno de ellos, Leonardo Bruni, intentó traducir fragmentos de Platón, Aristóteles, Demóstenes y Plutarco. Desde entonces Florencia se puso a la cabeza del movimiento de restauración de los estudios griegos. A Crysoloras sucedió un tal Argyrópulos, que enseñó griego en Florencia por espacio de quince años. Análogo interés se contagió a otras ciudades de Italia. En Roma un aventurero, Jorge Trapezus, tradujo algunos de los Padres de la Iglesia griega y algo de Aristóteles; pero debió de ser erudito de pocos escrúpulos porque, en el texto de Aristóteles, hizo que éste citara a Cicerón. Trapezus tradujo también las *Leyes* de Platón, tan de corrido y tan mal, que otro griego de Roma, el cardenal Besarión, dijo que en la traducción se habían deslizado tantos errores como palabras contenía. A mediados del siglo XV se enseñaba el griego en Padua y Venecia, pero tan sólo en Florencia se estudiaba el griego como el verdadero camino de salvación, como el principio de una nueva y esplendorosa Era, como la única manera de conseguir una vida civilizada.

Simultáneamente se hacían esfuerzos para depurar el latín y devolverle la claridad y belleza de los modelos clásicos. Se admiraba a Plinio el Joven por sus cartas. Cicerón especialmente era el juez supremo; en casos de duda, un texto de Cicerón equivalía a una sentencia. A mediados de siglo, Lorenzo Valla escribió su tratado: *De Elegantiis Latinæ Linguæ*, que alcanzó sorprendente popularidad. Trataba de delicadezas de frase, de puntos de gramática, de sinónimos. El libro de Valla estaba todavía de moda al introducirse la imprenta en Italia. Acaso su dominio del latín hizo que Lorenzo Valla se atreviera a señalar los puntos flacos del famosísimo documento llamado *la Donación de Constantino*. Con *la Donación* se había tratado de justificar, en la Edad Media, el derecho de los obispos de Roma al territorio pontificio; pero señal irrefragable de que habían empezado nuevos tiempos fue que, al probar Valla la falsedad de *la Donación*, en lugar de ser excomulgado, se le nombró oficial de la curia romana.

He aquí ya la crítica literaria y filológica empezando su moderna etapa. El tratadito analítico de Valla era una obrita insignificante, y el punto debatido de poca importancia, pues nadie iba a disputarle al Papado sus derechos sobre Roma y su territorio; pero Valla probó que los helenistas y latinistas de su época podían hacer algo más que leer los clásicos: eran capaces de analizarlos, con espíritu independiente de la autoridad establecida por la tradición. Pronto se empezó a notar que la mayoría de los textos (aun de autores relativamente modernos, como Dante) habían sido adulterados y convenía cotejar los manuscritos para restablecer fielmente el texto original.

Monumento conmemorativo de Plinio el Joven. Catedral de Como.

El renacimiento italiano en el siglo XV

Además, los eruditos florentinos emprendieron búsquedas y exploraciones en archivos y bibliotecas, para descubrir antiguos manuscritos, que revelan ya el mismo ardor de investigación de los críticos de nuestros días. Cuando Boccaccio visitó a Montecassino, la gran abadía benedictina, porque de ella se hablaba en *La Divina Comedia*, quiso ver la biblioteca, pues sabía que contenía cosas muy notables. «Puedes visitarla —le dijo un monje —; la encontrarás abierta.» Boccaccio, con asombro, vio que la biblioteca de Montecassino era una estancia donde crecía la hierba, y que los libros, en el mayor desorden, estaban cubiertos de polvo; algunos habían sido destrozados, para recortar el pergamino en pequeños trozos donde escribir oraciones. Esto es sólo un aspecto del humanismo de Boccaccio. Además de su amor a la cultura, superior al de las gentes de su época, Boccaccio fue realmente genial en concebir la variedad de la naturaleza humana. Su modernidad se hace patente si le comparamos con Petrarca. En las canciones de Petrarca, el poeta y su adorada son todavía prototipos del hombre y la mujer en un estado de elevación moral que no se da en la vida sino con grandes intermitencias. Pero Boccaccio en sus escritos, especialmente en el *Decamerón*, introdujo el hormiguero de los humanos, cada uno con su individualidad diferenciada. Esto es lo que hace tan moderno al *Decamerón*, libro de relatos, algunos de ellos vulgares, otros casi obscenos, que, no obstante, representa un gran progreso en la Historia de la Humanidad por su estético eclecticismo. En realidad, el *Decamerón* es un clásico de la humanidad renaciente. Luciano y Apuleyo lo habrían admirado, mientras hubieran hallado incomprensible la *Comedia* de Dante y monótonas las *Canciones* de Petrarca.

Otro ejemplo del poco respeto con que se conservaban los antiguos libros en los conventos, al final de la Edad Media, es el que cuenta el erudito florentino Poggio Bracciolini, en una carta en que explica cómo descubrió un manuscrito de Quintiliano en la abadía de San Gall, en Suiza. «El monasterio de San Gall — dice Poggio en su carta — queda a unas veinte millas de distancia de la ciudad. Fui allí en parte para distraerme, en parte para ver si había libros. En la biblioteca, llena de polvo y suciedad, encontré el texto de Quintiliano entero y en buen estado. Los libros estaban en la sala baja de una torre obscura y húmeda que debió de haber servido de cárcel en la Edad Media.» Parecióle a Poggio que

Boccaccio. Convento de Santa Apolonia.

Capítulo II

Cosme de Médicis, *Pater Patriae*, en el fresco de su capilla, representado como uno de los Reyes Magos.

el manuscrito de Quintiliano le llamaba, tendiéndole las manos: «Magnífico, pulcro, elegante y urbano, Quintiliano no podría haber resistido mucho más tiempo la infame prisión en que le habían encerrado, ni la salvaje incuria de sus carceleros ni la bajeza del lugar.» Poggio copió el manuscrito de San Gall en treinta y dos días, remitiendo inmediatamente el precioso texto al canciller florentino Leonardo Bruni; éste diole las gracias en una carta en que se leen párrafos como el siguiente: «Como Camilo fue llamado el segundo fundador de Roma, vos podéis recibir el título de segundo autor de estos libros que habéis descubierto. Gracias a vos, tenemos ahora a Quintiliano completo; antes poseíamos sólo la mitad del texto, y aun corrompido y defectuoso. ¡Oh, preciosa adquisición!»

Poggio descubrió y copió también los manuscritos de Lucrecio, Columela, Silio Itálico y Vitruvio. En la catedral de Langres encontró un nuevo discurso de Cicerón, y en la librería de Montecassino, manuscritos de Frontino, Amiano Marcelino, Probo y Eutiques. A veces se hacía dar o vender los originales, pero en una carta a un amigo suyo, de Florencia, Poggio explica cómo trató de sobornar a un monje de Hersfeld para que, fraudulentamente, le procurara manuscritos de Livio y Amiano Marcelino. De una manera especial, era por entonces deseadísimo un manuscrito de Livio con el texto completo. A mediados del siglo llegó a Roma un danés que aseguraba que, en un convento cerca de Röskilde, se custodiaba el tan codiciado texto de las perdidas *Décadas* de Livio. Al enterarse Poggio de ello, no paró hasta que hizo enviar por el Papa una persona a Dinamarca, para comprobar lo que se decía. Por su parte, Cosme de Médicis encargaba a su agente en Lubeck que tratara a toda costa de adquirir el misterioso manuscrito de Röskilde. Pero ni el agente del Papa ni el de los florentinos pudieron encontrar lo que falta todavía del texto de la *Historia Romana* de Livio.

Igual o mayor esfuerzo se hacía en Florencia para conseguir manuscritos griegos. Constantinopla estaba todavía en poder de los cristianos y era naturalmente el lugar adonde acudían los florentinos para adquirir libros. Se cuenta que un florentino, Juan Aurispa, regresaba de Constantinopla con 238 manuscritos griegos, y como perdiese una parte de ellos en un temporal, del disgusto se le volvieron blancos los cabellos. Los eruditos florentinos se esparcieron por toda Italia; eran solicitados, por su elegante estilo, para desempeñar el cargo de secretarios o cancilleres, se les pagaban buenos sueldos, y doquiera que fuesen, llevaban consigo el entusiasmo por los nuevos estudios. Además, empezaba a aparecer en Florencia el *mecenismo* literario y artístico que los Médicis, más tarde, practicaron en tan grande escala.

El primer gran mecenas florentino fue Palla de los Strozzi, de quien dice uno de sus protegidos «que envió a buscar a Grecia infinidad de volúmenes que antes no teníamos. A él debemos que se haya salvado la

El renacimiento italiano en el siglo XV

Cosmografía, de Tolomeo, con el mapa o pintura que la ilustraba. Asimismo nos procuró las *Vidas* completas de Plutarco y una copia íntegra de Platón. La *Política,* de Aristóteles, no se encontraba en Italia hasta que Micer Palla la envió a buscar». «Apasionadísimo por los libros, Micer Palla mantenía copistas en su casa, y con ellos fundó la más notable librería en Santa Trinidad, que estaba en el centro de Florencia y era accesible a todo el mundo.»

De no haberse formado este grupo de estudiosos florentinos antes de la caída de Constantinopla, se hubiera corrido grave riesgo de perder no poco de lo que sobrevivía de la literatura griega. Un erudito de este grupo, Francisco Filelfo, que había contraído matrimonio con la hija del ya citado profesor de griego Crysoloras, pasó a Constantinopla y allí redactó un catálogo de los libros que vio en las bibliotecas bizantinas hacia el año 1425. En la lista de Filelfo ya no encontramos más que siete dramas de Eurípides; cataloga los historiadores griegos que tenemos hoy, y no más, con algunos poetas y oradores; pero no aparece allí ni un solo autor que hoy no tengamos; evidentemente, los helenistas de Florencia consiguieron todo lo que se podía obtener en Constantinopla antes de la toma y saqueo de la ciudad por los turcos. Filelfo regresó a Italia por la vía de Hungría, llegando a Venecia con su colección de manuscritos griegos el año 1427. Era todavía algo temprano para Venecia, y no encontrando allí comprador, Filelfo pasó a Bolonia y después a Florencia. En Florencia logró vender su colección, pero se peleó con Poggio y tuvo que marcharse, vagando errante por Italia hasta que en 1453 el papa Nicolás V le llamó a Roma.

El comercio de manuscritos labró la fortuna de algunos, pero también arruinó a otros que se apasionaron por coleccionar sin tener suficientes recursos. El más famoso de estos coleccionistas, casi maniáticos, que tantos servicios prestaron a la causa del Renacimiento, fue el florentino Nicolás de Niccoli, que llegó a reunir ochocientos libros: probablemente la mayor biblioteca poseída por un particular en el siglo XV. Uno de sus libros era un manuscrito griego con siete tragedias de Sófocles, seis de Esquilo y *La Argonáutica* de Apolonio de Rodas. Niccoli experimentaba tan vivo deseo de propagar el conocimiento de los clásicos que, al ocurrir su muerte, se averiguó que tenía prestados más de doscientos volúmenes. Quería no sólo conocer la antigüedad, sino vivir como *un antiguo.* «Nunca pensó en casarse — dice su biógrafo — para poder seguir más

El duque de Urbino en su biblioteca.

Capítulo II

Lorenzo de Médicis el Magnífico, en su edad madura.

Nicolás V había nacido en Sarzana, cerca de Génova, pero puede considerarse como un erudito del grupo florentino. Cuando era solamente un estudiante andariego, ya contrajo deudas para comprar libros. Solía decir que, si algún día fuese rico, lo gastaría todo en libros y paredes. Al ascender al solio pontificio pudo entregarse sin restricciones a su pasión nobilísima. Envió copistas y emisarios por toda Europa para procurarse manuscritos. Además, estimulaba con largueza a los que traducían autores griegos; al que tradujo a Polibio le retribuyó con quinientos ducados, por la traducción de Estrabón pagó mil, y ofreció diez mil florines por una traducción de Homero, en verso latino, que no llegó a realizarse. A la muerte de Nicolás V, la Biblioteca Vaticana tenía más de cinco mil manuscritos; era ya la colección de textos más importante de toda Europa. Nicolás V quería que fuese el ornamento principal de Roma, como la biblioteca de los Tolomeos había sido el

libremente sus estudios. Vestía una túnica de púrpura que le llegaba hasta los pies, comía en platos y vasos antiguos.» A la muerte de Niccoli sus manuscritos fueron comprados por Cosme de Médicis y formaron el primer núcleo de la Biblioteca Medícea, que instaló en el convento de San Marcos. Algunos llevan todavía la inscripción: *Ex hereditate doctissimi viri Nicolai de Niccolis de Florentia*. Un erudito al servicio de Palla Strozzi, el maestro de sus hijos — Tomás Parentucelli —, hizo el catálogo crítico de la biblioteca de Niccoli y añadió, a la lista de los libros de éste, los títulos de los que faltaban y que hubiera deseado adquirir para completar la colección de los clásicos. Este catálogo sirvió después para formar las bibliotecas de Urbino y Pésaro, y como quiera que Parentucelli llegó a la más alta dignidad de la Iglesia, puesto que fue el papa Nicolás V, no hay que decir que sirvió también este catálogo suyo a los que le ayudaron a formar la Biblioteca Vaticana.

Lorenzo, nieto de Cosme de Médicis, a la edad de catorce años.

El renacimiento italiano en el siglo XV

principal monumento de Alejandría. Las tumbas de los Apóstoles quedaban en segundo lugar; desde ahora, lo principal tenía que ser mármoles, estatuas y paredes, o grandes obras edilicias, y sobre todo libros. Sus copistas y amanuenses trabajaban como esclavos, casi sin tiempo de comer ni dormir, pues el Papa, insaciable, les demandaba siempre nuevos manuscritos. Cuando a Nicolás V le sucedió el primer papa Borgia, Calixto III, que era un teólogo de la antigua escuela, cuéntase que se escandalizó al entrar por vez primera en la Biblioteca Vaticana, exclamando: «¡Santo Dios, en qué cosas se han gastado los caudales de la Iglesia!» Sin embargo, el sucesor de Calixto III, el famoso Pío II, fue un *renaciente* más extremado todavía que Nicolás V; no había manera de detener el movimiento de restauración clásica.

Para dar idea del contenido de una biblioteca del siglo XV, extractaremos el catálogo de la que formó el duque de Urbino, con un gasto de 30.000 ducados. En primer lugar, sorprende encontrar en Urbino catálogos de las bibliotecas hermanas: de la del Vaticano, de la de los Médicis, en Florencia; de los Visconti, en Pavía, y hasta de la de Oxford. La Biblioteca de Urbino contenía, para empezar, varios centenares de manuscritos de Teología y Patrística. Había una colección completa de las obras de Santo Tomás de Aquino, otra de Alberto el Magno y otra de San Buenaventura. Entre los clásicos encontramos, en el catálogo de Urbino, un Menandro completo, que ahora ha desaparecido. Se decía en el catálogo que había también *todas* las odas de Píndaro y *todas* las tragedias de Sófocles. Los Padres de la Iglesia griega estaban espléndidamente representados; poseía, como es natural, una magnífica colección de autores latinos, y hasta de *modernos* como Dante, Petrarca y Boccaccio. Había asimismo en Urbino sesenta y un manuscritos hebreos.

La demanda de libros, a mediados del siglo XV, debió de estimular la invención de la imprenta. He aquí cómo explica un con-

Pico de la Mirándola,
enciclopedista del grupo de los Médicis.

temporáneo la formación de una nueva biblioteca en el convento de los dominicos de Fiesole, cerca de Florencia: «Cosme de Médicis me mandó llamar — dice Vespasiano da Bisticci — y me preguntó qué plan yo recomendaría para proveer de libros la biblioteca de la abadía de Fiesole. Yo le dije que el método más rápido era hacerlos copiar; él me insinuó si yo podría ocuparme en dirigir estas copias, a lo que contesté afirmativamente. Entonces me dijo que dejaba este asunto por completo a mi cuidado, y para el dinero, don Angelo, prior de la abadía, podía girar cuanto quisiera contra su Banco, pues sus giros siempre serían pagados. Como, además, Cosme de Médicis deseaba que la biblioteca se formara con toda la rapidez posible, yo contraté cuarenta y cinco copistas, y en ventidós meses copiaron doscientos volúmenes, siguiendo la admirable lista de libros preparada por el papa Nicolás V.»

El celo renacentista de Cosme de Médicis no se reducía a una maniática afición por los libros, sino que igualmente se interesaba

Capítulo II

por todas las ciencias y las artes. «Cuando hablaba con un erudito —dice Vespasiano—, Cosme de Médicis manifestaba saber casi tanto de literatura como de negocios; con los teólogos discurría de teología, y con los músicos y astrólogos, de música y astrología. En arquitectura era un experto consumado, y lo mismo en pintura y escultura.» Con las obras iniciadas por Cosme de Médicis se engalana todavía hoy Florencia; los monumentos que pagó, los artistas que protegió, y que le devolvieron centuplicado, con cuadros y estatuas, lo recibido, transformaron la ciudad en un santuario de belleza que ha sido admirado desde entonces.

El nieto de Cosme, llamado Lorenzo el Magnífico, que le sucedió en la dictadura ilustrada que representaba el partido de los Médicis, tenía las mismas aficiones que su abuelo, y hasta puede ser considerado como un verdadero poeta.

Pero ni el dinero de los mecenas florentinos ni la exquisita sensibilidad de los artistas de Florencia hubieran podido cambiar a Europa entera sin los estudios y el interés que sentían por el renacimiento de la mentalidad clásica. Por esto tuvo tanta importancia la fundación por Cosme de Médicis de la Academia Platónica Florentina. En un principio no fue más que un cenáculo de amigos para discutir temas literarios, y no trascendió de la camarilla de eruditos afectos a los Médicis; pero fue imitada en otras ciudades de Italia y más tarde en todas las naciones de Europa. La gran eficacia de la Academia Florentina debióse principalmente a su desmedida ambición. Quería ser platónica, esto es, continuación de la Academia fundada por Platón en el barrio del Cerámico, de Atenas. En el mundo del espíritu no cuenta para nada la cantidad, sino la calidad; la fuerza de uno solo puede cambiar al Universo entero, y un verdadero apóstol derrotar ejércitos de escépticos y pesimistas. El milagro de mover montañas con la fe se repite en los grandes momentos de la Historia. La audacia de llamar platónica a la reunión de amigos de Cosme de Médicis realizó uno de estos prodigios.

Algo debió de influir en que los florentinos se sintieran sucesores de los filósofos de Atenas el comprender que la gran herencia de la antigüedad había ido a parar a gentes que no la merecían ni la comprendían. El año 1438 se reunió en Florencia un concilio ecuménico, para reunir la Iglesia griega y la latina, con asistencia del Papa y del emperador de Constantinopla. En el séquito del emperador venían los doctores griegos, repletos de vanidad, con ojos pintados y voces ahuecadas, hablando un griego corrompido, arrastrando mantos y cubiertos de insignias. Todo lo más que podían hacer los sofistas bizantinos era enseñar unos rudimentos de gramática y proporcionar textos, y esto ya lo habían hecho. La verdadera interpretación y resurrección de la antigüedad tenían que hacerla los eruditos de Florencia.

Empero hasta para formar la Academia Platónica Florentina sirvió, con sus extrañas paradojas, uno de estos fantásticos bizantinos. Se llamaba Gemistos y había nacido en Constantinopla, pero después de haber viajado por el Asia, había ido a establecerse en el lugar donde había existido la antigua Esparta. Allí se lanzó a inventar una nueva religión, más satisfactoria que la que ofrecía la corrompida Iglesia bizantina. Gemistos, que no era un místico ni un pensador original, no pudo hacer más que una mezcla de la religión persa de Zoroastro con el paganismo y el platonismo. Escribió un libro, *Las Leyes*, Νόμοι, según el cual el Supremo Hacedor es Júpiter, que a veces llamamos Ser, Voluntad, Actividad y Poder; éste crea las Ideas, o dioses secundarios, y éstos los planetas, de los que salen los demonios, y así, por una serie genealógica, llegamos a los hombres, animales y plantas.

Gemistos vino a Italia con el séquito del emperador para asistir al concilio de 1438, y aunque no consiguió convertir a nadie a su religión, pudo convencer a Cosme de Médicis y a sus amigos de la importancia de los principios metafísicos que se contenían en los escritos de Platón. Mientras estuvo en Florencia, Gemistos redactó dos trataditos,

El papa Sixto IV recibiendo al bibliotecario pontificio, que le presenta su sobrino el cardenal Riario.

Capítulo II

Ludovica Tornabuoni, del grupo de damas de la corte de los Médicis. Fresco de Ghirlandaio.

uno acerca de la Fatalidad y Libre albedrío, y otro sobre las diferencias entre Platón y Aristóteles. Gemistos atacaba a Aristóteles por ateo e inmoral, interpretando, en cambio, a Platón con un fuerte color teológico. La polémica era peligrosísima, porque Aristóteles, desde los tiempos de Santo Tomás, había sido el cimiento más sólido de la escolástica católica y la escolástica musulmana; en cambio, Platón, tanto en el Islam como en el catolicismo, ofrecía amplio pasaporte a los que querían entrar en especulaciones racionalistas.

Gemistos residió en Florencia hasta el año 1440, habiendo preparado, antes de ausentarse, al joven letrado que debía ponerse a traducir las obras completas de Platón; éste era un tal Marsilio Ficino, hijo del médico de Cosme de Médicis, y habíasele educado especialmente para entender la filosofía griega. Durante doce años, Cosme pudo colaborar con Ficino en su traducción de Platón, de la manera que él lo hacía, interesándose en la labor y animándole con sus consejos. Marsilio Ficino asegura que Cosme de Médicis era tan agudo y capaz de entender materias filosóficas como prudente y decidido en la política.

A pesar del mal ejemplo de Gemistos, Marsilio Ficino se conservó como católico practicante. A la edad de cuarenta años tomó órdenes, haciendo acaso reserva mental. Cuando Cosme de Médicis le llamó para confesarse en su lecho de muerte, hablaron más de Platón que de penitencia. Para Marsilio Ficino, Sócrates y Platón habían sido tan dignos de recibir la revelación de la verdad como los mismos evangelistas. Según él, la Iglesia, aceptando a las sibilas y poniéndolas al lado de los profetas, había, de hecho, canonizado a Platón. Después de la traducción de Platón, Marsilio Ficino acometió la de Plotino y la del tratado de las *Hyerarquías celestes*, del seudo Dionisio Areopagita. Además, Ficino compuso una *Doctrina Platónica de la Inmortalidad*, en la que se hallan incluidas algunas de las deliciosas conversaciones de los miembros de la Academia Platónica Florentina.

Generalmente, los académicos de Florencia se reunían, para leer las obras de Platón, en una de las *villas* que los Médicis tenían en las afueras de la ciudad. Allí había siempre una lámpara encendida delante de una estatua del filósofo de Atenas y sus aniversarios se celebraban con ceremonias y panegíricos. Un año se leyó *El Banquete*, de Platón, en la comida de costumbre, y uno de los académicos hizo la parte de Agatón, otro la de Aristófanes y otro la de Sócrates; es probable que Alcibíades fuese el propio Lorenzo de Médicis, nieto del gran Cosme.

Entre los que frecuentaban el palacio de los Médicis, en Florencia, había un joven de elevada alcurnia, copiosa fortuna y hermoso continente, que se llamaba Pico de la Mirándola. «Era alto y modelado finamente — dice uno de sus contemporáneos —;

El renacimiento italiano en el siglo XV

había en su cara el resplandor de algo divino. Era agudo y tenía una memoria prodigiosa; en sus estudios era infatigable; en sus juicios, perspicaz y elocuente. No se podía decir lo que era más extraordinario y singular en Pico de la Mirándola: si sus talentos o su bondad. Se había familiarizado con todas las ramas de la filosofía y hablaba casi todas las lenguas conocidas.»

Pico de la Mirándola había empezado su educación en la Universidad de Bolonia, donde había aprendido las lenguas clásicas, el hebreo y el árabe, además de matemáticas, lógica y filosofía. De Bolonia marchó a París, con objeto de perfeccionarse en la especialidad de aquella Universidad, que era la teología. De allí regresó a Florencia y Roma, donde compuso un tratado de novecientas tesis en defensa del misticismo platónico. Filósofos y teólogos se creyeron desafiados por aquel escrito de Pico de la Mirándola, y encontraron más fácil obtener del Papa una excomunión que refutar sus centenares de argumentos. No obstante, Pico logró del papa Alejandro VI, el segundo Borgia, su rehabilitación, sufriendo los siete años de su excomunión sin claudicar ni protestar un momento, con una conducta piadosa y ejemplar en sus devociones.

Después de haberse asimilado todos los conocimientos de su época, Pico de la Mirándola quiso penetrar en el terreno prohibido de las ciencias ocultas y la cábala. Por entonces le pareció haber descubierto el sentido profundo de la filosofía, que no podía percibirse por la lectura superficial y aun razonada del texto. Su última tesis iba a ser ésta: «La Filosofía busca la verdad, la Teología la descubre y la Religión la posee.» Lo que iba a ser Religión, para

Poggio a Caiano, casa de campo de los Médicis, donde se reunía la Academia Platónica.

El cardenal Eneas Silvio Piccolomini, después papa Pío II, dirigiéndose al concilio de Basilea.

Pico de la Mirándola, quedó sin aclarar; murió joven todavía, a la edad de treinta y un años, dejando a la posteridad la gloria de haber sido el intelecto más poderoso de su tiempo.

Si Pico de la Mirándola era el más joven de los eruditos que formaban el grupo de la Academia florentina, el más viejo era Cristóbal Landino. Era profesor de retórica en la Universidad y se había especializado en el estudio de Horacio y Virgilio. Había traducido a la lengua vulgar la *Historia Natural*, de Plinio; había comentado a Dante y Petrarca, y en especial por este trabajo la República le había hecho donación de una casa en los suburbios.

Uno de los escritos de Landino, titulado *Discusiones camaldulenses*, nos ha conservado unos diálogos o conversaciones de algunos de los eruditos del grupo de los Médicis. Landino nos explica cómo, sin premeditación, marchó un día, acompañado de su hermano, a visitar un santuario de San Romualdo, el santo fundador de la Orden de los camaldulenses. En el santuario, los hermanos Landino encontraron a una comitiva formada por los nietos de Cosme de Médicis, Pedro y Lorenzo, acompañados de cinco jóvenes más pertenecientes a la aristocracia florentina. El grupo se completó con la llegada del traductor de Platón, Marsilio Ficino, y del arquitecto y filósofo León Bautista Alberti.

La conversación a la sombra del santuario de San Romualdo duró varios días. León Bautista Alberti empezó haciendo el elogio de la vida contemplativa, βίος θεωρητικός, o vida teorética, y Lorenzo de Médicis argumentó en favor de la βίος πρακτικός, vida práctica o activa. Alberti probó que la soledad y la meditación eran los caminos para llegar a la verdadera superioridad intelectual, pues sólo en tales condiciones el hombre se halla en comunión directa con la Naturaleza y logra obtener posesión completa de sus facultades mentales. Lorenzo de Médicis hizo ver que estas facultades no llegan a completarse hasta que su constante ejercicio las obliga a manifestarse en todo su valor. El filósofo debe mezclarse con las gentes para difundir entre ellas sus talentos y ayudar a sus semejantes. Los oyentes convinieron en que un hombre que posea talento y bondad debe someterse regularmente a las dos disciplinas, *teorética y práctica*. En los días siguientes se trató de aplicar esta doctrina, comparando la poesía de Virgilio con la filosofía de Platón.

La personalidad de León Bautista Alberti servirá también para que el lector se haga cargo de la clase de talento que se iba elaborando en la escuela de Florencia. Poseía Alberti gran fuerza física y habilidad no escasa para toda clase de ejercicios corporales. Se aseguraba que los caballos más indómitos temblaban en cuanto él los montaba, acaso aplacados por el magnetismo del

El renacimiento italiano en el siglo XV

jinete. Parecía dotado de tal capacidad de comprensión, que no se explica sino como intuición. A la edad de veinte años compuso una comedia, en latín, que más tarde se tomó por antigua. Componía melodías, pintaba, era gran arquitecto, y su tratado de arquitectura todavía se lee con interés. Su talento tenía algo de anormal; cuando era niño perdió en gran parte la memoria, a causa de una enfermedad, y tuvo que aprender de nuevo, aunque dedicándose a otros estudios. Hizo descubrimientos de óptica y mecánica, pero además poseía facultades raras para adivinar el pensamiento y los secretos de la fisonomía humana. Decíase que estaba tan compenetrado con la Naturaleza, que, cuando llegaba el otoño, lloraba inconsolable al ver secarse las vides y caer las hojas de los árboles. A menudo, en medio de sus trabajos arquitectónicos, hablando con operarios y albañiles, se quedaba extático, pensativo, como en mística contemplación.

Alrededor de estos humanistas, renacentistas, bibliófilos y eruditos florentinos, se iba formando una sociedad refinada. Las mujeres mismas cooperaban, por lo menos como espectadoras interesadas, al restablecimiento apasionado de la mentalidad clásica. Asistían a las fiestas del cenáculo literario de los Médicis, servían de modelo a los pintores y, con su ejemplar liberalidad, animaban elocuentemente a los creadores de una vida nueva.

Ya se comprende que con este nuevo tipo humano, con estos nuevos intereses, por lo que hemos dicho de sus estudios y de sus conversaciones, el Renacimiento florentino iba a inaugurar un nuevo período de actividad científica. Se había empezado con textos clásicos, y de ellos se pasaba casi insensiblemente a la mecánica y a la óptica, y a un contacto directo con la Naturaleza sin la barrera de la autoridad y la tradición y sin el estorbo del guía molesto de la antigüe-

Biblioteca de la catedral de Siena, con el grupo de mármol de las Tres Gracias en el centro.

Capítulo II

dad griega y romana. Pero de este salto, del estudio de los textos a la grande investigación de los hechos, hablaremos luego.

Queda ahora sólo un punto que es fuerza precisar para que no crea el lector que el Renacimiento italiano del siglo xv se redujo a lo que hizo y pensó una camarilla de eruditos florentinos. El furor por el renacimiento de la antigüedad clásica se manifestó igualmente en otras partes de Italia; es cierto que el primer impulso salía de Florencia, pero fue recibido con los brazos abiertos en Milán, Nápoles, Venecia y, sobre todo, en Roma. Ya hemos dicho que Tomás Parentucelli, uno de los eruditos del grupo florentino, fue elegido Papa y tomó el nombre de Nicolás V. A él y sus sucesores Pío II y Sixto IV se debe el engrandecimiento de la Biblioteca Vaticana. Pío II, además, fundó en Siena una biblioteca en la catedral, que se conserva aún intacta. Está decorada con frescos del Pinturicchio que representan escenas de la vida de Pío II antes de ser Papa, y en el centro de la estancia, extraordinario adorno para una biblioteca catedralicia, mandó poner el grupo clásico de las Tres Gracias, desnudas, labradas en mármol.

En Roma se fundó también una Academia Romana, por Pomponio Leto, la cual empezó a funcionar ya a mediados del siglo xv. En Nápoles el rey de Aragón Alfonso V, el Magnánimo, demostró el mismo interés por apadrinar la cultura clásica renaciente que el que manifestaban los Médicis en Florencia. El fundador de la Academia napolitana sobrevivió a su señor, el rey Alfonso, pues no murió hasta el 1503, dejando en Nápoles una escuela de poetas y eruditos comparable a la de Florencia. La Academia de helenistas, de Venecia, fue inaugurada en 1500, y el que puede considerarse como su fundador, Aldo Manucio, es ya hombre que pertenecía a otra época. Era un impresor famoso, y de él tendremos que hablar más adelante.

Medalla conmemorativa de Alfonso V de Aragón, rey de Nápoles.

Vista de Brusa, en el Asia Menor, capital de los sultanes turcos.

CAPITULO III

EL AVANCE DE LOS TURCOS EN EUROPA EN LOS SIGLOS XV Y XVI

Plinio menciona ya a los turcos; los incluye entre los pueblos trashumantes que viven al norte del Bósforo; *vastas sylvas occupant,* dice Pomponio Mela hablando de ellos. Gentes de raza turania, muy mezclada con sus vecinos arios, permanecieron inactivas hasta que las hordas de mongoles las empujaron a las tierras del Asia Menor. Aprovechándose de la destrucción del califato de Bagdad por los mongoles, un grupo de turcos empezó a establecerse sólidamente en la frontera de Armenia. El primer caudillo de estos recién llegados se llamaba Ertogrul; él fue, según se cuenta, quien tuvo la visión de la media luna que iba creciendo de los pechos de su enamorada, y que tenía que ser el símbolo de la nación turca. El hijo de Ertogrul, Osmán, es venerado todavía por los turcos como el fundador de la nación; de aquí que éstos se llamen *osmanlíes,* que quiere decir descendientes de Osmán; pero como los europeos pronunciaron *Otmán,* por este error se les llama otomanos. Entre las reliquias del tesoro de Constantinopla se guarda el sable de dos filos y el estandarte de Osmán, u Otmán, al lado del manto del profeta Mahoma.

Orkán, hijo de Osmán, consiguió extender su autoridad hasta el Bósforo. A mediados del siglo XIII conquistó a Nicea (llamada desde entonces Isnik), Nicomedia y Brusa, de la que hizo su capital. En Brusa fueron enterrados los seis primeros soberanos turcos; sus sarcófagos están rodeados de más de quinientas sepulturas de bajaes, santones, poetas y jurisconsultos. Otro centro de la primitiva civilización turca fue Nicea. La iglesia donde se había reunido en 325 el gran concilio ecuménico convir-

Capítulo III

tióse en mezquita y se fundó allí una escuela de Derecho y Teología que todavía subsiste. En fin, Orkán preparó las conquistas de sus descendientes con la creación de la milicia profesional turca: los batallones de jenízaros. Para formarlos se seleccionaban a los más robustos niños cristianos, del botín de las ciudades o del mercado de esclavos, y se los educaba según los principios del Islam y para la vida militar. El escoger a hijos de cristianos para pelear contra cristianos no se hacía por simple rencor, sino porque se necesitaban muchachos «sin familia, para que pertenecieran enteramente al monarca». Tales personas debían reclutarse entre esclavos, y como el Islam no admite esclavitud de los creyentes, había que buscarlos entre los cristianos. Pero se hacían libres al crecer dentro del Islam, en tanto que adquirían hábitos guerreros. «¿No ha dicho por ventura el Profeta que todos, al nacer, nacemos mahometanos? No habrá, pues, más que beneficio para ellos al devolverlos a la verdadera religión, aunque no fuera ésta la que practicaron sus padres.» Tales son, por lo menos, las palabras del santón que aconsejó a Orkán la creación del cuerpo de jenízaros. El nombre es una corrupción latina de *Yengi-Cheri*, que quiere decir, en turco, soldados nuevos. Al principio sólo se agregaban cada año mil soldados al cuerpo de los jenízaros, pero poco a poco se fue elevando la cifra de los reclutas, y algunos años estas levas llegaron a los cuarenta mil bisoños. Esto explica la fuerza militar de Turquía, y también su debilidad, porque dependía de unas milicias adiestradas en el arte de la guerra, pero sin vínculos de raza ni familia, y casi sin religión. Los jenízaros se jugaban la vida por espíritu de cuerpo, pero, si se rebelaban, dejaban al Estado turco completamente indefenso. Existía en ellos algo más que el pundonor del soldado, orgulloso de pertenecer a la milicia: había cierto odio de casta, con una mentalidad casi salvaje, que los hacía irresistibles en el combate. Con estas milicias sin patriotismo, aunque bien disciplinadas, Turquía llegó a ser una de las potencias militares de Europa hasta mediados del siglo XVII.

El episodio del paso, por los turcos, de la ribera asiática del Bósforo a la de Europa es, en la leyenda, una novela de aventuras. Una noche del año 1357, reinando todavía Orkán, su hijo, Suleimán, cruzó el Helesponto en unas armadías, acompañado sólo de sesenta jenízaros. Ya en la costa europea, sorprendió a las gentes de la población bizantina de Tzimpo, llevándose las barcas que había en el puerto. Estas embarcaciones de pescadores fueron la primera armada turca. La realidad es que en la lucha entre Juan Cantacuceno (Juan VI) y los Paleólogos, el primero, cuya hija casó con el propio Orkán, llamó en su ayuda a los turcos y consintió su establecimiento en

Cementerio en torno a una mezquita. Brusa.

El avance de los turcos en Europa en los siglos XV y XVI

Si se conocen los detalles de la historia de esta época, no parecerá extraño que los turcos tardaran casi un siglo en trasladar la capital de Adrianópolis a Constantinopla, separadas por poco más de doscientos kilómetros. Pero no fueron los emperadores bizantinos los que les detuvieron: fueron los servios y los mongoles, los unos amenazando desde el Occidente y los otros atacando por el Oriente, quienes impidieron el avance de los turcos. Hacía ya tiempo que la pequeña nación servia venía engrandeciéndose a expensas de Bizancio cuando los turcos se establecieron en Europa. El choque entre servios y turcos era inevitable desde la conquista de Adrianópolis. En 1387 los turcos habían sido derrotados por los servios, pero éstos fueron finalmente vencidos en 1389 en la llanura

Exterior de la mezquita Verde. Brusa.

la costa europea, en Tzimpo. No fue posible arrojarlos después y desde allí se extendieron hasta Gallípoli. No satisfecho con la posesión de Gallípoli, Suleimán, casi sin el consentimiento de su padre Orkán, fue conquistando tierras y ciudades en Europa; a su muerte, de una caída de caballo, en el año 1359, había llegado hasta Rodosto. Su hermano Murad, que sucedió a Orkán, continuó las campañas de Suleimán en Europa, conquistando a Adrianópolis. La estratégica situación de Adrianópolis decidió a Murad a trasladar allí la capital. Brusa quedó como una ciudad santa del Asia, y Adrianópolis, en Europa, fue la sede del gobierno hasta que un siglo después, en el año 1453, con la caída de Constantinopla, los turcos pudieron establecerse en el prestigioso solar de la antigua Bizancio.

Interior de la mezquita Verde. Brusa.

Capítulo III

de Kossova. La batalla de Kossova es uno de los grandes jalones de la Historia. Para reparar el daño sufrido en Kossova, servios, búlgaros y albaneses han venido luchando hasta nuestros días. La jornada de Kossova fue fatal hasta para los turcos vencedores, pues el sultán Murad fue asesinado por un servio. Lázaro, rey de los servios, hecho prisionero por los turcos, fue ajusticiado. La muerte de los dos monarcas debía naturalmente paralizar a ambas naciones por algún tiempo. Además, por Oriente aparecían otra vez los mongoles, reavivadas sus energías con la personalidad poderosa de Tamerlán. Cuando el hijo de Murad, Bayaceto I, comenzaba a avanzar otra vez hacia Hungría, viose obligado a retroceder para detener al Gran Kan, que estaba ya en el Asia Menor. El choque de turcos y mongoles prodújose en el llano de Angora el año 1402. Y he aquí otro jalón de la Historia: Bayaceto fue vencido y cayó prisionero, pero la batalla hubo de ser tan sangrienta, que Tamerlán no se sintió con fuerzas para continuar atacando hacia Occidente y regresó para conquistar la China, última aventura de su vida, en la que halló la muerte.

Bayaceto murió, según se dice, encerrado por Tamerlán en una jaula de hierro. Había dejado cinco hijos, todos pretendientes al trono. Sus disputas retardaron también el avance turco. Uno de los hijos de Bayaceto se apoyaba en el espectro de emperador bizantino que reinaba dentro de los muros de Constantinopla. Otro se alió con el déspota que todavía gobernaba a los servios. Otro en Asia... Desde 1402 a 1421 Turquía vivió un período de guerras civiles: las de los hijos de Bayaceto. Por fin uno de ellos, llamado Mohamed I, consiguió recobrar los Estados de su padre y prepararlos para su mayor engrandecimiento. Murió en 1421, nombrando sucesor a su

Interior de la mezquita del sultán Selim. Adrianópolis.

El avance de los turcos en Europa en los siglos XV y XVI

Patio de la mezquita del sultán Selim. Adrianópolis.

hijo Murad, llamado el segundo, que sólo contaba dieciocho años.

Irritado por los auxilios que el emperador había concedido a su tío y a su hermano, Murad II puso el primer sitio a Constantinopla. Esta vez los turcos hubieron de retirarse, y la clerecía de Bizancio lo atribuyó a haberse aparecido una Virgen, vestida de color violeta y rodeada de una aureola de luz, en la brecha de las murallas. Lo cierto era que un nuevo peligro se cernía sobre los turcos por el norte. Conmovido Occidente por la amenaza turca, el papa Eugenio IV convocó una Cruzada, y un ejército, mandado por Juan Hunyade y Ladislao de Polonia, acudió en socorro de Constantinopla. Pero los cruzados fueron vencidos por el sultán en la batalla de Varna (1444).

Episodio heroico de esta época es la resistencia del legendario Eskanderberg, cuyo nombre viene de Iskander-Bey, o Alejandro-Bey, como le llamaban los turcos. Había sido enviado con sus hermanos, como rehén, a la corte de Murad II. Convertido al mahometismo, era el preferido del sultán, que le animaba llamándole otro Alejandro (o Iskander) el Grande, que es como se habla de Alejandro en el Alcorán. En un momento propicio Eskanderberg escapó de la corte turca, arrancando, antes, a la fuerza, una orden del ministro del sultán para que le entregaran las llaves de la capital del Epiro. Eskanderberg reunió a todos los caudillos montañeses del Epiro y de Albania, y durante un cuarto de siglo desbarataron, uno tras otro, a todos los ejércitos turcos enviados para subyugarles.

El hijo de Murad, Mohamed II, se decidió a emprender la conquista de Constantinopla el año 1453. Mandó fundir cañones colosales, reunió una flota de doscientos

Capítulo III

ochenta navíos, y su ejército se aumentó hasta doscientos cincuenta mil jenízaros y voluntarios. Mohamed II poseía una educación excepcional para un monarca turco. Con aficiones científicas y literarias, creía poder augurar las fechas que serían favorables para sus empresas militares. Además del turco, hablaba el árabe, el persa, el hebreo, el griego y el latín.

Dentro de la gran metrópoli, regida por el emperador Constantino Paleólogo, todavía muy joven, las fuerzas militares eran muy reducidas. Pero su pueblo contaba, naturalmente, con la protección de las divinas potestades, y en particular *la Panagía*, o Madre de Dios, que ya se había aparecido cuando el ataque de Murad II. «Mi confianza está en Dios — respondió el emperador bizantino al sultán turco —; si a Él le place amansarte, yo me alegraré de tu amistad, y si Él te entrega a Constantinopla, me resignaré también a sus decretos; pero mientras yo no vea clara su voluntad, mi deber es vivir y morir defendiendo a mi pueblo.»

Constantino Paleólogo esperaba, además, auxilio de la cristiandad occidental. Había enviado delegados, que no pudieron conseguir del Papa más que la promesa de que predicaría una cruzada si los griegos definitivamente, y sin reservas, se reunían a la Iglesia latina. Pero esto no era cosa fácil. Algunos cismáticos habían caído ya bajo el yugo turco, y para ellos la unión de las Iglesias no tenía el mismo interés político que para los griegos de Constantinopla. Los emperadores, sin embargo, no cesaron de esforzarse para conseguir la unión, que era el preliminar de la cruzada. Ya en 1369 el emperador Juan V Paleólogo había visitado a Roma, consintiendo en besar las sandalias del Pontífice. Su hijo Manuel no sólo fue a Italia para implorar alianzas, sino que hasta visitó con idéntico fin las cortes de Francia e Inglaterra. Juan VIII Paleólogo, en el concilio celebrado en Flo-

Interior de la mezquita del sultán Selim. Adrianópolis.

rencia el año 1439, asintió a todo lo que le pedían, y los representantes del Papa y del Patriarca se abrazaron en la catedral de Florencia. La escena se repitió después en la iglesia de Santa Sofía, al regresar el emperador del concilio. Así, pues, a pesar del horror que causó a la mayoría de los griegos ver mezclar en la comunión el agua con el vino, y las hostias de pan sin levadura, algunos aceptaron de buena fe las proposiciones del Papa. Puede decirse que la cuestión religiosa no hubiera sido obstáculo para el socorro que se pedía en Oriente, pero a mediados del siglo xv el Papado atravesaba una crisis de autoridad, y aunque el Pontífice hubiese querido, su intervención en favor del Imperio bizantino no hubiera sido muy eficaz.

Mientras en Constantinopla se debatía si debía preferirse el turbante del turco al sombrero del cardenal, y si Santa Sofía había quedado o no profanada por la comunión con los latinos, Mahomed II iba asentando sus baterías de cañones contra la muralla que defendía la capital por la parte de tierra. Hacía poco que el empleo de la pólvora había sido enseñado a los turcos por renegados cristianos, y en esta ocasión les sirvió de mucho, aunque no fuera más que para darles ánimo con estrepitosas descargas.

Por fin, el sultán imaginó desmoralizar a los griegos introduciendo su armada dentro del Cuerno de Oro; éste estaba cerrado por una cadena y bien defendido. Mahomed II ordenó trasladar por tierra ochenta galeras, haciendo construir unos terraplenes con tablones engrasados en la península que por el Norte cierra el puerto de Constantinopla. Los buques, colocados sobre unos andamios con ruedas, fueron arrastrados por los jenízaros. Se habían extendido las velas, y el viento, soplando favorable, ayudaba a los que tiraban de las cuerdas. La operación del transporte se realizó en una sola noche.

Con estas pruebas de tenacidad, y con este alarde de recursos ilimitado, el sultán trató de intimidar al último de los empe-

Mahomed II, conquistador de Constantinopla, por G. Bellini. (Galería Nacional. Londres.)

radores bizantinos para obligarle a capitular. Hacía cincuenta días que duraba el sitio, y la artillería turca, por fin, había destruido cuatro torres. Pero en este momento angustioso el descendiente de los césares romanos se mostró digno de su cargo, prefiriendo morir en la brecha a rendir Constantinopla a los mahometanos.

Convencido Mahomed II de que los augurios eran favorables para el día 29 de mayo de 1453, ordenó el ataque general para este día. «La ciudad será mía y sus edificios no deben destruirse — dijo el sultán al ofrecer Constantinopla al saqueo de sus tropas —, pero os entrego sus habitantes y sus tesoros. Sed ricos, gozad del premio al valor.» Por su parte, el emperador bizantino trató también de animar al puñado de defensores que le rodeaban con una oración que mejor parece un discurso fúnebre que la arenga de un caudillo.

Al alborear el fatal 29 de mayo, Mahomed II, con una maza de hierro en la mano, y rodeado de una guardia de diez mil jenízaros, emprendió el asalto. A su espalda, una hilera de verdugos se hallaban prepa-

Capítulo III

Mezquita del sultán Ahmed, desde la entrada. Constantinopla.

Aprovechándose del terror que produjo la caída de Constantinopla, Mahomed II acabó la conquista de Grecia, Servia y Valaquia. Pensaba seriamente en invadir a Italia y tenía ya un punto de desembarco en Otranto, que conquistó sin dificultades en el año 1480. Pero como preliminar de la campaña de Italia era preciso limpiar de gentes latinas el Mediterráneo Oriental y ganar sobre todo la isla de Rodas, defendida por los caballeros de la Orden militar hospitalaria de San Juan de Jerusalén. Previniendo el ataque, el gran maestre Pierre d'Aubusson había llamado a todos los miembros de la Orden y éstos habían acudido, juramentándose para morir antes que rendirse. Los turcos llegaron con ciento sesenta galeras delante de Rodas, en mayo de 1481. Dos meses después tenían que reembarcarse, habiendo experimentado grandes pérdidas: nueve mil muertos y quince mil heridos. El sitio de Rodas probó a la cristiandad que los turcos no eran invencibles. Mahomed II debió de sufrir también el efecto moral de su fracaso; por lo me-

rados para decapitar a los que huyesen o se portaran cobardemente en el combate. Los turcos, victoriosos al fin, penetraron en la brecha de las murallas, tan sólo defendida por un puñado de héroes, y el joven emperador cayó rodeado de sus dignatarios y servidores.

Una vez dentro de la ciudad, los turcos no encontraron resistencia. Prelados, senadores y religiosos quedaron convertidos en esclavos del primero que pudo echarles mano. Se ha calculado que el botín, en joyas y dinero solamente, alcanzó a cuatro millones de ducados. Al mediodía, Mahomed II hizo su entrada en la ciudad por la puerta de San Román. Atravesó el hipódromo y entró en Santa Sofía. Al día siguiente, que era viernes, el almuédano subió a hacer su pregón desde una de las torres, y el propio sultán recitó sus plegarias a Alá en el presbiterio del antiguo templo de Justiniano.

Mezquita del sultán Ahmed, vista por la parte posterior. Constantinopla.

El avance de los turcos en Europa en los siglos XV y XVI

Solimán el Magnífico, en su juventud. Grabado contemporáneo de Hopfer.

gobierno lo simboliza el lado donde está la puerta; por esto se llamaba al gobierno turco *la Sublime Puerta*. Los cuatro soportes de la puerta son los cuatro ministros, porque en un Estado patriarcal como Turquía debían bastar cuatro ministros. Uno era el gran visir, que decidía los negocios públicos, tanto de gobierno interior como de política internacional. Los otros tres eran el ministro de la guerra, o juez del ejército, el ministro de hacienda y el secretario o archivero. La pirámide del gobierno se ensanchaba por abajo con un número considerable de *beyes*, gobernadores de provincia, y de *bajaes*, que recaudaban los impuestos y reclutaban el ejército. Mahomed II hizo añadir a estos títulos un rudimentario catastro, con el valor relativo de cada fuente de ingresos, riqueza pública y privada que se podía gravar: minas, aduanas y multas.

Pero, sobre todo, la gran sorpresa de la legislación de Mahomed II es la creación

nos, murió poco después del regreso de su armada.

Durante el largo reinado de Mahomed II, Turquía regularizó sus instituciones. Las leyes que se atribuyen a la inspiración personal del sultán forman una constitución que es además un código religioso. Se llama el *Kanun-Namé*, canon o ley fundamental, y está dividido en tres partes. Una trata de la jerarquía, o sea el gobierno; otra, de las ceremonias, y la tercera trata de los castigos, multas y precio de los cargos públicos. Sorprende sobre manera esta supervivencia en la Europa del Renacimiento de una concepción oriental del Estado, pero lo más sorprendente todavía es su éxito, su extremada eficacia.

En el *Kanun-Namé* impera el número cuatro, porque cuatro son los ángeles que sostienen el Alcorán, y cuatro los califas discípulos de Mahoma de los que arranca la Tradición, que es un suplemento de la Revelación. El Estado es comparado a una tienda de campaña, con cuatro lados, y el

Solimán el Magnífico, llamado también *el Legislador*, en su vejez. Grabado de Sorch.

Solimán el Magnífico como conquistador. Grabado contemporáneo de Hopfer.

del famoso cuerpo de los ulemas. Estos, en un principio, no formaban una casta sacerdotal, como generalmente se dice, sino que su condición e influencia se parecían más a las de los tradicionales letrados de la China. *Ulema* no es palabra turca, sino árabe, y quiere decir sabio. Los ulemas tenían que saber, por lo pronto, las tres lenguas indispensables para un osmanlí u otomano culto: el turco, el árabe y el persa. La educación de los ulemas se completaba con comentarios del Alcorán y de la Tradición, de donde se derivan toda la teología, la jurisprudencia y la ciencia islámicas. Los que se dedican al servicio del culto, como predicadores, lectores y pregoneros, no forman parte del cuerpo de los ulemas, y no tuvieron ninguna influencia en Turquía. Pero los ulemas, como los mandarines y los letrados chinos, fueron escuchados y aun temidos por todos los sultanes inteligentes. Los ulemas acabaron siendo como una especie de beneficiados de las mezquitas, aunque en un principio fueran sólo letrados, actuando como consejeros de la administración. En los pequeños lugares ayudaban a los beyes con sus conocimientos jurídicos, que naturalmente eran pura ciencia alcoránica. En las grandes ciudades ejercían de jueces y profesores, y el jefe de los ulemas debía aconsejar al sultán antes de dar una orden. Los ulemas formaban un cuerpo compacto, fraternidad bien disciplinada, que prestó grandes servicios al Imperio, pero al final, orgullosos y reaccionarios, retrasaron la transformación de Turquía en Estado moderno.

Entre las leyes de Mahomed II se encuentra la que justifica el fratricidio real por razón de Estado: «Mis ilustres hijos y mis nietos, al llegar al trono, pueden hacer morir a sus hermanos para asegurar el reposo del mundo.»

Para la administración de justicia el testimonio de dos testigos bastaba como prueba, tanto en las causas civiles como en las criminales. No había apelación posible. El código de Mahomed II es terminante por lo que se refiere a este punto: «¿Puede revisarse de nuevo una causa que ha sido examinada jurídicamente, y en la que ya se ha dictado sentencia? — No.»

Los castigos son naturalmente de tipo oriental. Un homicidio se paga con tres mil piastras; la pérdida de un ojo, con mil quinientas; una herida en la cabeza, con treinta.

La sucesión de Mahomed II ocasionó una guerra civil entre sus hermanos; el que triunfó fue Bayaceto II, pero el pretendiente derrotado, Djem, se refugió primero en la isla de Rodas, todavía en poder de los caballeros hospitalarios. Las aventuras del príncipe Djem en tierras de cristianos llenarían por sí solas un volumen como el presente. Los caballeros de Rodas le enviaron a Francia, donde fue encerrado en varios castillos, siempre esperando los cristianos la hora de utilizarlo como pretendiente para la guerra contra Turquía. Por fin, Djem creyó conseguir mejor trato cuando lo entregaron al Papa. Bayaceto II pagó entonces al Papa una anualidad de cuaren-

El avance de los turcos en Europa en los siglos XV y XVI

ta mil ducados para que retuviera a su hermano, impidiéndole regresar a Oriente. Djem, durante tres años, vivió tranquilo en Roma, hasta que el nuevo Pontífice, Alejandro Borgia, cambió el contrato con el sultán: los cuarenta mil ducados aumentarían hasta trescientos mil si Djem moría envenenado. Parece casi seguro que Alejandro VI prefirió los trescientos mil, de una vez, a los cuarenta mil anuales; el final misterioso de Djem en Nápoles, en 1495, hizo sospechar que su muerte había sido acelerada. Mientras Bayaceto II se libraba así de su hermano Djem, su hijo Selim se hacía popular entre los jenízaros. La rebelión franca o solapada del príncipe Selim duró varios años y por fin Bayaceto tuvo que abdicar. Con Selim llegó Turquía a su apogeo; conquistó a Persia, Palestina y Egipto, del que dependía la Arabia, con sus ciudades santas, La Meca y Medina. Las campañas de Selim han sido comparadas con las de Napoleón y Alejandro. Tenía, como ellos, poca afición a la vida del harén; prefería la caza y las batallas. Era alto, de larguísimos brazos, con la barba afeitada y poblados bigotes.

La conquista de Persia estuvo justificada por la idea religiosa de combatir la secta de los xiítas, que empezaba a hacer prosélitos entre los osmanlíes. Selim persiguió primero a los xiítas que había en sus Estados, pero como Persia era el lugar de donde los xiítas recibían auxilios, se hizo imprescindible una expedición armada. El documento por el que Selim, el sultán turco, declaró la guerra al sha de Persia, Ismael, contiene párrafos que no podemos dejar de copiar: «Yo, el jefe soberano de los osmanlíes, héroe de los héroes, con la fuerza y el poder de Feridún, la majestad de Alejandro el Grande y la justicia y la clemencia de Cosroes. Yo, el exterminador de los idólatras, el destructor de los herejes, el terror de los Tiranos y de los Faraones. Yo, Selim, graciosamente me dirijo a ti, Ismael, jefe de los persas, tirano como Zoak y Afrasiaf, destinado a perecer como Darío, etc.». Esta tirada de libro de caballería va seguida de largos párrafos en los que Selim

El Imperio turco a la muerte de Solimán: desde Budapest al Oxus y desde Crimea hasta el Sudán.

Combate entre naves cristianas y turcas. Grabado de la época.

La conquista de Persia no fue muy fácil. Hasta los jenízaros se cansaron de perseguir al sha, que iba siempre retirándose hacia el interior. Se repetía la fatiga de los mercenarios que paralizó la marcha de Alejandro en el confín del mundo. Pero Selim no quiso retroceder. Por fin, el 23 de agosto de 1514, el sha de Persia se decidió a presentar batalla, porque suponía que los turcos habían llegado al mayor extremo de la fatiga. Sin embargo, la suerte de las armas deparó a Selim una gran victoria, y no hay duda que le favoreció mucho el disponer de artillería, de la que carecían los persas. El botín logrado en Persia fue enorme y se repitió el fenómeno de la conquista de Alejandro, poniendo en circulación los tesoros del Asia. Además, Selim hizo trasladar mil artesanos de Persia a Constantinopla, por lo que los turcos miran todavía a los persas como sus maestros en las técnicas artísticas.

Dos años más tarde Selim se ponía otra vez en marcha contra Palestina y Egipto. Estas regiones estaban entonces gobernadas por la aristocracia feudal de los famosos *mamelucos*. El nombre de mameluco quiere decir *esclavo*, y reclama una explicación. A principios del siglo XIII un sultán de Egipto formó una milicia análoga a la de los jenízaros, importando mil doscientos esclavos circasianos que fueron su guardia personal. Estos se rebelaron en 1264, matando a su amo e imponiéndose ellos como gobernantes. Bien unidos en una confederación militar, los mil doscientos mamelucos y sus descendientes dominaron a Egipto por más de dos siglos y aun conquistaron la Siria y Palestina. Se habían hecho mahometanos, pero no sentían gran entusiasmo religioso, y esto bastaba para incitar a Selim a acometerles. La campaña de Egipto fue aún más difícil que la de Siria; Selim obtenía siempre victorias imperfectas, porque dos o tres jefes que lograban escaparse renovaban la lucha. Vencidos en una primera batalla, los que escaparon con vida resistieron todavía más de un año. Sólo en abril de 1517 pudo decir el vencedor: «Alabado sea Alá, el Egipto ha sido con-

cita a menudo el Alcorán. Así, por ejemplo, el sultán añade: «Dios mismo ha dicho en su libro: — No hemos creado los Cielos y la Tierra para que sirvan de diversión.» Hay que proceder rectamente, y como el sha de los persas era hereje para Selim, esto bastaba para justificar *la intervención*. Es interesante ver aparecer en este sector de la Humanidad que es el Islam algunos aspectos del Renacimiento occidental: el cesarismo, impuesto como principio religioso, y el humanismo, que representan los nombres clásicos de Alejandro, Faraón, Darío y Cosroes confundidos con héroes mitológicos alcoránicos.

quistado.» Selim no se interesó por los monumentos de los faraones, que en otro tiempo ya habían despertado la curiosidad de Alejandro y que más tarde despertarían también la de Napoleón. Ni tan sólo quiso admirar las pirámides. Visitó, eso sí, las mezquitas, y quiso orar postrado sobre las losas del pavimento, sin los tapices que le habían preparado.

En Egipto encontró Selim un descendiente de los abasidas que llevaba aún el título de califa. Era el número doce de los califas de la familia de Abbás, tío de Mahoma; no tenía sino una sombra de autoridad religiosa y se llamaba también Mahomed. No fue difícil convencerle de que debía traspasar sus títulos de califa al conquistador osmanlí; más difícil ha sido desde entonces justificar esta usurpación de los sultanes turcos, porque ellos no eran coraichitas, es decir, de la tribu o familia del Profeta, y ni tan siquiera árabes. No tenían otro derecho al califato que el haber conseguido Selim que sus legítimos poseedores le entregaran las sagradas insignias: el estandarte, el manto y la espada de Mahoma.

Selim reinó del año 1512 al 1520. Imagínese, después de este glorioso reinado, otro de su hijo Solimán, casi tan capaz como Selim y que reinó del 1520 al 1566. Cuarenta y seis años de política expansiva, avanzando más lentamente, pero también sin interrupción. En su tiempo cayeron Belgrado y Rodas, las dos plazas fuertes de la cristiandad en Oriente. y por fin los turcos llegaron delante de Viena, que se salvó por milagro. Un ataque a Malta también fracasó; en cambio, Solimán extendió sus fronteras hacia Oriente. El reinado de Solimán es también la época de la gran preponderancia naval de los osmanlíes, no sólo por sus formidables armadas, sino también por sus corsarios, que, hostigando siempre a los Estados de Occidente, hacían casi imposible el comercio en el Mediterráneo. Solimán, anticipándose a Napoleón, llevó a cabo la creación de un cuerpo de inválidos para atender a los jenízaros imposibilitados por heridas o vejez. Se alistó él mismo en el pri-

Sitio de Rodas por los turcos en 1481. Ataque a la torre de San Nicolás. Grabado de la época.

mer batallón, e iba al cuartel, cuando podía, para recibir la paga que le correspondía como simple soldado.

La reputación de Solimán fue tan grande, que Francisco I de Francia, preso en Madrid, le escribió pidiéndole auxilio contra su enemigo Carlos V. Conservamos la contestación de Solimán. Con la elocuencia pomposa, desenfrenada, de los documentos turcos, le dice al rey de Francia que es propio de soberanos el ser hoy ricos y poderosos y mañana hallarse en cautiverio. Para el déspota de Constantinopla, Francisco I era un pequeño sultán cristiano a quien no valía la pena de prestar mucha atención.

Capítulo III

¡Quién hubiera podido prever en aquellos momentos que las relaciones cordiales entre Francia y Turquía iban a tener su principio con las misivas del rey prisionero en Madrid a Solimán!

Los occidentales se han acostumbrado a llamarle Solimán el Grande y el Magnífico, aunque los turcos prefieren llamarle Solimán *Kanuni,* o sea el de los Cánones, que querrá decir *el Legislador.* Es imposible describir en un libro como el nuestro las grandes reformas que representa la legislación de Solimán. El Imperio quedó dividido en veintiún gobiernos, casi autónomos, y éstos, a su vez, subdivididos en 250 *sanjaks* o provincias. Incluía dentro de sus fronteras por lo menos veinte razas, con una historia muy antigua, pero que no manifestaron deseos de emanciparse hasta el siglo pasado. En algo contribuía a esta disciplina la idea del califato, asociado bien o mal a la persona del sultán; pero, además, la distribución de tierras resultaba favorable a un equilibrio de poderes. Las tierras de dominio público de los países conquistados habían sido divididas en feudos, llamados *timars* y *ziamets;* estos últimos eran mucho mayores y sus propietarios tenían también mayores obligaciones con el Estado. No sería una novedad encontrar aquí a los osmanlíes reincidiendo en un feudalismo poco favorable a la agricultura; pero la singularidad de la subdivisión del dominio público entre los osmanlíes proviene de que las hembras no podían heredar, y en caso de faltarle descendencia masculina a un gran feudatario, el Estado heredaba los feudos y el sultán los concedía a *hombres nuevos* que se habían distinguido recientemente.

Turquía carece, pues, de esas familias anquilosadas de la vieja aristocracia europea que resisten con todas sus fuerzas a cualquier idea de transformación.

Patio de la mezquita de Mammun.
Constantinopla.

Colón con su hijo Diego en el convento de La Rábida.

CAPITULO IV

LOS DESCUBRIMIENTOS GEOGRAFICOS EN EL SIGLO XV. COLON

Multitud de fenómenos históricos habían preparado a la humanidad para lanzarse a completar la exploración del mundo. En primer lugar, el Islam había establecido una fraternidad internacional de creyentes que les permitía viajar sin el impedimento de conflictos de raza o religión. El Islam tenía también una gran fuerza de proselitismo y los misioneros mahometanos partían a predicar el Alcorán a las gentes del Extremo Oriente o del interior del Africa. A éstos seguían los mercaderes y letrados, que iban a lejanos países por negocios o pura curiosidad científica. Una época favorable para los viajes del comercio o estudio fue también la de Gengis-Khan y sus sucesores. El Asia estuvo entonces casi unificada y los extranjeros eran recibidos con simpatía en los gobiernos de los mongoles, desde el mar Caspio hasta el Pacífico. Las experiencias de Marco Polo demostraron que era fácil en esta época viajar por los lejanos *Catay* y *Cipango*, o sean la China y el Japón, y encontrar allí menos peligros que en la patria misma. El libro de Marco Polo y sus análogos, como el de fray Oderico de Pordenone, fueron el gran estimulante de la exploración de Oriente.

Los resultados de los viajes de los árabes en Africa aparecen en sus libros de geografía, pero sólo en parte. Mucho debió de transmitirse por tradición oral, mucho quedaría entre navegantes, que se confirmaban sus conocimientos del mar Rojo o del Atlántico en el puente de sus veleros. Así, por ejemplo, hacia el año 1150, señalaron ya

San Pedro Mártir se aparece a unos navegantes. Arca del Santo. Siglo XIV.

la Tierra de los Tesoros, que llamaron *Bilad-Ghaana*, y que después fue buscada por los cristianos con el nombre de Guinea. Al Atlántico los árabes lo llamaban *mar Tenebroso*, y no daban de él noticias muy atrayentes.

Sin embargo, los vagos nombres del Africa Interior y Occidental que los árabes enseñaron a las gentes cristianas fueron ya incentivos para viajes; pero sospechamos que ellos debían de conocer mucho más, sobre todo los mercaderes y navegantes. Pronto se habló del Río del Oro, del Nilo Occidental, que nace del mismo lago que el Nilo de Egipto; pronto empezaron a circular leyendas que revelan, entre fábulas, algo de la verdadera geografía del Continente Africano. Recordemos también que los árabes tradujeron y comentaron la *Geografía de Tolomeo*, y en el mapa de Tolomeo aparece ya bastante bien dibujada la mitad superior del Africa.

La fundación de las Ordenes mendicantes ayudó también no poco, proporcionando voluntarios para las misiones cristianas. Los monjes basilios y benedictinos eran sedentarios, su celda tenía que ser un retiro tan solitario como el yermo de los anacoretas. En cambio, los mendicantes, especialmente los franciscanos, no tenían en su regla ninguna restricción que les impidiese viajar; más bien, como los sufíes árabes, a los que inconscientemente imitaban, era preferible que salieran del convento para predicar el Evangelio. Los espíritus inquietos de las Ordenes mendicantes se aprovechaban de esta libertad; tenían en su abono los ejemplos de Santo Domingo, yendo a predicar a los infieles de España, y de San Francisco, quien personalmente marchó a Egipto como misionero. Cuando el Gran Kan pidió misiones al Papa, no se pensó más que en franciscanos; el ya citado Odoacro de Verona era franciscano también, y el espíritu franciscano influyó en Raimundo Lulio para animarle a pasar a Tartaria y a Túnez. Por fin, en los mapas catalanes del siglo XIV se hace mención de un anónimo fraile franciscano que fue al Río del Oro y debió de escribir un relato que desgraciadamente se ha perdido.

Ambas remotas regiones, el Oriente con sus sedas y especias, y el Africa con sus tierras de tesoros y sus ríos de oro, fueron, sin duda alguna, los principales estímulos de los grandes viajes del siglo XV, pero no hay que olvidar que el Atlántico podía ser tenebroso, pero no era desierto. Estaba salpicado de islas legendarias, que debían también atraer a los espíritus aventureros. Las Canarias fueron llamadas ya por los griegos y romanos «las Islas Bienaventuradas» y nunca se olvidó su ubicación. Más difícil es dilucidar cuándo fueron descubiertas las islas del grupo de Madera y las Azores, porque aparecen con los mismos nombres que llevan hoy en mapas genoveses y catalanes del siglo XIV. Pero queda aún la duda de si fueron en realidad conocidas, o si, al descubrirlas después, se las identificó con las islas que se creía que existían en el Océano. Otras islas que hay en aquellos mapas nunca se identificaron.

Tal es, por ejemplo, la isla de San Balandrán, isla fantástica que aparece sólo en

Los descubrimientos geográficos en el siglo XV

los mapas. La leyenda supone que allí fue a refugiarse un santo bretón del tiempo de las persecuciones. Había islas flotantes; entre ellas la isla del Brasil, que pensaron descubrir los que dieron nombre a aquella parte de América; había, sobre todo, la gran isla de Antilia o Antilla, con las siete ciudades de Cipolla, adonde se retiraron — según la leyenda — muchos visigodos, magnates y obispos, escapando de los árabes en el siglo VIII. Todavía a mediados del siglo XVI los españoles creían encontrar en el norte de México rastros que los conducirían a las siete famosas ciudades.

De resultados mucho más positivos fueron desde el siglo X los viajes de los escandinavos a Groenlandia. En el año 981 un príncipe noruego, Erico el Rojo, atravesó el Atlántico, parándose en el viaje de ida algunos días en Islandia. A su regreso fue directamente de Groenlandia a Noruega, e hizo, sin ningún género de duda, la primera travesía transatlántica sin escala. Los sucesivos viajes de los escandinavos a Groenlandia están perfectamente documentados. A mediados del siglo XI había en Groenlandia ciento noventa granjas, dos monasterios y doce iglesias. Los habitantes blancos

Combate naval. Miniatura de la Crónica de Froissart. Manuscrito del siglo XV.

Capítulo IV

serían unos dos mil, pero había muchos mestizos del cruzamiento con los esquimales.

La impresión que producía entonces Groenlandia aparece en un párrafo de una crónica danesa del 1520, donde se dice textualmente:

«Unos van a Groenlandia por la fama que consiguen exponiéndose a los peligros del viaje, otros para satisfacer su curiosidad, y otros para hacer negocio. Los groenlandeses tienen que importar casi todas las cosas que necesitan para la vida, hierro, granos, maderas, pero venden pieles, cueros de focas y colmillos de elefante marino.»

Groenlandia es una corrupción de la palabra teutónica *Greenland*, que quiere decir Tierra Verde, porque en el verano la costa, libre del hielo, se cubre de prados de verdor intenso. El interior está siempre helado, y en el mar quedan flotando, durante el estío, grandes témpanos entre las olas. No había, pues, otro motivo de permanencia allí sino que el país estaba casi desierto. En cambio, ya el hijo de Erico el Rojo exploró la costa del Labrador, que llamó *Marklandia*, y la de América, que llamó *Vinelandia*. Allí encontró la vid silvestre, árboles corpulentos y un clima tan suave, comparado con el de Groenlandia, que creyó no haría falta almacenar el heno para alimentar el ganado durante el invierno. Observó también que en Vinelandia la diferencia entre los días y las noches no era tan extremada como en Groenlandia. Es, pues, de toda evidencia que los escandinavos consiguieron llegar a las costas de Nueva Escocia, o del Maine, ya a principios del siglo XI. Las interesantes noticias que daban de Vinelandia los escandinavos resultaron obscurecidas por la penosa impresión que comunicaban de sus habitantes; éstos eran de naturaleza más belicosa que los esquimales, y alguna tentativa de colonización que se hizo allí acabó con una forzosa retirada. Los escandinavos del siglo XI no tenían armas de fuego, como los puritanos, y su número era inferior a las multitudes de las *naciones* indias.

Groenlandia formó un obispado desde el año 1110, pero el primer prelado no fue ordenado en Lund hasta el año 1124. El último obispo que residió en Groenlandia murió el año 1385. Es curioso hacer notar que el papa Alejandro VI Borgia, en 1492, el mismo año que Colón atravesó el Océano, se lamentaba en una bula de que, por espacio de ochenta años, no había gobernado la Iglesia de Groenlandia ni obispo ni capellán alguno con residencia fija. «El resultado es que muchos habitantes han apostatado y caído en la más baja superstición.»

Vemos, pues, que durante la Edad Media el océano Atlántico fue cruzado por los escandinavos casi cada año, o cada dos años, con los convoyes que organizaban para ir a Groenlandia. Por aquellas regiones viajó también Colón antes de proponerse su travesía más hacia el Sur; por lo menos, se precia de ello — de haber viajado por los

Carabela del Océano. Grabado de la edición del año 1494 de la Carta de Colón a Rafael Sánchez, impresa primeramente en 1493.

mares septentrionales — en la carta en que se ofrece a descubrir nuevas tierras.

Sin embargo, los que debían acabar por conquistar el Océano, que fueron los pueblos hispánicos, pensaban más en Cipango y Catay que en el confín del mundo, o *última Tule*. Fue sobre todo la devoción y el ahínco del infante Don Enrique de Portugal, llamado *el Navegante,* lo que precipitó los descubrimientos. Hijo segundo del rey Juan y la reina María de Lancáster, el infante Enrique tenía bastante sangre anglosajona para explicarnos su testarudez y calma en las ocasiones más desfavorables. Con un título semieclesiástico de gran maestre de la Orden de Avís, que le proporcionaba recursos para organizar sus expediciones, Don Enrique empezó retirándose al promontorio de Sagres, la punta más meridional de los Algarbes. Es una península barrida por los vientos, sin árboles y sin agua, una lengua de tierra roja sin ningún atractivo, con el océano rompiendo sus olas contra las peñas. Es muy corriente ahora regatearle simpatías al infante Enrique, porque sus expediciones, tanto como a descubrir tierras, iban a la caza de esclavos. Pero el hecho de que en la región explorada por sus navíos no había otro comercio posible que el de esclavos, no reduce el mérito del príncipe portugués. Lo que mayor asombro causa en Don Enrique es precisamente que, no pudiendo hacer otra cosa que traficar en esclavos, persistió durante un período de veinte años, desde 1440 hasta el 1460, en que murió, en mandar año tras año una expedición a explorar la costa de Africa.

El apodo de *Navegante* que se da al infante Enrique no es completamente apropiado: él nunca navegó; sólo fletó y armó las naves y preparó a su gente con una escuela práctica de náuticos. Se aprovechó de los conocimientos de los navegantes anteriores, recogió toda la experiencia de los pilotos del Mediterráneo, que se venía transmitiendo de generación en generación desde los tiempos prehistóricos. El Mediterráneo, con su dificilísima navegación por tantos vientos encontrados, había sido labo-

El infante Enrique el Navegante. Retablo real de Batalha, por Nuno Gonçalves. Museo de Lisboa.

ratorio del arte de navegar desde los días de Ulises. Las costumbres marítimas de los navegantes del *Mar Interior,* empezadas a recopilar por los armadores de la isla de Rodas, se fueron escribiendo y coleccionando hasta formar el cuerpo jurídico de Barcelona llamado el *Consolat de Mar.* Más aún, el tradicional libro *El Piloto del Mediterráneo* sirvió hasta el fin de la navegación con buque de vela, y contiene avisos y consejos que reflejan el *folklore* marítimo de la *Odisea*. La perspicacia de Don Enrique se manifestó también llamando a Sagres a un piloto mallorquín, Jaime Ferrer, y utilizando los servicios de pilotos genoveses y venecianos.

Tenemos varios retratos del todo auténticos del infante Enrique; era de facciones algo fuertes, labios gruesos, cara tostada por el sol y arrugada por la brisa marina. Ves-

Capítulo IV

tido con una ropilla negra, llevaba una gorra de fieltro sin adornos. En los retratos parece algo serio, taciturno, preocupado, como si acabara de escuchar el secreto de un piloto genovés, o de otro mallorquín que lo sabía de un árabe, que lo oyó de un sirio, quien lo contaba sin saber que repetía una tradición de sus abuelos fenicios. Don Enrique iba raramente a la corte, vivía soltero en un círculo de amigos, marinos y pescadores de Sagres, preparando siempre la expedición del próximo verano. El mote de su escudo era: *Talent de bien faire* (deseo de hacerlo bien).

Y he aquí los resultados: en 1440 se descubrió la isla Tercera, una de las Azores. En 1441, Antão Gonçalves regresó de Río de Oro con pieles y grasa de foca. En 1442 el mismo Gonçalves regresó con varios cautivos y huevos de avestruz. En 1443 se dobló el cabo Blanco, un gran triunfo, porque los promontorios africanos eran dificilísimos de doblar. Animado con este éxito, el infante organizó una expedición de seis carabelas y el resultado fue volver con 235 cautivos. A pesar del provecho material, Don Enrique no se contentó: había que llegar a Bilad-Ghaana, esto es, a Guinea, donde desaguaba el *Nilo Occidental*. En el año 1445 Lanzarote llegó a la región de los bosques con veintiséis navíos; las aguas eran dulces dos millas mar adentro: estaban en la desembocadura del Senegal. En el año 1446 dos pilotos italianos al servicio del infante, el veneciano Ca da Mosto y el genovés Antonio de Nola, descubrieron las

Navío alemán de 1532. Dibujo de Holbein el Joven.

Los descubrimientos geográficos en el siglo XV

Navío inglés de 1520. De un cuadro que representa a Enrique VIII embarcándose para acudir a la entrevista del «Camp du Drap d'Or». Hampton-Court.

islas de Cabo Verde y doblaron el cabo Rojo. Aquel año el infante veía llegar otras promesas de comercio, pues las galeras traían colmillos de elefante.

Es muy difícil computar con las vagas noticias de las crónicas portuguesas el progreso de las carabelas del infante en su ruta hacia el Sur, pero es posible que al morir Don Enrique, el año 1460, sus pilotos hubiesen llegado a unos diez grados norte del Ecuador. Simultáneamente de la exploración de la costa africana, el infante procedía a la colonización de las islas de los grupos de Madera y las Azores. Don Enrique envió a Sicilia a buscar *canas de assucar* para plantar en sus islas, y en 1433, Madera producía ya cerca de quinientos quintales. En esta época había allí cuatro pueblos con 800 habitantes, de los que un centenar eran *de a caballo,* esto es, hacendados. Pero, sobre todo, lo más importante para la historia de la exploración del Océano es que la gobernación de la isla de Porto-Santo la había dado el infante Don Enrique a un caballero genovés, llamado Perestrello, y éste fue después el suegro de Colón. Allí, en Porto-Santo, Colón divisó un Nuevo Mundo.

A la muerte del infante, la obra de exploración apenas fue continuada por su sobrino Alfonso V, rey de Portugal, y, en lugar de llevarse a cabo por iniciativa directa de la Corona, los descubrimientos se encargaban a concesionarios que monopolizaban el comercio. Así, en 1469, cierto Fernão Gomes obtuvo el privilegio del tráfico con Guinea a condición de que tenía que explorar cada año cien leguas de la costa. La reanudó, en cambio, Juan II, y

Navío de alto bordo. Grabado de Breughel el Viejo.

bajo su reinado los portugueses, en 1484, descubrieron la desembocadura del río Congo, y al año siguiente el piloto Bartolomé Díaz dobló el cabo de las Tormentas, que hoy llamamos el cabo de Buena Esperanza. Por último se había llegado al confín del Continente Africano, pero ¡cuántos sacrificios, cuánta constancia! Se habían necesitado sesenta años de exploración metódica, improductiva, casi desinteresada como una investigación científica moderna, para doblar los cabos, evitar las corrientes, conocer las estaciones propicias y los vientos favorables del mar Tenebroso.

Desgraciadamente, una crisis dinástica impidió a Portugal aprovecharse en seguida de los esfuerzos de Don Enrique y su sobrino. Sólo en 1497 (cinco años después del primer viaje de Colón a América) un joven marino, Vasco da Gama, enviado por el joven rey Don Manuel el Afortunado, marchó a la India por la *vía portuguesa*, esto es, por el Este. Vasco da Gama, en lugar de costear el Africa, fue directamente a las islas de Cabo Verde. De allí, siempre mar adentro, trató de doblar el cabo de Buena Esperanza sin acercarse a tierra. De este modo evitaba la corriente producida por la rotación del planeta, que había lanzado contra la costa a todos sus predecesores. Por fin, el día de Navidad del año 1497 fondeaba en Porto-Natale.

Doblada la punta meridional del Africa, Vasco da Gama prosiguió su viaje tomando el rumbo del Norte. En Mozambique encontró ya navegantes árabes y éstos le facilitaron noticias del Oriente. Desde Mozambique, casi sin esfuerzo, empujado por los vientos monzones, Vasco da Gama llegó a Calicut, en la India. El viaje de Lisboa a Calicut había durado poco más de un año. El de regreso duró trece meses, pero el cargamento que Vasco da Gama traía a su patria era suficiente para animar a los más refractarios. El barco venía abarrotado de pimienta, canela y nuez moscada, sin contar algunas perlas y rubíes. Mientras tanto, los españoles trataban de arribar a las Indias por la vía del Oeste, pero esta inspiración la debían a los portugueses. Es bien sabido que ésta fue la idea de Colón. Según él decía, se le ocurrió estando en Portugal.

Colón era hijo de un tejedor de lana de Génova. La partida de bautismo de Colón no ha aparecido todavía, pero en Génova se conservan varios documentos firmados por su padre y sus hermanos. Si Colón no había nacido en Génova, por lo menos allí había residido su familia cuando él era todavía niño. Su educación no debió de ser muy sumaria, porque Colón en ocasiones se ganó el sustento comerciando en libros y dibujando mapas. Poseía cierto talento artístico, escribía con facilidad, era lo que diríamos hoy un romántico imaginativo con ribetes de místico. De todos modos, él mismo dice que empezó a navegar a los catorce años, en unas galeras genovesas que se armaron para combatir a los aragoneses del reino de Nápoles. He aquí la primera escuela náutica de Colón: el Mediterráneo, con sus peligros y artes para evitarlos. Es

Los descubrimientos geográficos en el siglo XV

posible que Colón viajara después por el Oriente, pero lo que él nos asegura es que navegó por los mares del Norte, lo que quiere decir Islandia y acaso Groenlandia. Por fin, después de un naufragio, llegó a Portugal hacia el 1470, diez años después de la muerte del infante Don Enrique. Como ya hemos dicho, Colón casó en Lisboa con la hija de un tal Perestrello, que había muerto poco antes gobernando la isla de Porto-Santo. La viuda de Perestrello entregó a Colón sus manuscritos, diarios y cartas. La mujer de Colón se llamaba Felipa y tenía una hermana casada con otro de los colaboradores del infante Don Enrique, Pedro Correa.

Por lo que se ve, la atmósfera que debió de rodear a Colón desde su llegada a Portugal era la de los *hombres* del mar Tenebroso. Colón marchó con su suegra y esposa a la isla de Porto-Santo, para liquidar la herencia de Perestrello, y allí nació su hijo Diego. En aquella atalaya avanzada en el Atlántico, que era Porto-Santo, Colón oyó aún más relatos de fantásticas tierras que a veces se veían por el Poniente. Era también seguro que alguna vez habían arribado a las islas portuguesas troncos de árboles de especies desconocidas en Europa, y cañas de bambú de gran diámetro, como las que describía Marco Polo al hablar de la China. De regreso en Portugal, Colón debió de pasar unos años estudiando las posibilidades de la travesía del Océano para llegar a China por la vía de Poniente. Nadie con la experiencia que tenía Colón dudaba en aquella época de que la Tierra era esférica; sólo se trataba de una cuestión de medidas. Para explicar su éxito como descubridor de América, más tarde los partidarios de Colón dieron mucha importancia a unos informes que éste había recibido del cosmógrafo florentino Pablo Toscanelli. Por desgracia sabemos poquísimo de Toscanelli, y la carta fechada en 1474, en que daba estos informes, no iba dirigida a Colón, sino a un canónigo de Coimbra llamado Martín, del que tampoco sabemos más que este nombre. De todos modos, Colón conoció esta carta de Toscanelli, auténtica o falsa, puesto que la copió en latín al margen de uno de sus libros.

Según los cómputos de Toscanelli, o quien fuese el que los redactó, el mundo era mucho más pequeño de lo que es realmente. Favorecido por este error, Colón lanzóse ya sin temor a proponer a los grandes de la Tierra el viaje a China por la vía occidental. En Portugal su proyecto no encontró buena acogida. Parecía locura abandonar lo seguro por lo inseguro. La ruta del infante, esto es, la circunnavegación del Africa, conseguiría tarde o temprano los mismos resultados. Colón envió a su hermano Bartolomé a Inglaterra con la misma propuesta, y probó también de interesar

Navío grabado en el libro *Peregrinations*, de Breydenbach, del año 1488.

Colón desembarcando en las Indias. Grabado de la carta del Almirante, en latín, impresa en Basilea el año 1494.

genes, acaso por ser judío, acaso por haber sido pirata, acaso solamente porque su miseria pasada podría perjudicar a su hijo Diego, para el que pensaba crear un mayorazgo y debía heredarle en todos sus títulos. Pero también todo ello puede ser resultado de la vida andariega de Colón, sin domicilio fijo, que no se prestaba a archivar documentos con los que sus biógrafos pudieran trazar su historia fácilmente.

El hecho es que no sabemos ni tan sólo qué edad tenía Colón cuando llegó a España el año 1486. Estaría entre los cuarenta y cincuenta, era viudo y se ganaba el sustento, para él y su hijo Diego, traficando en libros. Alto, fornido, de cabello rojo y tez pecosa, llegó pobre, casi hambriento, un día al atardecer, al pequeño convento de franciscanos de la Rábida, junto al puerto de Palos. Era un lugar donde había gentes ca-

a la República de Génova. Como los genoveses tenían establecimientos mercantiles en el Mediterráneo Oriental, no les convenía que ni ellos ni nadie descubriera una vía más expeditiva. El rey de Inglaterra acabó por prestar atención a Bartolomé Colón, pero cuando Cristóbal había ya abandonado a Portugal y empezaba a interesar en sus planes a la reina de Castilla.

Esto es, en substancia, lo que sabemos de Colón antes de su venida a España. Hasta este punto su biografía está llena de lagunas y obscuridad, como si él, o alguien después de él, hubiera tenido empeño en ocultar algo grave o dificultar el esclarecimiento de la verdad. Esto se ha achacado a que Colón había querido esconder sus orí-

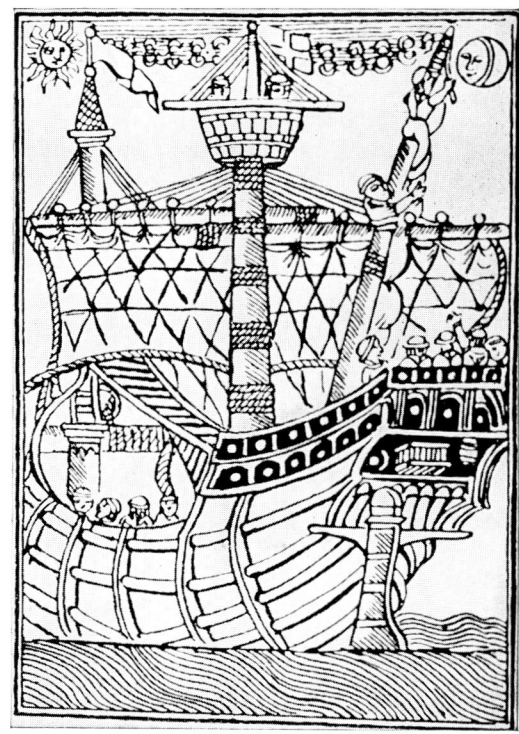

Navío del Mediterráneo. Grabado en la portada del «Consolat de Mar», de Barcelona. Edición de 1502.

Los descubrimientos geográficos en el siglo XV

paces de comprenderle. El convento y el vecino puerto eran, de todos los de España, los sitios más cercanos del lugar donde había estado la escuela náutica del infante Don Enrique; se vivía allí con la fiebre de los descubrimientos del mar Tenebroso. Aquel año, Bartolomé Díaz había doblado el cabo de las Tormentas. Tal era la impaciencia, que el más rico e influyente armador de Palos, un tal Martín Pinzón, cuando llegó Colón acababa de regresar de Roma, adonde había ido para informarse. Había visto en la Biblioteca Vaticana cartas náuticas que le habían animado, y volvía a su casa decidido a preparar una expedición por su cuenta. Es seguro que lo que vio Pinzón en las cartas de los pilotos mediterráneos es lo mismo que todavía podemos ver nosotros en ellas, esto es, las islas misteriosas y la de *Antilia* sobre todo.

Colón comunicaría a Pinzón su idea genial de la ruta occidental para el Oriente, y el armador de Palos debería comprenderla y aceptarla sin vacilar. De otro modo, no es comprensible la sujeción espiritual y aun material de Martín Pinzón respecto a un aventurero como Colón. Pinzón y los suyos acabaron por ser enemigos de Colón y sus hermanos, pero antes de la travesía, y durante la misma, reconocieron a Colón como a un superior. Y al llegar aquí, cabe preguntarse: ¿Qué es lo que Colón conocía del secreto del Atlántico que le daba aquella extraordinaria fuerza para imponerse? ¿Había logrado relacionar la posición de Vinelandia, al sur de Groenlandia, con las tierras que esperaba encontrar al otro lado del Océano? ¿Fiaba solamente en el relato de Marco Polo y el cómputo de Toscanelli? ¿O acaso sabía algo más que esto, y entre los papeles de Perestrello, o de boca de algún piloto de los que navegaron al servicio de Don Enrique, había obtenido confirmación cierta de que existía tierra más allá, y que ésta era asequible con los buques de su época?

Este es el gran secreto de Colón, más importante que sus secretos de familia. Acostumbrada la Humanidad a ver que los grandes descubrimientos se realizan por casualidades, ha mostrado siempre, sin embargo, cierta resistencia en aceptar que Colón se dirigiera hacia el Occidente movido sólo por una hipótesis de ciencia geográfica. Ya en el siglo XVI pareció más fácil creer en *un piloto anónimo,* según unos ya español, que, arrastrado por el temporal, habría ido a parar a América y que, a su regreso, murió de fatiga en Porto-Santo, dejando al gobernador Perestrello la noticia de su descubrimiento.

Esto explicaría la gran fe de Colón en su teoría del Atlántico. Todas sus negociaciones y su contrato con los Reyes Católicos dan la impresión de que sabía más de lo que decía. Colón obtiene en las capitulaciones llamadas de Santa Fe, porque se firmaron en Santa Fe, delante de Granada, los siguientes beneficios: 1. El, Colón, y sus descendientes serían almirantes de los mares, tierras y continentes que se descubrieran. 2. El, Colón, sería el gobernador de todas las tierras y continentes que se descubrieran, con derecho de proponer candida-

Cristóbal Colón.

Capítulo IV

tos para todos los otros oficios del gobierno. 3. El, Colón, y sus descendientes tendrían el diezmo de todo lo que se produjera en las tierras por ellos descubiertas. 4. El, Colón, o sus representantes serían los únicos jueces de cuantos pleitos se produjeran en el comercio de las nuevas tierras con España. 5. El, Colón, tenía derecho a contribuir con una octava parte del coste a la primera y las sucesivas expediciones, y le correspondía, en cambio, también un octavo de los provechos, además del décimo. Era un verdadero monopolio.

Ambos Reyes Católicos, Fernando e Isabel, firman este documento; pero como los recursos fueron facilitados por la reina de Castilla, sólo a ésta correspondían los provechos. Lo más interesante es que, careciendo Isabel de metálico, porque todo lo había empleado en la guerra de Granada, el dinero para la expedición le fue prestado a la reina de Castilla por el tesorero de Fernando, un judío aragonés que se llamaba Santángel. Colón se hizo prestar también, por Martín Pinzón, la cantidad del octavo, con la que tenía derecho a participar de todos los gastos y beneficios de los viajes a Ultramar. Se reunieron unos cinco mil pesos de oro. La Corona de Castilla tenía establecida una gabela sobre el puerto de Palos que también se empleó para armar las carabelas.

Se firmaron las capitulaciones el 17 de abril de 1492, y el 3 de agosto partían las embarcaciones de Palos. El 6 de septiembre dejaban atrás las Canarias, y el 12 de octubre desembarcaba Colón en una de las islas de las Bahamas. No se ha podido identificar con seguridad; era una isla pequeña, pero que dio ya al Almirante la impresión de ser algo distinto de las tierras que había visto hasta entonces. A pesar de hallarse familiarizado con las islas del Océano del grupo de Madera y las Canarias, Colón se dio cuenta de que pisaba un suelo cuya espiritualidad era del todo diferente de la del Viejo Mundo. Allí el trinar de los pájaros era distinto y las brisas tenían perfumes especiales... y, sobre todo, las gentes eran de una mentalidad inusitada.

A pesar de lo mucho que se ha bordado con anécdotas y episodios románticos, este primer viaje al Nuevo Mundo fue relativamente fácil. Colón, durante su estancia en Porto-Santo, había averiguado la regularidad de los vientos del Océano; por esto a la ida tomó la deriva hacia el Sur, donde soplan los vientos del Oeste, y a la vuelta navegó hacia el Norte, porque allí las brisas debían ayudarle. Ya hemos visto que la verdadera travesía desde las Canarias hasta descubrir otra vez tierra duró treinta y seis días. Muchos son para gentes que iban de cara a lo desconocido, por un mar ignoto y tenebroso, difamado por leyendas aterradoras. Pero muy pocos son treinta y seis días si se compara con la larga duración del viaje de Vasco de Gama. De todos modos, Colón regresó con la certeza de que había encontrado las islas señaladas en los mapas medievales, y que la Tierra Firme, acaso prolongación de Cipango y Catay, se des-

Supuesto retrato de Américo Vespucio. Galería de los Uffizi. Florencia.

Los descubrimientos geográficos en el siglo XV

cubriría en los próximos viajes. Estos se repitieron sin dificultades; pronto no fue sólo Colón, sino otros pilotos, los que se dirigieron al Nuevo Mundo.

Así se llamó primero, Nuevo Mundo; es el nombre que le dieron Colón y los escritores españoles de fines del siglo xv; pero en el año 1499 el hermano de Martín Pinzón, Vicente Yáñez Pinzón, llevó como segundo en su expedición a un florentino que vivía en Sevilla, llamado Américo Vespuccio, o Vespucio. El viaje de Pinzón y Vespucio fue interesante, porque trataron de evitar las tierras ya descubiertas por Colón y marcharon desde las islas de Cabo Verde hacia la costa del Brasil y Venezuela. A su regreso Vespucio escribió un relato del viaje, que logró mayor popularidad que las cartas algo lacónicas de Colón. El relato de Vespucio animó al geógrafo Martín Waldseemüller, de Saint-Die, en Lorraine, quien dio al Nuevo Mundo el nombre de América, con el cual lo incluyó en su tratado de geografía, y así lo llamaron los geógrafos y cartógrafos posteriores.

Continuando la historia de los descubrimientos, primero se exploraron naturalmente las islas de las Antillas, porque era la ruta que había seguido Colón en su viaje de descubrimiento. Colón había establecido una ciudad en Santo Domingo, que entonces se llamaba la isla Española. Las expediciones tenían que ir allí forzosamente y esto orientaba los viajes hacia el golfo de México. Sin embargo, tanto México como Yucatán no fueron descubiertos y conquistados hasta más tarde. La atención de Colón se desvió en sus últimos viajes hacia la costa de Paria y del Istmo, porque tenía la impresión de que era en realidad un continente, tal vez la extensión más oriental del Asia.

Mientras tanto, los portugueses seguían avanzando hacia el Asia por su ruta del cabo de Buena Esperanza. Corríase el peligro de que algún día los exploradores de Castilla y Portugal tuvieran que disputarse el límite de sus hazañas. Con objeto de evitar este conflicto, ambas coronas acudieron pa-

Magallanes. Archivo de Indias. Sevilla.

ra un arbitraje al Papa, que era entonces el valenciano Rodrigo de Borja, con el nombre de Alejandro VI. Una bula suya, del año 1493, estableció definitivamente lo que ahora llamaríamos zonas de influencia. Los portugueses no podrían avanzar en sus descubrimientos más allá del meridiano que pasa a 100 leguas al poniente de las Azores; mas los portugueses no se avinieron a ello y enviaron a España una comisión de tres miembros que, unida a otra castellana, estableció el tratado llamado de Tordesillas, por el cual se trasladaba aquel meridiano 370 leguas más al oeste; los españoles reservarían a los portugueses todas las islas y tierras al oriente de este meridiano. Así el Africa y las islas del Océano, menos las Canarias, descubiertas desde muy antiguo, serían suyas; de América les tocó la punta oriental, o sea el Brasil.

Pero ¿cómo fijar esta línea de demarcación? ¿Cómo establecer esta frontera imaginaria en medio del Océano? Los Reyes Católicos acudieron todavía para este grave problema geográfico a un experto catalán, Jaume Ferrer. Es el último eco de la ciencia náutica catalana. La solución que propone Jaume Ferrer, de Blanes, para llegar al meridiano de demarcación no puede ser más ingeniosa. Un buque debía partir de las

Capítulo IV

Azores a la cuarta de Poniente, esto es, formando su ruta un ángulo de 45 grados con el meridiano. Calculando el triángulo A B C, de que se sabía que los catetos eran de 370 leguas, Jaume Ferrer fijó la diferencia con la altura del Sol entre el punto A y el punto C. Al llegar a este punto el buque atravesaba la línea de demarcación. La carta dictamen de Jaume Ferrer a los Reyes Católicos acaba con el siguiente párrafo, que es el supremo elogio de Cristóbal Colón hecho por un nauta de la vieja escuela: «Y si este método no parece bueno —dice—, consúltese al Almirante, que hoy entiende más que nadie en el arte de la navegación.»

Así el cetro de los antiguos pilotos mediterráneos había pasado, primero, a Portugal, y después, con Colón, a Castilla. La expedición alrededor del mundo que proyectó y capitaneó a la ida el portugués Magallanes, regresaba de su viaje de circunnavegación pilotada por el éuscaro Elcano. Toda la península estaba conmovida por un mismo afán de descubrimientos. Los motes y emblemas del emperador revelan este contagio. Cuando joven, Carlos V tenía por mote un «Voy creciendo», en flamenco (o alemán). Después fue *Nondum* (¡Todavía no!) y *Plus Oultre* (Más allá) Por fin, el *Non plus ultra:* ¡Ya no hay más! Un imperio, un mundo sin más allá.

Para completar el ecúmeno de Tolomeo se habían necesitado mil quinientos años. Pero no fue sólo el orbe, la tierra, lo que se ensanchó, sino también el piélago, que se pobló de naves de un tipo nuevo que lo surcaban por todas las latitudes, bajo todos los cielos, empujadas por vientos y corrientes hasta entonces desconocidos.

Vista del puerto de Nápoles, con galeras y buques de gran calado.
Cuadro de P. Breughel.

El puente Sixto, que mandó construir en 1474 el papa Sixto IV. Roma.

CAPITULO V

EL ABSOLUTISMO PONTIFICIO. LOS BORGIAS. SAVONAROLA. MAQUIAVELO

Las ideas de tiranía, de poder personal, de la época tenían que influir necesariamente en el pontificado. A Papas eruditos, humanistas, sucedieron Papas despóticos. Teniendo el pontificado dominios políticos, no podía evitar las corrientes políticas de la época.

Durante la Edad Media los Papas hicieron valer principalmente su autoridad como cabezas de la Iglesia militante; sus ejércitos fueron las Ordenes religiosas y su arma principal la excomunión. Pero ya en 1470, al ser elegido pontífice el cardenal Francisco della Rovere, que tomó el nombre de Sixto IV, el papado se encontraba en medio de una Italia dominada por una clase de tiranos en quienes las excomuniones pontificias sólo producían irónico desdén.

Desde su elevación al solio pontificio Sixto IV decidió poner en juego todos los recursos y la autoridad del pontificado para defender y aumentar sus dominios temporales. Para esto tenía necesidad de colaboradores, y como los pontífices, a diferencia de los monarcas hereditarios, no contaban con un núcleo de personas adictas a la familia reinante, Sixto IV hubo de creárselo artificialmente, repartiendo entre sus parientes los altos cargos de la curia. He aquí, pues, ya el nepotismo (o favoritismo de los sobrinos, *nipotes*) elevado a una norma política casi inevitable para el pontificado. Cada Papa, al ser elegido, se encontraba rodeado de funcionarios que le miraban como a un usurpador recién llegado, pues a menudo eran parientes del Papa difunto.

Capítulo V

Palacio del cardenal Riario, hoy palacio de la Cancillería. Roma.

Por esto, Sixto IV, apenas sentado en el trono pontificio, nombró cardenales a sus sobrinos Juliano della Rovere y Pedro Riario, hijo de una hermana, de veintiocho y veinticinco años respectivamente. Ante las inútiles protestas del colegio de cardenales, el Papa fue aumentando los beneficios de sus sobrinos. El cardenal Riario acumuló, en poco tiempo, los obispados de Treviso, Sinigaglia, Spalato, Mende y Florencia, la abadía de San Ambrosio de Milán y hasta el patriarcado, puramente honorario, de la turca Constantinopla. Con estos honores y *sine-curas* las rentas del cardenal Riario eran de 60.000 ducados al año; vivía en un palacio grandioso, rodeado de un lujo que deslumbraba hasta a los mismos romanos.

Sixto IV empezó también la política de matrimonios entre sus parientes y miembros de las familias reinantes. Así creía formar lazos de amistad y alianzas políticas que protegieran al Pontífice y a sus Estados. Naturalmente, estas actividades *mundanas* de Sixto IV pronto levantaron un diluvio de protestas. Se empezó a hablar de un nuevo concilio para reformar la Iglesia; al Papa se le llamó «vicario del demonio», «ministro de adulterio», «piloto que lleva la barca de la Iglesia a la isla de Circe», etc. Pero el Pontífice continuó su política de agresión, apoyado en caudillos de fortuna y en sus parientes. Sixto IV murió en 1484, tras un pontificado de trece años, y pasó a la posteridad con este elogio de Maquiavelo: «Fue el primer Pontífice que demostró la fuerza del Papado, y cosas que antes llamábamos errores se convirtieron en virtudes por aquel Papa.»

Durante el pontificado de Sixto IV el colegio de cardenales perdió su carácter de

El absolutismo pontificio

asamblea consultiva y el Papa ejerció un poder absoluto. Los cardenales, príncipes de la Iglesia, se contentaron con el lujo y las distracciones propias de una pequeña corte de favoritos. El largo pontificado de Sixto IV le permitió crear treinta y cinco cardenales a su gusto y al ocurrir su muerte sólo quedaban cinco de los elegidos por sus predecesores. Naturalmente, los escogidos por Sixto IV eran personas que debían conformarse en un todo con sus nuevos procedimientos; muy pocos merecían respeto por su piedad o cultura. De todos modos, en mayo de 1473, al querer el Papa legitimar a uno de sus bastardos, halló resistencia en el colegio cardenalicio. El cardenal Ammannati escribió al cardenal Borgia, después Alejandro VI, que era de los *antiguos:* «No hemos podido conseguir que desistiera de su propósito, pero lo ha demorado. Tal es la fuerza de carácter del Papa, que será maravilla que escapemos a su venganza.» Roma, durante el pontificado de Sixto IV, empezó a ser la ciudad de los venenos y del asesinato misterioso. En cambio, el Papa despótico, con recursos ilimitados, acometió obras públicas importantes. La Vía Sixtina y el puente Sixto llevan aún el nombre del pontífice que los construyó. Sin ser personalmente aficionado a la literatura, Sixto IV continuó el engrandecimiento de la Biblioteca del Vaticano, que a su muerte contaba con 2.500 manuscritos. Igualmente patrocinó las otras artes; era acaso el único deber cívico a que se sentía obligado, como buen magnate del Renacimiento.

La política de Sixto IV fue continuada por Inocencio VIII, sucesor suyo, aunque con menor acometividad; pero no porque quisiese espiritualizarla, sino porque el nuevo pontífice no tenía la fuerza de carácter de su antecesor. Inocencio VIII continuó, en cambio, las liberalidades de Sixto IV, protegiendo a su familia. Como el Papa había tenido hijos antes de recibir órdenes, el Vaticano empezó a presentar el extraño espectáculo de un pontífice rodeado de bastardos legitimados. «*Primus pontificem filios filiasque palam ostentavit; primus eorum apertas fecit nuptias; primus domesticos hymenaeos celebravit*», dice Egidio de Viterbo, hablando de Inocencio VIII.

Con estos antecedentes, ya no parecerá tan escandalosa la historia del pontificado del segundo Papa de la familia Borgia, Alejandro VI. Los Borgias (o Borja) eran de origen valenciano, de la ciudad de Játiva, pero habían pasado a Italia cuando la conquista de Nápoles por Alfonso V. El primer papa Borgia, el ya citado Calixto III, fue un pontífice de la vieja escuela, de moralidad irreprochable. Era un legista, y poco aficionado al género de vida nueva que veía por doquier en Italia. Su pontificado fue corto, y casi no sería recordado por la historia si no hubiera hecho cardenal a su

Estatua yacente del cardenal Riario, sobrino de Sixto IV. Iglesia de los Santos Apóstoles. Roma.

Capítulo V

Alejandro VI. Fresco del Pinturicchio en las Salas Borgia. Vaticano.

sobrino Rodrigo, quien, al subir al solio pontificio años más tarde, tomó el nombre de Alejandro VI y extremó aún más el despotismo y el libertinaje que habían iniciado Sixto IV e Inocencio VIII.

Al ser elegido papa Alejandro VI, el año 1492, hacía más de treinta y cinco años que era cardenal y había servido en la curia durante cinco pontificados. Pasaba ya de los sesenta, pero era todavía excesivamente robusto, «de buen parecer y habla encantadora». Comía mucho, pero le bastaba un solo plato, bien abundante, en cada comida. Desde joven su debilidad había sido su naturaleza, demasiado afectuosa, que le había hecho caer en graves desórdenes. Ya en Valencia, siendo un muchacho, había tenidos hijos; en Roma, siendo ya cardenal, había reconocido como hijos suyos a César, Juan, Lucrecia y Jofre, cuya madre se llamaba Vannozza Catanei. Esta mujer no fue admitida nunca en el Vaticano, por lo que hubo de presenciar desde lejos las andanzas y grandezas de los suyos, sin hacer manifestaciones que pudieran perjudicarles. Sin embargo, en una carta a Lucrecia se firma así: «Tu feliz e infeliz madre, Vannozza Borgia.» El apellido Borgia, que usa la Vannozza en este documento privado, suena más extraño porque entonces ya se le había procurado, como marido acomodaticio, un escribiente de la Penitenciaría.

Los cuatro hijos romanos de Rodrigo Borgia y la Vannozza eran ya crecidos cuando fue elegido Papa. El menor, Jofre, tenía doce años; César, el mayor, destinado por su padre a la carrera eclesiástica, pronto fue elegido cardenal; tenía entonces dieciocho años. El siguiente, Juan, segundo duque de Gandía, casó con una prima de los Reyes Católicos que había sido mujer de su hermanastro Pedro Luis, primer duque de Gandía. Lucrecia se educaba bajo la dirección de Julia Farnesio, dama de aristocrática alcurnia, pero arruinada. Se murmuraba en Roma que Alejandro VI mantenía trato irregular con la que podríamos llamar institutriz de su hija. Lo cierto es que Alejandro, el hermano de Julia, fue creado cardenal y que desde este momento empezó la fortuna de los Farnesios. Entre el pueblo se le llamaba vulgarmente *el cardenal de las enaguas*.

Estos son, pues, los personajes de la tragicomedia de los Borgias, que, con su escándalo, aceleran la Reforma. Pero, como ya hemos dicho, ninguna de las acusaciones formuladas contra Alejandro VI eran completamente nuevas en Roma. Procedía como un tirano italiano y se preocupaba por engrandecer a sus hijos, como lo habían hecho sus antecesores. En junio de 1493 se efectúa el primer casamiento de Lucrecia, con Juan Sforza, señor de Pésaro, y con este casamiento se iniciaban las alianzas de la familia Borgia con otras familias poderosas. La boda fue celebrada en el Vaticano y hubo entonces regocijos que algunos encontraron poco apropiados para aquel lugar. Este primer matrimonio de Lucrecia hubo de ser el principio de su leyenda. Juan Sfor-

El absolutismo pontificio

za abandonó a Roma en secreto, según él dijo atemorizado por César, que codiciaba incestuosamente a Lucrecia. Este es uno de los supuestos crímenes de los Borgia, pero Sforza no dio ninguna prueba de sus acusaciones contra César, y el Papa declaró nula la unión basándose en la incapacidad del marido. Además, para explicar la intervención de César en este negocio no hace falta aceptar los infames motivos que propaló Juan Sforza. Con los años que llevaba Alejandro VI de pontificado, los Borgia habían ido creciendo en ambición, y el señor de Pésaro era ya un pobre marido para la hija del Papa. Pronto se le encontró partido mucho mejor, nada menos que el duque de Biseglia, hijo natural del difunto rey de Nápoles. Este segundo casamiento de Lucrecia se celebró también en el Vaticano, pero la boda no pasó de ser una fiesta de familia.

Acaso la razón fue que poco antes había ocurrido el asesinato del duque de Gandía, el segundo de los hijos del Papa, lo que había sumido a éste en profunda consternación. Una noche de junio del año 1497, Juan, duque de Gandía, había ido a cenar a casa de su madre, la Vannozza, y al regresar al Vaticano despidió a sus compañeros para ir al encuentro de una persona enmascarada que le esperaba cerca del río. Lo que ocurrió después nunca se ha puesto en claro. Se acusó también a César del asesinato, y también por celos de Lucrecia. Se dijo que Juan y César se disputaban a su hermana como concubina. El cadáver del duque de Gandía fue extraído del fondo del Tíber, degollado y con graves heridas por todo el cuerpo. Su bolsa, con treinta ducados, se encontró intacta; ciertamente, el criminal no era un asesino vulgar; pero no había ningún indicio de que fuese César quien cometió el crimen. En esta ocasión Alejandro VI, dejándose llevar de su afectividad desordenada, dio muestras de un dolor sin límites. Estuvo tres días llorando y sin querer tomar ningún alimento. Comunicó su pena al colegio de cardenales en estos términos: «Han muerto al duque de

Una de las estancias Borgia. Sala de las Artes y las Ciencias. Vaticano.

Capítulo V

Gandía. Nuestro dolor es explicable, porque le queríamos tiernamente. Ya no apreciamos en nada el ser Papa, ni cualquiera otra cosa. Si tuviéramos siete tiaras, las daríamos para volverle a la vida. Puede que el Señor haya querido castigarme por mis pecados, pues que él no merecía ciertamente una muerte tan cruel.»

Pero la naturaleza sanguínea de Alejandro VI no le permitió caer en lo que llamaríamos enfermedad de la melancolía. El embajador veneciano describía en estos términos a Alejandro VI: «El Papa, aunque ya tiene setenta años, parece cada día más joven. Las preocupaciones no le duran más que una noche; le gusta la alegría del vivir y de todo saca partido en su provecho.» Con semejante temperamento, no es de extrañar que Alejandro VI olvidara luego la muerte de su hijo mayor y empezara a trabajar por el engrandecimiento de los que le quedaban. Pronto Lucrecia, acaso inocentemente, dio ocasión a otro escándalo. Vivía ella y su marido, el duque de Biseglia, en el Vaticano, y esta vez es positivo que César hubo de reñir con su cuñado. La audacia, el ímpetu, la resolución de César debieron de enojar al esposo de Lucrecia, y César quizá trataba con poco respeto al duque, que no tenía más mérito que el de su sangre real. Un día de julio de 1500 el duque de Biseglia fue acometido por unos asesinos, que lo dejaron mal herido en las gradas de San Pedro.

El marido de Lucrecia escapó de la muerte, pero acusó del crimen a César, su cuñado. Poseído de indignación y rabioso por vengarse, el duque de Biseglia, todavía convaleciente del atentado, disparó una flecha contra César en ocasión que éste paseaba descuidado por los jardines del Vaticano. Esto fue bastante para que César ordenara su muerte; sus criados entraron en las habitaciones del duque y lo degollaron allí mismo. La rapidez con que obró César en esta ocasión hubo de aumentar sus méritos como hombre de Estado. El embajador veneciano, que observaba los sucesos desapasionadamente, hace este comentario, refiriéndose a César: «Si no le matan antes, será uno de los primeros capitanes que tendrá Italia.»

La robustez de César era proverbial. Escapó de un ataque de sífilis con tanta facilidad, en 1497, que su médico Gaspar Torelle le dedicó su tratado sobre la *Pudendagra*, diciendo que César podía ser considerado como bienhechor de la Humanidad: su caso había arrojado mucha luz para la cura del morbo gálico.

Lucrecia no estuvo viuda más que un año, residiendo durante este tiempo decorosamente en el Vaticano. Hasta en una ocasión en que el Papa fue a visitar unas tierras que había arrebatado a la familia Colonna, Lucrecia quedó autorizada para abrir y despachar la correspondencia del pontífice; en casos graves, debía consultar a un cardenal. Lucrecia tenía entonces veintidós años. Aunque viuda ya de dos maridos, era muy jovial y aficionada a la danza. Al hacerse públicos sus desposorios con Al-

César Borgia.

Supuesto retrato de César Borgia,
en el fresco del Pinturicchio que decora una de las estancias Borgia.

Capítulo V

fonso de Este, duque de Ferrara, que fue su tercer esposo, hubo en Roma bailes y banquetes, con las corridas de toros indispensables en todas las fiestas de los Borgia. Lucrecia acabó sus días en Ferrara, muy estimada por su marido y sin haber dado allí motivo a ninguna murmuración.

Estos son los crímenes de los Borgia, que sorprenden no poco por una falta de hipocresía y un talento para la acción que en aquella época hubieran sido cualidades recomendables para otros que no hubiesen pertenecido a la familia del Pontífice. En cuanto al famoso veneno de los Borgias, es muy dudoso que tuvieran éstos una receta tan eficaz como se murmuró en su tiempo. La charlatanería del siglo xv privaba tanto para el arte de curar como para el de matar con magia o envenenamiento. Las recetas de venenos que usaba la República de Venecia no contienen más que antimonio, opio, arsénico y acónito, que sólo en grandes dosis podrían acabar con una persona.

San Bernardino predicando a las gentes en una plaza de Siena.

Pero tal fue el pánico que en Roma infundieron César y su padre, que bastaba que un cadáver presentara manchas o se descompusiera pronto para atribuirlo al fulminante veneno del que nadie se escapaba, si era enemigo de los Borgia.

Más grave es la acusación de que Alejandro VI trató de crear un Estado independiente para César y de que, con este objeto, empleó sin consideración el dinero de la Iglesia. Ya en 1498, esto es, seis años después de haber sido creado cardenal, César renunció a sus dignidades eclesiásticas y recobró su independencia como príncipe laico. La deposición fue completamente legal; César pidió al colegio cardenalicio que le relevara de sus obligaciones, ya que su carácter no era adecuado para servir a Dios como ordenado; era sólo diácono, pero los cardenales, excusándose, acordaron que el Papa resolviera el asunto. Alejandro VI consintió en lo que pedía su hijo, teniendo en cuenta que era necesaria la dispensa para la salvación del alma del postulante.

César inmediatamente pasó a Francia para casarse con una princesa real, Carlota de Albret, hermana del rey de Navarra. Desde entonces César llevó el título de duque de Valentinois, sin duda porque era de más rango o sonaba mejor que el de duque de Gandía. Asegurada así la neutralidad, y hasta el apoyo de Francia, César empezó a formarse un Estado en Italia, empresa entonces relativamente fácil. Ya hemos visto en un capítulo anterior cómo varios aventureros de fortuna habían conseguido desposeer a antiguos señores, sin disponer de tantos recursos como los que podía emplear el hijo del Papa. Además, César, personalmente, era capaz de todo, y se alababan mucho «su modestia, prudencia, destreza y excelencia de cuerpo y de alma». Para la primera campaña de César contra Imola y Forli, el Papa pidió prestados a Milán 45.000 ducados. Además de los mercenarios que César reclutó con esta suma, disponía de 4.000 gascones que le facilitó su cuñado el rey de Navarra. Después de su primera conquista, César entró triunfalmente en

El absolutismo pontificio

Roma, siendo recibido por su viejo padre, que reía y lloraba de júbilo. *Lacrymavit et risit...* César contó sus hazañas al Papa, en valenciano, y éste le respondió en aquella lengua. Después se dispuso una mascarada en la que se representó un triunfo de Julio César.

Al año siguiente César conquistó a Faenza, Rímini y Pésaro. Este territorio, agregado al del año anterior, justificaba ya que el Papa concediera a su hijo el título de duque de la Romagna. En 1502 se apoderó de Urbino y empezó a negociar una alianza con Florencia, que lindaba ya con sus Estados. Los florentinos enviaron, para concertar su amistad con el nuevo señor italiano, al obispo de Volterra, acompañado de un letrado llamado Nicolás Maquiavelo, de quien tendremos que hablar más adelante. Maquiavelo pudo advertir luego la falta de escrúpulos de César Borgia, pero también diose cuenta de su gran talento.

Las conquistas de César en Romagna, no sólo coligaron contra él a los antiguos señores, desposeídos de sus ciudades, sino a otros que preveían que la ambición de los Borgias no se satisfaría con un sector de la península italiana. Para hacer frente a la coalición hacían falta recursos; pero entonces, muy oportunamente, falleció el cardenal Ferrari, que era excesivamente avaro y había acopiado una gran fortuna. El Papa confiscó su hacienda, que pasaba de cincuenta mil ducados, y también en este caso se habló de veneno. Tal era el poco afecto que merecía el cardenal difunto, que el comentario de las gentes de Roma fue decir que «la tierra tenía su cuerpo y el Papa sus dineros, pero el infierno poseía su alma».

La población de Roma ha sido siempre muy aficionada a epigramas de esta clase, y aunque en esta época fueron siempre desfavorables a los Borgias, el Pontífice, que mostró siempre gran jovialidad en sus intemperancias, también permitía que todo el mundo dijera lo que quisiese. A nadie castigó por haber publicado libelos injuriosos; no parece sino que el asesinato oficial fuese un régimen de gobierno, pero no se mencio-

Lucrecia Borgia a los dieciocho años, en una de las estancias Borgia. Vaticano.

nan nunca, en la leyenda de los Borgia, prisiones horrendas, como los Plomos de Venecia. Al que abusaba de la libertad, se le concedía una muerte sin torturas.

El Papa consideraba consecuencia natural del éxito ser atacado por los celosos que envidiaban sus triunfos. César no tenía tanta paciencia; su mismo padre lo reconocía; «César es de buen corazón, pero no puede sufrir que le insulten — decía al embajador de Ferrara —; yo le repito a menudo que Roma debe ser una tierra donde todo el mundo tenga libertad para decir o escribir lo que quiera. A pesar de cuanto se llega a decir de mí, yo no persigo a nadie.» Sin duda esta libertad para calumniar contribuía a crear la leyenda de los Borgias. Al Papa se le llamaba el Anticristo, un segundo Mahoma, y se le culpaba de simonía para comprar las joyas de Lucrecia; pero él nunca se enfadaba. Cuéntase que tenía la costumbre de hacerse leer todos estos documentos calumniosos, comentándolos con jovialidad.

Capítulo V

No hubo tampoco, en tiempo de Alejandro VI, persecuciones disciplinarias, por herejías u otros desórdenes teológicos. Ya se comprende que los males de la Iglesia debían producir, como reacción, casos de profetismo y misticismo. En el siglo XV predicadores como San Bernardino de Siena, San Antonio, Savonarola, produjeron una excitación piadosa en las multitudes que podía resultar extremada. Sin embargo, Savonarola fue el único a quien el Papa tuvo empeño en reducir, porque mantenía en Florencia una agitación poco favorable a su política. Savonarola no era florentino, no había participado en el generoso esfuerzo del Renacimiento; había llegado del norte de Italia y todo en Florencia le parecía mal. Logró cambiar el régimen de gobierno y a su consejo se adoptó un tipo de democracia parecida a la de Venecia.

Savonarola era dominico y, como tal, no podía ejercer influencia en el pueblo sino por medio de sus sermones. Pero en éstos se presentaba como el enviado de Dios y comunicaba sus visiones desde el púlpito. Veía el infierno; veía al Señor, que le decía lo que había de hacer; profetizaba el futuro, y a veces lo adivinaba. Los florentinos, que estaban enervados por el esfuerzo de un siglo de alta tensión espiritual, lloraban arrepentidos al escuchar al rudo predicador que les reprochaba iracundo sus pecados. A instancias de Savonarola, los florentinos hacían procesiones expiatorias, quemaban *vanidades,* que no eran sino cuadros, libros, objetos de arte, todo lo frívolo y lascivo que había sido el ideal del Renacimiento por varias generaciones.

Tal era la intemperancia de aquel dominico, que el Papa le llamó a Roma, para que explicara allí sus profecías. Savonarola no obedeció; se limitó a enviarle un *Compendio de revelaciones*. Este título no era para tranquilizar a nadie, y menos a un

Celda de Savonarola, en el convento de dominicos de Florencia.

El absolutismo pontificio

pontífice como Alejandro VI. El Papa no comprendía cómo Florencia podía tomar en serio a aquel fraile charlatán, a quien él llamaba *el parabolano*, que quiere decir el que habla por parábolas.

Sin embargo, con su sentido práctico, el Papa trató de conquistar a Savonarola ofreciéndole el cardenalato. El fraile profeta rehusó, pidiendo, en cambio, el martirio: «No quiero un capelo rojo, quiero sangre roja», contestó en un sermón. El Papa excomulgó a Savonarola, y éste protestó publicando un voluminoso libro de teología llamado *El triunfo de la Cruz*. Continuó celebrando misa y predicando, y lo hizo ya en términos tales que hubiera podido aprobar el mismo Lutero: «Dios gobierna al mundo por medio de agentes que pueden equivocarse. Para conocer si los ministros de Dios se equivocan, observemos cómo viven. Si no practican la caridad y las buenas obras, no estamos obligados a obedecerles.» La doctrina de decidir los excomulgados si eran injustas las excomuniones, y, sobre todo, viniendo de un Papa lujurioso como Alejandro VI, está llena de graves peligros. Savonarola, por otra parte, no tenía un programa bien definido de reformas; pedía un concilio, pero también comprendía que un concilio con los representantes de una Iglesia corrompida no podía ser de grandes consecuencias. Quería también el restablecimiento de la dignidad eclesiástica y que se devolvieran al colegio de cardenales sus facultades de Senado de Dios, en la curia romana; pero ya hemos visto que todo esto era contrario a las corrientes de la época. El era el primero en no cumplir aquello que predicaba.

El mismo Savonarola facilitó la solución del problema insoluble que presentaba al papado con su rebeldía. Hasta un pontífice inmoral, como Alejandro VI, tenía que acabar con el excomulgado si éste se resistía a retractarse. Por fortuna, de la profecía al don de hacer milagros hay un paso, y Savonarola se alabó de poder confirmar con la prueba del fuego que Dios estaba de su parte. Esto lo dijo Savonarola en un ser-

Savonarola, representado como San Pedro Mártir para poner de manifiesto su deseo de martirio.

món; pero como era dominico, en seguida hubo un franciscano que recogió el reto y se comprometió a probar lo contrario con igual ordalía. La antigua forma de juicio de Dios por la prueba del fuego estaba condenada por la Iglesia; tenía que ser un fraile del norte de Italia, como Savonarola, el que resucitara así una idea longobarda. El Papa envióles un rescripto oponiéndose a semejante prueba, pero los florentinos no quisieron perder un espectáculo tan sensacional y se preparó el catafalco, sobre el que se amontonaron los troncos que habían de arder, untados de aceite y betún.

Los dos contrincantes, acompañados de muchos frailes, marcharon en procesión hasta el lugar de la prueba. Savonarola llevaba una capa blanca y avanzaba con la hostia en la mano. Su contrincante objetó que la capa podía estar embrujada y que debía cambiársela por otra, a lo que accedió el dominico. Después quiso que dejara la hostia, y tuvo que discutirse si, en caso de que-

Capítulo V

marse el sacramento, se quemaban los accidentes o la substancia de Jesús sacramentado. Cuando esto fue solventado, empezó a llover y tuvo que suspenderse el espectáculo. Pero como las disputas y conferencias tuvieron efecto sin que la multitud, que esperaba milagros, se diera cuenta del porqué de las demoras, el desencanto fue inmenso. La popularidad de Savonarola amenguóse hasta tal punto, que el Papa se atrevió a pedir a los magistrados florentinos que se lo entregaran para juzgarle. Para acabar de convencerlos, ofreció condonar el diez por ciento de las rentas de la Iglesia en todo su territorio. El asunto fue resuelto con gran rapidez, como todos los negocios de los Borgias, pero el Papa tuvo que aumentar su oferta hasta tres veces el diez por ciento, o sea el treinta, fatídico número que recordaba el de las treinta monedas de plata. Ablandados con esta dádiva, los magistrados florentinos consintieron en que su profeta-predicador fuese juzgado sumariamente por unos comisarios enviados desde Roma. El resultado fue el auto de fe en la plaza de Florencia. Es interesante consignar que, a pesar de estar excomulgado, se permitió a Savonarola, antes de morir, comulgar por su propia mano, y ante la Hostia consagrada pidió perdón a Dios y a los hombres de los escándalos que hubiere dado y de todas las faltas que había cometido.

Desembarazado de Savonarola, Alejandro VI atendió a su magna obra de engrandecer el poder temporal del papado atacando a los barones romanos que se mantenían todavía independientes en los territorios pontificios. Para esto se nombró a César Borgia abanderado de la Iglesia, amenazándole aún con la excomunión si no realizaba sus designios. César tuvo que desatender sus Estados de la Romagna y presentarse en el Lacio para combatir a los rebeldes del Papa. No hay duda que ésta fue la causa

La plaza de la Señoría, en Florencia, con el suplicio de Savonarola y sus compañeros.

El absolutismo pontificio

de la ruina final de César, porque al morir su padre Alejandro VI no había habido entre él y sus nuevos súbditos tiempo bastante para conocerse y estimarse.

El Papa murió, probablemente de apoplejía, el 18 de agosto de 1503, pero también se habló de veneno. Se dijo que él y César habían tomado por equivocación la pócima que destinaban al cardenal Corneto, porque los tres enfermaron después de una cena, aunque sólo el Papa murió del supuesto accidente.

Queda sólo por mencionar el final que tuvo César. Los pontífices sucesivos no podían sentir gran simpatía por el hijo de Alejandro VI. Mientras tuvo Estados y ejército, le trataron con cierto miramiento; pero César fue perdiendo su posición de árbitro de los destinos de la Italia Central y acabó por entregarse a Gonzalo de Córdoba, el Gran Capitán, que estaba en Nápoles trabajando por el Rey Católico. Gonzalo envióle a España, y por espacio de dos años estuvo encarcelado, hasta que en noviembre de 1506 pudo escapar y refugiarse en los Estados de su cuñado Juan de Albret, rey de Navarra. Pensó éste aprovecharse de la pericia militar de César para reducir a un feudatario rebelde, y en una simple escaramuza perdió la vida el que había sido duque de la Romagna y modelo de tiranos, el prototipo de *príncipe*.

Y aquí volvemos a encontrar a aquel secretario llamado Maquiavelo que se entrevistó con César Borgia cuando estaba al servicio del embajador florentino. Su carrera había sido poco brillante; pudo desempeñar cargos oficiales de alguna importancia, pero nunca llegó a tener una posición que le permitiera obrar por su cuenta en negocios de cuantía. Sin embargo, había podido viajar mucho; en todos los países procuró observar a los hombres públicos tratando de adivinar los móviles de sus acciones y la razón del secreto de su fortuna. Pero, de todos los personajes de su tiempo, ninguno le había impresionado tanto como César Borgia, a quien menciona siempre por su título de duque de Valentinois.

Maquiavelo.

Maquiavelo pertenecía a una antigua familia florentina, aunque no muy rica. Nació el año 1469 y murió en 1527. Poco después de la caída de César Borgia, retirado en una pequeña hacienda de San Casiano, cerca de Florencia, empezó a compilar los escritos que le han hecho famoso. Todos los hombres, según él, son naturalmente propensos al mal. Es sorprendente cómo por otros caminos, y sin conocerle, llegó al mismo resultado que su contemporáneo Lutero respecto de la doctrina del pecado natural, innato en el hombre. Pero mientras Lutero se preocupa por explicarse teológicamente esta mancha original del hombre y la manera de lavarla, a Maquiavelo le preocupaba la gloria y prefería ser recordado con horror a ser olvidado de las gentes. La supervivencia por la fama valía, para Maquiavelo, más que la vida eterna en el Paraíso, preferida por Lutero.

Siendo, pues, la Humanidad perversa por naturaleza, sólo se regirá virtuosamente si se la obliga a ello, y para esto hace falta un

Capítulo V

tirano. El príncipe, o tirano, establecerá su dominio valiéndose de todos los medios. Rómulo hizo bien en asesinar a su hermano, porque sólo así consiguió la unidad que es indispensable para consolidar un gobierno. Por la misma razón, Cleomenes obró cuerdamente mandando asesinar a todo el Senado de Esparta, pues sólo así podía hacer cumplir las antiguas leyes de Licurgo. Hacía falta un dictador para legislar de nuevo sabiamente; después de restablecido el orden, Esparta pudo continuar viviendo según los principios republicanos.

Vamos a copiar algunos párrafos de Maquiavelo: «Por regla general, para fundar y reorganizar un Estado es necesario ser uno solo. Todo debe ser obra y creación de una mente ordenadora, sin la cual no habrá verdadera unidad ni se fundará nada estable...» «Una vez fundado el Estado, debe confiarse a la custodia de muchos, porque si bien es necesario que sea uno solo para fundarlo, conviene que se mantenga por el interés de todos.» He aquí una extraña complicación de tiranía y republicanismo que era natural experimentase Maquiavelo. Había servido a la República florentina y había visto cuán ventajoso era el gobierno republicano; sin embargo, comprendía que el régimen estaba en crisis y que, en muchas partes de Italia, hacía falta el despotismo para establecer un régimen más moderno.

Según Maquiavelo, hasta la República mejor organizada requiere a intervalos la tiranía, para restablecerla en su pureza. La República acaba por caer en una oligarquía y se impone entonces el príncipe o tirano que la haga otra vez democrática. Los medios de que se valdrá el tirano para imponer su autoridad no tienen otra limitación que el éxito. Lo que triunfa es lo único que debe tenerse en cuenta para Maquiavelo. Excusa y casi exige el asesinato y el fratricidio por razones de Estado. «Yo imitaría siempre al duque de Valentinois.»

Al explicar los *maquiavelismos* de César para deshacerse de sus enemigos, Maquiavelo añade: «He explicado estas acciones del duque de Valentinois porque yo no podría reprenderle; todo lo contrario. Ya he dicho que quisiera sirviese de modelo a todos los que, por su fortuna o por las armas ajenas, han ganado un reino; porque teniendo como tenía César Borgia un grande ánimo y elevadas intenciones, no podía gobernar de otra manera.»

Medalla acuñada en honor de **Savonarola** (en el anverso, su retrato; en el reverso, el ángel y la daga de la cólera celeste).

Primeras prensas de imprimir. Museo Plantin. Amberes.

CAPITULO VI
LOS ORIGENES DE LA IMPRENTA

Mientras en Italia los humanistas intentaban una restauración de la antigüedad clásica, en el centro de Europa se inventaba el arte de imprimir, que permitiría divulgar los textos en todos los pueblos y países.

Hacia la mitad del siglo xv fue cuando ocurrió el gran acontecimiento de la invención de la imprenta. Le llamamos acontecimiento, sin atrevernos a calificarlo de descubrimiento, porque ya se verá que fueron muchos los que hubieron de participar en el proceso de su invención, y aun es probable que ésta se verificara simultáneamente por diferentes personas a la vez, sin relación entre sí.

Los orígenes de la imprenta han sido muy discutidos, y todavía lo son, por tres razones. La primera, porque se mezcla en ello vanidad nacional. La segunda, porque, como todos los grandes descubrimientos, fue realizado por espíritus sencillos que se dieron cuenta de la trascendencia de su invención, pero sin saber valorarla. Y, por último, porque al hablar de la imprenta nos confundimos todavía hoy en la apreciación de lo que verdaderamente fue original e importante en aquel descubrimiento.

A menudo caemos en el error de suponer que tal invención consistió en estampar grabados con textos, y aun en imprimir con tipos movibles tallados en madera, cuando,

Capítulo VI

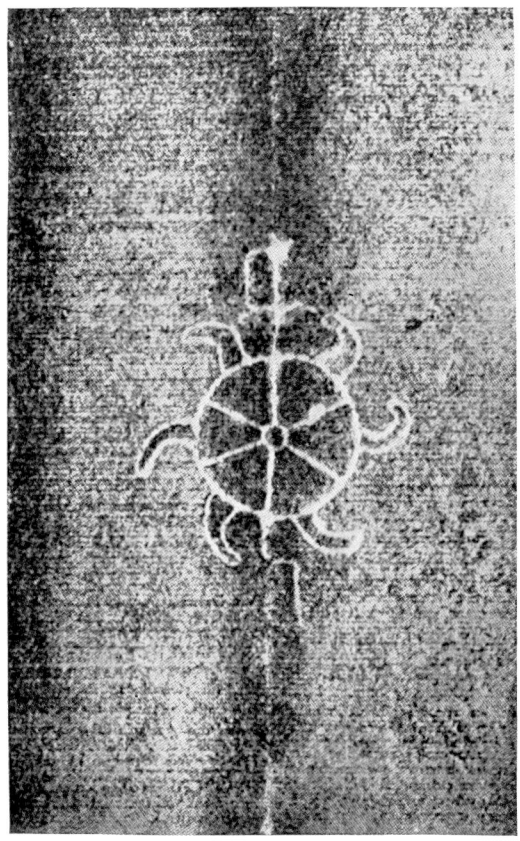

Papel verjurado horizontalmente, con *pontusones* verticales y marca, del siglo XV (la rueda de Santa Catalina), visto por transparencia.

en realidad, consistió en fundir tipos de metal con ayuda de matrices de acero, que permitían hacer muchas letras iguales.

Vamos a poner, ante todo, bien en claro este tercer punto. Si la invención de la imprenta hubiese consistido en estampar grabados de página entera con textos, formando un libro, entonces, sin discusión posible, la imprenta habría sido descubierta en China casi mil años antes que en Europa. El libro más antiguo, estampado con grabados de madera, que se conoce es un libro chino hallado hace años en la provincia de Kansú. Lleva un colofón que, adaptado a nuestra cronología, dice: «Impreso el 11 de mayo del año 868 por Wang-Chieh para ser distribuido en memoria de sus padres.» Este libro de Wang-Chieh, como hemos dicho, es un libro de estampas; solamente que tiene textos en lugar de imágenes. Más aún: a mediados del siglo XI Pi-Sheng publicó el primer libro chino ya con caracteres de madera movibles. Y a pesar de estos datos, perfectamente auténticos, no nos sentimos inclinados a conceder a China la gloria de aquel descubrimiento. Vemos, por el contrario, lo que hubiera sido la impresión sin los caracteres metálicos fundidos; los libros impresos chinos no lograron gran difusión y son casi tan escasos como nuestros manuscritos medievales.

El porqué es evidente. Los bloques de madera para estampar grabados, aunque sean de los leños más duros, se rajan, cuartean o apolillan, cuando no llegan a desdibujarse por aplastamiento al cabo de muchas impresiones; esto sucedía sobre todo con las prensas de mano, cuya presión es muy difícil de regular exactamente; por esto no se podía confiar el trabajo a un aprendiz; debía tirar las estampas el mismo maestro. Además, siendo la superficie del grabado necesariamente algo irregular, la presión tenía que ser fuerte, dejando en el reverso de la hoja impresa un relieve que, en términos técnicos, se llama *pisada*. Especialmente cuando la impresión se hacía sin prensa, golpeando con una muñeca de trapo el papel aplicado sobre el grabado, la pisada se marcaba tanto que casi era imposible imprimir en las dos caras de un mismo papel. Los libros chinos, y algunas impresiones análogas en Europa, llevan las páginas impresas sólo por una cara; a veces el *librarius* ha pegado dos hojas una con otra para que no queden páginas blancas.

De todos modos, es evidente que los libros hechos con grabados en madera fueron uno de los adelantos preliminares que prepararon la invención de la imprenta, de que estamos hablando. Estimularon a pensar, impusieron algo mejor. Además, facilitaron a los impresores los elementos indispensables: la prensa, la tinta grasa y un papel apropiado para las impresiones.

Los orígenes de la imprenta

La prensa de mano, que hemos visto funcionar todavía, comprimía el papel sobre el grabado por medio de una platina, que se hacía bajar moviendo un tornillo. Era el antiquísimo aparato para prensar orujo o aceitunas, contribución milenaria, prehistórica, al nuevo invento que se preparaba para mediados del siglo XV. La tinta para imprimir grabados al boj tenía que ser diferente de la que usaban los calígrafos o escribas que copiaban manuscritos; éstos necesitaban una tinta fluida, que se deslizara fácilmente de la pluma; en cambio, para la estampación de grabados se requería una tinta algo grasa, que no se corriera de los bordes del grabado. Raramente era del todo negra, y más bien gris o amoratada, y se hacía con hollín, aceite y almidón. La tinta de imprimir es la principal contribución que los grabadores en boj y los estampadores de imágenes dieron a Gutenberg y sus contemporáneos para llegar a la invención de la imprenta.

Una mujer componiendo, el prensista y su ayudante con los tampones en la mano, y el corrector examinando un pliego. Siglo XV.

Un taller de imprimir en el siglo XV. A la derecha, una mujer componiendo.

Antes se había conseguido el papel: sin éste, la imprenta no hubiera podido hacer más que un número limitado de ejemplares; comercialmente, no hubiera convenido grabar letras y componer el texto si tenía que imprimirse en pergamino. Y en esto sí que está probada nuestra deuda a China; el papel es un invento oriental, cuya introducción y perfeccionamiento en Europa conocemos perfectamente. Cuando la conquista de Persia, los árabes hicieron prisioneros, en la batalla de Samarkanda, a varios chinos que les enseñaron la elaboración del papel. Las primeras fábricas de papel árabe se establecieron en Alepo, y su importancia creció al ordenar el califa Harún-Al-Raschid que el texto del Alcorán no se copiara ya en pergamino, sino en papel. La escritura santa en pergamino podía ser borrada o enmendada, sin que se conocieran los raspados, mientras que sobre el papel de hilo, por su transparencia, las enmiendas quedaban visibles, y resultaban compro-

Capítulo VI

metedoras. Los árabes importaron a España la industria del papel, y en el siglo x tenemos referencias literarias de fábricas en el litoral del Mediterráneo. Los primeros documentos españoles escritos en papel son del siglo XI; pero, así y todo, se anticipan de dos centurias a la difusión del papel por el resto de Europa. Desde mediados del siglo XIII por toda Europa se usaba ya, casi exclusivamente, el papel para la escritura; el pergamino se reservaba para documentos de importancia y para aquellos que convenía conservar.

El papel del siglo XIII era, sin embargo, todavía desigual, grueso, recio y poco flexible, de suerte que se hubiera prestado muy poco para imprimir grabados o textos. La gran demanda de papel en los siglos que precedieron al descubrimiento de la imprenta obligó a perfeccionar su fabricación, haciéndolo más fino y verjurado. El papel verjurado se fabrica en cubetas que tienen una trama de metal en el fondo que deja líneas en el papel que se ven por transparencia. Esto fue una invención europea, pues los papeles chinos y árabes no tienen marcas ni verjurado. En un principio, la trama de hilos en el fondo de la cubeta se puso para que el papel no se pegara y se pudiera quitar del molde antes de secarse; el verjurado fue, pues, en su origen, un perfeccionamiento debido a una necesidad industrial, pero que, al hacer más económico el papel, lo hizo también flexible y elástico. El papel del siglo XIII, sin verjurar, era casi tan grueso como el pergamino y se quebraba fácilmente al plegarlo.

Con estos elementos, la invención de la imprenta era previsible. No sabemos cuándo se empezaron a estampar grabados al boj; pero a mediados del siglo XV hacía ya casi un siglo que se manejaba la prensa y se imprimían hojas con estampas. En ocasiones, las estampas se hacían con varios bloques de madera combinados; a alguien entonces debiósele ocurrir hacer letras de madera y estampar con ellas textos cortos, como la *Gramática* de Donato, y libros de rezo para estudiantes y clérigos que no podían pagar los manuscritos. El más típico de estos libros impresos con tipos de madera es la famosa *Biblia pauperum* o «Biblia de los pobres», en la que hay estampas rodeadas de abundante texto.

Es probable que muchos de los libros impresos con grabados en madera sean anteriores a lo que nosotros consideramos como la verdadera invención de la imprenta o sea de los impresos estampados con una composición hecha de letras sueltas fundidas en metal. Pero lo singular es que no tenemos certeza documental de esta precedencia; la «Biblia de los pobres», ya citada, es del año 1470, posterior al primer libro datado e impreso con tipos movibles de metal. Además, insistimos, las letras talladas en madera no facilitaban mucho las impresiones, pues había que hacerlas de una en una, se estropeaban fácilmente y no tenían uniformidad. Por esto el método de imprimir libros con bloques de madera no causó ningún asombro; no se oye, en el acto de su invención, clamor de entusiasmo. En cambio, hacia la mitad del siglo XV se percibe una voz sutil, que sale de los mismos libros, y que califica de prodigio la invención de la imprenta.

En el primer libro datado, el de los *Salmos,* por Fust y Schöffer, éstos, al final, declaran la invención de la imprenta: *inventione artificiosa imprimendi.* Otro impresor de Brujas, que se alaba de haber descubierto el arte de imprimir *sin que nadie se lo enseñase,* al acabar el libro califica la imprenta de *artem mirandam* (arte admirable) y los instrumentos que usa de *instrumenta non minus laude stupenda* (útiles no menos dignos de estupenda alabanza).

Y, sin embargo, del verdadero descubridor de la imprenta, de Juan Gutenberg, no tenemos un solo libro con su sello, firma, colofón o pie de imprenta. Toda la gloria le ha sido adjudicada por la posteridad, sin que él la solicitara. No hay ninguna duda de su intervención en el descubrimiento, pues consta por documentos notariales y contratos, y por referencias de sus contemporáneos, que nos dan completa segu-

Una página de las *Epístolas* de *San Jerónimo*. Edición incunable enriquecida con orlas y viñetas miniadas a estilo de los manuscritos medievales.

La Biblia llamada de 42 líneas, a dos columnas, probablemente impresa por Gutenberg y Fust.

Muestra de una impresión realizada probablemente en Estrasburgo por Gutenberg y Fust.

ridad de que fue él quien dio el paso definitivo en el arte de imprimir. El nombre de Gutenberg significa *montaña buena,* y en las crónicas latinas de su tiempo se le tradujo a veces por *Mons bonus.* Parece que nació en Maguncia en 1400, de familia acomodada, pero los documentos nos lo revelan falto de dinero, y hasta al final de su vida seguía sin poder pagar los intereses de los anticipos recibidos de sus protectores. Todo lo que de él sabemos refleja el tipo eterno del inventor.

La biografía documental de Gutenberg se reduce a dificultades económicas; no encontramos en ella ni contratos matrimoniales, ni venta o compra de propiedades, ni título de ciudadanía, ni cargos públicos...

El año 1434 ya estaba preso por deudas; en 1438 había tenido que abandonar a Maguncia y formaba sociedad con dos burgueses de Estrasburgo para un negocio que suponemos relacionado con la imprenta. Como todos los inventores, Gutenberg no se contentaba con un solo invento: la sociedad que formó en Estrasburgo era para pulimentar piedras, hacer espejos y un tercer negocio que no está especificado; sólo sabemos que requería una prensa y unas matrices, o *formen,* como dicen en alemán los documentos... Por lo visto, en esta época (1438) Gutenberg no tenía aún bien decidida su vocación; hubiera podido acabar siendo lapidario, o haciendo espejos, en vez de impresor. Hasta el año 1450 no poseemos un dato seguro sobre su vocación definitiva. Un tal Juan Fust, o *Fausto,* anticipó la importante cantidad de 800 florines para que con ellos Gutenberg hiciera útiles, que indudablemente son las matrices de fundir tipos metálicos. El anticipo de Fust era, en el fondo, una participación en la empresa, aunque los útiles que se iban a fabricar podían ser rescatados por Gutenberg devolviendo los 800 florines. La compañía de Gutenberg y Fust duró cinco años, durante los cuales debieron de imprimir algo de gran importancia, acaso la famosa Biblia llamada de *42 líneas,* que es ciertamente anterior al año 1456, aunque no lleve ningún pie de imprenta que lo asegure. Pero el lector comprenderá en seguida la dificultad de atribuir esta y otras Biblias impresas en las prensas de Estrasburgo a Gutenberg y Fust en compañía. El negocio no era provechoso, y en 1452 Fust tuvo que anticipar otros 800 florines. Tres años después, exasperado, entabló un pleito contra Gutenberg, y parece casi seguro que Fust debió de recibir en pago los útiles empeñados. Con ellos, y con su futuro yerno, tal vez adiestrado por el mismo Gutenberg, continuó Fust la industria imprimiendo grandes obras. Una de ellas es el *Salterio,* que firman *Johannem Fust, civem maguntinum, et Petrum Schöffer, anno Domini MCCCCLVII.*

Los orígenes de la imprenta

De lo dicho comprenderá el lector que Fust y su nuevo socio Schöffer debieron de valerse, al principio, de los tipos y útiles que confiscaron a Gutenberg, y como los libros anteriores al *Salterio* de 1457 no llevan ninguna referencia, se hace casi imposible determinar, por los caracteres, cuáles son las impresiones de Gutenberg solo, de Gutenberg y Fust, y de Fust y Schöffer, y hasta podríamos decir que Gutenberg otra vez solo, después de separarse de Fust, porque se cree que continuaría usando los mismos tipos de letra y persistiría en el mismo estilo de composición.

Fragmento de un impreso del año 1476 mostrando una letra caída, vista de perfil, en un ángulo de la página.

Pie de una página de la Biblia pauperum, impresa en bloques de madera.

La vida de Gutenberg, después de su ruptura con Fust, no fue mucho más placentera. Una tradición supone que tuvo que emigrar de Maguncia y que vivió y ejerció su industria como huésped del obispo en su residencia de verano, etc. Pero, en cambio, los registros de la iglesia de Santo Tomás, de Estrasburgo, nos informan de que Gutenberg, por los años de 1442, venía pagando intereses por una suma de ochenta libras que había recibido de aquella iglesia, y que esta deuda seguía sin liquidar al ocurrir su muerte. En 1467 un industrial de Maguncia, Conrado Humery, reclamó y obtuvo del obispo «cierto número de matrices (*formen*), letras (*buchstaben*) e instrumentos (*instrument*)», que él, Humery, había prestado a Gutenberg, recientemente fallecido. Así, pues, al morir *el padre de la imprenta* trabajaba todavía con útiles prestados y sin tener familia ni discípulos que pudieran aliviar su situación. (Una tradición tardía supone a Gutenberg casado con una mujer llamada Ana de la Puerta-de-Hierro, pero no parece haberse conservado ningún documento que lo acredite.)

A pesar de su fracaso como hombre práctico, sus contemporáneos le reconocieron el mérito de la invención de la imprenta. He aquí algunas pruebas de la reputación de Gutenberg en el siglo XV: La crónica maguntí-

Colofón del primer libro fechado. Salterio, o libro de los psalmos (con la errata spalinos), impreso por Fust y Schöffer el año 1457.

Capítulo VI

Aldo Manucio. De un grabado de principios del siglo XVI.

na correspondiente al 1462 declara que Juan Gutenberg ha sido el primer impresor de Maguncia. En 1472 un maestro de París escribe que la imprenta había sido inventada en la ciudad de Maguncia por Juan *Bonemontano*, o sea Gutenberg, y añade que para esta arte nueva, *divina*, Gutenberg *esculpió* las letras sueltas, preciosa referencia a su movilidad, que ya hemos dicho era parte capitalísima de la invención. En el 1483 un impresor italiano, discípulo de los primeros alemanes que fueron a Italia, dice que Juan Gutenberg, *solerti ingenio*, inventó el arte de imprimir hacia el año 1440. Por fin, en la Crónica de Colonia del año 1449 hay el siguiente párrafo: «El arte admirable de imprimir fue inventado en Maguncia el año 1440 y desde esta fecha hasta el 1450 fue perfeccionándose. El año 1450, que fue de jubileo, se imprimió la Biblia, en latín, con letras grandes que sirven hoy para hacer misales. El inventor de la tipografía fue un burgués de Maguncia llamado Juan *Gudenburch*.»

Estos cuatro testimonios formales del siglo XV prueban que, por lo menos en aquella fecha, la mayoría consideraba a Gutenberg como el inventor del arte de imprimir. No se menciona a nadie más, nadie habla entonces de Fust y Schöffer, que firman los libros, ni de los que recientemente, en nuestros días, se han propuesto como competidores del honor de la invención.

Con los datos precedentes, el lector habrá podido reconstruir una vida, y si tiene imaginación, adivinar el carácter de Gutenberg. A los treinta y ocho años piensa vagamente en imprimir; pero inventa técnicas para oficios nuevos y viejos. El año 1440, acercándose él también a los cuarenta, consiguió resultados prácticos y debió de imprimir algo, solo y sin recursos, hasta que en 1450 logró interesar a Fust en sus ensayos. Lleno de esperanza, éste le sirve de socio y de banquero. Pero un hombre como Fust, que tenía 1.600 florines para perder, no podía congeniar con Gutenberg y comprendiendo el porvenir del negocio si caía en buenas manos, se apartó del inventor y se unió a su futuro yerno, Pedro Schöffer. De éste sabemos que había estudiado en París, pues el año 1449 estaba matriculado en la Sorbona. Debía de ser más joven que Gutenberg, más práctico, más tratable... Schöffer, como buen bachiller alemán, en el proceso entre Fust y Gutenberg se firma *clericus*, lo que no quiere decir *ordenado*. Era lo que hoy llamamos *un hombre culto*, con todo lo bueno y todo lo malo que comprende esta palabra. En París, Schöffer copiaba libros; por consiguiente, es fácil que a él debamos el dibujo de los bellos tipos góticos con que están impresas las biblias de Maguncia, atribuidas a Gutenberg, y que esta aportación sea francesa, pues en ningún lugar podía aprender Schöffer el arte caligráfico mejor que en París. Fust impuso como condición de su segundo anticipo que Schöffer entrara en el taller, pero esto no quiere decir que confiara en él como impresor. Mientras los antecedentes que tenemos

Los orígenes de la imprenta

de Gutenberg son de que fue platero y mecánico, antes de ser impresor, los de Schöffer prueban que antes de trabajar al lado de Gutenberg y Fust era sólo un calígrafo erudito.

Pedro Schöffer, sin embargo, no olvidó lo que debía a Gutenberg. En un libro estampado por su hijo, Juan Schöffer, en el año 1502, todavía se lee esta rúbrica final: «Este libro fue impreso en Maguncia, la ciudad donde se inventó el arte de la imprenta el año 1450 por *el ingenioso* Juan Gutenberg, y se perfeccionó por los esfuerzos y dispendios de Juan Fust y Pedro Schöffer.» No hay duda, pues, que los hijos de Schöffer debieron de oír a su padre hablar con admiración del fantástico inventor al que ellos llaman *ingenioso*.

Y vamos ahora a precisar en qué consistía la invención. Hemos visto que, al morir, Gutenberg se valía de formas (o sea, moldes), *matrices* y letras para practicar su arte. Estaba inscrito en el gremio de plateros de Maguncia; era, pues, un obrero de metales más que un grabador. Por lo tanto, no hay duda que desde muy joven Gutenberg tuvo *la idea* de hacer letras de metal, fundiéndolas en un molde. Los moldes los acuñaba con unas matrices o punzones grabados al acero; debía, pues, empezarse por éstos, grabando como troqueles punzones del metal más duro; éstos tenían una letra en un extremo. Golpeando con ellos una plancha de cobre, quedaba acuñada la letra matriz que servía de molde, donde se fundían los tipos; éstos, las letras movibles, debían ser de un metal fácil de fundir, ni demasiado duro, para que no rompiera el papel, ni demasiado blando, para que no se aplastara. No sabemos de qué metales se valía Gutenberg para sus punzones, moldes y letras. Debió de ser su gran invento, como los artificios para que las letras salieran iguales. Hoy la imprenta emplea una mezcla de plomo y antimonio que parece insubstituible; en los documentos del siglo XV encontramos la palabra *estaño* para referirse a las letras, porque éste debía de ser el metal que en más cantidad entraba en su composición.

Sea cual fuere la aleación de los tipos de Gutenberg, nos consta que éstos eran poco más o menos los que usamos todavía. Cada letra va grabada al extremo de un prisma metálico que se ajusta exactamente con las demás letras. En una impresión del 1476, una letra que saltó de su lugar fue impresa de lado, y se nota que el prisma que forma tiene ya igual longitud que las letras que se han usado hasta hoy en la imprenta. Es indudable, pues, que Gutenberg fue un excelente mecánico que llevó su invento a perfección. Es muy posible que esto último le haya valido el título de inventor de la imprenta. Es casi seguro que otros tendrían la misma idea, pero no llegaron a realizar plenamente sus propósitos. Han aparecido en documentos de archivo otros casos de *inventores* que hacían punzones y letras casi al mismo tiempo que Gutenberg. El lector curioso habrá leído algo acerca de cierto Waldfoger, orífice de Praga, que estuvo en Aviñón en 1446 con troqueles para

Pablo, hijo de Aldo Manucio. De un grabado contemporáneo.

Capítulo VI

hacer letras, o de otro llamado Coster que en Holanda fundía letras el año 1441. Los italianos también han imaginado tener derechos a la invención de la imprenta... Pero no vale la pena de entretenerse en estas discusiones; ya lo hemos dicho al empezar: si el inventor no hubiera sido Gutenberg, hubiese sido otro, pues hacia el 1440 la invención de la imprenta era inminente; pero esto no le quita mérito a la constancia, paciencia e ingenio del pobre inventor de Maguncia, que llevó a buen término el descubrimiento del *divino arte* de imprimir sin obtener para sí ningún provecho.

Como todos los grandes inventos, el arte de imprimir se difundió por el mundo entero con maravillosa rapidez. Se ha supuesto que contribuyó a la dispersión del enjambre de impresores maguntinos una guerra que desoló a Maguncia el año 1462. Lo positivo es que ya en 1465 dos impresores ambulantes alemanes, Conrado y Arnoldo, se establecieron en el monasterio benedictino de Subiaco, cerca de Roma. Los trabajos de las prensas de Subiaco son los primeros libros impresos en Italia. Empezaron con los textos de Donato y Lactancio; tres años más tarde, en el mismo monasterio, y por los mismos impresores, se publicó *La Ciudad de Dios*, de San Agustín. Pero los dos impresores andariegos alemanes fueron llamados a Roma por una noble familia, que les facilitó local y recursos para seguir imprimiendo. Su primer trabajo en Roma fueron las *Cartas* de Cicerón. En una rúbrica al final del libro los impresores se llaman todavía a sí mismos «de nación teutónica».

Ya en Roma la imprenta, el papa Sixto IV se interesó por ella, y en una bula en que anima a los alemanes a continuar haciendo libros, quiere darles a entender cuánto aprecia la invención consignando el número de ejemplares que hicieron los primeros impresores alemanes establecidos en Italia. Del ya citado libro de Donato, el de 1465, imprimieron 300 ejemplares; de las *Cartas* de Cicerón, del 1467, imprimieron 550; de *La Ciudad de Dios*, 325; las *Cartas* de San Jerónimo, en dos ediciones, llegaron a alcanzar la cifra de 1.100. Cifras formidables para la época, asombrada de que se pudiera reproducir un texto centenares de veces. Este asombro explica la leyenda que se formó más tarde, diciendo que Fust había sido amigo del diablo, porque, de otro modo, no se comprendería que sus Biblias fuesen idénticas, sin ninguna variación entre unas y otras.

El ejemplo de los impresores alemanes trashumantes de Subiaco, acabando por establecerse definitivamente en un centro tan favorable para sus trabajos como era Roma, se repitió en otras regiones de Italia y aun de Francia, Suiza y España. El impresor, hacia el año 1470, sería un artista vagabundo que viajaba llevando en un carrito sus matrices, sus cajas con letras y su prensa de mano. La sombra de Gutenberg, casi siempre empujada por la fortuna adversa, acompañaba en sus viajes al humilde impresor teutón. Pero a fines del siglo XV el im-

J. Froben, el gran impresor de Basilea, cuadro atribuido a Holbein.

Los orígenes de la imprenta

presor se convierte en un industrial, un editor, con carácter erudito.

El mejor ejemplo de esta transformación lo encontramos en Venecia, al establecerse allí la casa editorial de los Manucios, que por más de un siglo estuvo produciendo verdaderas maravillas tipográficas. Aldo Manucio no fue el primer impresor de Venecia; habíanle precedido un alemán, Juan de Spira, que llegó ya el año 1469, y un francés, Nicolás Jenson, a quien Carlos VII de Francia había enviado a Maguncia para desentrañar los secretos del arte de imprimir. Pero tanto Spira como Jenson no hicieron en Venecia sino lo que habían hecho tantos impresores en otros lugares: imprimir libros.

Aldo Manucio es un tipo de hombre distinto: es esencialmente el editor que escoge los textos, los estudia, los depura y los reproduce tan perfectos como puede, pensando hacer un buen servicio a los estudiosos. Aldo era hombre serio, devoto consciente; en una ocasión en que cayó enfermo de la peste, hizo voto de hacerse religioso, pero después pidió dispensa al Papa, que se la concedió, creyendo ambos, editor y Pontífice, que se servía mejor a Dios y a la Humanidad imprimiendo libros como los de Aldo, que encerrándose en un convento.

El carácter de Aldo Manucio se refleja en todos sus prólogos: «Quiero consagrarme al bien público — dice en uno de ellos —; pongo a Dios por testigo de que no tengo otro deseo. Dejemos para las bestias los placeres indignos de una existencia perezosa. Catón nos lo ha enseñado: la vida del hombre es comparable al hierro; brilla si se le emplea constantemente, se enmohece y estropea si no se usa.»

Aldo estaba admirablemente preparado para su labor editorial; oriundo de la Italia Central, habíase educado en Roma y en Ferrara. Fue por varios años preceptor de los hijos de Pico de la Mirándola; como el papa Nicolás V y tantos otros personajes del Renacimiento, había completado su educación enseñando. Aldo nos dice que aprendió el griego cuando enseñaba latín;

Guillermo Caxton, primer impresor inglés.

el método puede parecer algo raro, pero lo cierto es que llegó a ser un gran helenista. En 1494, Aldo Manucio, probablemente protegido por Pico de la Mirándola, aparece ya establecido en Venecia e imprimiendo su primer libro, la gramática griega de Láscaris. Durante varios años prosiguió editando libros infolio, y entre ellos las obras completas de Aristóteles, en cinco grandes volúmenes.

Pero esta tarea de editar para eruditos no podía satisfacer a un espíritu generoso como el suyo, y en 1500 Aldo cambió de rumbo, empezando a publicar libros pequeños, baratos, que hoy llamaríamos ediciones de bolsillo. El primer libro de esta serie fue un Virgilio, siguiéndole Horacio, Juvenal, Persio, Marcial, Lucano, Ovidio, Tíbulo, Propercio y, sobre todo, las *Rimas* del Petrarca en lengua italiana (el *Petrarquino*). En el mismo *formato* pequeño, en octavo,

Capítulo VI

Aldo imprimió a Sófocles, Homero, Demóstenes y la Antología griega. ¡Qué enorme sorpresa, sobre todo si se tiene en cuenta que Aldo no sólo imprimía los textos, sino que escogía los manuscritos y los depuraba de errores de copistas! Se alababa de que no se imprimía una letra en sus prensas que él no la hubiese visto y aprobado. A veces se queja en sus prólogos de que no puede contestar a todas las cartas, de que va siempre corto de tiempo y dinero. No resistimos la tentación de copiar el siguiente párrafo, que revela el temperamento de Aldo:

«Unos vienen para saludarme, otros sin más excusa que la de curiosear. Me dicen: — ¿Qué estás preparando, Aldo? — y se sientan... y empiezan a bostezar. Ya no hablo de los que vienen a leerme poemas o discursos en prosa. Les contesto distraído, porque no puedo concederles el tiempo que necesito para mis libros. Ahora he impreso este cartel, que tengo bien visible sobre mi mesa: — Quienquiera que seas, Aldo te suplica y vuelve a suplicar que despaches pronto, y que, al estar listo, te marches, a menos que no quieras hacer como Hércules, que acudía a sostener el peso de Atlas cuando éste se cansaba.»

Aldo Manucio murió dejando sólo un hijo menor de edad, y, por algunos años, la imprenta fue regida por los hermanos de la viuda, que no tenían los mismos escrúpulos editoriales que el fundador de la casa. Pero al crecer el muchacho, llamado Pablo, comprendió que su interés era conservar la reputación de sus talleres, y volvió a imprimir libros con todo el celo y la pulcritud posibles. La *firma* continuó con el nieto, que se llamaba Aldo Manucio como el abuelo, aunque este segundo Aldo es más bien un pintor que un erudito. Los Manucios usaron siempre la famosa marca del áncora y el delfín, gracioso emblema, no sólo de Venecia, sino del Mediterráneo y de la cultura clásica.

En Francia la imprenta, ¡cosa admirable!, fue importada por la Universidad. El prior de la Sorbona, que era un alemán, en el año 1470 mandó llamar a tres impresores, compatriotas suyos, para que vinieran a ejercer el nuevo arte dentro del recinto mismo de las escuelas. El primer libro de estos tres extranjeros, convertidos en impresores universitarios, fue el texto de las *Epístolas* de Gasparín de Bérgamo, y orgullosos de su industria, consignan al final del texto que es el primer libro impreso en tierra francesa por la *divinam artem scribendi... quam Germania movit*. Los tres alemanes de la imprenta universitaria de la Sorbona continuaron trabajando asociados hasta el año 1478, en que dos de ellos regresaron a su patria. Uno solo, Gering, continuó imprimiendo en París hasta mucho más tarde y a él se considera como el verdadero introductor del arte de imprimir en Francia. Pero el que puede considerarse el primer editor francés es Enrique Estienne. Los tiempos heroicos de tanteo y de invención ya han

Ulrico Gering, primer impresor de París.

pasado: cuando empieza Estienne, la gloria estriba en editar textos, no en multiplicar copias. Estienne era de ilustre familia, pero para hacerse impresor y editor no tuvo reparo en renunciar a sus títulos de nobleza. Nos ha dejado 121 libros, todos de ejecución meticulosa, papel excelente, texto claro y depurado a más no poder. Era, además, un gran helenista: su *Thesaurus Graecae Linguae* (en cinco volúmenes, 1572) se consulta todavía.

De la misma categoría moral que Aldo Manucio y Estienne es el gran impresor de Basilea Juan Amerbach. También en Suiza habíanle precedido los alemanes trashumantes, pero Amerbach acometió la impresión de obras de gran vuelo: la edición completa de los escritos de San Agustín y de San Jerónimo. Murió joven, sin poder ver terminada su labor, pero había preparado a sus hijos, dándoles una educación apropiada y, sobre todo, había sido maestro de

Imprenta en el siglo XV.

Un humanista veneciano leyendo los sonetos de Petrarca con su educanda en la edición popular *El Petrarquino*, editado por Aldo Manucio. Cuadro de Lorenzo Lotto. Colección Zafiropoulos. Lausana.

su sucesor Froben, que acabó el San Jerónimo. Al morir Amerbach, Erasmo y Estienne escribieron sus pésames en verso; existía una solidaridad internacional entre los intelectuales de aquella *nueva Europa*, que reaparece y reaparecerá siempre que ocurra una nueva emisión del espíritu.

Froben trabajó con Erasmo, quien se instaló en su propia casa para imprimir los Evangelios en el texto griego. Erasmo se alaba, al final del libro, de que él ha vigilado la impresión; sin embargo, no escasearon las erratas, y algunas bien comprometedoras. Las erratas han sido siempre la calamidad de la imprenta; el divino arte es inferior en esto al de los antiguos amanuenses, quienes no repetían los errores, aunque cada manuscrito tenía sus erratas; en cambio, en los impresos, un error se repite centenares de veces. Ya el primer libro datado, el *Salterio* de 1457, de Fust y Schöffer, lleva en el epílogo, o colofón, la errata de *spalinos* por *psalmos*. En una edición de Erasmo se le escapó *amore* en lugar de *more*, lo que hacía el texto condenable por la Inquisición.

En Inglaterra la imprenta, y también el oficio de editor, fueron introducidos por

Capítulo VI

Guillermo Caxton; éste había ido a aprenderlo a Alemania y Holanda, y antes de regresar a su país ya había impreso un libro inglés en Brujas. Tenía, pues, vocación bien profunda y era perfecto conocedor del arte cuando en 1467 se repatrió, instalando sus prensas en Westminster. Allí publicó el primer libro impreso en Inglaterra: *The dictes and sayings of philosophers*, terminado el 18 de noviembre de 1478. Los impresos de Caxton son algo rudos, como ruda era Inglaterra por aquella época; los caracteres son góticos, bastos y mal compuestos. De todos modos, la contribución de Caxton a la cultura inglesa es formidable; editó 96 títulos, sin cooperación ni asistencia de ningún protector.

Se ha discutido mucho acerca del primer libro impreso en España, que se creía que era un método para aprender el latín destinado a los catalanes. No lleva título y se conoce por las palabras iniciales del texto: *Pro condendis orationibus*. El texto es del profesor Bartolomé Matas y la estampación, debida al alemán Juan Gherling, terminó en octubre de 1468, pero recientemente se ha demostrado que dicha fecha está equivocada. El que se considera más antiguo es de Valencia, las *Trobes de la Verge Maria*, que se refiere a un certamen celebrado en 1474. Una de las casas editoriales españolas más importantes es la del alemán Cronberger, establecido en Sevilla, por haber salido de su taller los primeros impresores de América, que trabajaron en México a nombre de su patrono, aunque sin hacerle mucho honor. En cambio, en España se produjo la primera grande obra internacional de la imprenta. Se habían hecho impresos bilingües en Italia, pero la *Biblia Políglota*, de Cisneros, es más que eso: es un trabajo de cooperación intelectual que recuerda los esfuerzos de Alfonso el Sabio, con su *Scriptorium*, donde trabajaban eruditos de todas las naciones. A la formidable empresa de Cisneros contribuyó el papa León X, prestando manuscritos de la Biblioteca Vaticana. Los colaboradores fueron pagados con largueza; los trabajos preparatorios empezaron en el año 1502 y el texto no se acabó de imprimir hasta el 1520. Costó la obra cincuenta mil coronas de oro. El papa León X (un Médicis) recomendó la publicación de la *Biblia Políglota* el 22 de marzo de 1520. Cisneros ya había muerto, y al faltar su impulso emprendedor, la obra quedó sin ver la luz hasta 1522, en que se distribuyó a los subscriptores.

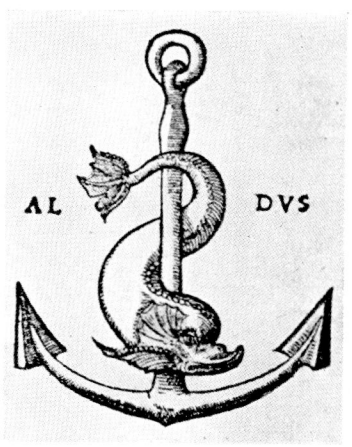

Marca de los Aldos. El áncora y el delfín.

Vista de una ciudad alemana en el siglo XVI. Nuremberg.

CAPITULO VII

LOS COMIENZOS DE LA REFORMA. ERASMO Y LUTERO

A últimos del siglo XV era inevitable una reforma de la Iglesia. Pero el egoísmo de muchos de sus altos dignatarios y la convicción que éstos tenían de ser invulnerables, les hacía demorar la reforma para los que vendrían después. Nadie discutía el hecho de que la avaricia de los eclesiásticos, su corrupción y su ignorancia habían llegado hasta más allá de lo increíble; pero el trabajo de expurgar la Iglesia de Cristo de las ramas estériles y ponzoñosas se dejaba para mejor ocasión.

Los escritos de los humanistas laicos, y aun eclesiásticos, de la segunda mitad del siglo XV están llenos de las más severas diatribas contra los clérigos, las Ordenes religiosas y aun la curia romana. No tenemos ningún empeño en escandalizar a los lectores; creemos que lo que es de Dios no necesita defensa, y lo que es contra Dios se deshace por sí mismo; pero es indispensable consignar aquí algunos datos para que se vea hasta qué punto llegó la inmoralidad de los clérigos de aquella época. Como quiera que se sentían impunes, podían cometer los mayores desmanes: en la coronación del papa Alejandro VI (el famoso Borgia), para adularle, el pueblo romano levantó un arco de triunfo en que se leía esta inscripción: «La Roma de los Césares fue grande, ésta de los Papas lo es más; aquéllos eran emperadores, éstos son dioses.»

Capítulo VII

Julio II, por Rafael. Galería Pitti. Florencia.

distribuyendo sumas importantes entre el colegio cardenalicio, y era bien sabido que muchos de los cardenales habían comprado su cargo. Para procurarse dinero con que ayudar a las conquistas de César Borgia, su padre Alejandro VI, en 1500, creó doce cardenales, que pagaron 120.000 ducados por los capelos. En 1503, necesitando todavía recursos para las guerras de Romagna, el Papa nombró otros nueve cardenales, que aportaron la suma de 130.000 ducados.

Altos cargos de la curia se vendían igualmente al mejor postor. Un temperamento tan calmoso y de tanta sangre fría como Burckard, el autor de la crónica pontificia de la época, nos cuenta que él obtuvo su empleo de maestro de ceremonias pagando 450 ducados, *incluidos todos los gastos,* lo que quiere decir propinas. El mismo Burckard ofreció en vano al papa Julio II la suma de 2.000 ducados por una plaza de escribiente; pero, en cambio, logró otra colocación de corrector de escrituras por 2.040.

No haremos responsable al Pontificado de esta poesía callejera; pero que los Papas se sentían omnipotentes, y con derecho sobre los reyes, está plenamente confirmado por el lenguaje empleado en sus bulas y excomuniones. Paulo II destituyó al rey de Hungría y puso en su lugar a Matías Corvino; Julio II excomulgó al rey de Navarra, Juan d'Albret, y a su esposa Catalina, para que Fernando el Católico pudiese ocupar sus Estados.

Otro ejemplo de la seguridad que tenía el Papa de ser árbitro del mundo es el reparto que hizo Alejandro VI de las tierras de Ultramar entre castellanos y portugueses.

Si este poder hubiera sido siempre legítimamente obtenido, y ejercitado por pontífices piadosos y capaces, la protesta que originó la Reforma se hubiese reducido a una reacción de carácter político, como la que había motivado el conflicto entre el Pontificado y el Imperio en tiempos de Hildebrando. Pero era notorio (y aunque no fuese cierto lo creía todo el mundo) que algunos Papas habían logrado la elección

León X, por Rafael.
Galería de los Uffizi. Florencia.

Los comienzos de la Reforma

Y como quiera que su cargo de maestro de ceremonias y su título de obispo de Orta debían darle ocupación más que sobrada, resulta claro que las dignidades accesorias que compró Burckard eran *sinecuras* y que empleaba en ellas sus ahorros para que proporcionaran un saneado interés a su dinero.

Julio II creó un *colegio* de cien escribientes, a los que hizo pagar 14.000 ducados por su empleo. León X nombró sesenta chambelanes y ciento cuarenta escuderos, que le pagaron, todos juntos, 90.000 y 112.000 ducados, respectivamente. Estos puestos, obtenidos por dinero, eran considerados inamovibles y algunos de ellos podían ser traspasados por sus poseedores a otros que los compraban pagándolos con sobreprecio. Así se creaba un círculo vicioso: para pagar los sueldos de los simoníacos había que procurarse más dinero, y los fondos, en muchos casos, tenían que obtenerse creando otros empleos para venderlos a nuevos simoníacos. A veces se temía que un Papa reformador llegaría a cortar por lo sano, dejando sin empleo y sueldo a las sanguijuelas de la curia romana... Pero, desgraciadamente, los Papas reformistas duraban poco, pues morían prematuramente o cambiaban de parecer, como León X, que, a pesar de ser un Médicis, decía: «Gocemos del Pontificado, ya que Dios nos lo ha concedido.» Otros, no obstante sus buenas intenciones, dejaban en sus empleos por compasión a tantos que los habían comprado creyendo haber hecho un buen negocio. Adriano VI, el preceptor del emperador Carlos V, que precisamente había sido elegido Papa para acabar con los despilfarros de León X, se reconoció incapaz de terminar con tantos abusos. Cuéntase que, a su llegada a Roma, los palafreneros del difunto Papa le recibieron de rodillas, pidiéndole que les conservara en su empleo. León X necesitaba sesenta palafreneros; Adriano VI dijo que le bastarían cuatro, pero, así y todo, no se atrevió a despedirlos. Tantos empleados sin prestar servicio, y tantos postulantes a nuevos empleos, llenaban a Roma de gente vagabunda y maleante. El cardenal Silíceo escribía a Carlos V que había en Roma 6.000 españoles intrigando para conseguir beneficios. «Estos se venden a venteros y mercantes que no saben leer el libro de rezos.» Roma se había convertido en un lugar malsano, sentina de vicios, como la llamaba Erasmo. Con una población de 100.000 almas, a principios del siglo XVI, Roma contaba 6.000 prostitutas, más, en proporción, que las que atribuye el censo oficial a las ciudades de la Europa moderna más *favorecidas* por este comercio. Sólo la peste, diezmando la población, podía con la muerte abrir claros en el tropel insaciable de los empleados pontificios.

La corrupción romana se contagiaba a toda la cristiandad. La curia, no sólo vendía los cargos de sus oficiales, sino que daba

Erasmo de Rotterdam, por J. Holbein.

Capítulo VII

en encomienda obispados y abadías del mundo entero. Sixto IV, de cuyo nepotismo hemos tenido que hablar en capítulos anteriores, propuso como obispo de Cuenca a un sobrino suyo que habitaba en Génova. Los Reyes Católicos se resistieron a aceptar semejante candidatura y retiraron su embajador en Roma. Ante la amenaza de Fernando e Isabel de pedir la convocación de un concilio, y ayudando como pacificador el cardenal Mendoza, Sixto IV capituló y no se habló más de su sobrino. Pero no todos los soberanos tenían el mismo tesón y fuerza moral de los Reyes Católicos; a menudo transigían, a cambio de otros favores que esperaban llegar a conseguir del Pontífice, y el ventero y arriero que, según el cardenal Silíceo, intrigaban en Roma, obtenían el beneficio y se marchaban a gozarlo, o cobraban sólo sus rentas, autorizados por una dispensa, también pagada si era preciso.

En estas condiciones, la reforma, que ya hemos dicho que era inevitable, se hubiera impuesto sin necesidad del cisma luterano, aunque tal vez tardara mucho más. Todos los que lamentaban los abusos de la época proponían como remedio un concilio; pero es evidente que, a fines del siglo XV, un concilio ecuménico no hubiera llevado a cabo fácilmente la reforma, o la contrarreforma, que más tarde cristalizó en el concilio de Trento. La Iglesia romana tenía que padecer la prueba del ataque de los protestantes para poder enmendarse y restablecer la disciplina.

Sin embargo, tan extendido era el mal y tan necesaria era la corrección, que por algún tiempo la Iglesia no sólo no persiguió a los que la enjuiciaban con sus críticas y sátiras, sino que hasta los protegió; creía tal vez que, exponiendo el mal, la ayudarían a corregir los escándalos. Esta es la primera fase de la Reforma, representada por Erasmo y hasta cierto punto por Lutero; la segunda fase es la estabilización de la teología protestante con Calvino, Zwinglio y Knox, y la tercera fase es ya la que llamamos Contrarreforma, cuyos factores más importantes son San Ignacio — o mejor, la Compañía de Jesús — y el concilio tridentino. A cada uno de estos tres momentos de la lucha religiosa dedicaremos uno de nuestros capítulos.

Para empezar, ya hemos dicho que los primeros ataques contra la Iglesia, acusándola de ignorancia y de desmoralización, fueron soportados con singular benevolencia. La literatura anticlerical de principios del siglo XVI es abundantísima y los clérigos eran los primeros en aplaudirla. Mientras no se incurriese en error teológico, la Inquisición no se entremetía. Los humanistas conocían este peligro y se detenían en el justo límite hasta donde el Santo Oficio permitía llegar.

Es imposible en un libro como el nuestro enumerar el alud de tratados cortos y opúsculos, la mayor parte en latín, que aparecieron entre los años 1490 y 1530, presentando a la Iglesia como una organización de gente maleante. Es el tema de moda; hasta en España está la novela picaresca llena de ejemplos de inmoralidad que ofrecen los

Canciller Tomás Moro, gran amigo de Erasmo. Grabado de la época.

eclesiásticos; son, sin embargo, ataques mezquinos, de soslayo, sin trascendencia, porque parecen errores y abusos individuales; no se percibe en ellos la gangrena del cuerpo entero de la Iglesia.

Erasmo es el genio que se consagra a esta labor fiscalizadora; sus obras toman a veces el tono de burla, pero no dejan nunca de proponer una corrección. Erasmo ha sido severamente criticado hasta nuestros días; católicos y protestantes le acusan de haber desencadenado la tempestad para acogerse después, en medio del temporal, al seguro refugio de una posición de erudito espectador que no está obligado a participar en la contienda.

El papa Adriano VI, que era casi su compatriota, le llamó a Roma y le ofreció un capelo, para que fuese a ayudarle en su labor de reformar la Iglesia desde dentro. Lutero le escribió también excitándole a que tomase el partido de la Reforma desde fuera... Erasmo contestó al Papa rehusando el capelo y a Lutero le escribió diciéndole que, deliberadamente, no había leído sus escritos. Continuar sus trabajos doctrinales era lo único que preocupó a Erasmo hasta el final de su vida. Una vez le dijeron que él, Erasmo, y Lutero habían puesto el huevo de que había salido la Reforma, y Erasmo contestó que de su huevo había salido una gallina ponedora, mientras que del de Lutero había salido un gallo de combate. Esto es verdad, pero habría que ver si de los huevos que puso la gallina de Erasmo no habían también salido luteranos. Por esta razón, y no por sus escritos, Erasmo es todavía más apreciado de los protestantes que de los católicos.

A pesar de su falta de decisión, no se puede acusar a Erasmo de egoísta ni cobarde. Fue acaso un temperamento enfermizo, que, careciendo de la brutal acometividad de Lutero, tuvo que resignarse a lo que convenía a su naturaleza delicada. Los retratos de Holbein nos lo presentan pálido, demacrado, con su birrete cubriendo la cabellera de cáñamo, y envuelto en un sayal negro. Los contemporáneos hablan de las

Erasmo de Rotterdam, por Holbein. Grabado en madera.

manos finas, transparentes, delicadas, de Erasmo. Según él mismo cuenta en sus cartas, sufría no poco con el ruido y el contacto de las gentes que encontraba en los mesones cuando viajaba. No obstante, nunca tuvo domicilio fijo y se pasó la vida, siempre pobre, viajando por Francia, Inglaterra, Flandes y Suiza.

Nacido en Rotterdam de un connubio irregular, el año 1467, su padre le había destinado desde muy joven a la vida conventual. Erasmo, casi a la fuerza, viose obligado a tomar órdenes en un convento de agus-

Vista de Erfurt, donde Lutero siguió sus estudios.

tinos, con los que vivió varios años. Cuando critica a los religiosos de su época, lo hace, pues, con entero conocimiento. No les perdona los años de juventud que perdió entre ellos y, acaso exagerando, dice que los monasterios de su tiempo eran peores que *lupanaria*. Sin embargo, el obispo de la diócesis, probablemente informado por el abad, se percató de los talentos de Erasmo y consiguió en Roma una dispensa para que el descontento agustino pudiera pasar a París, para perfeccionar sus estudios.

En París hizo amigos que le invitaron a pasar a Inglaterra, y así hacia el 1497 encontramos a Erasmo por primera vez en Londres, ya en estrecha amistad con Tomás Moro. En Londres y Oxford, Erasmo se relacionó con eruditos que le estimularon a componer su primer libro, *Adagios*. Es una colección de sátiras cortas, escritas con un desenfado que las hacía extraordinariamente propensas a ser recordadas sin esfuerzo. Están escritas en latín, pero, así y todo, lanzan pullas como éstas: «Los griegos decían que Andóclides fue grande porque en su tiempo había confusión. Los teólogos producen la confusión para hacerse ellos grandes.» «El Evangelio dice que los sacerdotes devoran los dineros que ha conseguido reunir el pueblo con su trabajo, pero los hallan tan difíciles de digerir que tienen que hacerlos pasar con vino bueno.» Hay algo ya de Brueghel y Jerónimo Bosch en los escritos mordaces que salían de la pluma de Erasmo.

En Inglaterra encontró Erasmo una protectora en la viuda de cierto lord Vere. Con una modesta pensión, Erasmo regresó a París y desde allí realizó su primer viaje a Italia. En 1504 vio a Roma de cerca. La gran ciudad debía de causar una impresión extraña en aquella época: las obras edilicias de Sixto IV apenas terminadas, la gigantesca construcción de San Pedro sin cúpula todavía, las ruinas de la Roma imperial surgiendo por doquiera; los cardenales corrompidos, hechura del segundo Borgia, y el terrible papa Julio II, que le decía a Miguel Angel: «Retrátame con una espada, yo no soy hombre de libros.» Por aquellas fechas, Lutero estaba también en Roma, enviado por los agustinos, y el efecto que le causó fue tan deplorable como el que debió de experimentar Erasmo, aunque se manifestó de diversa manera.

Es muy posible que fuese en la misma Roma, y hasta animado por el cardenal Médicis — el que después quiso protegerle siendo Papa —, donde Erasmo planeó y empezó la publicación de los Evangelios en latín, con terribles comentarios. Uno de ellos, al versículo 23 del capítulo XXV de San Mateo, dice así: «Yo, Erasmo, vi con mis propios ojos al Papa cabalgando a la cabeza de un ejército, como si fuese César o Pompeyo. En cambio, San Pedro conquistó el mundo sin armas ni ejércitos.»

Esto tiene poca malicia, pero otros comentarios son tan duros que nos resistimos a copiarlos. Imagínese lo que pondrá Eras-

Los comienzos de la Reforma

mo al pie del texto de Mateo de que unos nacen eunucos y otros se hacen eunucos para servir a Dios. Imagínense sus comentarios sobre las reliquias de la leche de la Madre de Dios, los pedazos de la Vera-Cruz, cuyo número es tan grande que con ellos se podría cargar un buque, las enaguas de la Virgen o el peine de Santa Ana.

Con malicioso ingenio Erasmo toma pie de una palabra de la Escritura para enzarzarse en las más violentas divagaciones. El texto de la epístola a los Corintios, aconsejando no empeñarse en el don de lenguas sino hablar razonablemente la que uno sabe, sacó a Erasmo de sus casillas y vapuleó a los que cantan en el coro sin entender lo que dicen.

El versículo de la epístola a Timoteo, precaviendo vanas disputas en la Iglesia, da pie a Erasmo para repetir su ataque a los teólogos: «No se cansan — dice — de disputar acerca de las clases de pecado, como si no fuera mejor detestar los pecados. Disputan de si la gracia que nos hace amar a Dios es la misma con la que Dios nos ama. Disputan acerca de la naturaleza del Padre y del Hijo y del Espíritu Santo; disputan acerca del fuego que tiene que abrasar una substancia que no es material. Vidas enteras se consumen en estas vanas especulaciones; se pelean y vienen a las manos por cuestiones de bautismo, sinaxis, penitencia, etc. Lo mismo que sobre el poder de Dios y el poder del Papa...»

«Como en tiempo de San Pablo — dice Erasmo — había pocos sacerdotes, el apóstol no prohibió que se casaran ni obispos ni clérigos ni diáconos. Pero ahora se prohibe el casamiento de los ordenados y se les permiten homicidios, parricidios, incestos, piraterías, sodomías y sacrilegios. En los innumerables rebaños de clérigos, pocos son castos...», etc.

Así despotrica Erasmo en sus comentarios; por esto hemos dicho que podrá acusársele de poltrón en la causa de la Reforma, pero no de cobarde. El libro tuvo un éxito fenomenal, y, en cada edición sucesiva, Erasmo añadía nuevos comentarios, o hacía todavía un poco más agrios los que habían aparecido ya en las anteriores. Los clérigos reían, y el papa León X solía decir: «Aquí está nuestro amigo Erasmo.»

Los ataques esparcidos, fragmentarios, de los *Adagios* y los *Comentarios* tomaron cuerpo de doctrina en el *Elogio de la Locura*

Vista de Londres, desde el puente del Támesis, en tiempo de Erasmo.

Capítulo VII

(Encomium Moriæ). Es la Locura misma la que habla en todo el libro: nació de Plutón y se crió en las islas Afortunadas; sus compañeros eran Egoísmo, Indolencia y Placer. Todo el mundo, sin distinción de clases ni categorías, rinde culto a la Locura; nadie, sin algo de Locura, pensaría jamás en casarse... Pero no vaya a creer el lector que Erasmo se entretenga demasiado en esta farsa inocente; muy pronto empieza, por boca de la Locura, a disparar bala rasa contra teólogos y clérigos:

«Debería evitar a los teólogos — dice la Locura —, que forman una casta orgullosa y susceptible. Tratarán de aplastarme debajo de seiscientos dogmas; me llamarán hereje y sacarán de los arsenales los rayos que guardan para sus peores enemigos. Sin embargo, son siervos de la Locura aunque renieguen de ella...» Lo que seguirá, llenando páginas y páginas, puede imaginarlo el lector. Los clérigos, naturalmente, gritaron que Erasmo era el Anticristo, requirieron al Santo Oficio y proponían se le quemara vivo. Pero no había herejía en denunciar locuras, extravagancias, supersticiones y desórdenes. La Iglesia podía considerar imprudente, impropio, inadecuado, el escándalo producido por el libro de Erasmo; podía advertirle que no era él quien debía corregir los abusos, ni aquél el sistema más conveniente; podía imponerle castigos disciplinarios, más siendo religioso, pero no podía quemarle como hereje si no había herejía en sus escritos. Los obispos y las Universidades prohibieron la lectura de las obras de Erasmo, pero el Santo Oficio no se movió... Las obras de Erasmo no fueron incluidas en el índice de libros prohibidos hasta mucho después de su muerte.

Por otra parte, Erasmo se escudaba dedicando su edición de las cartas de San Jerónimo al propio León X, y éste aceptaba la dedicatoria de Erasmo. Las cartas de San Jerónimo, salpicadas de citas en griego y en hebreo, habían llegado, a través de los manuscritos de la Edad Media, tan corrompidas, que para adivinar su sentido se necesitaba la formidable erudición que poseía Erasmo. La corte romana, por aquel entonces, lo perdonaba todo a condición de que viniera de un helenista; el humanismo de Erasmo hacía olvidar sus intemperancias. Murió católico, haciendo continuas protestas de su adhesión a la Iglesia romana. Inconsciente de su eficacia, no se dio cuenta de que había sido un factor importantísimo de la protesta de la mitad de la cristiandad y de la corrección de la otra mitad, que trató de enmendarse con la Contrarreforma.

El carácter y la conducta de Erasmo contrastan con el temperamento apasionado de Lutero. El uno es el Voltaire y el otro el Rousseau de la Reforma; el uno es el aristócrata mordaz y el otro el plebeyo romántico de esta primera revolución europea. Lutero era dieciséis años más joven que Erasmo; hijo de un minero sajón, había nacido en 1483 y creció en medio de rústicos campesinos que creían con la simple fe católica de la Edad Media. Su padre pudo enviarle a la escuela, y aun a la Universidad de Erfurt. Allí Lutero se graduó en el año 1505. Sus compañeros le llamaban *el filósofo*, acaso porque no tenía afición a la literatura. Poseía, en cambio, un gran sentido musical y tocaba el laúd. Los himnos religiosos que compuso después prueban que era más poeta que los estudiantes que se entretenían haciendo versos, juvenil pasatiempo de todas las generaciones. Sólo el que, como Lutero, hace himnos a los cuarenta años, puede admitirse que sea verdadero poeta.

Poco después de graduado, Lutero entró en un convento de Agustinos. No conocemos la causa que le impulsó a profesar; es raro que, siendo tan locuaz en lo que le concierne, no nos haya explicado por qué se hizo fraile. Sólo nos dice que dudó de salvarse si no se apartaba del mundo, y recuerda a este efecto un proverbio alemán: «La duda hace el monje.»

Los protestantes han querido descubrir una conversión o *salvación* de Lutero cuando éste entró en el convento; creen que Lutero *nació por segunda vez* leyendo un día, en su celda, la *Epístola a los Romanos*. Se-

Los comienzos de la Reforma

gún dicen, desde aquel momento empieza su vida nueva; sin embargo, no aparecieron signos manifiestos del cambio hasta mucho más tarde.

En 1508, Lutero, todavía un obscuro fraile agustino, fue enviado a la recién creada Universidad de Wittenberg para enseñar teología. Se han conservado algunos recuerdos de sus lecciones, sobre todo en la gran Biblia anotada donde señalaba, entre líneas, los asuntos que deseaba tratar en el aula. Año por año se ve crecer su mal humor para contemporizar con la teología escolástica; pero en lugar de inclinarse hacia una fórmula más moderna del pensamiento europeo, como Erasmo, se ve a Lutero retroceder hacia la teología de San Agustín, declarando que la escolástica era una recaída en el pelagianismo. Muchos lectores habrán ya (por fortuna para ellos) olvidado quién era Pelagio y cuál su herejía, pero aquí hace falta recordarles que, lo que se llama *pelagianismo* en la Iglesia protestante, era creer que la salvación eterna se debe exclusivamente a nuestras buenas obras, sin que para ello se necesite de la gracia divina.

Con esta idea en la mente, puede decirse que Lutero empezó en Wittenberg la que hoy llamamos teología protestante. Es de notar que ya en 1516 empleaba la frase *nuestra teología* para distinguirla de la escolástica que aprendiera en las aulas de Erfurt. Pero una teología enseñada en una universidad insignificante, por un fraile desconocido, no hubiese tenido ninguna consecuencia sin la aplicación que de ella hubo de hacer Lutero al caso práctico de las indulgencias. En esta cuestión de las indulgencias iban envueltas necesariamente la cuestión del dinero y la de la salvación del alma. El poder temporal de los grandes de la Tierra y el bolsillo del humilde campesino que compraba una bula estaban interesados por igual en lo que pudiera decir aquel fraile agustino, profesor de teología.

Hoy nos parece risible que pudiera desencadenarse un cisma, como el de la reforma protestante, por una insignificancia como el pleito de las indulgencias. La Iglesia romana, en nuestros días, hace otro uso de esta prerrogativa; pero en tiempo de Erasmo y de Lutero la construcción de la gran basílica de San Pedro y el sostenimiento de la fastuosa corte de los pontífices humanistas obligaban a procurarse recursos; hiciéronse concesiones extraordinarias de indulgencias y muchos llegaron a traficar con ellas, poniéndoles precio y pregonándolas como mercaderes. Naturalmente que siempre había algún pretexto para hacer estas

Lutero, por Lucas Cranach.

Capítulo VII

concesiones extraordinarias: ora se proyectaba una cruzada contra el turco, ora se recordaba la necesidad de llevar a término la obra de San Pedro. Entonces el Papa encargaba en cada país la predicación de las indulgencias a un obispo, y éste, a su vez, la encomendaba a comisarios especiales, que iban de pueblo en pueblo difundiendo la bula papal. Huelga decir que estos predicadores de las bulas eran personas poco escrupulosas, que convertían tales favores espirituales en tráfico indigno de dinero, mirando más al producto de las limosnas que a los efectos de la penitencia y al lucro espiritual. En la Alemania de la época corría este dicho: *Trinca la moneda en el cofre del bulero y sube el alma del purgatorio al cielo.*

La venta de indulgencias, a los ojos de las autoridades civiles, era una nueva contribución que gravaba a la Iglesia de Alemania. Los campesinos, tras las indulgencias, carecían luego de recursos para pagar lo que debían a la administración civil. Además, recordemos que Roma ya cobraba diezmos y derechos de los obispados, que en ocasiones ascendían a la mitad de las rentas de la mitra. Así es que este exceso de indulgencias que ofreció la Iglesia a principios del siglo XVI fue la gota de agua que hizo desbordar el vaso, ya repleto de rencor, contra Roma y el pontificado.

Lutero, inconsciente, como Erasmo, de la trascendencia de su misión, fue instrumento extraño del destino. Un día, sin haberlo meditado mucho, clavó en las puertas de la iglesia del castillo de Wittenberg un escrito con 95 *Tesis,* o proposiciones, que él, Lutero, se aprestaba a defender, como un caballero teutónico, en singular combate teológico. La Universidad donde enseñaba Lutero se hallaba frente al castillo de la pequeña ciudad de Wittenberg; si la tempestad no hubiera estado acumulada en el am-

Wittenberg. Antiguo palacio municipal.

Los comienzos de la Reforma

Lutero en la Dieta de Worms. Cuadro de J. Schnorr de Carolsfeld.

biente, el desafío del fraile rebelde no habría pasado de ser una singularidad académica.

Pero en medio de aquel fárrago de 95 puntos teológicos, repetidos, algunos absurdos o infantiles, Lutero venía a decir:

I. Que la Iglesia sólo puede remitir las penas que ella impone y no las que ha impuesto Dios en su juicio.

II. Que la Iglesia sólo puede disminuir la penitencia y la pena de los vivos; los muertos sólo pueden ser auxiliados con plegarias para mover la bondad divina a compasión.

III. Que para obtener el perdón de los pecados es preciso un sincero arrepentimiento, y no hace falta nada más.

Las noventa y cinco *Tesis* de Lutero tuvieron una circulación asombrosa; a los quince días habían llegado al último rincón de Alemania, y cuatro semanas después habían sido leídas por toda Europa, *como llevadas por ángeles,* dice Myconius, naturalmente luterano.

No creemos que el lector se moleste porque no pongamos en detalle el pro y el contra de las indulgencias en un libro como el nuestro. De defender la posición católica se encargó, ya en el 1518, un profesor de la Universidad de Ingolstadt llamado Juan Eck. Su réplica a las 95 *Tesis* se llamaba *Obeliscos,* y la contrarréplica de Lutero: *Asteriscos.* ¡Qué títulos! El humanismo había emponzoñado hasta a las gentes teológicas, como Juan Eck y Martín Lutero.

El primer tropiezo serio lo tuvo Lutero con sus colegas los agustinos. En el mismo año 1518 se reunió el capítulo de la Orden, como de costumbre, en Heidelberg, y Lutero tuvo que explicar allí sus 95 tesis. El capítulo escuchóle con no poca paciencia e imparcialidad, dándole a entender su disgusto, aunque sin atreverse a condenarle; pero la frialdad de los agustinos hizo reflexionar a Lutero, y, como resultado, publicó una explicación detallada, bastante más metódica y razonada que las *Tesis,* que llamó *Resoluciones.*

Capítulo VII

El príncipe elector de Sajonia protector de Lutero.

De momento, se pensó en llamar a Lutero a Roma para convencerle o condenarle; pero los príncipes alemanes, sobre todo el elector de Sajonia, soberano natural del fraile, suplicaron que el asunto se discutiese en la propia Alemania. El Papa consintió, y Eck y Lutero hubieron de encaminarse a Leipzig para discutir allí las *Tesis* cara a cara.

Llegó acompañado de otros profesores de Wittenberg, en dos coches escoltados por doscientos estudiantes, armados con yelmos y lanzas. Eck tenía un cuerpo macizo y la voz estentórea, mientras que Lutero, todavía joven, era delgado y su voz débil, pero clara. Llevaba en la mano un ramito de flores y, en lo más recio de la disputa, tomaba aliento oliéndolas. No parecía tomarse muy en serio la disputa.

En el torneo dialéctico de Leipzig, Eck consiguió la victoria; parece ser que logró desviar la cuestión del punto de las indulgencias y arrastró a Lutero a declarar que no reconocía la autoridad del Papa. Es más, le hizo confesar que creía que había algo de verdad en las doctrinas de Juan Hus, quemado el siglo antes por hereje. Al llegar a este punto, hasta el rector de la Universidad de Wittenberg (como es natural, amigo de Lutero) exclamó: «¡Dios nos libre de Hus y su pestilencia!...»

El proceso de Leipzig obligó a Lutero a penetrar en este otro punto de la autoridad del Obispo de Roma. A pesar de que su erudición era insuficiente, quiso probar históricamente que la supremacía del pontífice romano sobre los demás obispos era cosa reciente y que nunca había sido aceptada por la Iglesia oriental. Tal ha sido, por espacio de cuatro siglos, la posición de los protestantes; hoy están convencidos de que tendrían que apoyarse en otros argumentos más sólidos, porque la hegemonía del Obispo de Roma es más antigua de lo que ellos creían.

Pero estas cuestiones doctrinales no hubieran hecho caer a la mayor parte del pueblo alemán del lado de Lutero. En el año 1520 volvió a la carga con la publicación de los tres famosos tratados que se consideran como la piedra fundamental de la Reforma. Sus títulos son: *De la libertad del cristiano, La cautividad de la Iglesia en Babilonia* y *Manifiesto a la nobleza cristiana de la nación alemana*. El primero lleva todavía una carta-prológo, dirigida al papa León X. El *Manifiesto* fue naturalmente el más leído; las prensas no podían dar abasto a la demanda de las gentes: era un toque vibrante de llamada para unir a toda la nación contra el poder de Roma.

Los argumentos que esgrimía Lutero eran éstos: había que desvanecer el error de creer que el Papa, los obispos y los eclesiásticos formaban un imperio espiritual opuesto al temporal de los Estados. El verdadero Estado espiritual es la Iglesia, formado por el cuerpo de todos los creyentes. Un remendón, decía Lutero, forma parte del cuerpo espiritual de la Iglesia lo mismo que un obispo. El Papa no tiene derecho exclusivo a convocar un concilio; los emperadores convocaron los concilios en el pasado, etcétera.

Los comienzos de la Reforma

A esto contestó Roma con la bula *Exsurge Domine*, condenando a Lutero. En ella se ordenaba que todos los que tuvieren escritos de Lutero los quemaran al punto; pero el fraile rebelde contestó quemando las Decretales, y la bula papal que le condenaba, en el lugar mismo donde se acostumbraba quemar a los herejes en Wittenberg.

Así estaban las cosas cuando fue elegido emperador Carlos V. Su abuelo Maximiliano había muerto repentinamente en el año 1519, y Carlos, que ya era rey de España por incapacidad de su madre, no fue elegido hasta obtener la eficaz intervención del elector de Sajonia, protector entusiasta de Lutero desde un principio.

Carlos V se encontró, pues, en Alemania en la misma situación que Constantino cuando la disputa arriana. Así como Constantino convocó el concilio de Nicea para acabar con Arrio y sus secuaces, Carlos V creyó acabar con Lutero obligándole a comparecer ante la Dieta de Worms. Esta asamblea se convocaba para tratar toda clase de asuntos del Imperio, y la rebeldía de Lutero se creyó que no pasaría de ser un episodio secundario; sin embargo, hoy nadie recuerda la Dieta de Worms sino por la presencia y las declaraciones de Lutero. Este llegó a Worms con un salvoconducto que duraba veinte días; no corría peligro alguno, porque, aun en el caso de que el emperador hubiese querido desdecirse de su promesa, los electores alemanes no lo habrían consentido, ofendidos gravemente por aquella felonía. No obstante, Lutero, al partir para Worms, creyó que allí iba a morir. Llegó la vigilia de la sesión en que tenía que comparecer ante el emperador y le dieron alojamiento en el *Mesón del Cisne*. Como la ciudad estaba llena de diputados, tuvo que dormir en el mismo cuarto con dos caballeros sajones.

En la tarde del siguiente día, 4 de abril de 1521, la Dieta trató del asunto de Lutero estando él presente. El nuncio del Papa, que hacía de fiscal, ha descrito en sus memorias la entrada del fraile en estos términos: «El infeliz entró sonriendo, miró a su alrededor y bajó la cabeza. Al verse frente a frente del Emperador (Carlos V) no pudo mantenerse quieto y se movía tembloroso.» Un espectador español describe a Lutero en la Dieta de Worms, diciendo: «Era de estatura mediana, cara fuerte y bien conformado. Sus ojos brillantes miraban fijamente. Iba vestido con el hábito agustino, con un cinturón de cuero, gran tonsura, recientemente afeitada, y poco cabello alrededor.» Lutero, en cambio, nos cuenta que, al contemplar aquella reunión de príncipes y dignatarios, hubo de decirse: «Así mirarían los judíos a Cristo.»

Lutero fue demandado este primer día para que se reconociera como autor de sus

Carlos V con su perro, por Tiziano.

Capítulo VII

escritos y se retractara o insistiera en su contenido. Sobrecogido por la pregunta, Lutero habló entonces con voz apagada y pidiendo solamente permiso para considerar el asunto de manera que pudiese contestar sin inferir agravio a su alma. Esta petición pareció impertinente al Emperador, pues que había tenido tiempo bastante para prepararse; pero se le concedió de término hasta el día siguiente, a la misma hora, para contestar a la Dieta. En este segundo día, Lutero, animado por sus amigos, habló ya con palabras muy claras, no exentas de modestia, manifestándose dispuesto a corregir lo que hubiera de exagerado en la exposición de sus textos, pero manteniéndose firme en todo lo fundamental.

La sala estaba llena; los cirios que la alumbraban aumentaban el calor que originaba la congestión de la multitud. Lutero estaba pálido; grandes gotas de sudor corríanle por la cara. Como había hablado en latín, varios príncipes le pidieron que repitiera su discurso en alemán; pero el elector de Sajonia, al verle tan cansado, le gritó, sin curarse para nada de la etiqueta: «Si no puedes más, retírate; ya has hablado bastante, *Herr* Doctor...» Sin embargo, Lutero, algo repuesto, repitió su oración, acabando con las palabras alemanas: *Hier bin Ich* (¡aquí estoy!).

Después empezó el interrogatorio: «¿Mantenéis o retractáis vuestras opiniones?; el Emperador quiere una respuesta sin ambages *(non cornutum)*...»; Lutero contestó: «Yo daré la respuesta sin cuernos ni dientes *(non cornutum neque dentatum)*; no me retractaré más que con argumentos de las Sagradas Escrituras. ¡Que Dios me ayude! Amén.»

Después se le preguntó si creía que un concilio ecuménico podía errar, y a esto Lutero contestó que algunos concilios ciertamente habían errado porque en los siguientes se había rectificado. El Emperador hizo entonces una señal, cortando la discusión; los grandes cirios habían llegado a consumirse, la sala estaba casi a obscuras.

Felipe Melanchthon, coadjutor y amigo inseparable de Lutero, por Lucas Cranach.

Los cuatro principales creadores de la Confesión de Ginebra: Farel, Calvino, Bèze y Knox. Grupo central del monumento internacional a la Reforma en Ginebra.

CAPITULO VIII

DIFUSION DEL PROTESTANTISMO. ZWINGLIO, CALVINO Y KNOX

Aquella noche, después de la sesión de la Dieta, Lutero, en el *Mesón del Cisne*, exclamaba, moviendo nerviosamente los brazos: «¡Ya estoy listo, ya está hecho!» Los príncipes alemanes, favorables a la Reforma, le rodeaban como a un héroe. Uno de ellos escribía: «No sólo Anás y Caifás, sino también Herodes y Pilatos han conspirado hoy contra Lutero.»

Mientras tanto, Carlos V, en sus habitaciones, meditaba la trascendencia del *triunfo* del reformador, y Alfonso de Valdés, su secretario, escribía a un amigo suyo español: «Me temo que éste no sea el final de la tragedia, porque veo a los príncipes alemanes exasperados contra la Santa Sede y sin prestar gran atención a los edictos del Emperador...» Alfonso de Valdés era, por lo menos, un admirador de Erasmo, y puede que esperara del joven Emperador más simpatía de la que demostró por Lutero. Pero se ha dicho que la Dieta de Worms transformó a Carlos V de niño en hombre, y la perspicacia que supone el caer del lado de Roma, en aquella ocasión, es la mejor prueba de su talento político. Después se vio claro que no era posible un Emperador sin un Papa, y hasta se creía que el Papa no sería posible sin un Emperador.

Al día siguiente Carlos V llamó a su cámara a los príncipes alemanes y les leyó su confesión de fe. El nuncio papal, que estaba presente, dijo que los príncipes, al oírla, *rimasero più pallidi che se fossero stati mor-*

Capítulo VIII

ti (palidecieron como muertos). El Emperador, que raramente hablaba en público, pues eran sus secretarios los que lo hacían por él, apenas dijo palabra en la sesión del juicio de Lutero. Le gustaba oír al acusador y al acusado expresarse personalmente, y no quería que se leyeran papeles en estas sesiones; prefería persuadirse por el efecto que le producía la exposición de los hechos. Pero en su cámara, aquel día, habló lo suficiente para dar a entender a los príncipes que él nunca sería protestante. Su mal humor contra Lutero provenía de no haber el reformador cogido el cabo que se le tiró de convocar un concilio ecuménico; Carlos V esperaba resolver el conflicto de Lutero como Constantino pensó haber acabado la rebeldía de Arrio con el concilio de Nicea.

Lutero todavía anduvo algunos días por la Dieta, recibiendo y rehusando proposiciones de arreglo; pero viendo que el tiempo que le concedía su salvoconducto iba a expirar, salió de Worms para regresar a Wittenberg. Por el camino le ocurrió un teatral accidente, que impresionó de un modo extraordinario la imaginación románticamente acalorada de los alemanes. El coche en que viajaba Lutero fue detenido y el reformador secuestrado por unos desconocidos. Durante algún tiempo se creyó que los raptores habían sido los católicos que querían deshacerse de Lutero. Una alma noble y cándida, Alberto Durero, escribía, desconsolado, en su libro de memorias: «Lutero, el hombre inspirado por Dios, ha sido asesinado por el Papa, y los sacerdotes le han muerto, lo mismo que el Señor fue muerto por los sacerdotes del Templo de Jerusalén.»

Mientras tanto, Lutero estaba cómodamente instalado en el castillo de Wartburgo. El que había realizado el secuestro era el propio elector de Sajonia, con la idea de

Lutero, en su casa, tocando el laúd, acompañado de su mujer, sus hijos y Melanchthon.
Cuadro de G. Spangenbert.

Difusión del protestantismo

Castillo de Wartburgo, donde permaneció escondido Lutero, después de la Dieta de Worms.

que allí, escondido, el reformador estaría más seguro. En Wartburgo se despojó Lutero, definitivamente, de sus hábitos de fraile, se dejó crecer el cabello y la barba y hasta ciñó una espada, para pasear por los alrededores; se hacía llamar *el señor Jorge*. Lutero decía más tarde que Wartburgo había sido su isla de Patmos, porque allí escribió, como San Juan, en aislamiento absoluto. La traducción de la Biblia en un maravilloso dialecto popular, que ha constituido el alemán moderno, fue hecha en Wartburgo por Lutero. Allí también compuso inspirados cánticos religiosos que son aún himnos nacionales, así en la paz como en la guerra, para todos los alemanes.

A su salida de Wartburgo, Lutero se encontró convertido en el personaje principal de Alemania. Las Ordenes religiosas, excesivamente corrompidas en aquel país, se habían pasado casi en masa a la Reforma, y con la libertad que obtenían sus individuos haciéndose protestantes, abandonaban sus conventos; éstos eran presa fácil de los grandes, que los incorporaban sin resistencia a sus posesiones. La Reforma resultaba, pues, un buen negocio para los príncipes; era una confiscación deseada por los mismos expropiados; en cambio, estos religiosos, libres de sus votos, aumentaban el número de la población y los proletarios empezaron a agitarse, pidiendo una participación en los beneficios. Como consecuencia de la Reforma, los príncipes protestantes viéronse amenazados de una revolución agraria y social, simultánea de la protesta religiosa. Pero, en esta ocasión, Lutero faltó a lo que de él podía esperarse: salido del pueblo, pues que era hijo de un minero, se puso de parte de los príncipes y en términos violentos recomendó la obediencia a los poderes civiles.

El carácter esencialmente conservador de Lutero se manifestó también en su querella con Zwinglio. Este era agustino, como Lutero, y como él había colgado los hábitos para seguir la causa de la Reforma. Era suizo, del cantón de Zurich, vecino de Basilea,

Capítulo VIII

donde había residido Erasmo por largo tiempo. Podríamos decir que Zwinglio era más bien un discípulo de Erasmo que de Lutero; se había educado en el estudio de los clásicos, incluyendo entre ellos, como buen *erasmista*, a los Padres de la Iglesia. Pero no era una alma combatida por las dudas de la fe, como Lutero, y si se había decantado a la causa protestante era porque le parecía más racional, más sensata, que la de la Iglesia romana.

Zwinglio empezó a predicar el año 1522, encontrando al Consejo de Zurich bien dispuesto para escucharle; éste organizó un debate público que duró dos días. Asistieron 800 personas, y de ellas 300 eran eclesiásticos, lo que parece algo excesivo para una población como Zurich. El primer día se discutió el asunto del culto de las imágenes; el Consejo pareció convencido por sus razones y ordenó que las pinturas y estatuas se quitasen de las iglesias, sin hacer manifestación que pudiera interpretarse como sacrilegio. El segundo día, Zwinglio atacó su tema favorito, la Eucaristía. Para Zwinglio, la misa no era sacrificio, sino simple memorial de la muerte del Señor.

El Consejo de Zurich, ante semejante afirmación, ya no se sintió inclinado a decidir sobre este punto esencialmente teológico, pero consintió que Zwinglio diera instrucciones en su nombre a los clérigos de la ciudad, que era tanto como abolir la misa. Además, Zwinglio mostraba simpatías por los descontentos del proletariado, y había empezado a preparar alianzas entre Zurich y varias ciudades de la Alemania del Sur, pensando en una confederación democrática para oponerse al Emperador lo mismo que al Papa. Ciudadano de una república independiente como era Zurich, e impregnado como se hallaba del espíritu humanista de Erasmo, Zwinglio parecía destinado a ser el campeón de la extrema izquierda protestante.

Lutero y Melanchthon, sobre todo este último, se dieron cuenta en seguida de que la posición de Zwinglio entrañaba dos peligros, uno religioso y otro temporal. En el terreno religioso, amenazaba convertir la Reforma en una sublevación política, y Lutero y Melanchthon siempre insistieron en predicar que hay que dar al César lo que es del César, y para ellos el César era el Emperador, y lo que era del César era toda Alemania. En el terreno temporal, la política de Zwinglio provocaría descontento entre los príncipes alemanes, y éstos, por el momento, eran necesarios para sostener la Reforma. Sin los príncipes protestantes, el Emperador habría hecho una buena hoguera con todos los herejes. En sus últimos días de Yuste, todavía Carlos V se lamentaba de haber dejado escapar a Lutero cuando lo tuvo en Worms.

Pero, por desligado que se sintiera Lutero de Zwinglio, no quería producir una ruptura en la Iglesia protestante y consintió en acudir a un *coloquio*, o conferencia, que convocó el landgrave de Hesse en Marburgo. Zwinglio acudió también; hoy en el castillo de Marburgo se enseña todavía el lugar donde estuvo la mesa que separaba a los caudillos. Ambos habían llegado acom-

Zwinglio, por H. Asper.

Difusión del protestantismo

pañados de algunos de sus amigos y partidarios; el presidente era el propio landgrave de Hesse, un protestante de buena fe que con toda franqueza le había dicho al Emperador que él se dejaría quitar vida y hacienda antes que claudicar de sus ideas religiosas.

La conferencia o coloquio de Marburgo tiene una importancia capital en la historia de la Reforma; los reunidos convinieron en todos los puntos, menos en el del sacramento de la Eucaristía. Ya en el primer día, Lutero escribió con tiza, sobre la mesa, el texto evangélico: *Este es mi cuerpo*. Zwinglio decía que estas palabras de Jesús significaban: *Este pan representa mi cuerpo*, pero sin querer expresar que era el mismo cuerpo. Jesús había dicho también: «Yo soy la puerta, yo soy la vid, yo soy el pastor», sin hacerse puerta, vid ni pastor. No había, pues, presencia real ni transubstanciación en la Eucaristía. Pero Zwinglio afirmaba que la fe del creyente y el agradecimiento que éste siente hacia su Redentor producen una verdadera presencia de Cristo en el momento de la comunión. *No hay verdadera fe sin actual contacto del alma con Cristo*, decía Zwinglio; así, pues, si creemos que la muerte del Señor es el origen de nuestra redención, Cristo estará presente en el acto de la Santa Cena. Las especies de pan y vino *representaban* el cuerpo y la sangre de Cristo, eran símbolos, y la presencia en ellas del Señor se debía en realidad a la fe del creyente, no al sacramento del ordenado.

Lutero convenía con Zwinglio en que no hacía falta el rito sacramental del clérigo ordenado para que se verificara la transubstanciación, pero le horrorizaba la idea de que el cristiano no pudiera tener el mismo contacto y comunión personal con Jesús que tuvieron los discípulos y los santos, que le vieron y hablaron cuando estuvo presente aquí en el suelo. Como el fuerte de Lutero no era la teología, quería explicarle a Zwinglio la presencia del Cuerpo de Cristo en la Eucaristía con el siguiente argumento: «Cristo está en todas partes; está

Felipe el Magnánimo, landgrave de Hesse. Grabado en madera por Juan Brosamer, existente en la colección de grabados de Gotha.

en esta mesa, estará mucho más en las especies de la Eucaristía», etc.

Naturalmente que tal prueba no era suficiente ni mucho menos para convencer a un erasmista como Zwinglio; además, Lutero, torturado siempre, con miedo del diablo, se preocupaba por saber quién era, si él o Zwinglio, el que estaba influido por el Maligno. Sin el diablo de por medio, habrían coincidido en un punto tan importante como el de la Eucaristía; no podía ser de otro modo, según Lutero.

El coloquio de Marburgo acabó firmando los reunidos su conformidad en catorce puntos, de los quince debatidos; el único en que disintieron fue el de la transubstanciación del pan y del vino en el cuerpo y la sangre de Cristo. Los demás incluyen, en términos generales, todo el contenido de la teología protestante; ésta, que todavía es la fe de una gran parte de la cristiandad, puede resumirse como sigue:

Capítulo VIII

El cristiano nace con la mancha del pecado de Adán y, así manchado como se halla, no es digno de la gloria del Cielo. Para hacerlo limpio, pues, Jesús hubo de morir en la cruz y con su sangre lo dejó *más blanco que un cordero*. Por su parte, el cristiano no tiene más que creer en este misterio (creer que la sangre de Jesús es la única cosa que puede redimirle). Las buenas obras (como, por ejemplo, la caridad, la mortificación, la penitencia, el ayuno, etc.) son un resultado de la fe, pero no pueden ayudarnos en modo alguno a conseguir la gracia de la limpieza del alma. Para los protestantes de todos matices, la salvación es *gratuita;* tal es la palabra que usan a cada momento.

Además, Lutero y todos los protestantes insisten en que, tanto la fe como la gracia, son dones que obtiene el creyente directamente de su salvador, sin intermediarios de tipo sacerdotal. Las jerarquías eclesiásticas, los pastores, los diáconos y hasta los obispos — que muchas sectas protestantes han conservado — son necesarios para el servicio disciplinario de la Iglesia, pero en modo alguno para conducir las almas ante el trono de Dios.

Siendo la Iglesia el cuerpo de Cristo, como dijo San Pablo, cuerpo formado por la agregación de todos los fieles, valdrá tanto, en cosas de fe, un remendón como el Papa, según la opinión de Lutero. Este remendón, lo mismo que el Papa, recibirán inspiración directamente de Dios y, a lo más, de la Sagrada Escritura. Y aquí está probablemente la capital diferencia entre protestantes y católicos; Lutero simplificó el problema de la revelación reduciéndola a la Biblia. La palabra de Dios, para los protestantes, se reduce al Antiguo y al Nuevo Testamento. Para el Antiguo Testamento los protestantes aceptaron sólo como canónicos, esto es, libros santos, aquellos de la Biblia que estaban incluidos en la traducción griega llamada *de los Setenta,* aunque no sepamos quiénes fueron estos setenta ni por qué escogieron tales libros. En cuanto a la revelación pos-

Sala llamada de los Caballeros, en el castillo de Marburgo.

Difusión del protestantismo

terior, o sea el Nuevo Testamento, los protestantes aceptaron sólo los escritos de los discípulos que vieron u oyeron a Jesús en persona; esto es, los cuatro Evangelios, las Epístolas, incluyendo las de San Pablo (quien vagamente dice que conoció a Jesús antes de su visión en el camino de Damasco), y el Apocalipsis, atribuido a San Juan, el discípulo amado.

Es sorprendente que Lutero, y todos los demás protestantes, que tanta importancia dan al *cuerpo de Cristo,* o sea la Iglesia, sostengan que este cuerpo es mudo y que la Iglesia no ha tenido posteriores desenvolvimientos de revelación después de la muerte del autor del Apocalipsis. Algunos concilios erraron — Lutero lo afirmó bien categóricamente en Worms —, los Santos Padres se contradicen y combaten unos a otros. Según los protestantes, su lectura puede ser edificante, mas no pueden tenerse por testimonios de la tradición como fuente de la revelación divina, porque de ésta es fuente única la Escritura.

Como consecuencia de estos puntos capitales, se desprenden varios corolarios: 1.º Si la salvación proviene únicamente de la gracia de Dios, éste debe predestinar de antemano cada alma al Cielo o al Infierno. Es casi inútil luchar con la mortificación y las buenas obras contra el mal que está dentro de nosotros. 2.º La voluntad y los designios de Dios se hallan de manifiesto en la Biblia, libro santo sin error ni omisión, el mejor don que ha hecho Dios al hombre, con la excepción de su Hijo amado. Sin embargo, los protestantes no han llegado al punto de creer que el texto de la Biblia sea eterno e increado, como han hecho los mahometanos con el Alcorán. 3.º Las verdades de la revelación, o sean las contenidas en la Biblia, pueden ser comprendidas e interpretadas, sin auxilio ninguno, por cualquier cristiano, inspirado por Dios. No se requieren concilios, ni pontífices, ni conclaves. 4.º Una vez *salvado,* esto es, redimido por su fe en el poder de la sangre de Cristo, el cristiano casi no puede perderse, y no hay necesidad de purgatorio.

Calvino. Biblioteca de Ginebra.

Esta es, en substancia, la teología protestante; el lector creerá que es impropio de un libro como el nuestro dedicar varias páginas a exponer otra vez el misterio del pecado y la redención, pero estas *pequeñeces teológicas* hicieron correr ríos de sangre. Europa se vio aniquilada por interminables guerras de religión, en las que lucharon los protestantes por mantener su libertad de conciencia, y los católicos en defensa de la ortodoxia y de la autoridad eclesiástica.

También algunos protestantes creyeron que su deber era imponer *su verdad* a la fuerza, y esta fase de la Reforma está representada por Calvino y el grupo de Ginebra. Calvino era francés, y ya de la segunda generación de la Reforma. Había nacido el año 1509 en Noyon, de Picardía, de una familia acomodada y muy religiosa. Relacionado con las mejores familias de su país, el padre de Calvino procuró darle una educación muy esmerada y buenos modales, que contrastaban grandemente con las rudas maneras de Lutero.

Capítulo VIII

Antigua iglesia llamada el auditorio de Calvino. Ginebra.

En París, el joven Calvino tuvo su primer contacto con las ideas de la Reforma, que empezaban a infiltrarse en las aulas de la Sorbona. Calvino estuvo en París desde los catorce a los diecinueve años; de allí su padre hubo de enviarle a Orleáns para que estudiara Derecho. La muerte de su padre, en 1531, dejó a Calvino en libertad para regresar a París y continuar su estudio favorito, que era la Teología. Allí publicó su primer libro, un comentario erudito, pero nada más, sobre el tratado de Séneca *De Clementia*.

Parece que fue por aquella época, esto es, durante la segunda estancia de Calvino en París, cuando se verificó su conversión, o salvación. Ya hemos visto cuán importante es esta crisis para el alma cristiana según la teología protestante. La sacudida espiritual que produce en nuestra alma el reconocimiento del pecado original, y la fe que nos alienta de habernos limpiado de él la sangre del Señor, es como el bautismo para el católico, indispensable para la salvación. Calvino habló siempre de sí mismo con una reserva aristocrática; no nos ha explicado los detalles de esta metamorfosis del pecador en cristiano; pero en el prólogo de su *Comentario a los Salmos,* publicado mucho después, habla de *una conversión repentina* y dice que ésta se produjo después de haber estudiado Derecho para satisfacer los deseos de su padre.

Ciertamente fue en París, y ya por esta época, cuando Calvino compuso y publicó su obra magna: *Institución de la Religión Cristiana,* primer tratado sistemático de teología protestante. Apenas tenía veintiséis años. El libro lleva esta dedicatoria: *A Su Graciosa Majestad el Rey de Francia, su soberano, Juan Calvino desea paz y salvación en Cristo.* Extraña dedicatoria, pues que Francisco I era enemigo de los protestantes. Por eso el autor dice que «este tratado contiene un sumario de la verdadera doctrina, que, según algunos, merece ser castigada con prisión, destierro y hoguera y ser exterminada de la faz de la Tierra».

La *Institución de la Religión Cristiana,* de Calvino, es, en realidad, un comentario protestante del Credo de los Apóstoles. Hállase dividida en cuatro partes: una está dedicada al «Dios Padre Todopoderoso, creador de Cielos y Tierra»; otra al Hijo y a la Redención; otra al Espíritu Santo y la Revelación, y otra, la cuarta, a la Iglesia Universal y su organización. La *Institución* fue publicada en 1536, en latín, pero el mismo Calvino la tradujo más tarde en un admirable estilo francés, para «beneficio de sus compatriotas».

La *institución* obligó a su autor a emigrar de Francia y entonces hubo de encontrar refugio en Ginebra. Allí había cundido ya la rebeldía protestante; otro francés, Guillermo Farel, empezaba a predicar la causa de la Reforma. Todo lo que significaba rebeldía contra los poderes eclesiásticos debía encontrar en Ginebra buena aco-

Difusión del protestantismo

gida, puesto que era una ciudad episcopal y el obispo su príncipe o soberano. Sus atribuciones estaban sólo fiscalizadas por un gobernador de la fortaleza, que la retenía en nombre del duque de Saboya, y un consejo de burgueses, celosos de sus fueros. Las libertades municipales se habían conseguido a favor de las diferencias entre los obispos y los duques de Saboya, pero esto había también dividido a los ciudadanos en partidarios del obispo y partidarios del Consejo municipal. Al predicarse la Reforma, la división se hizo más profunda; a los del obispo se les llamaba *mamelucos*, o esclavos, y los que se habían juramentado para defender las libertades municipales eran los *eidgenossen*. Esta palabra tiene larga tradición en la Suiza alemana: Guillermo Tell y sus amigos eran *eidgenossen*, o juramentados. Como en Ginebra se hablaba francés, se pronunció *eidguenots*, y de aquí viene el nombre de *huguenots* (hugonotes) que se dio a los protestantes franceses.

Resumiendo nuestro relato, diremos que Calvino comenzó a predicar en Ginebra como un desconocido. Farel le protegía, y en los anuncios de los sermones que se predicaron en la catedral por el año 1536 aparecen *Magister Gulielmus Fureilus* y otro, que es Calvino, pero al que se llama sólo *ille Gallus*, o *aquel francés*. Pronto aprendieron a conocerle. Las imágenes de la catedral fueron destruidas y la misa abolida, aunque Calvino insistió en que debía celebrarse la Santa Cena por lo menos una vez a la semana. ¿No había dicho el Señor: «Haced esto en memoria mía»? ¿No lo había repetido San Pablo? Partiendo en común el pan y bebiendo el vino, los fieles se hacían partícipes, no sólo del cuerpo y la sangre del Cristo, sino también de su muerte, de su espíritu, de sus enseñanzas y de sus beneficios. Pero, por lo que hemos explicado anteriormente, según los principios de la teología protestante, esta participación no podía ocurrir si el comunicante no sentía una fe viva en el acto de la comunión y llevaba una vida desordenada. Calvino insistió, pues, en la necesidad de negar la comunión a los indignos de acercarse a la

Nave de la iglesia llamada el auditorio de Calvino. Ginebra.

Capítulo VIII

Mesa del Señor, y proponía que, en cada barrio de la ciudad, hubiera una comisión de personas de intachable moralidad que dieran aviso a los Pastores de aquellos que vivían en pecado. Todos los habitantes de Ginebra viéronse obligados a jurar en las iglesias un credo apostólico redactado por Calvino. Un sujeto al que se encontró jugando a las cartas fue puesto en la picota; por vestir con lujo extremado se encarceló a varias mujeres; se exponía a los adúlteros a la vergüenza pública y después se los desterraba.

Zwinglio protestó de este proceder de Farel y Calvino *(óptimos fratres Gallos),* sobre todo de la excomunión. Dio razones teológicas; además, ¿quién debía excomulgar y a quién podía excomulgar una Iglesia protestante? Los habitantes de Ginebra también disintieron en este punto de sus Pastores, y Farel y Calvino fueron desterrados. No por ello se volvió al catolicismo: por espacio de tres años, del 1538 al 1541, Ginebra creyó subsistir con un protestantismo moderado. Pero los que han sentido la embriaguez del *furor religioso,* aunque sea extraviado o desordenado, ya no pueden contentarse con una vida de simple piedad. Y ésta es la gran gloria de Ginebra, lo que la hace ciudad santa para los protestantes, porque, en lugar de apostatar de su fe reformada, llamó otra vez al reformador, aunque fuera éste un caudillo severo y extremado. Calvino regresó a Ginebra, no ya como había llegado antes a ella, a modo de aventurero protestante, sino para ser el director espiritual de una república cristiana. A su regreso, en 1541, Calvino no tenía más que treinta y dos años; pero ¡qué riqueza de experiencias acumuladas! Durante su destierro de Ginebra había viajado por Alemania y había conocido a Lutero, quien comprendió todo el valer de Calvino, a pesar de sus diferencias acerca de la Eucaristía.

Se ha descrito la entrada de Calvino en Ginebra, después del destierro, como un triunfo en el que participaron todos los ciudadanos. No se encuentra rastro de la ceremonia en las crónicas contemporáneas; no se aviene al carácter seco, poco ruidoso, del reformador. En cambio, Calvino compuso unas ordenanzas municipales para Ginebra en las que introdujo algunas de las ideas, no todas, de la *Institución de la Religión Cristiana.* Persistente en sus ideas de disciplina teológica, Calvino llegó al extremo de condenar a Servet a la hoguera. Es ésta, en realidad, una mancha que obscurece todo lo bueno que pudiera haber hecho Calvino. Los protestantes, en un monumento expiatorio que han levantado a Servet en Ginebra, dicen que condenan aquel error de Calvino, *aunque fue el error de su siglo.* Pero ni Lutero ni Zwinglio habían incurrido en tales errores. El proceso de Servet es monstruoso; fue cogido prisionero a pesar de un salvoconducto; Calvi-

Teodoro de Bèze,
protestante suizo amigo de Calvino.

Difusión del protestantismo

Ginebra en tiempo de Calvino, vista por el camino de Francia.

no estuvo presente en el juicio; el único crimen de Servet era negar la Trinidad. Servet era español, probablemente aragonés, y se ha hecho famoso por haber sido el primero en aludir a la circulación de la sangre en uno de sus escritos teológicos. Pero nadie se dio cuenta de aquella novedad fisiológica en su tiempo.

Tal vez Miguel Servet hubiera sido también quemado por los católicos. Eran los años en que arreciaban las persecuciones en Francia y Ginebra era la ciudad de refugio por lo menos para los hugonotes. Vamos a copiar un texto del año 1557; es el relato de un francés escapado de las galeras, a las que había sido condenado sólo por ser protestante: «El domingo inmediato llegamos a la vista de Ginebra y la contemplamos de lejos como los israelitas debieron de mirar la Tierra Prometida. Tanta era nuestra impaciencia para llegar a nuestra Jerusalén que ni aun queríamos detenernos para almorzar; pero el guía nos dijo que los domingos las puertas de Ginebra no se abrían hasta las cuatro de la tarde, cuando terminaban los oficios divinos.» No podemos seguir copiando los detalles del relato: los magistrados de la ciudad salieron a recibir a los fugitivos hugonotes en varios coches, y los burgueses se disputaron el honor de aceptarlos en su casa para darles albergue.

Deseoso de uniformidad y disciplina, Calvino estableció en Ginebra un colegio que vino a ser el primer seminario protestante. De allí salieron pastores de un tipo más intelectual que los reclutados hasta entonces entre frailes exclaustrados y remendones que sentían los efluvios de la revelación.

La empresa de Calvino en Ginebra tuvo una extraña repercusión en Escocia por obra de John Knox; era éste seis años más joven que Calvino, y debía de ofrecer, por sus maneras y educación, un contraste perfecto con el reformador ginebrino. Sin embargo, las grandes almas todas son hermanas; podrán disentir en las cosas pequeñas, pero en el reino del espíritu sienten igualmente. Conocemos poquísimo de los primeros años de Knox. Parece que llegó a tomar órdenes, como clérigo católico, pero en el año 1547, cuando tenía ya treinta y dos años, Knox fue hecho prisionero, en un castillo, con un primer grupo de protestantes escoceses. Los que prestaban este servicio de policía, en Escocia, eran entonces los franceses, porque la joven heredera del trono era María Estuardo, que vivía en París, por estar casada entonces con el heredero de la corona de Francia.

Capítulo VIII

Los protestantes escoceses fueron enviados a galeras, pese a una capitulación en que se les prometía la libertad.

Knox remó como galeote por espacio de diecinueve meses en las galeras de Francia y sólo fue libertado por la intervención del Gobierno inglés, que había comenzado a favorecer a los protestantes de Escocia. Knox predicó cinco años en Inglaterra, hasta que en 1554 marchó a Ginebra para ayudar a Calvino en el gobierno de la República. Knox estuvo hasta 1558 en el Continente, quiso ver la obra de Zwinglio — que ya había muerto — en Zurich y viajó por Alemania. Debió de pensar constantemente en su Escocia, pero lo que más impresión le hizo fueron las enseñanzas de Calvino en Ginebra. «Durante el tiempo que fui galeote, lo único que me consolaba era la confianza de que podría predicar el Evangelio en Edimburgo antes de acabar esta vida.» Sin embargo, tuvo que esperar bastante tiempo. La reina madre, que actuaba de regente, no se decidió resueltamente a favorecer ni a perseguir a los protestantes. En Inglaterra, la reina María perseguía, en cambio, a los reformadores. En estos momentos de espera y de lucha, Knox escribió un violento tratado cuyo título era: «Primer trompetazo contra el monstruoso gobierno de mujeres.»

Por fin, Knox pudo regresar a Escocia y su éxito como predicador fue fulminante. Él escribía que la resistencia había sido nula, que su triunfo había sido un milagro, como las murallas de Jericó cayendo al sonido de la trompeta. El bravo escocés se hallaba siempre en acción, predicando o viajando. «De las veinticuatro horas del día no doy más que cuatro a este corpazo mío para que descanse.» Un poco por convicción, otro poco para oponerse a la influencia francesa, lo positivo es que, hacia el año 1559, la mayoría de Escocia estaba por los protestantes.

Knox empezó su obra de reformador en Escocia poco antes del regreso de María Estuardo. Esta, joven aún, llegó viuda y sin hijos, y empezó a hacer locuras. Como católica francesa, sentía horror por la Reforma. Entonces empezó el duelo a muerte entre estas dos tan extrañas personalidades, la reina y el predicador. Knox se reconocía a sí mismo como intemperante, agresivo, medio salvaje. «Mi ruda vehemencia a algunos parecerá más cólera que celo.» El embajador de Inglaterra, que era protestante, escribía a lord Cecil, su primer ministro: «Ya sabéis que no es posible poner freno a la vehemencia de Knox; yo desearía que procediera más gentilmente con la reina, que es una joven sin malicia *(unpersuaded)*.» Pero la opinión de Knox acerca de María Estuardo era muy distinta: «Quisiera equivocarme — decía —, pero en todas mis conversaciones con ella, *he espiado* una intención y malicia del todo impropias de su edad.» La joven reina se había educado para ser una flor refinada; de muy niña la habían enviado a París y allí aprendió galanterías pecaminosas, vanidades carnales, según decían los protestantes. Knox explica de la manera siguiente una de sus entrevistas con María Estuardo: «Ella me dijo: — ¿Y qué tenéis que ver vos con mi segundo casamiento? ¿Quién sois vos en este rei-

J. Knox, el reformador de la Iglesia de Escocia.

Difusión del protestantismo

Vista interior de la catedral de Ginebra después de quitar los altares y muebles litúrgicos.

no? — Yo, señora — le respondí —, soy un hombre que ha nacido en esta tierra, y por más abyecto que os parezca a vos, y aunque no sea ni Conde, ni Lord, ni Barón, Dios me ha hecho un miembro importante del Estado.»

Capítulo VIII

No es éste el lugar de explicar los episodios de la tragedia personal de la joven reina. Pero podemos añadir que María Estuardo, además de víctima de la Reforma, fue también víctima de lo que Knox llamaba *el monstruoso* régimen de las mujeres: en Inglaterra gobernaba su prima Isabel y en Francia, la regente Catalina de Médicis. Los protestantes añaden que más femenino, o felino, que estas tres mujeres era aún el rey de España, Felipe II. Acaso esta falta de un carácter verdaderamente masculino en el poder dio más ventajas al canciller inglés y al reformador de Escocia, que eran los únicos *hombres* en la escena. Por lo menos, Knox pudo organizar sin oposición la Iglesia de Escocia según el modelo calvinista. Los proyectos de la *Confesión de fe*, del *Libro de la Disciplina*, y otros estatutos de la Iglesia reformada, se traducían al latín en Escocia y se enviaban a Ginebra para que Calvino pasara sus ojos sobre el texto antes de ser aprobado. El catecismo de Calvino se tradujo sin variación y hubo de servir para instrucción de los catecúmenos escoceses. Un tercer libro, que regulaba el culto y los servicios de la Iglesia de Escocia, llegó a conocerse luego como el *Libro de la Orden de Ginebra*.

Lo más extraordinario todavía es que, cuando en el siglo XIX los anglosajones se repartieron por los cuatro ámbitos de la tierra para establecer las colonias que formaron el Imperio británico, el elemento más influyente en el Canadá, en Australia, en la Nueva Zelanda y hasta en la India, fue el elemento escocés. Y así la *Institución de la Religión Cristiana*, de Calvino, que parecía un libro teológico sin trascendencia práctica, gracias a Knox ha servido para la constitución religiosa de uno de los grupos más importantes de la humanidad.

Miguel Servet. Grabado de la época.

Imprenta de Plantin, en Amberes. Patio central del edificio.

CAPITULO IX

LAS GUERRAS DE RELIGION EN ALEMANIA, LOS PAISES BAJOS Y FRANCIA

Las consecuencias inmediatas del cisma protestante tenían que ser necesariamente las guerras de religión. Los protestantes no podían admitir como inspirados por el Espíritu Santo los cánones o decretos del concilio de Trento, al que ellos no habían asistido; y los soberanos católicos, una vez afirmado el dogma y fijado el ritual por la Iglesia reunida en concilio reputado por ellos como universal o ecuménico, tenían que imponerlos a la fuerza para la salvación de sus almas y las de sus súbditos.

Alemania, cuna de la Reforma, fue, de todos los países protestantes, el que sufrió menos de estas violencias. Ya hemos dicho que Lutero se mantuvo ortodoxo en el punto más espinoso, o sea el de la transubstanciación del pan y el vino en cuerpo y en sangre de Cristo. En extremos que creía de pura disciplina, como el matrimonio de los eclesiásticos, la comunión de los laicos en las dos especies, y hasta la obediencia debida a la cabeza de la Iglesia, que era el Papa, Lutero, y sobre todo Melanchthon, tuvieron siempre esperanzas de llegar a un acuerdo con los católicos.

Por otra parte, el carácter imperial de la soberanía de Carlos V y de sus sucesores, en Alemania, casi no les daba derecho a entremeterse en la religión de cada Estado. Los príncipes protestantes reclamaban el privilegio de proceder libremente en sus dominios, y si algunos mostraban empeño en convertir a los demás, era para tener ma-

Capítulo IX

**Alabardero alemán
del tiempo de las guerras de religión.**

yoría en la Dieta y en el cuerpo de electores que elegía al emperador. Las querellas entre protestantes y católicos en Alemania, después de la muerte de Lutero, casi no pueden calificarse de guerras de religión; fueron una serie de penosas jugadas de política local en las que se sacrificaron, sin saber por qué, las vidas de algunos centenares de vasallos.

Las míseras alternativas de pujanza y decaimiento de los protestantes, en Alemania, contrastaban con los proyectos fantásticos del Emperador. El sueño de Carlos V, durante los años que van del 1545 al 1552, fue que convencería a los luteranos de que debían reintegrarse al catolicismo, y convencería también al Papa de la necesidad de reformar la Iglesia. Después de haber purificado y vuelto a unir la cristiandad, reconquistaría a Bizancio y todo el Oriente y se haría coronar otra vez emperador por el Sumo Pontífice en Jerusalén. Estos devaneos caballerescos eran contrariados por la rebeldía contumaz de los protestantes alemanes y por la mezquindad del papado, que protestaba en cuanto se le hablaba de corregirse.

Una y otra vez el Emperador doblegó al papado, pero nunca hasta el punto de poder ofrecer a los protestantes una Iglesia más *evangélica* que la suya, la luterana. En cuanto a éstos, ni llegaron a darle la satisfacción de presentarle un frente digno de su grandeza. La famosa batalla de Mühlberg, en que el Emperador luchó cuerpo a cuerpo, fue una escaramuza que duró desde las nueve de la mañana hasta el mediodía. Sin embargo, bastó para que el Emperador pudiera imponer a protestantes y católicos una transacción que se llamó *el Interin*. Debía regir interinamente, pero la tregua que representa *el Interin* fue, aunque a regañadientes, confirmada en una dieta que se reunió en Augsburgo.

El Interin permitía el matrimonio de los clérigos, la comunión con pan y vino por los laicos y una interpretación amplia de la doctrina de la salvación por la fe y no por las obras. En cambio, conservaba los siete sacramentos, el culto de la Virgen y los santos, las procesiones y ayunos y, sobre todo, el dogma de la transubstanciación.

De momento, este concordato, o *Interin*, no contentó a nadie; pero Carlos V dijo que, si era necesario, traería tropas de España para enseñar a los papistas lo que debía ser el catolicismo. No fue necesario. Pronto el Emperador, sifilítico y gotoso, abdicó en favor de su hermano Fernando y se retiró para acabar sus días al monasterio de Yuste. Tenía sólo cincuenta y tres años. Pese a sus defectos, Carlos estaba a cien codos por encima de todos sus contemporáneos.

El nuevo emperador Fernando, y su hijo y sucesor Maximiliano II, tenían más pa-

Las guerras de religión

ciencia para tratar con los protestantes. Hubo otra vez ligas y movilización por ambas partes. Los nobles alemanes pudieron jugar a maniobras y vestir sus arreos militares, pero no llegaron a combatirse seriamente. En realidad, se comprendía en Alemania que el tiempo de esquilmar el papado a las gentes con indulgencias y diezmos había terminado definitivamente y empezaba a fatigar a todos la eterna discusión de si el pan era pan y el vino era vino.

Del mismo modo que había abdicado Carlos V su categoría imperial en Alemania, se despojó en Bruselas de sus títulos del ducado de Borgoña y territorios agregados. La ceremonia se celebró en el gran salón del palacio de Bruselas, el viernes 25 de octubre de 1555. Carlos, que al abdicar en Alemania lo había hecho solemnemente en una ceremonia llena de majestad y decoro, en Bruselas, donde se sentía en su propia casa, perdió la serenidad y habló con lágrimas en los ojos. La voz se le apagó antes de que pudiera terminar la lectura de una especie de justificación de sus actos que traía preparada. La emoción del poderoso monarca que desaparecía de la escena del mundo contrastó con la flema y silencio de su hijo.

Felipe II, por Pantoja de la Cruz. Museo del Prado.

Margarita de Parma, por A. Moro.

Felipe II había venido de Londres, donde era príncipe consorte de la reina María. Al discurso solemne de su padre, en flamenco, contestó con cuatro palabras en francés, y el obispo de Arrás tuvo que acabar de hablar por su señor. Felipe II permaneció cuatro años en los Países Bajos, durante los cuales otro que no hubiera sido él habría aprendido que la clase de súbditos que tenía en aquellas tierras requería un gobierno muy especial. Al partir dejó como regente a su hermana Margarita de Parma, hija natural de Carlos V, que había nacido en Flandes y hablaba la lengua del país. Era de temperamento más bien masculino. La habían casado a los doce años con un Médicis, que murió en seguida, y después de permanecer viuda ocho años, contrajo matrimonio con Octavio Farnesio, casi un niño, que era sobrino del Papa. Margarita, al empezar su regencia en los Países Bajos, era otra vez viuda, de gran experiencia y de treinta y siete años de edad.

Capítulo IX

Felipe II, durante los años que permaneció en Flandes, había continuado la política de su padre, tratando de ahogar al protestantismo con medidas represivas; éstas se publicaban por medio de hojas impresas, que, fijadas en las esquinas, hicieron fatídico el nombre de *placards*. He aquí algunos de los edictos que los habitantes de los Países Bajos pudieron leer en los *placards* redactados con la sana intención de extinguir *la peste luterana*. Se castigaba con pena de muerte por la espada, fuego o enterramiento en vida a los que vendieran, leyeran, copiaran o recibieran libros protestantes. Iguales castigos sufrirían los que profanaran o destruyeran imágenes de la Virgen y los santos, los que se reunieran en conventículos secretos o discutieran sobre textos de las Sagradas Escrituras. Los bienes que poseían los acusados generalmente se confiscaban y la mitad de ellos era para los delatores. Los que intercedían en favor de los condenados se presumía que eran culpables de los mismos delitos y sufrían algunas veces igual suerte que aquéllos.

Algunas de estas disposiciones se remontaban ya al tiempo de Carlos V; pero los protestantes han hecho notar que, mientras el Emperador perseguía a los herejes impulsado por una idea política, casi patriótica, de unificar el Estado, su hijo, Felipe II, lo hacía por puro romanismo. Además, en el año 1550 el Emperador había introducido la Inquisición, y aunque en principio era para que los herejes no sufrieran atropellos de las autoridades civiles demasiado celosas, al empezar a funcionar, ya en tiempo de Felipe, se observó que la Inquisición era un instrumento servil de la Iglesia. Pero tampoco puede olvidarse que en su alocución de despedida, en Bruselas, el emperador había aconsejado a su hijo que no cesara en las medidas represivas. Ambos son, pues, responsables de la política de la Regente en los Países Bajos.

Felipe II nombró un consejo de Estado para que ayudase a la Regente en el gobierno. Estaba formado de cinco miembros, todos católicos, pero dos eran por naturaleza tolerantes y enemigos de los *placards,* el conde de Egmont y el príncipe de Orange. Los otros tres eran tercos partidarios de la represión. No había, pues, manera de entenderse, hasta que los que estaban en minoría dejaron de asistir a las sesiones del consejo. Los irreconciliables eran el tesorero, el barón de Barleymont, el presidente Aytta, abogado malicioso, pequeñito, de ojos verdes vidriosos y cara redonda, con barba dorada, y, por fin, el obispo de Arrás, más conocido con el nombre de Cardenal Granvela, que se creía que era el inspirador de los excesos a que se entregó el gobierno durante la regencia de Margarita de Parma. Recientemente se ha disculpado al cardenal Granvela. Los documentos del archivo de Simancas y la correspondencia personal de Granvela con Felipe II prueban que el verdadero director de la política de represión era el propio rey desde España.

Pero, en fin, rey, regente y consejo continuaron la política de los *placards,* y para

**El gran duque de Alba, por A. Moro.
Galería Real. Bruselas.**

Las guerras de religión

Cardenal Granvela, obispo de Arrás, consejero de Margarita de Parma.

Trento. Los nobles, aun los que no eran luteranos, protestaron enérgicamente, por cuanto tales decretos venían a restringir sobre manera sus libertades tradicionales. El príncipe de Orange, que más que católico era indiferente, escribía a la Regente que lo que más lamentaba era *l'entretènement du concile de Trente, favoriser les inquisiteurs et exécuter sans nulle dissimulation les placards*. En una sesión del consejo, Guillermo de Orange pronunció unas palabras que son el resumen de la idea moderna de soberanía. Dijo que él, Orange, aunque pertenecía a la religión católica, no podía aceptar que los príncipes gobernaran las almas de los hombres y privasen a éstos de su libertad en materias de fe y religión. Esto es, que, según Guillermo de Orange, la soberanía de los monarcas estaba restringida a las cosas temporales y carnales; el alma de un miserable pescador holandés era tan libre y dueña de sí misma como la de los grandes

aplicarlos hacían falta tropas, cuya paga pesaba sobre el fisco. Las gentes estaban indignadas por tener que alojar a los soldados de Italia y Alemania, chusma internacional comparable a lo que es hoy la legión extranjera. Imagínese la intolerable carga que debían de ser las guarniciones de los tercios en un país tan pacífico por naturaleza como Flandes y Holanda. Los pescadores de Zelanda rehusaron reparar los diques, diciendo que preferían morir ahogados a soportar por más tiempo los ultrajes de los mercenarios.

Poco a poco, los dos miembros del consejo que eran opuestos a la represión se encontraron, sin quererlo, jefes de un partido antagónico al de Granvela. La impopularidad del cardenal llegó a ser tan enojosa, que hasta Felipe II consintió en suplicar a Granvela que presentara la dimisión; pero las gentes de Flandes pronto se dieron cuenta de que sus males no venían de Granvela únicamente, porque la renuncia de éste fue seguida de un despacho de Felipe en que ordenaba sin ambages la proclamación de los decretos del concilio de

Guillermo de Orange el Taciturno, por A. T. Key. Museo de La Haya.

Capítulo IX

Luis de Requesens, sucesor del duque de Alba en la gobernación de los Países Bajos.

de la tierra. Este concepto, hoy corriente, era una gran novedad a mediados del siglo XVI. En Alemania se decía: *religión del Rey, religión del Reino,* y Felipe II escribía al Papa: «Preferiría perder todos mis Estados, y mil vidas si las tuviera, a reinar sobre herejes.» Ya se comprende que estos dos conceptos de imposición y tolerancia tenían que entablar una guerra a muerte, y el campo escogido para aquel duelo del espíritu fueron las tierras bajas de Flandes y Holanda, cuyos moradores parecían exentos de pasión y de todo espíritu de rebeldía.

En 1565 el conde de Egmont partió para Madrid, llevando una petición del consejo pidiendo tolerancia. El mensajero regresó con promesas, encantado de la acogida que le dispensaron así el rey como toda la corte. Pero traía una carta cerrada que, al abrirla él mismo en el consejo, le hizo palidecer, viendo que otra vez se ordenaba la proclamación de los decretos del concilio de Trento en los pueblos y ciudades de los Países Bajos. La única concesión que hacía Felipe II era la de que se proclamasen en su nombre y no en el del Papa. Al leer aquel mensaje, el príncipe de Orange hubo de exclamar que era el comienzo de la tragedia. Por algún tiempo los insurgentes — *confederados* como se llamaban — pusieron empeño en hacer constar su fidelidad al monarca que les gobernaba desde España. Al juramentarse hacían voto de ser fieles al rey, aunque resistiendo a la Inquisición. Ya puede imaginarse los desórdenes que resultaban de estas salvedades. Tantas fueron las reuniones secretas para confederarse, tantos fueron los motines y matanzas, tantas las quejas, que el 31 de julio de 1566 Felipe II envió a la Regente un despacho diciéndole que estaba dispuesto a suprimir la Inquisición en los Países Bajos y que iba a proponer las medidas necesarias para la pacificación de aquellos Estados. La noticia de estas *intenciones* del monarca no apaciguó las iras del populacho, y en los días del 14 al 17 de agosto las turbas penetraron en las iglesias, destruyeron las imágenes y quemaron los altares... Fue la inevitable «quema» después de un período de reacción. Hasta hace poco se creía que estos desmanes fueron la causa del cambio de las intenciones reales y originaron la represión que ordenó inmediatamente Felipe II. Pero, por desgracia, se ha descubierto en el Archivo de Simancas una acta firmada por el rey, el 9 de agosto, en Segovia (antes de los sucesos), en presencia del duque de Alba y de dos notarios, en la que declara Felipe II que el despacho que notificaba intenciones de suprimir la Inquisición en los Países Bajos le había sido arrancado en un momento de debilidad y no se creía obligado a mantener lo que allí ofrecía... Y para continuar la política de represión, Felipe mandó alistar un nuevo ejército en Italia. Esta milicia iría a Flandes con el duque de Alba, primero como capitán general asociado a la Regente, y después como regente, con plenos poderes reales.

Al principio nadie adivinó los verdaderos proyectos de Alba y de Felipe II; pero Guillermo de Orange, que tenía espías bien pagados por toda Europa, se enteró del des-

Las guerras de religión

tino que iba a darse al ejército de Italia, y se retiró a Alemania, para poner tierra de por medio. Pronto vio que no se equivocaba. Uno de los primeros actos del duque de Alba fue encarcelar a los condes de Egmont y de Horn, que, junto con Orange, habían manifestado simpatías por los revoltosos. Para juzgar a todos los que habían participado en los crímenes de agosto, y a los señalados en los *placards*, el duque instituyó en Bruselas un tribunal que se llamó *Consejo de los Tumultos*. Lo formaban doce jueces; pero los que decidían las sentencias eran los dos jueces españoles, únicos que tenían voto: Del Río y Juan de Vargas. Del Río era un infeliz, pero Vargas trataba de justificar su crueldad con silogismos. He aquí una muestra de sus latines: *Hæretici fraxerunt templa, boni nihil fecerunt contra; ergo debent omnes patibulari* (los herejes destruyeron los templos, los católicos no lo impidieron; deben todos ir al patíbulo). Con esta doctrina, aplicada al pie de la letra, no se hubiera dejado de colgar a nadie en los Países Bajos. Alba parecía de la misma opinión; al observarle que a veces pagaba el justo por el pecador, respondía: «Tanto mejor; si ha muerto por equivocación, será un mártir e irá directamente a la gloria.» Escribiendo al rey, le decía que él no quería hacer como los jueces y los fiscales, que sólo condenan a aquellos cuyos crímenes han sido probados. «El terror es a veces una buena política, pero no hay terror si se puede evadir la pena con la justicia.» Alba decía también a Felipe II que si había logrado acabar con hombres de acero, no le sería difícil acabar con hombres de mantequilla, como eran los flamencos.

Para doblegarlos, el Consejo de los Tumultos, o Tribunal de la Sangre, definió otra vez los crímenes que eran reputados de traición y merecían pena capital. Según el Consejo, bastaba haber tolerado sin resistencia las faltas ajenas para ser tan culpable como los mismos criminales. El discutir tan sólo la legalidad del Tribunal de la Sangre era ya traición... Una delación razonable no necesitaba pruebas. Los acusados eran juzgados en grupos. Las actas del Tribunal dan cuenta de juicios contra 95 personas a la vez, 46, 35... Alba escribió a Felipe II que el miércoles de ceniza de 1567 hizo una redada, por la mañana, de mil quinientos, y poco después otra de ochocientos. Todos fueron ahorcados. El hijo del príncipe de Orange, que estudiaba en la Universidad de Lovaina, muchacho de trece años que no había podido participar en ningún tumulto, fue secuestrado y enviado a España. Al protestar los profesores de la Universidad de la violación de sus privilegios, el juez español Juan de Vargas replicó con otros de sus latines, que le han hecho tan famoso como sus sentencias: *Non curamus privilegios vestros*. La gobernación de Alba en los Países Bajos se ha mencionado siempre entre las manchas de la leyenda negra española. En los capítulos anteriores hemos tratado de hacer justicia a católicos y a protestantes. Pero ahora, en descargo del duque de Alba, sólo puede decirse que

Mauricio de Orange, hijo y sucesor del Taciturno. Museo de Amsterdam.

Capítulo IX

obraba con sinceridad y creyendo seguir la que creía mejor política para el servicio de Dios y de su rey. Hay en él aquella energía y honradez que hizo grandes a otros virreyes españoles. Alba, por su fidelidad, devoción y desinterés, no es inferior a Antonio de Mendoza, el primer virrey de México, ni a la Gasca, el pacificador del Perú. Sólo que éstos actuaban sobre salvajes, mientras que el duque de Alba quería imponer la salvación eterna a gentes que se creían ya salvadas.

Además, la casualidad le deparó un contrincante formidable en la persona de Guillermo de Nassau, príncipe de Orange. Granvela le había motejado con el apodo de *Taciturno,* porque Guillermo de Orange apenas hablaba en el consejo. Pero cuando convenía para defenderse él o su país, Guillermo era más locuaz que taciturno. Mientras el duque de Alba secuestraba a su hijo, un niño indefenso, y mientras encarcelaba a los condes de Egmont y de Horn, que habían de morir protestando fidelidad al rey de España, el Taciturno redactaba en el destierro su manifiesto titulado: *Justificación del Príncipe de Orange contra sus calumniadores.* La *Justificación* se publicó en 1568 en diferentes idiomas y circuló profusamente. Pero si bien Guillermo de Orange se mostraba en ella respetuoso con su rey Felipe II y atribuía todos los errores de la gobernación a los consejos de Granvela, simultáneamente se preparaba para la guerra, reclutando un ejército en Alemania.

La primera invasión del Taciturno fue en la primavera del año 1568, y como no podía menos de suceder, acabó desastrosamente. Los voluntarios y mercenarios de un magnate no podían hacer frente a las tropas de Alba, que tenía a su mando 30.000 infantes y 7.000 soldados de caballería. Pero se ha dicho que el Taciturno nunca era más temible que después de una derrota; esta campaña hizo comprender a amigos y enemigos que estaba decidido a perder vida y hacienda, si era necesario, para conseguir la libertad de su patria. Como prenda de tan noble compromiso, murió entonces peleando Adolfo de Nassau, el más joven y acaso el más querido de los hermanos de Guillermo. Desde aquel momento, éste adoptó su famosa divisa: *Je maintiendrai (yo mantendré)* con que firmaba sus cartas y declaraciones.

En cambio, el duque de Alba escribía en el año 1569 al rey que el príncipe de Orange era hombre perdido, sin influencia ni dinero. Pero él tampoco tenía dinero, pues los ingleses interceptaban los convoyes de oro que se le enviaban de España. Alba no tenía más remedio que procurarse fondos con exorbitantes impuestos, y esto le quitaba la poca popularidad que le dejaba el Tribunal de la Sangre. Hacia el 1570 el Taciturno hacía buenas sus palabras del *Je maintiendrai.* Estaba dispuesto a entrar de nuevo en campaña. Esta vez contaba con un cuerpo auxiliar de guerrilleros de un tipo nuevo: eran los marinos y pescadores de la costa de Holanda, que se habían lanza-

Cristóbal Plantin, impresor de la *Biblia Políglota* de Amberes, patrocinada por Felipe II.

Las guerras de religión

El emperador Carlos V con la armadura que llevaba en la batalla de Mühlberg, por Tiziano. Museo del Prado.

do a la vida de corsarios. Les llamaban *los pordioseros del mar (los pelados del mar)*, y su grito de guerra era: *Antes turcos que papistas*. Este grito recuerda dolorosamente el de los bizantinos: *Antes el turbante del turco que el capelo del cardenal.*

En la tierra baja y llena de ensenadas de las costas holandesas, *los pordioseros del*

Capítulo IX

Ortelius, autor de la *Geografía* editada por Plantin en Amberes durante la época de la dominación española.

mar eran enemigos temibles. Como bandada de aves de rapiña caían sobre un galeón español y lo desvalijaban antes de que pudiera apuntar sus cañones. Entraban por los canales y, navegando a través de los pantanos, sorprendían a las guarniciones españolas. Una vez consumado el ataque, desaparecían en los bajos de las lagunas sin dejar rastro. En las llanuras de Flandes y Holanda resultaba poco eficaz la táctica de las partidas de patriotas, que han acabado siempre con los grandes ejércitos. En los Países Bajos no había manigua, ni monte, ni barrancas donde pudieran dispersarse aquéllas. Su rápida concentración y dispersión, que era imposible por tierra, la empleaban en Holanda *los pordioseros del mar*. Podían reaparecer después de un golpe como pacíficos y honrados pescadores de la costa. Nadie era capaz de identificar su embarcación con la de un corsario.

Con estos extraños aliados luchó el Taciturno contra Alba. Las oportunidades que le daban al de Orange los guerrilleros corsarios obligáronle a concentrar toda su atención en las provincias del Norte, que después fueron Holanda. Allí tenía posibilidades de triunfar, allí había conseguido ponerse casi al abrigo de los ejércitos de Alba; desde allí podía asimismo recibir auxilio de los protestantes alemanes y de Inglaterra. En cambio, en las provincias del Sur, que después formaron lo que es hoy Bélgica, las *partidas* de Guillermo de Orange tenían que luchar solas contra los formidables *tercios* españoles. Cuando Francia estaba en guerra con España, Guillermo podía hostigar a los españoles por la frontera del Sur y hasta entrar como aliado de los franceses. ¿Pero quién podía fiarse de Francia en tiempo de los últimos Valois? A cada momento Francia y España hacían las paces, y hasta ligas *perpetuas* para destruir a los enemigos del papado. Entonces el de Orange corría peligro de ser vendido por sus aliados franceses y tenía que refugiarse otra vez en Holanda.

Poco a poco Guillermo de Orange acabó por afianzarse en Delft y por sostener desde allí una guerra más bien defensiva, que acabó con los recursos y paciencia de Alba y de los regentes que le sucedieron. Fue una estrategia del *Je maintiendrai*, más que del *yo venceré*. ¡Qué grandeza! ¡Un hombre solo contra un Imperio en el que no se ponía el Sol! Hay que reconocer que el Taciturno acaso estaba equivocado, pero creía poder contar con un aliado invencible: «Cuando yo tomé por mi cuenta la defensa de estos cristianos oprimidos — había dicho —, hice alianza con el más poderoso de los Potentados, el Señor Dios de los Ejércitos, que puede salvarnos si le place.» Por su parte, Alba daba cuenta al rey Felipe II de la ejecución de todos los habitantes de una población tomada por asalto, diciendo que Dios les había cegado, induciéndoles a resistir, para que así encontraran la muerte. ¡Qué grandeza también en la fe de Alba!

Las guerras de religión

La guerra tuvo episodios gloriosos por ambas partes y también crueldades vergonzosas para las dos. En una ciudad sitiada, las horcas de los sitiadores se levantaban frente a las horcas de los sitiados, y hombre cogido era hombre colgado, tanto para los de dentro como para los de fuera.

De esta guerra se menciona siempre como detalle pintoresco el sitio de Leyden. Hacía varios meses que duraba el cerco y los de la plaza habían ya llegado al último extremo. El Taciturno aconsejó romper los diques, para que las aguas de la marea alta invadieran el llano y se encargaran de dispersar a los españoles. El proyecto no fue aceptado sin protestas; inundar la tierra equivalía a arruinar campos y granjas, lo que representaba siglos de labor. Pero el de Orange tuvo entonces uno de esos *argumentos* que no son más que *una frase* (o una paradoja), pero que cambian por completo el curso de la Historia. Dijo que valía más una tierra arruinada que una tierra perdida.

Las aguas llegaron hasta los muros de Leyden, y con ellas llegaron también los corsarios holandeses. Los españoles tuvieron que levantar el campo y, por la tarde del mismo día, entraba Guillermo de Orange, con la fiebre de unas calenturas que había cogido, como tantos otros, al inundarse las tierras. Típico de aquellos tiempos es el detalle de que, aquella misma tarde, el Taciturno fundó en Leyden la Universidad que debía ser uno de los grandes centros de cultura de la nueva Europa.

Duele dejar la noble figura del Taciturno sin dar al lector algunos detalles de su vida. El principado de Orange radicaba en el sur de Francia y era sólo el título preferido de la casa de Nassau, porque allí, en los tiempos feudales, habían sido señores independientes; pero, por sucesivos enlaces, los Orange-Nassau habían conseguido condados y propiedades en Flandes y en el Rin que valían mucho más que la vieja ciudad de Orange. El taciturno no era un misántropo, como hace creer su nombre. Cortejando a la dama que tenía que ser su primera mujer, decíale que le haría leer el *Amadís de Gaula*, además de la Santa Escritura. Casó cuatro veces, lo que prueba que era un temperamento necesitado de afecto; sus cuatro esposas representaban cuatro aspectos de la nobleza de su tiempo. La primera era una Egmont, y su hijo es el que fue secuestrado en Lovaina. La segunda era hija del elector de Sajonia, algo loca, que escapó con el padre del pintor Rubens y murió, encerrada por su familia, en Alemania. De ella tuvo Guillermo un hijo, Mauricio, el que le sucedió en sus Estados. Casó después con una princesa de Borbón, hija del duque de Montpensier, que había tomado el velo de religiosa. Había sido abadesa del monasterio benedictino de Jouarre y se exclaustró cuando llegaron a Francia los vientos de la Reforma. La vida del Taciturno, llena de peligros y sinsabo-

Portada de la Biblia Políglota de Amberes, impresa por Plantin por orden de Felipe II.

Capítulo IX

res, debió de ser sin duda régimen demasiado fuerte para la ex monja, la cual murió de fatiga cuidando a Guillermo de sus heridas. La cuarta, que sobrevivió a su marido más de cuarenta años, era la hija del almirante hugonote Coligny, el que murió en París en la matanza conocida con el nombre de Noche de San Bartolomé.

Guillermo de Orange el Taciturno pereció asesinado en su propia casa, el 9 de julio de 1584. Luis de Requesens, el regente que había sucedido al duque de Alba en el gobierno de los Países Bajos, había puesto su cabeza a precio por 50.000 florines. Varios intentaron ganar esta suma; el asesino fue un francés, católico exaltado, que creyó hacer un bien a la Iglesia librándola del Taciturno.

Dibujo reproduciendo la planta de la patata, recién descubierta en América. (De un libro editado por Plantin en Amberes durante la dominación española.)

Políticamente, el resultado del *Je maintiendrai* fue la creación de los Estados de Holanda y Zelandia. España no tuvo otro remedio que transigir en el Norte a fin de conservar las provincias del Sur, que forman en nuestros días a Bélgica. En Holanda, por algún tiempo, se toleró la soberanía nominal del rey de España, y los descendientes de Guillermo llevaron únicamente el título de *Stadtholder*, o Defensor del País, Protector, Libertador, como Bolívar y San Martín más tarde. ¿No valen estos títulos más que los del Rey o Emperador por derecho divino?

Espiritualmente, el *Je maintiendrai* representa el triunfo de la libertad de conciencia sobre la intolerancia de la fuerza. Hasta en las provincias que continuaron sujetas al gobierno de los virreyes (como Flandes y Hainaut), España se vio precisada a conceder una libertad que nunca hubieran concedido Alba y Felipe II. La contienda religiosa entablada en tierras de Flandes obligó a ambas partes a mejorarse con objeto de probar a los contrarios la superioridad de sus doctrinas. En el campo católico, flamencos y españoles hicieron grandes servicios a la cultura. Las prensas de Flandes no cesaron de imprimir textos que aún hoy nos causan asombro. El impresor Plantin, protegido por Felipe II, acometió la gigantesca empresa de una Biblia Políglota que debía dejar muy atrás a la de Cisneros. Para esta obra, Felipe II envió a Amberes al gran teólogo y polígloto Arias Montano. Plantin, después de la partida de Montano, continuó imprimiendo obras de piedad y de ciencia. En las prensas de Amberes se publicó el tratado de Anatomía de Vesalio y la *Geografía* de Ortelius. Pero hasta Plantin estaba contaminado de protestantismo y acabó por trasladarse a Leyden, dejando entonces la imprenta de Amberes a su yerno, mucho más acomodaticio.

Pasemos ahora al más penoso sector de las guerras de religión, que fue Francia. Desde el año 1525 Francia empezó a interesarse por la Reforma, y una década después parecía que los franceses iban a que-

Las guerras de religión

dar definitivamente divididos, como los alemanes, en dos Iglesias, con iguales derechos y poderes. Pero dábanse en Francia varias circunstancias que dificultarían este equilibrio religioso, *interin* o concordato, entre católicos y protestantes. En primer lugar, Francia era un Estado monárquico unificado, donde los nobles no tenían la independencia de los príncipes soberanos del Imperio alemán. No cabía en Francia que toda una región en masa se hiciera protestante para seguir la fe del príncipe reformado. La segunda dificultad para la conversión de Francia al protestantismo era que, caso de adoptar la religión reformada, había de ser de la secta calvinista de Ginebra,

Enrique II, por Clouet. Museo del Louvre.

Catalina de Médicis, esposa de Enrique II. Galería de los Uffizi.

mucho más intolerable — *más paulina* — que el luteranismo alemán, que consentía un culto análogo al de los católicos. Los protestantes franceses dependían de Ginebra en cuanto a su doctrina y sus ministros. Consta que desde el año 1555 hasta el 1567 habían salido de la escuela de Calvino, en Ginebra, ciento veinte pastores para ir a predicar en Francia. Ya hemos dicho que hasta el nombre de *hugonotes*, que llevaron los protestantes franceses, era una mala pronunciación del vocablo suizo *eidgenossen*, que significa cofrades, juramentados.

Además, recordemos que en Francia existía una tradición católica nunca interrumpida. La Sorbona era el baluarte irredu-

Capítulo IX

Agripa d'Aubigni, gran luterano francés refugiado en Ginebra.

cible del papado; a los reaccionarios todavía hoy se les llama *ultramontanos,* que era la palabra usada en las universidades italianas para designar a los educados en la Universidad de París, para ellos al otro lado de los montes.

En fin, los jefes hugonotes eran aristócratas de la antigua nobleza, que, acaso inconscientemente, encontraban en el protestantismo una manera de recobrar sus antiguas prerrogativas feudales. Veían al rey entremeterse hasta en sus conciencias, y esto les irritaba tanto como el hecho de imponerles la Inquisición o los decretos del concilio. Por otra parte, las ciudades, sobre todo París, estaban del lado del poder real y como éste, por política y orgullo municipal, eran católicas. La persecución de los protestantes en Francia comenzó ya en tiempo de Enrique II y de su amante Diana de Poitiers, que era resueltamente católica. Pero la represión no fue llevada a extremos de violencia. En 1559 pudo reunirse, nada menos que en París, un sínodo de la *Iglesia nacional francesa,* al que concurrieron representantes de todas las agrupaciones protestantes de Francia. Allí se discutieron y votaron los artículos de una *Confesión de Fe,* imitada de la de Calvino, y un *Libro de Disciplina,* análogo al de la Iglesia presbiteriana.

A pesar de sus edictos, hasta el mismo Enrique II y toda la corte manifestaban aficiones peligrosas. Entre las damas de la reina era corriente cantar salmos; la reina, postergada por la favorita, prefería el salmo sexto, donde hay el versículo tan apropiado a su situación: «De noche mojo mi cama de lágrimas.» En cambio, el preferido de Enrique II, el rey caballeresco y galante, era el salmo trece, que empieza así: «Como un ciervo sediento busca las corrientes de agua...» Mientras tanto, Agripa d'Aubigni, que se encontraba refugiado en la ciudad de Ginebra, publicaba la epopeya de la Reforma.

La represión se formalizó a la muerte de Enrique II, por el carácter enfermizo, casi anormal, de los últimos Valois. Enrique II había dejado a su viuda italiana, Catalina de Médicis, una prole de tres infantes degenerados que reinaron sucesivamente, uno después de otro, y murieron todos ellos sin sucesión. Eran hasta deformes de cuerpo, con largas piernas, caras pálidas, ojos negros, grandes narices y labios péndulos. A uno de ellos, que fue a Londres como pretendiente de Isabel de Inglaterra, tanto la reina como toda la corte le llamaban *el sapo francés.* Además, eran traidores y sanguinarios. Durante sus reinados, gobernó de hecho la reina viuda Catalina, pero asesorada de los tíos de los reyes, que eran el duque de Guisa y su hermano el cardenal de Lorena, obispo de Metz. Ambos eran furiosos papistas, tanto por fe religiosa como por conveniencia personal. Las rentas de los beneficios acumulados por el cardenal de Lorena ascendían a 300.000 libras anuales. Frente a los Guisas había dos príncipes de sangre real, Antonio de Borbón, rey de Navarra, feudatario de la monarquía francesa, y su hermano el príncipe de Condé, ambos

Las guerras de religión

con muchas simpatías entre los protestantes. El tercer jefe era el almirante Coligny, decididamente hugonote. En 1560 los Guisas consiguieron la prisión del rey de Navarra y de su hermano y, de no morir Francisco II, de seguro hubieran sido ajusticiados.

Al empezar su regencia, Catalina creyó prudente no extremar las persecuciones, y Borbón y Condé fueron libertados. Convocó unas Cortes, y allí se pudo apreciar la fuerza de cada bando. El representante de la Universidad de París protestó contra las medidas adoptadas para disminuir las rentas de los eclesiásticos y condenó la tolerancia y libertad de cultos. En cambio, los representantes de la nobleza peroraron contra los abusos de los tribunales eclesiásticos y la avaricia e ignorancia de los ordenados. Tras el fracaso del Coloquio de Poissy (1561), Carlos IX ordenó que cesaran las persecuciones religiosas, aunque amonestó a sus súbditos a vivir *de una manera católica* (edicto de San Germán).

En la corte se continuó cantando salmos y reuniéndose en asambleas de culto calvinista. Coligny llegó a tener, en lugar de un capellán, un pastor protestante, Juan Raymond Merlin, venido de Ginebra. A sus sermones, los palaciegos eran, no sólo admitidos, sino hasta invitados.

Los católicos no podían ver estos escarceos religiosos sin irritarse, y empezaron a tomar decididamente el asunto por su cuenta. El 1.º de marzo de 1562 el duque de Guisa y su hermano el cardenal, viajando de Joinville a París, hicieron alto, para tomar descanso, en Vassy. Era domingo, y cabalmente en aquel villorio los protestantes celebraban su culto en un establo. El duque les ordenó que salieran de allí para acudir a la iglesia a oír misa. Los hugonotes le contestaron con gritos de papista e idólatra; la respuesta de los Guisas fue arcabucear a los reunidos, matando a setenta y tres e hiriendo a un centenar. Esta *massacre* de Vassy es el comienzo de las guerras de religión en Francia.

Dada la señal de las violencias, los hugonotes empezaron a quemar iglesias y derribar imágenes de los altares. Es otra vez *la quema* inevitable, con destrucción y escándalo. Calvino, desde Ginebra, acogía a los emigrados y escribía con toda energía para impedir violencias: «Dejad que las reliquias y las imágenes se desacrediten por sí mismas; practicad vosotros la vida evangélica y el verdadero culto cristiano.» ¿Pero quién puede convencer al pueblo soliviantado? Se cuenta que, en Orleáns, el príncipe de Condé vio a un hugonote, en lo alto de una iglesia, esforzándose por derribar la estatua de un santo. Condé, apuntando con un arcabuz, amenazó al iconoclasta con disparar si no dejaba en paz al santo de piedra. «Señor, tened paciencia — gritó el hugonote —; dejadme destruir este ídolo y después tirad, si queréis.»

Las campañas, como siempre en guerras de religión, fueron cruentas y los asesinatos innumerables. El duque de Guisa fue herido por la espalda por un hugonote el 18 de febrero de 1563 y murió a los pocos días. Su hijo heredó sus cargos y su furor reaccio-

Almirante Coligny, jefe de los hugonotes franceses. Universidad de Ginebra.

Capítulo IX

Matanzas de católicos en Tours. (Museo de antigüedades de Turena.)

nario. Las guerras, que mejor podrían calificarse de desórdenes, tumultos y atropellos, continuaron sin piedad por ambas partes. Por fin, en agosto de 1572, el día de San Bartolomé, ocurrió la degollina general de los protestantes en París, que ha quedado como ejemplo de brutalidad sin paralelo en la historia.

París estaba lleno de hugonotes y católicos, que habían asistido al casamiento de Enrique de Borbón, rey de Navarra, con la hija de Catalina y hermana del raquítico monarca francés. La degollina de *la San Bartolomé* se preparó en la cámara regia y asistieron a la reunión la reina madre y su hijo menor — no el rey — y seis magnates de la corte. Se ha hecho notar, sin embargo, que cuatro de ellos eran italianos, y otro, el duque de Nemours, era el padrastro de los Guisas. Por la noche, a una señal de las campanas de las iglesias, el duque de Guisa penetró en el aposento de Coligny que estaba herido en cama, le traspasó el cuerpo con una pica y lo tiró por la ventana. Los demás nobles hugonotes que se hallaban alojados en el Louvre fueron también asesinados. A la mañana siguiente, la sangre manchaba las escaleras, los corredores y salones del palacio real.

En el resto de la ciudad, los esbirros de los Guisas, desmandados, continuaron la matanza. No ha sido posible calcular cuántos hugonotes perecieron aquella noche en París, pero Sully, que fue después ministro de Enrique IV, dice que murieron setenta mil en toda Francia. La degollina se repitió en Orleáns, Troyes, Ruán, Burdeos, Tolosa... La noticia de *la San Bartolomé* no fue recibida con unánime aplauso por los católicos. En Alemania, tanto el emperador como los príncipes católicos dieron muestras de su disgusto. En cambio, en Roma se ce-

Las guerras de religión

lebraron festejos populares al tener noticia de la degollina; la curia envió a Francia al cardenal Orsini para felicitar al rey y a Catalina de Médicis. Se acuñaron medallas conmemorativas, una en Roma y dos en Francia. Felipe II escribió a Catalina felicitándola por tener tal hijo (el sapo francés) y al rey por tener tal madre.

En cambio, Guillermo el Taciturno, que contaba con la ayuda de los hugonotes, sobre todo de Coligny, comunicó la noticia a su hermano diciéndole: «¡Qué golpe de maza ha sido esto para nosotros!»

Después de esta hazaña, los Guisas se creyeron dueños de la situación y formaron una Liga para la defensa de la religión católica, pero que tendía a su propio encumbramiento. Como el rey no tenía sucesión, la corona debía recaer necesariamente en Enrique de Guisa o en su cuñado Enrique de Borbón, rey de Navarra. El rey, decrépito y valetudinario a pesar de sus pocos años, se llamaba también Enrique; por esto se ha dicho que esta fase de las guerras de religión en Francia fue la guerra de los tres Enriques. El de Guisa se creía tan seguro de la sucesión, que llegó a irritar al rey y sacarle de sus vacilaciones. El último Valois tuvo fuerzas todavía para tramar un complot. Llamó a los Guisas a Blois para celebrar consejo, y allí acudieron el cardenal y su sobrino, que podían imaginarlo todo menos que Enrique III tuviese energías suficientes para mandarlos matar. Enrique de Guisa fue asesinado en la cámara regia y el cardenal de Lorena, detenido, en la cárcel; sus cadáveres fueron quemados y las cenizas echadas a la corriente del Loira para que no quedase el menor rastro de ellos. Hay que convenir que, en punto a

Matanza de protestantes en la noche de San Bartolomé. Biblioteca Nacional. París.

Capítulo IX

venganzas y homicidios, los últimos Valois no necesitaban maestro. Pero el que a hierro mata, muere de lo mismo: el asesinato de los Guisas ocurrió a últimos de 1588, y poco más tarde, en agosto de 1589, Enrique III de Valois, el último de su raza, moría también asesinado, él a su vez, por un monje que le asestó una puñalada en el bajo vientre.

Muerto ya Enrique de Guisa, no había contrincante para Enrique de Borbón, rey de Navarra. Había sido educado por una madre calvinista; su padre tuvo simpatías por los hugonotes, pero sin hacerse matar por ellos como Coligny. Era todavía joven, de buena presencia y hacía gala del humor gascón, cualidad que han estimado siempre los franceses. No era, pues, Enrique IV hombre que pensara en darse de cabezadas por si el pan era pan y el vino era vino... Y como la ciudad de París exigía que el rey de Francia fuese católico, Enrique no quiso crear dificultades por escrúpulos teológicos y decidió declararse francamente papista, porque, según él, París bien valía una misa. Pero probó su carácter benévolo firmando el edicto de Nantes, en el que concedía la libertad de conciencia a los hugonotes. Este famosísimo edicto disponía, además, que los protestantes pudieran ejercer cargos públicos. El Parlamento de París debía admitir seis consejeros protestantes. Los predicadores protestantes gozarían de franquicias y estarían exentos del servicio militar, como los clérigos de la Iglesia romana. Se establecieron escuelas de teología protestante en Saumur, Sedán, Montaubán, etc. La fecha del edicto de Nantes es el 2 de mayo de 1598. Derogado más tarde y vuelto a poner en vigor, el edicto de Nantes es la verdadera *Carta magna* del liberalismo moderno. No sólo se toleraba en él, sino que se reconocía, el derecho y casi el deber de que los cultos disidentes tuvieran sus escuelas y participaran con sus divergencias, respetuosa, pero dignamente, en los negocios del Estado. ¡Cuántas naciones no han llegado todavía a un edicto de Nantes!...

Medalla papal para celebrar la matanza de San Bartolomé.
Museo Británico.

Concilio de Trento. Una sesión del mismo durante su segunda etapa, bajo el pontificado de Julio III.

CAPITULO X

LOS COMIENZOS DE LA CONTRARREFORMA, LA FUNDACION DE LA COMPAÑIA DE JESUS Y EL CONCILIO DE TRENTO

Los focos de infiltración del protestantismo en España no son tan interesantes como lo es la reacción que produjeron. En la historia de la Reforma aparecen algunos nombres españoles, pero no hicieron prosélitos en su país. Juan de Valdés — hermano de Alfonso de Valdés, secretario de Carlos V — acabó presidiendo un cenáculo en Nápoles. Servet, acaso el más grande de todos los protestantes hispánicos, actuó en Francia y fue quemado en Ginebra. De los dos hermanos Encinas, uno fue quemado en Roma, y el otro, después de haber vivido en Wittenberg en casa de Melanchthon, imprimió una traducción castellana del Nuevo Testamento en Amberes; pero viendo que las cosas iban por mal camino, se retiró a Cambridge para enseñar griego, y murió en Habsburgo prematuramente. Otro español, Juan Díaz, formaba parte del grupo de Ginebra, pero fue asesinado por un hermano suyo, que se avergonzaba de tener a un calvinista en la familia. Cierto Pedro Núñez de Avila enseñaba griego en Lausana, lo que significa que era protestante. En Sevilla hubo dos grupos peligrosos: uno se

Capítulo X

Palacio del Santo Oficio o Inquisición. Roma.

reunía en casa de doña Isabel de Baena, llamada «el Templo de la Nueva Luz»; otro en el convento de los Jerónimos, quienes abolieron ayunos y mortificaciones y substituyeron las horas de rezo por lecturas de la Biblia. Pero *el mal* fue extirpado en Sevilla con dos autos de fe, y en el del 24 de septiembre de 1559 fueron quemadas catorce personas, de ellas cuatro frailes y tres mujeres. El «Templo de la Nueva Luz» fue arrasado y en su lugar se levantó «un pilar de infamia». Entre los jerónimos de Sevilla estaba el cultísimo Cipriano de Valera, cuya traducción de la Biblia es la que prefieren todavía los protestantes de habla española. Aún hoy los evangélicos de España forman una pequeña minoría.

Las causas del fracaso del protestantismo en España son tres: la primera es la fidelidad del temperamento español a lo que estima como bueno. En algunas ocasiones esta resistencia a cambiar de posición espiritual es considerada pereza por los extranjeros. La segunda es que el español no razona, ni quiere razonar en modo alguno, en materias confesionales; es caritativo o, con preferencia, místico. La tercera es que tampoco tuvo ocasión de poder escoger libremente entre protestantismo y catolicismo; en los párrafos anteriores ya hemos olido tres o cuatro veces la chamusquina del auto de fe.

Empecemos por este último *argumento*. Se ha dicho y repetido que la Inquisición es *un invento* español. Se ha formado sobre él la *Leyenda Negra*. Y la verdad es que la Inquisición era una institución eclesiástica establecida en el siglo XIII por el papa Lucio III para corregir y juzgar a los herejes *(inquisición episcopal)*. Es, por lo tanto, muy anterior a la Reforma y, en su origen, completamente ajena a España. Es más, mientras la Inquisición fue introducida en Aragón ya en el siglo XIV, no se sintió la necesidad de este servicio técnico en Castilla durante toda la Edad Media.

Los comienzos de la Contrarreforma

Pero también es verdad que a fines del siglo XV la Inquisición estaba casi abolida: la Iglesia no le concedía ninguna facultad, y fue en España donde se empezaron a reconocer los servicios que podía prestar todavía. El año 1482 el Papa autorizó a los Reyes Católicos para establecer un Consejo Supremo de la Inquisición en España, con el principal objeto de limpiar el país de herejías judaizantes. Pero, aun entonces, el Pontífice se reservó el derecho de dictar su fallo en última instancia. Finalmente, Alejandro VI, el Borgia, abandonó esta prerrogativa de la Santa Sede, y la Inquisición en España procedió entonces sin ninguna traba. Torquemada, el primer inquisidor, se hizo famoso por su crueldad. Sucedióle Cisneros y por algún tiempo disminuyó el rigor inquisitorial, pero después recrudeció, sobre todo durante el reinado de Felipe II. En sus días de retiro en Yuste, Carlos V aconsejaba a su hijo y sucesor que no cesara de castigar a los protestantes con autos de fe, y en el mensaje de respuesta Felipe II asegura que puede estar tranquilo el Emperador, porque si él creyera que su propio hijo era luterano, él sería el primero en llevar leña a la hoguera. Por fin, en el año 1542, centralizando los diversos tribunales particulares de inquisición episcopal y monástica, que funcionaban desde el siglo XIII, Paulo III estableció un tribunal supremo de inquisición, que convirtió en una congregación pontificia con el título de Santo Oficio de la Iglesia Universal. En un principio se componía de seis cardenales; después fueron doce, con un cuerpo consultivo. El bien y el mal que la Inquisición haya podido acarrear a la Iglesia ha sido discutido aun por los más fervientes católicos. Ludovico Pastor, el historiador católico austríaco, autor de la historia de los Papas del Renacimiento, deplora que ni aun a él se le permitiera el acceso al archivo del Santo Oficio. «Es la única institución del mundo — dice Pastor — donde todavía se considera sospechoso estudiar documentos que se refieren a cosas ocurridas hace más de trescientos años. Su carácter secretísimo la perjudica, porque perpetúa la creencia de que abusó de su poder.»

La segunda causa que hemos señalado para explicar el poco éxito de la Reforma en España, esto es, una propensión al misticismo que hacía repeler el humanismo, en muchas ocasiones dio trabajos a la Inquisición. Hasta un arzobispo de Toledo, el virtuoso dominico Bartolomé Carranza, fue perseguido y encarcelado. Había sido elegido por unanimidad primado de España; pero el inquisidor general y el gran teólogo Melchor Cano lograron un breve de Roma para proceder contra Carranza, y Felipe II consintió que atormentaran al arzobispo durante dieciséis años. En cambio, fray Luis de León estuvo *sólo* cinco

Auto de fe a principios del siglo XVI. Cuadro de Berruguete. Museo del Prado.

Capítulo X

años en sus cárceles, y Santa Teresa y San Juan de la Cruz, aunque fueron acusados, libráronse de sus iras por la protección que les dispensó Felipe II.

Sin embargo, la represión no ahoga nunca un movimiento como la Reforma; hay que proponer algo positivo, superior al espíritu que mueve a los contrarios. De esto se habían ya dado cuenta en Italia varias personas piadosas algunas relacionadas con la curia romana. Algunos prepósitos de Ordenes religiosas intentaron restablecer la pureza primitiva de sus reglas con intención de hacer vida santa dentro del sacerdocio. Por ejemplo, varios clérigos italianos se asociaron y fundaron la nueva Orden de los teatinos.

Pero fue en España donde nació el fundador de la Compañía de Jesús, que iba a ofrecer a la Iglesia una milicia de religiosos disciplinados. San Ignacio era vasco, de familia acomodada. Su verdadero nombre era Iñigo López de Recalde. Pero su padre era un Beltrán de Oñaz, y su madre

San Ignacio de Loyola.

Fray Tomás de Torquemada, primer inquisidor general.

una Araoz. El nombre de Oñaz reaparece en sus sobrinos. No está claro si nació en 1491 o en 1495. En el 1521 lo hallamos ya, al frente de unos soldados, defendiendo la fortaleza de Pamplona contra un ataque de las tropas francesas. Allí fue herido en una pierna y tuvieron que llevarle a su casa de Loyola. Durante el tiempo que duró la convalecencia de la herida recibida, Iñigo quiso leer libros de caballerías, pero no los había en la casa, y tuvo que contentarse con unas *Vidas de Santos* y una *Vida del Cristo*, de Rudolfo de Sajonia, más conocido por el sobrenombre de *el Cartujo*. Estas lecturas despertaron en él vivo deseo de servir a una gran señora y de realizar por ella singulares proezas. «Pero — se decía a sí mismo — ¿no sería mejor acaso hacer lo que hicieron San Francisco o Santo Domingo?»

Todavía indeciso entre ser un caballero o un santo, Iñigo abandonó su casa de Lo-

Los comienzos de la Contrarreforma

yola y marchó como peregrino al santuario de Montserrat, en Cataluña, como una primera etapa para ir a Tierra Santa. A pesar del maravilloso paisaje de la montaña, Iñigo prefirió retirarse al hospital de la vecina ciudad de Manresa y hacer penitencia en una cueva cerca del río. Fue en Manresa donde Dios comunicóse con Iñigo «como un maestro enseña a su discípulo». Sentado en las márgenes del río Cardoner, tuvo la premonición de lo que le habría de pasar más tarde; recordaba después que, en sus visiones, había anticipado escenas y acontecimientos que le fueron ocurriendo en el transcurso de su vida. El padre Ribadeneyra describe así la visión del Cardoner: «Entendió muy perfectamente muchas cosas, así de las que pertenecen a los misterios de la fe como de las que tocan al conocimiento de las ciencias; y esto con una lumbre tan grande y tan soberana que, después que la recibió, las mismas cosas que había visto parecíanle otras.» Los protestantes llevan a cabo numerosos esfuerzos encaminados a identificar estas experiencias espirituales de Iñigo con lo que llaman ellos salvación o conversión. Iñigo llegaba a decir que tenía el convencimiento de que, aunque no nos hubieran enseñado las Santas Escrituras lo que debemos hacer, él lo hubiera hecho por lo que había visto con los ojos del alma.

Iñigo permaneció un año en Manresa y allí compuso sus *Ejercicios*. El origen de este extraordinario librito es todavía algo obscuro. En el vecino monasterio de Montserrat había la costumbre de preparar a los que deseaban comulgar haciéndoles realizar unos ejercicios según el plan del abad García de Cisneros. Parece que en Manresa el santo había despertado cierta curiosidad y que algunos ciudadanos se honraban proveyéndole de lo necesario. Iñigo, por su parte, deseaba ayudarles espiritualmente, y para dirigirles en sus devociones redactó los *Ejercicios*. Estos son uno de los jalones más importantes de la Historia de la vida religiosa de la Humanidad entera. Y ¡qué humilde origen! Escritos por un iletrado, debían servir para dirigir a unos humildes menestrales catalanes que apenas entendían el castellano en que estaban redactados. Hoy la Iglesia católica entera se vale de los *Ejercicios* que compuso el vasco para sus obscuros devotos de Manresa. ¡Qué lección para los que buscan glorias literarias y triunfos de la fama, sin una fe que les aliente desde lo más hondo del alma!

No sólo los jesuitas, sino la mayoría de las Ordenes religiosas, acostumbran practicar la devoción de los *Ejercicios* por lo menos una vez al año. Los protestantes explican su eficacia diciendo que producen una especie de mesmerismo o hipnotismo, trance en el cual el que lo experimenta está dispuesto a aceptar las proposiciones del que le da los *Ejercicios*. Pero a esto contestan los católicos diciendo que una persona hipnotizada comparte su voluntad con la del que le hipnotiza, mientras que Ignacio recomienda precisamente al que *da los Ejercicios* que deje al Creador comunicarse directamente con el alma del que *los recibe*.

La visión de San Ignacio junto a las márgenes del Cardoner, río que baña la ciudad de Manresa. Grabado de la época.

Capítulo X

El título ya es una explicación del contenido: *Ejercicios espirituales para vencerse a sí mismo y ordenar su vida sin determinarse por afección alguna que sea desordenada*. El primer párrafo sirve para facilitar una tolerancia preliminar entre *el que da los Ejercicios y el que los recibe*. Ignacio dice que *todo buen cristiano ha de ser más prompto a salvar* (por excusar) *la proposición del prójimo que a condenarla... Corríjale con amor*, añade Ignacio.

En seguida explica *que así como el pasear, caminar y correr son exercicios corporales*, sus *Exercicios* son para la salud del alma. Empiezan con unas *anotaciones* para el que da los *Exercicios*; cómo ha de proceder durante las cuatro semanas, aunque este plazo puede alargarse o acortarse según las circunstancias. El que da los *Exercicios* no debe platicar, en la primera semana, sobre *las reglas de los espíritus de la segunda semana... por ser materia más sutil y más subida de lo que podrá entender*, etc.

El colegio de Santa Bárbara, en París. Los estudiantes se aprestan con sus varas a castigar a Ignacio de Loyola por sus extremadas devociones. Grabado de la época.

Después de estas *anotaciones*, o recomendaciones, comienza el texto del librito. Ignacio no hace en él más que indicar lo que debe meditarse por el que practica las devociones. Así, por ejemplo, el texto del ejercicio quinto de la primera semana es puntualmente como sigue:

«*Quinto exercicio* es meditación del infierno: contiene en sí, después de la oración preparatoria y dos preámbulos, cinco puntos y un coloquio.

»La oración preparatoria sea la *sólita* (la de costumbre).

»El primer preámbulo, composición, que es ver con la vista de la imaginación la longura, anchura y profundidad del infierno.

»El segundo *(preámbulo)* será demandar lo que quiero; será aquí pedir interno sentimiento de la pena que padecen los dañados, para que, si del amor del Señor eterno me olvidara por mis faltas, a lo menos el temor de las penas me ayude para no venir en pecado.

»El primer punto será ver, con la vista de la imaginación, los grandes fuegos y las almas como en cuerpos ígneos.

»El segundo *(punto)*, oír con las orejas llantos, alaridos, voces, blasfemias contra Christo Nuestro Señor y contra todos los santos.

»El tercer punto será oler con el olfato humano, piedra-azufre, sentina y cosas pútridas.

»El cuarto, gustar con el gusto cosas amargas, así como lágrimas, tristeza y el verme *(gusano)* de la consciencia.

»El quinto, tocar con el tacto, es a saber, como los fuegos tocan y abrasan las ánimas.

»Haciendo un coloquio a Christo Nuestro Señor, traer a la memoria las ánimas que están en el infierno, unas porque no creyeron en el Advenimiento; otras, creyendo, no obraron según sus mandamientos: haciendo tres partes. la 1.ª antes del Advenimiento, la 2.ª en su vida, y la 3.ª después de su vida en este mundo; y con esto, darle gracias porque no me ha dexado caer en ninguna de estas, acabando de mi vida. Asimismo, como hasta agora ha tenido de mí

Los comienzos de la Contrarreforma

tanta piedad y misericordia, acabando con un *Pater-Noster*.

»El Exercicio 1.º se hará a la medianoche; el 2.º, en levantándose a la mañana; el 3.º, antes o después de la Misa; el 4.º, a la hora de vísperas; el 5.º, una hora antes de cenar. Esta repetición de horas, más o menos, según la edad, disposición y temperatura de la persona que se exercita para hacer los cinco Exercicios.»

Este es el texto de Ignacio. Al lector *pagano* le sorprenderá su candor, y más le sorprenderían *las adiciones* que añade a continuación. Aconseja privarse de toda claridad, «cerrando todas las ventanas y puertas el tiempo que estuviera en la cámara, si no fuere para rezar, leer y comer».

«La octava *(adición)*, no reír ni decir cosa que motive la risa.» Los consejos que da para conseguir los efectos de la contemplación previenen los menores detalles. Si se obtiene un buen resultado de rodillas, no cambiar de posición, y «cuando supino rostro arriba... si hallo lo que quiero, no pasaré adelante». En cuanto a penitencias y castigos de la carne, «trayendo barras de hierro, flagelándose o llagándose», Ignacio trata de ser lo más humano posible: «Parece que es más conveniente — dice — lastimarse con cuerdas delgadas, que da dolor de fuera, que no de otra manera que cause dentro enfermedad que sea notable.»

Las cuatro semanas de los *Exercicios* se emplean en meditar la vida, pasión y resurrección de Cristo, y acaban con unas reglas que dan a entender los resultados obtenidos; éstas son dieciocho, y no podemos copiarlas todas; solamente transcribiremos las que tienen una trascendencia histórica, casi política, y son textualmente las siguientes:

«1.ª Debemos tener ánimo aparejado para obedecer en todo a la vera Esposa de Christo Nuestro Señor, que es la nuestra Santa Madre Iglesia hierárquica. — 4.ª Alabar mucho religiones, virginidad y continencia, y no tanto el matrimonio como ninguna de éstas. — 6.ª Alabar reliquias de santos haciendo veneración a ellas y oración a ellos; alabando estaciones, peregrinaciones, indulgencias, perdonanzas, cruzadas y candelas encendidas en las iglesias. — 8.ª Alabar ornamentos y edificios de iglesias, asimismo imágenes, y venerarlas según qué representan. — 13.ª Debemos siempre tener, para en todo acertar, que lo que yo veo blanco, creer que es negro si la Iglesia hierárquica así lo determina, creyendo que entre Christo Nuestro Señor, esposo, y la Iglesia, su esposa, es el mismo Espíritu que nos gobierna y rige para la salud de nuestras ánimas...»

Esta regla 13.ª es, naturalmente, la que ha dado más que hablar, pero obsérvese que Ignacio se refiere a cosas determinadas por la *Iglesia hierárquica,* y ésta no dogmatiza en cuestiones de color. Pero hay que confesar que el texto es un poco alarmante para un *erasmista* del siglo XVI o un *pragmatista* moderno. Estas últimas dieciocho reglas de los *Exercicios* muy posiblemente fueron añadidas al final de la vida del Santo, pero no agregan nada nuevo; el

Paulo III confirma las Constituciones de la Compañía de Jesús en 1540. Grabado contemporáneo.

Capítulo X

espíritu de disciplina sin discusión y obediencia ciega está ya en las meditaciones de las cuatro semanas. Podemos, por lo tanto, decir que el texto de los *Exercicios* es ya un resultado de la visión del río Cardoner. Y por ello los jesuitas anglosajones llaman a los *Exercicios* simplemente *Manresa*. Pero, pese a su práctica diaria por multitudes católicas, los *Exercicios* no atraen a Manresa peregrinos agradecidos, como los que van a Asís, o los que allá en la India visitan el templo de Buda-Gaya, o el árbol del Bo de Ceilán. Las revelaciones del Cardoner habrán podido ser provechosas o nocivas a la Humanidad, pero, con la excepción de los adeptos a los jesuitas, para las gentes Manresa es una ciudad como muchas otras.

Y, sin embargo, la revelación que tuvo San Ignacio en Manresa debía conducirle, paso por paso, a la fundación de la Compañía de Jesús. Es interesante observar con qué cautela procedió y con qué pruebas acrisolaba su vocación. En vez de permanecer en su cueva, haciendo vida de ermitaño, marchóse a Tierra Santa. Este viaje le hizo comprender que el mundo se perdía por ignorancia: unos, oían predicar herejías y no tenían instrucción suficiente para descubrir la falacia de sus argumentos; otros, allá en Oriente, se perdían creyendo aberraciones. Había, pues, que estudiar; no bastaban los *Exercicios*, había que saber más para confundir a herejes e idólatras. Es la antigua tesis de Lulio, que Ignacio hacía suya sin darse cuenta. En Tierra Santa tuvo Ignacio dificultades con las autoridades eclesiásticas, y regresó a Barcelona, donde se propuso aprender lo que hoy llamaríamos enseñanza elemental. Tenía por lo menos treinta años.

Dando entonces prueba de profunda humildad, ingresó en una escuela de niños para aprender los rudimentos del latín. Ignacio escogió Barcelona para esta penosa preparación escolar porque allí tenía amigos que podían sostenerle. Uno de ellos era una viuda, llamada Pascual, a la que había conocido en Montserrat y con quien probablemente hablaría en catalán. De otra barcelonesa, Isabel Rosell, tendremos que hablar más adelante.

Con la ayuda de estas mujeres, Ignacio pasó a estudiar teología en Alcalá y Salamanca. Sus devociones, su pobre ropilla, su deseo de hacer prosélitos, alarmaron a los agentes de la Inquisición en las universidades, y creyéndole un místico, o alumbrado, por dos veces lo encarcelaron. Después de seis años de preparación en España, en 1528, cuando iba a cumplir los treinta y cinco, un santo, que ya había realizado milagros, que ya había tenido las más altas revelaciones, marchó a París, todavía como estudiante. Ignacio se matriculó en el Colegio de Santa Bárbara el mismo año que en él acababa Calvino sus estudios. Es fácil que allí se vieran y hablaran los dos reformadores; de todos modos, Ignacio pudo oír a sus compañeros de escuela, católicos, que cantaban: «Roguemos al Rey de Gloria — que confunda al luterano, — que no quede de él memoria, — busquen sus huesos en vano»; mientras que los protestantes respondían: «Prediquemos la Escritura — con pureza y claridad, — y toda doctrina impura — de los hombres, olvidad». Ignacio, desde París, marchó a Inglaterra y Holanda. ¡Cómo observaría los errores de las gentes, él, que tenía un don extraordinario para penetrar en el alma de los demás, y que había desarrollado no poco con sus hábitos de auto-inspección! Hablaba poco, pero se fijaba en todo; más tarde, refiriéndose a los jesuitas que habían ido al Extremo Oriente, decía que desearía saber, si ello fuese posible, hasta cuántas pulgas les habían picado cada noche. Pero, en cambio, Ignacio abría los secretos de su alma a los que quería atraerse. Tardó, sin embargo, casi seis años en poder contar con nueve amigos que pensaran como él. El día de la fiesta de la Asunción de la Virgen, del año 1534, juraron los votos de la nueva orden en la cripta de la pequeña iglesia de Montmartre. Sólo uno, Fabro, era sacerdote, y dijo la misa en aquella ocasión; los otros eran doctores en teología y estaban preparándose para el apostolado intelectual.

No describiremos los episodios de los años sucesivos; aquella pequeña banda de diez teólogos de París marchó a Italia para predicar y hacer obras de misericordia. Pronto llamó la atención de la curia romana. Aunque entonces no se creía conveniente la fundación de nuevas Órdenes religiosas, uno tras otro los Papas aprobaron las Constituciones de la Compañía, con las reformas que Ignacio fue introduciendo en ellas. El santo procedía, como siempre, con gran cautela; para redactar las Constituciones se ayudaba del consejo de cuatro de sus compañeros.

El resultado fue la creación de una milicia puesta al servicio del pontificado. La Compañía de Jesús no tiene nada secreto; ha publicado las cartas de Ignacio, las constituciones preliminares y la definitiva. No tiene reglas ni recomendaciones para el exclusivo uso de sus adictos.

Es una autocracia; el general casi tiene poder ilimitado. En asuntos de gran importancia tiene que asesorarse de un consejo formado por los que *han profesado los cuatro votos*, que son una minoría. Forma una especie de senado consultivo, que elige al general, pero que es elegido por el general, quien dispone los que deben profesar el cuarto voto. Ya veremos luego lo que es el cuarto voto. Los otros tres son temperancia (no dice castidad), pobreza y obediencia, sobre todo esta última.

Inmediatos en categoría a los que han profesado el cuarto voto están los *coadjutores*, que dirigen ya servicios importantes: misiones y colegios. La tercera categoría es la de los *escolásticos*, maestros y servidores, que han pasado cinco años estudiando y cinco enseñando. Y, por fin, la cuarta es la de los *novicios*, quienes, después de examinados, deben pasar al seminario, o se reintegran al mundo, para ayudar en él a la Compañía. Pero, como en un ejército los subalternos deben obediencia ciega a los superiores, así entre los jesuitas, los novicios a los escolásticos, éstos a los coadjutores y a los que han profesado el cuarto voto. Y he aquí, por fin, el contenido del cuarto

San Francisco Javier despidiéndose de San Ignacio al partir para la India.

voto de los jesuitas, sin ambages: obediencia ciega y disciplinada al Sumo Pontífice.

La Compañía de Jesús no tiene una Orden gemela de mujeres. En el año 1546 tres catalanas, que habían ayudado a Ignacio durante sus estudios en París con envíos de dinero, fueron a Roma y consiguieron que el Papa les aprobara sus planes de formar otra milicia femenina. Pero, como dice el padre Ribadeneyra, «es cosa de espanto recordar, en aquellos pocos días que duró, cuánta fue la ocupación y molestia que le dio *(a Ignacio)* el gobierno de solas tres mujeres. Y así dio luego cuenta al Sumo Pontífice del grande estorbo que sería esta carga para la Compañía». El Papa, pues, abolió la milicia de Mujeres, pero las catalanas apelaron a la curia romana para recuperar, por lo menos, los dineros que habían dado en caridad. El pleito fue fallado en contra, y la principal, Isabel Rosell, acabó tomando el velo de clarisa en Barcelona.

Capítulo X

La Compañía, con verdadero carácter católico, internacional y pontificio, se extendió inmediatamente por todo el mundo. Laínez pasó a Venecia para reducir los últimos focos de protestantismo que sobrevivían a las persecuciones en el norte de Italia. Le Jay fue a Ferrara y Salmerón a Sicilia. Javier y Rodríguez pasaron a Portugal, donde el monarca les entregó la nueva universidad de Coimbra. España, mística por naturaleza no parecía el país más a propósito para la disciplina práctica de los jesuitas; al Emperador no podía serle simpática una congregación juramentada a obedecer ciegamente las órdenes del Vaticano. Pero Ignacio consiguió convencer al duque de Gandía Francisco de Borja, y éste desvaneció los escrúpulos de Carlos V. En Francia la victoria de los jesuitas no fue cosa fácil. La Sorbona condenó su doctrina, pero lograron fundar colegios en Saint-Omer, Douai y Reims. Por fin, la gloria innegable de la Compañía de Jesús fueron sus misiones en Oriente, anticipándose con ellas, en más de tres siglos, a las misiones enviadas a aquellas tierras por los protestantes.

La Compañía tuvo también ocasión de prestar servicios en seguida en materias teológicas, porque por aquellas fechas empezaron las reuniones del concilio de Trento. Ignacio fue elegido primer general de la Compañía el 4 de abril de 1541, y en diciembre de 1545 los legados del Papa inauguraban las sesiones del concilio. Dos de los compañeros de Ignacio en París, los padres Salmerón y Laínez, fueron a Trento para desempeñar la delicada misión de asesores técnicos en materias teológicas.

Por fin, el emperador Carlos V había logrado su propósito. Era una idea fija que tenía en la mente desde las escenas de la dieta de Worms: según él, había que reunir la cristiandad convocando un concilio ecuménico. Sería impropio de un libro como el nuestro intentar la exposición de un resumen de las discusiones del concilio, que con algunas interrupciones no terminó hasta diciembre de 1563. Duró la friolera de dieciocho años.

Los propósitos de reconciliación entre protestantes y católicos, que eran los que movían al Emperador, fueron inútiles por la obstrucción de los italianos. Se decidió que, en lugar de votar por naciones, se votaría individualmente, y como a los obispos italianos les era más fácil el viaje a Trento, estarían casi siempre en mayoría. El Papa, para mayor seguridad, intentó trasladar el concilio a Bolonia, pero Carlos V ordenó a los obispos españoles que no obedecieran y permaneciesen en Trento.

El Emperador y algunos de los prelados, como el propio obispo de Trento, deseaban empezar la discusión por la reforma de la Iglesia, asunto que hubiera animado a los protestantes a acercarse. Pero dominaba el criterio de que se tratasen primero las materias dogmáticas controvertidas por los herejes, y lo único que pudieron lograr los imperiales fue que ambas materias se debatieran alternativamente. Característico también del espíritu del concilio es que, al debatir su título, algunos querían se llamase *Sínodo que representa a la Iglesia Universal*, pero parecióles a los legados de la Santa Sede que podía hacer suponer que el concilio se hallaba por encima de ésta. El título definitivo fue: *Sacrosanto Sínodo Tridentino, inspirado por el Espíritu Santo, presidido por tres Legados de la Sede Apostólica*.

El primer asunto fue la reafirmación del Credo aprobado por el concilio de Nicea. Como fuentes de la Revelación divina se señalaron la Sagrada Escritura y la Tradición. Esto significaba la condenación de uno de los puntos capitales de la doctrina de Lutero. La Tradición fue definida como *Traditio Christi* y *Traditio apostolorum (Spiritu Sancto dictante)*. Por lo tanto, sólo los apóstoles, representados por la jerarquía eclesiástica, tenían autoridad para interpretar el sentido de las Santas Escrituras; tácitamente se condenaba la lectura de la Biblia con libre criterio personal, o sea sin notas explicativas autorizadas, y por fin se preparaba la definición del Concilio Vaticano (tres siglos más tarde) de que el Papa, como cabeza de la Iglesia, era infalible.

Las definiciones del Concilio de Trento no se admitieron sin dificultad. El obispo de Chioggia, y seis obispos más, opuestos a lo que significaba la *Traditio apostolorum*, sostuvieron que la fuente de la Revelación era sólo las Sagradas Escrituras, pero fueron derrotados.

Como texto de la Biblia se declaró auténtica la llamada *Vulgata,* o traducción latina de San Jerónimo, sin que esto implicara negación de autenticidad para los textos primitivos y otras versiones antiguas, y se ordenó que se publicara en edición corregidísima, a fin de subsanar las deficiencias accidentales que existieran en su texto a través de las copias medievales.

Establecidas las fuentes de la Revelación, se procedió a discutir el punto más espinoso, esto es, el pecado original y la justificación por la fe. Hubo también partidarios del punto de vista protestante, o sea que la fe, y sólo la fe, alcanza a los hombres la salvación. Pero a pesar de que los partidarios de la fe sin obras, capitaneados por el obispo de la Cava, llegaron, *con obras,* a pegarse con los que sostenían que la fe sin obras es muerta, prevaleció la tesis tradicional y no se habló más del asunto. En lo de la predestinación y libre albedrío, los jesuitas Salmerón y Laínez prestaron gran utilidad. Su influencia en esta discusión les hizo indispensables para lo sucesivo. Tenemos la carta de San Ignacio dándoles instrucciones, que es una maravilla de discreción. Les dice cuándo tienen que callar y cómo deben hablar, aunque el callar tendrá en ocasiones más eficacia que el hablar. Los padres Salmerón y Laínez discutían cada noche, en Trento, con su compañero Le Jay, los temas para el día siguiente. Los jesuitas (una Orden nueva, fundada cuatro años antes) eran los únicos exceptuados de la prohibición general de predicar en Trento durante el concilio. A los obispos que a ello se prestaban, les sugerían la práctica de los *Exercicios,* y esto contribuía a aumentar el prestigio. En realidad, los jesuitas de Trento eran, por su preparación y sus virtudes, superiores a la mayoría de los obispos. Su familiaridad con los textos de la Escritura y de los Santos Padres les hacía inexpugnables; lo que Laínez y Salmerón daban a los reunidos en Trento, no sólo eran informes técnicos, sino lecciones de teología.

Carlos V en la época del concilio de Trento. Cuadro de Tiziano. Museo de Munich.

Cuando hubo de tratarse de los sacramentos, el Emperador consiguió que fueran a Trento algunos protestantes; pero pronto desertaron, pues no hubo manera de conciliar los dos espíritus. Sin embargo, una vez libre de la pretensión de concesiones para los súbditos del Emperador que eran luteranos, el concilio continuó sus sesiones proponiendo medidas para corregir abusos en todas las disciplinas de la Iglesia. La independencia, el internacionalismo de los jesuitas, se hizo también sentir en estas discusiones; por ejemplo, unos obispos españoles pusieron en tela de juicio la cuestión de la supremacía del Papa. El obispo de Se-

Capítulo X

govia llegó a decir que el obispo de Roma no había sido reconocido por la Iglesia primitiva. El padre Laínez abogó con grande y elevadísima elocuencia en favor de la prerrogativa pontificia contra los obispos sus compatriotas.

La Iglesia católica actual es el resultado del concilio de Trento. Los espíritus liberales le reprocharán su poco deseo de transigir con los luteranos y los calvinistas... Dirán que la Iglesia católica dista mucho de representar el ideal evangélico; pero los protestantes no están tampoco más cerca de Jesús el Salvador. Tienen otra teología y otra moral, pero los Evangelios son también para ellos *un libro* de edificación.

El concilio de Trento estabilizó definitivamente el dogma católico frente a las controversias protestantes. Desde aquel momento la Iglesia toda supo lo que debía enseñar, pero fueron principalmente los jesuitas quienes se dedicaron a tal enseñanza. Se han publicado las cartas de San Ignacio en que da instrucciones a los que iban a fundar colegios; son documentos interesantísimos: en una el santo aconseja enseñar *la Esfera* (geografía) sólo a aquellos a quienes no pueda dañar. Hoy ya ni los jesuitas creen que la *Esfera* pueda dañar a nadie. Los jesuitas representan, sin saberlo, el espíritu del Renacimiento dentro de la Iglesia. Enfrente del fraile medieval que quemaba a los herejes, aparecía el gentilhombre, el *gentleman* jesuita, limpio, insinuante, pretendiendo dirigir más que salvar a la fuerza. Hasta los crímenes de que se acusa a los jesuitas, como el emplear el confesionario para fines políticos, el uso de la daga y el veneno, en lugar de excomuniones y autos de fe, son de tipo humanista, de hombres del Renacimiento, no de apologética medieval. Para los protestantes el salvarse era casi un milagro de la gracia. Ya Ignacio había recomendado no asustar al pecador con una impresión desconsoladora. El jesuita, enseñando, escribiendo, confesando o visitando, con sus maneras cultas y finas, conducía a los hombres a creer y obedecer lo que les proponía la Iglesia romana. Podrá el hombre moderno discutir acerca del romanismo, pero el jesuitismo bien entendido era su inevitable consecuencia en el siglo XVI.

Diego Hurtado de Mendoza, primer representante de Carlos V en el concilio de Trento. Museo del Prado.

Casa donde nació Galileo, en Pisa.

CAPITULO XI

COPERNICO, KEPLER Y GALILEO

De todas las ciencias de la antigüedad, la astronomía fue la única que durante la Edad Media se conservó y aun perfeccionó, porque la cultivaron por necesidad nautas y peregrinos. Las *Tablas* de Tolomeo, síntesis de la ciencia antigua en astronomía, fueron aumentadas por los árabes y *reeditadas* por Alfonso el Sabio. Eran listas de posiciones de estrellas que servían para ubicar lugares donde se encontraban los viajeros. En cuanto a estrellas fijas, poco había que añadir a la compilación de Tolomeo; pero los planetas, con sus movimientos erráticos en la inmensidad del espacio, fueron un enigma para los astrónomos antiguos y continuaban siéndolo al terminar la Edad Media. El haberlos hecho dioses, el haberles dado a cada uno un cielo aparte y bien destacado de la gran bóveda esférica donde estaban todos los demás astros, no explicaba los caprichosos desplazamientos de los planetas. A veces parecían retroceder, nunca seguían con uniformidad el giro regular y eterno de las estrellas fijas.

Convencido Tolomeo de que la Tierra era centro del sistema planetario, trató de explicar la aparente retrogradación de los planetas suponiendo que no sólo se movían regularmente alrededor de la Tierra, sino que además, iban girando en cada punto de su órbita, a la que llamó *Deferente*. Todos los planetas, según él, además del de rotación alrededor de la Tierra, tenían un movimiento secundario alrededor de un punto

Capítulo XI

C de su propia órbita. Al espectador desde la Tierra el continuo bailar de los planetas hacíale la ilusión de que iban retrocediendo en su camino, porque el movimiento alrededor del punto C era más rápido que el del planeta alrededor de la Tierra. Esta explicación tenía sólo el inconveniente de que no se conformaba con la realidad.

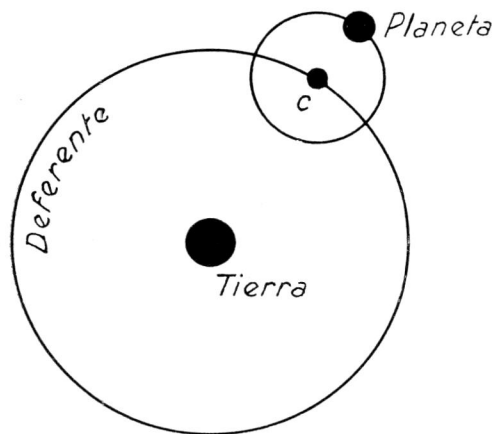

El movimiento de los planetas según Tolomeo, alrededor de la Tierra y al mismo tiempo alrededor de un punto C de su órbita.

La solución no podía venir mientras se persistiera en creer al sistema planetario geocéntrico, es decir, con la Tierra en el centro; en cambio, el vagar de los planetas quedaba explicado con sólo hacer el mismo sistema planetario heliocéntrico, esto es, con el Sol en el centro. Tal simple enunciación es la gloria de Copérnico. Este, además, es digno de la gloria asociada a su descubrimiento por la gran convicción con que lo expuso. Recientemente se ha comprobado que ya en la antigüedad Aristarco de Samos y Arquímedes sospecharon que el Sol era el centro del sistema planetario, y hasta se atrevieron a anticipar esta teoría. Pero ninguno de los dos persistió eficazmente en el sistema heliocéntrico. Los escritos que se han conservado de Aristarco de Samos son geocéntricos, y Arquímedes, que es quien nos transmite las veleidades de Aristarco por el sistema heliocéntrico, no parece tampoco muy entusiasta de aquella hipótesis de su predecesor. En cambio, Copérnico fue un verdadero convencido de su sistema, en el cual figuraba el Sol en el centro del Universo en lugar de la Tierra, que quedaba como un planeta.

Nicolás Copérnico nació en el año 1473 en Thorn, pequeña ciudad de la Polonia Septentrional. Era hijo de un mercader acomodado, que pudo darle una excelente y esmerada educación. Estudió primero en la Universidad de Cracovia; después pasó a Bolonia, con intención de especializarse en Derecho canónico. Pero en la Universidad de Bolonia entonces enseñaba matemáticas Domenico María Novara, quien tenía un interés poco común por la astronomía. Copérnico, animado por Novara, se sintió más dispuesto a estudiar las *Tablas* de Tolomeo que las *Decretales* de Penyafort. El año 1500 Copérnico pasó a Roma por la conveniencia de celebrar el Jubileo y asistir a las lecciones de un astrónomo de Königsberg, Juan Müller. Como Königsberg quiere decir *montaña real*, Müller se hacía llamar simplemente Juan *Regiomontanus*, y así su nombre no parecía tan exótico a las gentes de Italia. Müller se tomó gran interés por Copérnico, que era casi su compatriota, y con su ayuda fue nombrado Copérnico profesor de matemáticas en la *Sapienza* o Universidad romana.

La noticia de esta honra concedida a Copérnico en Roma hizo que el obispo de Ermeland invitara a Copérnico a regresar a su patria, ofreciéndole una canonjía en la catedral de Frauenberg. Hay que añadir que el tal obispo era hermano de la madre de Copérnico y, por lo tanto, el futuro canónigo podía esperar otras ventajas aceptando la invitación de su tío. Con todo, Copérnico, acaso temiendo que, una vez de regreso en su país, le sería difícil volver a Italia, donde estaban los maestros de su ramo, se quedó aún en Padua otro par de años con la excusa de estudiar la Medicina en aquella escuela.

Por fin, el año 1505, entró decididamente al servicio del obispo, su tío, no como astró-

Copérnico, Kepler y Galileo

nomo, sino como médico de cámara. Esta posición le atrajo envidias, y los primeros años que pasó en el palacio episcopal no fueron tan felices como pudiera esperar. Los detalles de la vida de Copérnico se nos han conservado en una sola biografía que escribió su discípulo Rheticus, y éste asegura que, no obstante los celos de otros domésticos, Copérnico consiguió hacerse respetar y aun estimar en el palacio episcopal por su pacífica modestia y evidente superioridad como hombre de estudios.

En su tranquila existencia de canónigo continuaba incesantemente sus estudios astronómicos. Como no se habían inventado todavía los telescopios, observaba las estrellas al través de unas rendijas practicadas en las paredes de su casa. Convenientemente colocado dentro de la habitación, espiaba *el tránsito*, o paso de cada estrella por el meridiano, al divisarla por la rendija. La *altura*, o ángulo sobre el horizonte, la medía con un simple cuadrante. Con estos primitivos y deficientes métodos de observación, invirtió Copérnico casi cuarenta años para observar lo que un astrónomo moderno, provisto de un telescopio ecuatorial, puede observar en una noche.

Portada de la primera edición de las *Tablas Rudolfinas*, compiladas por Tycho Brahe y publicadas por Kepler. El templete con la bóveda de los cielos está sostenido por columnas cada vez más perfectas. Las del fondo están construidas con simples bloques escuadrados; las de delante, ya labradas, representan a Arato, Hiparco, Copérnico y Tycho Brahe. En el pedestal hay un relieve representando la isla danesa donde estaba Uraniborg, emplazamiento del castillo en que Tycho Brahe hizo sus observaciones.

Capítulo XI

Copérnico. De un grabado del libro *De Revolutionibus Orbium Cœlestium*.

A pesar de su laboriosidad, no hubiera pasado de comprobar y perfeccionar, con mejores observaciones, los tránsitos y alturas de las *Tablas* de Tolomeo y de Alfonso el Sabio. La gloria de Copérnico fue el resultado de su impaciencia por los movimientos erráticos de los planetas de que hemos hablado antes. Estudió detenidamente el curso de Marte, con sus variaciones en magnitud y brillo, y se convenció de que no podían provenir de un movimiento alrededor de la Tierra, aunque fuese del tipo irregular propuesto por Tolomeo. Recordaba, por otra parte, la olvidada y al parecer fantástica doctrina heliocéntrica de Aristarco de Samos, y recapacitando sobre el problema que le ofrecían los cambios de brillo y magnitud de Marte, pudo comprender que no había otro remedio que aceptar aquella al parecer disparatada y peligrosa solución. La convicción de Copérnico de que el Sol, y no la Tierra, era el centro del sistema planetario y, por tanto, del Universo, estaba en contradicción con Aristóteles, parecía predecir un conflicto con los que tomarían a la letra las Sagradas Escrituras, y, sobre todo, era opuesta a la sempiterna experiencia diaria de ver al Sol moverse por la bóveda de los cielos mientras la Tierra parecía inmóvil.

Sin embargo, sometió otros planetas a la misma prueba que Marte, y viendo que sus movimientos aparentes se explicaban con el sistema heliocéntrico, sin más tardanza compiló sus observaciones y teorías en un libro que tituló *De Revolutionibus Orbium cœlestium*. Es un libro de ciencia, en el que se contienen no sólo teorías, sino también pruebas.

Tal era la seguridad y confianza con que Copérnico lanzaba la nueva doctrina, que la carta dedicatoria de su libro al papa Paulo III acaba con este arriesgadísimo párrafo: «Si algún ignorante de las ciencias matemáticas se atreve a reprobar este libro porque contradice algún pasaje de la Sagrada Escritura, que ha miserablemente interpretado en contra nuestra, le desprecio y ni tan sólo paro atención a su juicio. Lo que he escrito aquí, lo someto principalmente a Vuestra Santidad y después al juicio de los entendidos en matemáticas... Y paso en seguida a la materia de mi estudio.»

Este párrafo no hubiera podido escribirse medio siglo más tarde sin desencadenar las iras del Santo Oficio. Pero hasta en aquel momento era peligroso. Por fortuna, Copérnico, en Polonia, estaba algo protegido por la distancia; además, cuando se imprimió su libro había llegado a las postrimerías. Rheticus, que se había encargado de cuidar de la impresión del manuscrito en Nuremberg, al regresar con el tratado impreso encontró a Copérnico agonizando.

En contraste con la vida sin azares ni privaciones de Copérnico puede ponerse la de su continuador Juan Kepler. Era alemán, nacido en Weil, Württemberg, en el año de 1571, veinticinco después de la muerte de Copérnico. Tanto su padre como su madre, los dos de buena familia, eran neuróticos y manirrotos. Para mayor desgracia, Kepler, a la edad de cuatro años, sufrió un grave acceso de viruelas que le dañaron en gran manera los ojos. Parece que lo último en

Copérnico, Kepler y Galileo

que hubiera debido pensar Kepler era en dedicarse a la astronomía. Y, sin embargo, acaso esas mismas dificultades fueron un estímulo para él; sin duda alguna la pobreza de visión le facilitó concentrarse para imaginar soluciones geométricas.

Toda la vida de Kepler fue una continuada tragedia. Sus primeros estudios fueron posibles sólo porque en la joven Alemania protestante había un gran furor por la educación y abundaban las becas para muchachos algo excepcionales como aparentaba ser Kepler. El mismo nos comunica que, siendo estudiante, sentía grandes deseos «de examinar la naturaleza de los cielos, de las almas, de los genios; la esencia del fuego, el origen de las fuentes, el ascenso y descenso de las mareas, la forma de los continentes y de los mares». Así que se hubo graduado en la Universidad de Tubinga, fue nombrado profesor de matemáticas y astronomía en Gratz. Estaba dotada esta plaza con un sueldo mezquino; pero, además de dar lecciones, Kepler tenía que preparar cada año un almanaque, y en él incluía predicciones que a veces resultaban acertadas. Esto le dio ocasión de ganar dinero, redactando horóscopos de magnates que fiaban en él como astrólogo. La poca fe que ponía el propio Kepler en sus horóscopos se refleja en algunos dichos suyos que se han conservado: «Madre Astronomía moriría de hambre si Hermana Astrología no ganara el pan...», pero, al mismo tiempo, deja comprender con ellas que necesitaba de la Astrología para vivir.

Kepler unía a su agudeza para el cálculo una imaginación desbocada. Ya hemos expuesto ideas de su adolescencia que demuestran su carácter. Pero en 1596, cuando todavía no era más que un maestro en Gratz y no había cumplido los veinticinco años, se lanzó a publicar un libro con el ambicioso y descomunal título de: *Prodromus dissertationum cosmographicarum continens mysterium cosmographicum de admirabili proportione coelestium orbium*, etc. Este primer libro de Kepler es copernicano; el Sol está en el centro del sistema planetario.

En él el autor añade que va a hablar de tres cosas que ha investigado detenidamente con el mayor celo y cuidado, a saber: El número, las distancias y los movimientos de los cuerpos celestes. Pero pronto recae en su incorregible fantasía y observa que los planetas eran sólo cinco, y como había sólo cinco cuerpos geométricos regulares, era indudable que debía de haber una razón divina, causa de esta igualdad o concordancia. Y sin otro fundamento que el del «debe de haber» se lanza Kepler a formular una teoría para explicar la relación entre los cuerpos geométricos y los astros. «La Tierra es la Esfera, dice; circunscribiendo a esta esfera un dodecaedro, la órbita de Marte estará en

Monumento a Copérnico en el patio de la antigua universidad de Cracovia.

Capítulo XI

otra esfera que inscriba a aquél. A su vez, sobre la esfera de Marte inscribiremos un tetraedro, y la esfera que incluye a éste contendrá la órbita de Júpiter. A éste seguirá un cubo, y por la esfera que lo incluye viajará Saturno...» ¡Qué disparate!... Con todo, Kepler dice que gozó con *su descubrimiento*: «No me dolió el tiempo empleado en mis trabajos, ni los días y las noches pasados haciendo cálculos, etc.»

He aquí, pues, al hombre: un fantástico, un imaginativo; parecía destinado a ser un incurable formulador de hipótesis, de horóscopos sobre el curso de los astros, más arriesgados que los de las vidas de los hombres. Pero el mismo año en que Kepler publicaba su *Prodromos*, entraba en relaciones con un observador meticuloso, quien pronto debía enseñarle que hay más posibilidades de acierto interpretando razonablemente los fenómenos que lanzándose a fantasear sobre los principios metafísicos. Este ordenador juicioso de la imaginación de Kepler fue el astrónomo danés Tycho Brahe. «No construyáis una Cosmografía fundada en abstractas especulaciones — le decía —; basadla en los sólidos cimientos de la observación y desde allí ascended gradualmente para averiguar las causas.»

De familia ilustrísima y educación esmerada, Tycho Brahe había sido protegido por Federico II de Dinamarca, aficionado a la astronomía. El rey había cedido a Tycho Brahe una pequeña isla en el Báltico donde, alejado del bullicio, pudiera entregarse por completo a sus observaciones estelares. La munificencia real proveyó también a Tycho Brahe de recursos para construir en la isla una torre-observatorio, que llamó pomposamente *Uraniborg*, o castillo de los Cielos. Allí, en Uraniborg, desde el año de 1576 hasta el de 1596, en que murió su patrono, Tycho Brahe no cejó de ir compilando observaciones astronómicas. Al revés de Kepler, el imaginativo, Tycho Brahe, el sensato, no pretendió descubrir el misterio del Cosmos y hasta dejó pasar el sistema de Copérnico sin prestarle gran atención. Tycho Brahe se había hecho para su uso particular una mezcla de las teorías de Tolomeo y de Copérnico que no merece que nos detengamos a explicarla. En cambio, durante varios años, valiéndose de los instrumentos de la época, y con su terquedad para repetir las observaciones, Tycho Brahe compiló en Uraniborg millares de datos que después sirvieron a Kepler para formular sus famosas leyes. Por esto es tan importante la fecha del año 1599, en la que aquellos dos genios, que se completaban mutuamente, comenzaron a trabajar asociados. Al querellarse Tycho Brahe con el hijo de Federico II, abandonó a Uraniborg y se fue a instalar en Praga, porque había encontrado en el emperador Rodolfo otro protector que le ayudara a continuar sus observaciones astronómicas. Tycho Brahe llamó a Kepler a Praga, procurándole un sueldo como Matemático Imperial. Ambos, Tycho Brahe y Kepler, llevarían a término la compilación de observaciones estelares de Uraniborg que se llamarían *Tablas Rudolfinas*.

La asociación de Tycho Brahe y Kepler duró poco más de un año. En 1601, Tycho Brahe moría casi de repente. Corto fue, en verdad, el tiempo que Tycho Brahe pudo influir personalmente sobre el espíritu de Kepler, pero le había dado un ejemplo

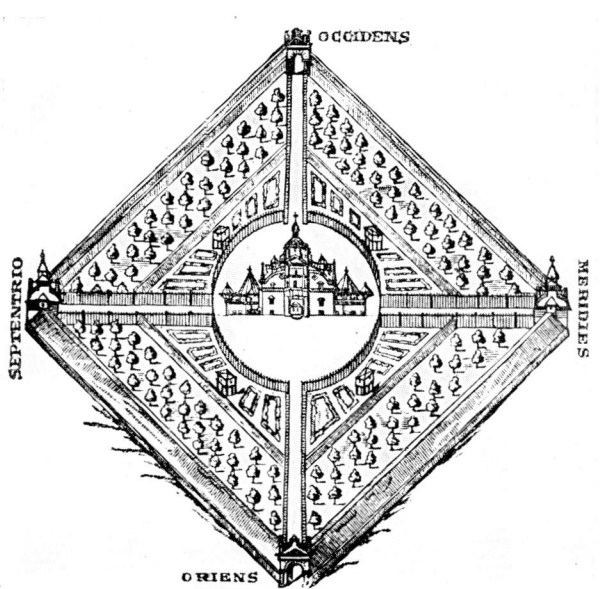

Plano de Uraniborg, castillo observatorio de Tycho Brahe.

Copérnico, Kepler y Galileo

de perseverancia no desprovista de ingenio, y le dejó, sobre todo, el tesoro de sus notas, acumuladas año tras año en Uraniborg. Con ellas trabajó Kepler, sin negar su procedencia, y hasta cumpliendo fielmente el encargo de Tycho Brahe, publicó sus *Tablas Rudolfinas*. ¡Qué devoción de amigo y de discípulo! Cuando Kepler se lanzó a la costosísima empresa de editar las *Tablas* de Tycho Brahe volvía a encontrarse en la mayor miseria. Su sueldo de matemático imperial no lo había percibido hacía algunos años; se le debían 8.000 coronas, que nunca cobró. Kepler se había casado, tenía varios hijos; tuvo, pues, que aceptar un cargo de profesor en la insignificante Universidad de Linz. Se ha supuesto que el dinero para pagar la edición de las *Tablas* hubo de ganarlo Kepler haciendo horóscopos. El resultado fue la aparición de las *Tablas Rudolfinas* en el año 1627. Kepler moría de fatiga, angustia y miseria en noviembre de 1630. Había ido a Praga, inútilmente, para tratar de cobrar sus 8.000 coronas y regresó con un resfriado que acabó con su vida. Fue enterrado en la iglesia de San Pedro de Ratisbona.

Sería impropio de este libro referir los esfuerzos gigantescos de Kepler para explicar las perturbaciones en el movimiento de los planetas. Kepler publicó muchísimo: la edición de sus obras completas, impresas como homenaje nacional por los alemanes en el año 1883, consta de nueve volúmenes *in folio*. Debemos limitarnos a citar aquellas en que aparecían por primera vez enunciadas las leyes de nuestro sistema planetario. Dos de las tres leyes que han dado fama inmortal a Kepler aparecieron en un *Tratado de Movimientos del planeta Marte*, publicado en Heidelberg en el año 1609. El título exacto de esta obra capital para la ciencia es el de *Astronomia Nova, seu Physica cœlestis tradita commentaris de motibu stellæ Martis*. La tercera ley no la reveló hasta nueve años más tarde. Aparece en un volumen hoy rarísimo que se publicó en Linz con el título de *Harmonices Mundi*.

La imaginación de Kepler no le fue por completo perjudicial, pues le sirvió para

Tycho Brahe. Copenhague.

generalizar lo que había probado que ocurría con Marte. Kepler conocía sólo cinco planetas y no tenía observaciones suficientes sino para Marte. Con todo, se lanzó a formular leyes generales que no se pudieron confirmar hasta mucho más tarde. Y he aquí las famosas leyes de Kepler:

1.ª Los planetas describen órbitas elípticas alrededor del Sol y éste se halla en un foco de las elipses.

2.ª Las líneas imaginarias $S P$, $S Q$ que van del Sol a cada planeta recorren espacios iguales en el mismo tiempo.

3.ª El cuadrado del tiempo que emplea un planeta en girar alrededor del Sol es proporcional al cubo de su distancia media al Sol.

Supongamos que P y Q son dos planetas y S es el Sol. Primera ley: S, el Sol, está en un punto que es foco de las órbitas y éstas son elipses. Segunda ley: los triángulos $P S P_1$ y $P_1 S P_2$ son iguales si el tiempo

Capítulo XI

que ha empleado el planeta para pasar de P a P_1 es igual al tiempo que ha empleado para pasar de P_1 a P_2. Tercera ley: los cuadrados de los tiempos que emplean P y Q en recorrer sus órbitas son proporcionales a los cubos de las distancias medias de estos planetas al Sol. El extraordinario estilo literario de Kepler, que ya hemos admirado en su primer libro, reaparece en sus últimos escritos.

Lea el lector y admire estos párrafos del *Harmonices Mundi:* «Lo que profeticé hace veintidós años, cuando descubrí las relaciones de los cinco cuerpos geométricos regulares y los cuerpos celestes, por fin lo he conseguido. Para lograrlo fui a reunirme con Tycho Brahe, en Praga, y he dedicado la mayor parte de mi vida a las observaciones astronómicas. Pero hace sólo dieciocho meses que el primer rayo de luz iluminó mi mente; fue sólo hace tres meses cuando empecé a verlo claro, y sólo hace pocos días que la verdad entera brilla para mí. Nadie puede ya detenerme. He triunfado, llevando los vasos de oro de los egipcios al tabernáculo que he erigido para mi Dios. Si me perdonáis, me alegraré; si me condenáis, no me importa. La suerte está echada, el libro está escrito. ¿Qué diferencia puede haber entre que se lea ahora o que lo lean las generaciones futuras? Acaso tendré que esperar un siglo para conseguir un lector;

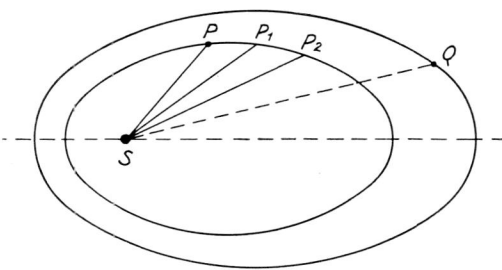

Las leyes de Kepler: 1. El Sol está en un foco de las elipses de las órbitas. — 2. El radio SP recorre espacios iguales en tiempos iguales, esto es, $P\ S\ P_1 = P_1\ S\ P_2$. — 3. Los cuadrados del tiempo que emplean P y Q en girar alrededor de S son proporcionales a los cubos de las distancias medias de PS y QS.

Juan Kepler. De un retrato de la época.

Dios ha tenido que esperar seis mil años para que un hombre llegara a comprender sus leyes.»

Todavía Kepler estaba creído que era profecía de sus leyes la fantástica relación entre los planetas y los cuerpos geométricos del *Misterium Cosmographicum*. Disparata también comparando su descubrimiento con los vasos de los egipcios. Otra reminiscencia bíblica traída poco a propósito es la de decir que el mundo, en su tiempo, tenía sólo seis mil años. Pero el final es magnífico; de lo sublime a lo ridículo hay sólo un paso; Kepler va con un paso de lo ridículo a lo sublime, sus leyes son una intuición genial.

«Y si queréis saber el preciso momento — dice Kepler, admirado de la sacudida con que le llegó la intuición —... si queréis saber el preciso momento en que la idea me pasó por la mente, os diré que fue el 8 de marzo de este año 1618. Primero la rechacé como falsa, porque había cometido un error

Copérnico, Kepler y Galileo

en el cálculo, pero me volvió de nuevo con más fuerza el 15 de mayo, y disipé las tinieblas que obscurecían mi cerebro, hallando una exacta correspondencia entre mis leyes y los años de labor con las *Observaciones* de Brahe. Creí por algún tiempo que daba como cierto lo que no eran sino suposiciones... Pero no, el hecho es cierto...», y aquí sigue la enunciación de la tercera ley de Kepler.

El detalle de querer consignar el día y el año de la *revelación* es muy propio de un temperamento místico como el de Kepler. Los profetas hebreos ponían gran cuidado en señalar la topografía y la fecha de sus visiones. Todos los iluminados consideran sagrados el lugar y la hora en que han sentido dentro de sí la sacudida mística. Kepler quiere recordar el día en que descubrió sus leyes. Es el grito de una alma grande que ha visto por vez primera la obra de Dios en el mecanismo de los cielos. De un modo semejante recibía Pascal sus inspiraciones. El mundo parecía entrar en una época de *revelación científica*. Un año más tarde que Kepler, la noche del 10 de noviembre del año 1619, Descartes, encerrado en su alcobilla, tuvo una inspiración análoga a la de Kepler, la de resolver el problema del mundo con matemática universal: «Pareció que del cielo descendía el espíritu de la Verdad para enajenarme...»

La doctrina heliocéntrica de Copérnico y Kepler no triunfó sin hacer mártires. En Alemania y Polonia, donde las escuelas carecían de tradición clásica, no hubo gran oposición. Pero en Italia, donde existía ya la soberbia del conocer, porque desde hacía

El sextante de Tycho Brahe y la armilla ecuatorial en Uraniborg. Según grabados de la época.

Capítulo XI

Portada de la primera edición de los *Diálogos* de Galileo con las figuras de Salviati, Sagredo y Simplicio (los contemporáneos creyeron que este último era una caricatura del Papa).

un siglo se leían textos griegos y latinos, y donde la Iglesia no tenía oposición organizada, tanto filósofos como teólogos se esforzaron en ahogar la nueva astronomía. El sistema de Copérnico contradecía lo que había afirmado Aristóteles y estaba en oposición con lo que se desprendía de textos del *Antiguo Testamento*, como el que dice que Josué detuvo el curso del Sol.

El primero en sufrir martirio por sus exageraciones panteístas y por propagar la verdad del sistema heliocéntrico fue Giordano Bruno; éste en realidad hombre eminente fue juzgado y condenado a morir en la hoguera, en Roma, el año 1594. «Vosotros que me condenáis — dijo Bruno a sus jueces — estáis más asustados que yo, que voy a morir.» Las últimas palabras de la víctima fueron un canto de victoria: «Las edades futuras no me negarán que he vencido, porque no he tenido miedo de morir... Prefiero una muerte honrosa a una vida de cobarde.»

El segundo mártir, Galileo, ya no llegó a este extremo. Se retractó, aunque para él la retractación debía de ser tan penosa como la muerte. La posteridad ha perdonado a Galileo su debilidad, aunque acaso hubo más grandeza en sobreponerse a la tentativa de vanagloria que en el deseo de martirio que había empujado a Bruno al poste de la hoguera. Pero Bruno, muriendo por principios filosóficos y matemáticos, y Galileo, viviendo para descubrirlos, son igualmente grandes.

Galileo nació en Pisa el año 1564. Empezó estudiando para médico en la Universidad pisana, pero pronto su vocación por las matemáticas y la física le desvió de la medicina. Su primer descubrimiento — la ley del péndulo — lo realizó cuando sólo tenía diecisiete años. Estaba en la catedral de Pisa cuando vio que, para encender una lámpara, la retiraban hacia un lado. Al dejar de retenerla, una vez encendida, la lámpara oscilaba como un péndulo, con movimientos que eran cada vez menores, pero de igual duración. A falta de cronómetro, Galileo midió el compás regular de las oscilaciones de la lámpara valiéndose de los latidos de su propio pulso.

El año 1586 realizó interesantes descubrimientos de hidrostática, que le dieron celebridad, y pronto fue nombrado profesor de matemáticas en la Universidad de Pisa. No tenía sino veinticinco años, pero tampoco su sueldo llegaba a cien pesos al año. En Pisa continuó Galileo sus estudios sobre la caída de los cuerpos. Aristóteles había afirmado que un objeto grande cae con mayor velocidad que otro pequeño, aun siendo de la misma naturaleza. Galileo probó que este principio aristotélico era de todo punto inexacto; para ello valióse de la circunstancia de que la torre campanario de la catedral de Pisa era un cilindro enteramente vacío en su interior, e hizo caer por él dos pesos diferentes, aunque formados de la misma materia. Ambos pesos llegaron al

Copérnico, Kepler y Galileo

fondo del pozo que formaba la torre casi al mismo tiempo.

Sin embargo, no bastaba con desautorizar a Aristóteles; un espíritu como Galileo debía continuar observando la caída de los cuerpos hasta formular todas o algunas de sus leyes. Para sus observaciones se valió de una tabla inclinada en la que se había dispuesto una ranura por la que descendía una bola de bronce. En ciertos sitios de la ranura Galileo había practicado agujeros por los que podía detener la bola. El tiempo empleado para llegar a estos agujeros lo media (a falta de cronómetro) con un reloj de agua. Así pudo Galileo llegar a afirmar, primero, que la velocidad de un cuerpo al caer depende del tiempo que ha estado cayendo, esto es, que al empezar va despacio y aumenta su velocidad a cada unidad de tiempo. Y, segundo, que los espacios recorridos al caer son proporcionales a los cuadrados de los períodos de tiempo durante los cuales el cuerpo ha estado cayendo. Como se ve de estos principios, Galileo podía formular la ley de la gravedad, aunque sin darle el carácter de ley del Universo, que es lo que hace sublime la ley de la gravitación universal de Newton.

En 1592 Galileo ascendió a profesor de matemáticas de la Universidad de Padua, entonces el centro científico más importante de Italia. Padua estaba dentro del territorio de la República Veneciana y gozaba de una independencia ilimitada; la Inquisición nunca pudo llegar a imponerse en Venecia. Los dieciocho años que Galileo pasó en Padua, del 1592 al 1610, fueron los más felices de su vida. Explicaba sólo sesenta clases de media hora al año; todo lo demás del tiempo lo tenía libre para dedicarse a sus estudios.

En Padua Galileo inventó o reformó el telescopio y, sobre todo, lo aplicó a observaciones estelares. En realidad los verdaderos inventores del telescopio fueron fabricantes de lentes holandeses, pero cuando llegaron

Vista de la Universidad de Padua tal como era cuando enseñaba allí Galileo.

Capítulo XI

los primeros telescopios a Venecia, Galileo estaba ya construyendo el suyo, que era más perfeccionado. El primer telescopio construido por Galileo (1609) era monocular; consistía en un tubo de 70 centímetros de longitud y 45 milímetros de diámetro. Con él se podían distinguir, desde el *Campanile* de Venecia, las torres de Padua, que estaban a una distancia de 35 kilómetros. Los venecianos no cesaban de maravillarse cuando descubrían los buques en el horizonte con el telescopio de su profesor de matemáticas.

Esto ocurría de día; por la noche Galileo exploraba la bóveda celeste con su tubo milagroso y gozaba descubriendo astros que habrían escapado a la observación a simple vista. Galileo fue el primero en descubrir cuatro satélites de Júpiter que giran alrededor del planeta formando un sistema planetario en miniatura. Esto ya le pareció una confirmación del sistema de Copérnico; pero, además, con el telescopio observó las fases del planeta Venus, que tenía, como la Luna, crecientes y menguantes; al mismo tiempo vio los cráteres lunares, el anillo de Saturno, y sobre todo, las manchas del Sol.

Muchos de aquellos descubrimientos venían a contradecir a maestros y escuelas que enseñaban todo lo contrario bajo la autoridad indiscutible de Aristóteles. Galileo no vacilaba en desafiarlos. «Sospecho — escribía en mayo de 1612 — que este nuevo descubrimiento (las manchas solares) es el toque de campana para el entierro, o mejor dicho, para el juicio final de la seudofilosofía. El entierro ya lo hicimos con las manchas de la Luna, los satélites de Júpiter, de Saturno y Venus. Espero, sin embargo, ver a los peripatéticos (aristotélicos) hacer un último esfuerzo para mantener la inmutabilidad de los cielos.»

De este último esfuerzo él mismo tenía que ser la víctima; los peripatéticos no lograron detener a los cielos, pero sí detuvieron a Galileo. El episodio del juicio, condena y retractación de Galileo es tan apasionante que merece que nos detengamos algo en su relato. Galileo, que había ido a Roma por unos días, en el año 1616, fue recibido con gran consideración. Nadie negaba que era el hombre de ciencia más notable de la época. El astrónomo toscano, por su parte, se creía merecedor de este triunfo, especialmente por su último libro sobre las manchas solares. Pero examinado este libro por los censores inquisitoriales, se advirtió que defendía que el Sol era el centro del Universo y que, en cambio, la Tierra se movía y no era ella el centro de todo lo creado. Estas dos proposiciones fueron declaradas por la curia romana «falsas, absurdas y heréticas, contradiciendo pasajes de la Escritura y las interpretaciones de los Santos Padres y teólogos».

En su virtud, Galileo fue amonestado formalmente, y, además, con fecha 3 de marzo del año 1616, se publicó un edicto papal anunciando *urbi et orbi* que Galileo Galilei, matemático, había sido advertido que tenía que abandonar las opiniones por él sostenidas hasta entonces, y de paso se prohibían y suspendían los escritos de Nicolás Copérnico, *Las Revoluciones del Orbe celestial,* y de Diego de Zúñiga, *Sobre el Libro de Job...* Es sumamente interesante para la gente hispánica encontrar al lado de Copérnico, y en el documento inicial del proceso contra Galileo, el nombre del ilustre profesor de Salamanca, Diego de Zúñiga, *copernicano.*

Galileo, después de este accidentado viaje a Roma, en 1616, regresó a Florencia y allí continuó sus investigaciones, disfrutando de una espléndida pensión del duque de Toscana. Nadie le hubiera molestado si no se hubiese lanzado, en 1632, a publicar unos *Diálogos del sistema del Mundo,* en que de nuevo discutía los méritos relativos del sistema de Tolomeo, geocéntrico, y del sistema de Copérnico, heliocéntrico. Los interlocutores son tres: Salviati, un amigo florentino de Galileo, el más copernicano de ellos; Sagredo, otro amigo de Galileo, veneciano, que pretende demostrar los puntos flacos de cada sistema, y, por fin, un personaje imaginario llamado Simplicio, francamente aristotélico y defensor de Tolomeo. Es probable que, malicioso como buen florentino, Galileo se regocijara con que el aristotélico fuese Simplicio, pero esta malicia se disfrazaba porque hubo un comentarista de este nombre, en el siglo VI, cuyo libro se *leía* todavía en las aulas.

Los tres personajes aparecen retratados en la portada y Simplicio semeja un testarudo vejestorio que se pensó era caricatura del Papa. Galileo pretendió en el prólogo que la intención de sus *Diálogos* estaba en armonía con el decreto de 1616, que quería evitar «el peligroso escándalo de la edad presente con la opinión *pitagórica* del movimiento de la Tierra, etc.». El libro, escrito en italiano y lleno de amenidad, se leyó con furor. Un censor incauto había sido bastante inocente para conceder el *Imprimatur*, y Galileo se creía al abrigo de toda persecución. Era, no sólo admirado, sino muy querido por la corte de Toscana.

Sin embargo, la Inquisición le llamó a Roma y no valieron excusas, protección, vejez ni enfermedades; Galileo tuvo que comparecer en persona delante del terrible tribunal. Se le trató con humanidad; durante su detención residió en la embajada florentina de Roma, y luego en las estancias más confortables del palacio del Santo Oficio. La sentencia, con fecha de 22 de junio del año 1653, firmada por diez cardenales, está redactada en los siguientes términos:

«Considerando que vos, Galileo Galilei, de setenta años de edad, habíais sido denunciado a este Santo Oficio por defender como verdadera una doctrina falsa, a saber, que el Sol está quieto en el centro del Mundo, y la Tierra se mueve... etc. Considerando que ya habíais sido amonestado y advertido el mes de febrero de 1616, etc. Considerando que se ha publicado un libro, en Florencia, del que sois autor, cuyo título es: *Diálogos de Galileo Galilei sobre los dos Sistemas principales del Mundo, el Tolemaico y el Copernicano...*, donde tratáis con circunloquios de hacer entender que vos creéis probable lo que es contrario a las Sagradas Escrituras *(el sistema de Copérnico)*, etc.

»... Pronunciamos, juzgamos y declaramos que vos, el susodicho Galileo, os habéis he-

Galileo. Cuadro de Sustermans. Galería de los Uffizi. Florencia.

cho sospechoso de herejía creyendo y manteniendo la doctrina falsa y contraria a las Santas Escrituras que el Sol es el centro del Mundo, que no se mueve de Este a Oeste, que la Tierra se mueve y que no es el centro del Mundo... Es nuestro deseo el absolveros si, con corazón contrito, y sin reservas, en nuestra presencia abjuráis los antedichos errores y herejías, y todos los otros errores y herejías contrarios a la Católica y Apostólica Iglesia Romana en la forma que se os dirá...»

El texto de la retractación de Galileo dice: «Yo, Galileo Galilei, florentino, de setenta años de edad, arrodillado delante de vosotros, Muy Eminentes y Reverentes Cardenales Inquisidores de la Universal República Cristiana, teniendo delante de mis ojos los Evangelios, que toco con mis manos, juro que siempre he creído, y con la ayuda de Dios creeré siempre, todo lo que la Santa Iglesia Católica, Apostólica, Romana, sostiene, enseña y predica. Pero como este Santo Oficio ha recomendado que

Capítulo XI

abandone la falsa opinión de que el Sol está en el centro e inmóvil..., abjuro, maldigo y detesto los tales errores y herejías, y juro que nunca, en el futuro, diré ni escribiré nada de ellos, y que si conozco algún hereje le denunciaré a este Santo Oficio, etc.»

¡Pobre Galileo!... Tenía setenta años y era florentino; no de la madera nórdica de que estaba hecho un Giordano Bruno.

Se cuenta (aunque tal vez sea una leyenda) que la retractación de Galileo fue desmentida por él mismo en el acto, con reserva mental, y que dando con el pie un golpe en la tierra, exclamó en voz baja: *E pure si muove* (no obstante se mueve).

El proceso y la retractación de Galileo han sido un apasionante asunto de discusión entre eclesiásticos y seglares. La Iglesia ha pretendido defenderse permitiendo la publicidad de las cartas del tribunal, que en este caso no revelan extrema crueldad. Además se ha recordado que no fue la Iglesia quien erró al combatir el sistema copernicano, sino uno de sus órganos de gobierno — la Inquisición —, y que ésta puede errar y de hecho erró en otras ocasiones. Pero el proceso de Galileo manifiesta por lo menos la resistencia romana a aceptar lo que no es avalado por una tradición secular. Galileo, regresado a Toscana, fue mantenido bajo estricta vigilancia, primero en Siena, después en una residencia que le procuró el Gran Duque en Torre di Gallo. Allí todavía escribió su último tratado sobre la resistencia de los sólidos. Fatigado y enfermo, continuó trabajando en sus tablas de los satélites de Júpiter hasta que perdió la vista a los setenta y cuatro años. Murió poco después, en 1642, el mismo año en que nacía Newton.

Casa en Torre di Gallo donde vivió Galileo después de su proceso. Florencia.

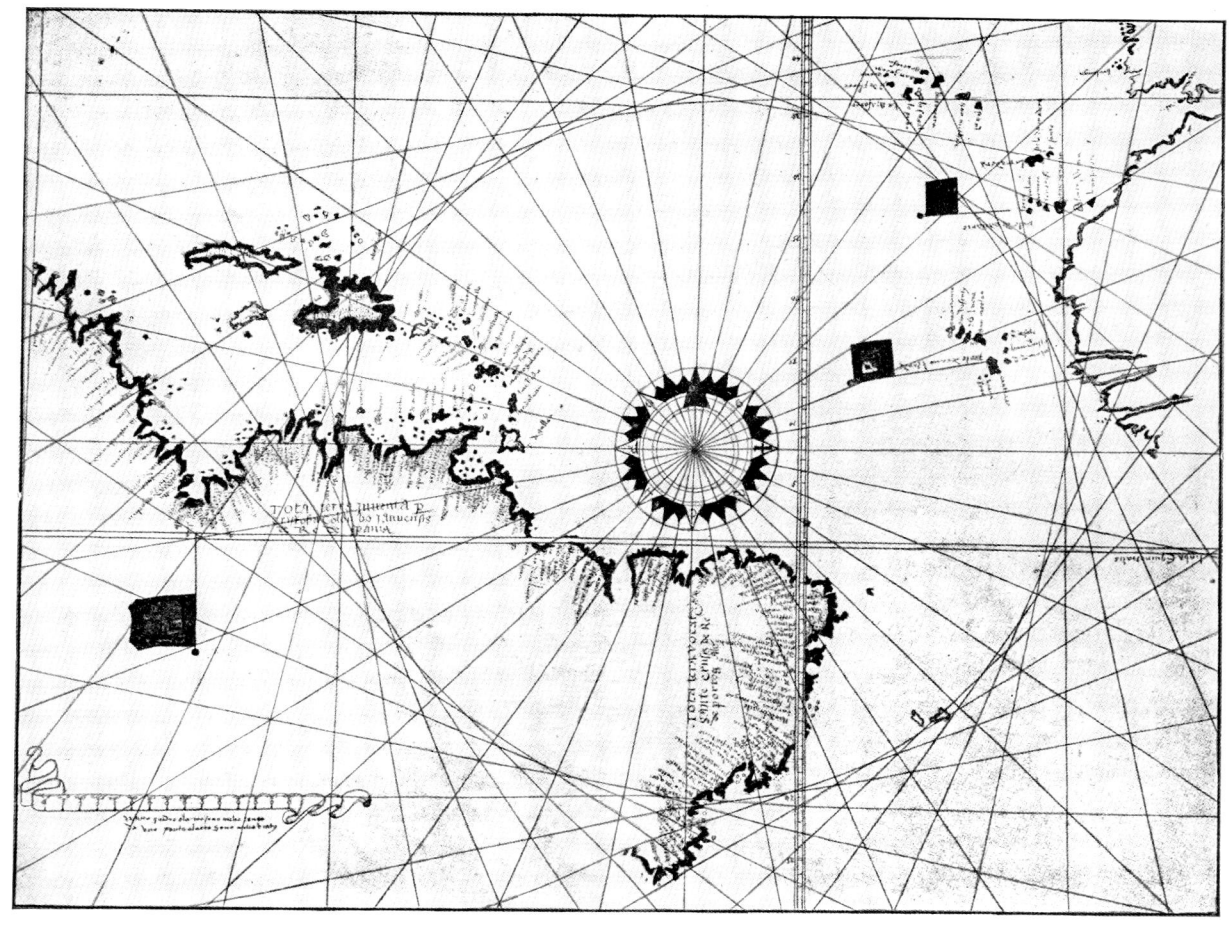

Mapa con la línea de demarcación, 370 leguas al oeste de las Azores, dividiendo verticalmente el Nuevo Mundo entre España y Portugal según el tratado de Tordesillas del año 1494 y mostrando la punta portuguesa del Brasil.

CAPITULO XII

EL IMPERIO ESPAÑOL EN AMERICA

A comienzos del siglo XVI, España, hasta entonces disgregada en pequeños reinos peninsulares, ascendió a la categoría de árbitro de los destinos del mundo. Pero su fortuna le llegó de donde menos lo esperaba. Toda la estrategia y diplomacia de Carlos V no bastaron para que Felipe II, su sucesor en la corona de España, pudiera sucederle también en el Imperio y obligara a Francia a reconocer la jerarquía imperial. Francia era la única potencia de Europa que realmente dificultaba los proyectos del Emperador.

Si Carlos V no hubiese temido el constante peligro de una invasión francesa en España y en Italia, mientras él estaba distraído en Oriente, hubiera propuesto con más insistencia su plan de cruzada para la reconquista de Constantinopla. Después, con la autoridad que le habría dado esta hazaña, habría impuesto su proyecto de hacer hereditaria la dignidad imperial, que entonces

Capítulo XII

dependía de una elección. Una vez vinculado el Imperio en la casa de Habsburgo, Carlos V podía legalmente traspasarlo por testamento a su hijo Felipe II, y con otro reinado como el suyo, Francia hubiera tenido que postular su admisión en el cuadriculado imperial. Pero sin lograr en Oriente un éxito resonante, Carlos V no podía hacer más que insinuar la idea de sucesión hereditaria en los consejos del Imperio, donde había de ser recibida con frialdad e incluso con disgusto por los príncipes alemanes, los cuales esperaban que algún día podrían ser ellos o acaso sus descendientes elegidos emperadores.

Con tenacidad admirable, Carlos V confiaba en que el tiempo y las circunstancias colaborarían a su proyecto. Lo que no podía lograr con campañas, creía ayudarlo con matrimonios; el suyo con la hija del rey de

Las gradas de la catedral de Sevilla, donde se sentaban los que querían ser contratados por los conquistadores al embarcarse para las Indias.

Portugal era ya más que una alianza; el de su hijo Felipe II con la reina María le aseguraba por lo menos la neutralidad de Inglaterra. El único irreducible obstáculo era, pues, Francia. Su rey Francisco I, falso y vano, prometiendo siempre amistad, amagaba ambiciones irreconciliables con los éxitos de Carlos V. Varias veces Carlos V creyó haberle vencido con triunfos doblados de generosidad caballeresca. Después de la batalla de Pavía, en la que Francisco I cayó prisionero, el Emperador podía haber exigido mucho más al concederle la libertad en el año 1526. Sin embargo, a pesar de no haber cumplido el rey francés ninguna de las cláusulas del tratado, Carlos V le devolvió los rehenes, que eran sus dos hijos. En el año 1538, Carlos V y Francisco I tuvieron varias entrevistas amistosas en Niza y Aguas-Muertas. Entonces comieron juntos, bebieron como buenos amigos y hasta durmieron, en Aguas-Muertas, en una misma habitación. Tal pareció ser la seguridad que ofrecía Francia, que, al año siguiente, Carlos V pasó por París en su viaje a los Países Bajos, y fue por una semana huésped festejado en el Louvre. Como consecuencia de la impresión de tregua, por lo menos con Francia, Carlos V, en 1540, otorgó la investidura del ducado de Milán a su hijo Felipe, destinado a sucederle en la corona de España. Esto era algo arriesgado, porque Milán debía considerarse como territorio imperial y como tal destinado a la persona que a su muerte se eligiere emperador. Los príncipes alemanes no protestaron, pero en cambio el resultado fue otra vez la guerra con Francia.

Parece evidente que Carlos V, sintiéndose envejecer, quería dejar a su hijo cuantos recursos pudiera necesitar para triunfar definitivamente en aquello en que él había fracasado. Por desgracia, Felipe II no era un monarca capaz de hacerse estimar como emperador, y aunque la posesión de Milán le aseguraba la de todo el resto de Italia, no supo hacérsela valer para reclamar el Imperio. Carlos V, que había heredado, como rey de Aragón, Sicilia y el reino de Nápoles, había fortalecido su posición en Italia en-

La Virgen de los Navegantes con los *conquistadores,* tal como están representados en su altar. Sevilla.

tronizando a la fuerza a los Médicis en Toscana, y consiguió que los Doria de Génova desertaran del servicio de Francia, pasando a cooperar fielmente en los proyectos del Emperador. Así, Carlos V, al entregar Milán a Felipe II, sabía que le entregaba el resto de Italia; los únicos que quedaban en la península con autoridad independiente eran Venecia y el Papa, la primera demasiado distraída defendiendo sus privilegios

Capítulo XII

Medalla papal en conmemoración de la victoria de Lepanto que acabó con la preponderancia marítima de los turcos.

en Oriente, y el Papa demasiado preocupado con la Reforma para conspirar eficazmente.

En el Mediterráneo, Carlos V había intentado avanzar estableciendo en Malta a los caballeros desposeídos de Rodas, conquistando a Túnez y atacando a Argel. Pero, al abdicar el Emperador, ya se veía claro que, de establecerse un Imperio español, no sería por conquistas hacia el Oriente... En cambio, a Poniente, el Nuevo Mundo se iba ensanchando, y siempre en provecho de España. Allí realmente iba a surgir un Imperio en cuyas inmensas regiones no se pondría nunca el Sol.

La exploración y conquista de América se hizo casi sin intervención de la corona. Tanto Carlos V como Felipe II, absorbidos por las intrigas de la política europea (agravadas con las guerras de religión), no pudieron preparar un plan de aprovechamiento de sus dominios allende los mares. Sabían sólo que, por sentencia pontificia y arreglo con Portugal, todas las tierras descubiertas o por descubrir al occidente de un meridiano que pasaba 370 leguas más allá de las Azores eran de su propiedad, concedidas por Dios, o por su vicario aquí en la tierra, a la corona de Castilla.

Es notable que, si por sus grandes preocupaciones en Europa, los reyes de España, mejor dicho, de Castilla, no pudieron prestar atención personal a las cosas de América, conservaron celosos sus derechos de soberanía. Por ningún concepto consintieron que se vendieran o arrendaran tales derechos, pagando los conquistadores un canon anual. Las *ventas* de territorios de ultramar puede decirse que no se han verificado hasta nuestros días. Francia vendió la Luisiana, Rusia vendió Alaska, España las Marianas y Carolinas, y Dinamarca, más recientemente, vendió sus Antillas. Los reyes de Castilla, al otorgar la concesión de un *descubrimiento o población de tierras,* como se decía en el siglo XVI, se reservaban intactos sus títulos de propiedad, como reyes absolutos de los territorios *concedidos*. El rey concedía la gobernación, no el usufruto ni la posesión. Tanto los conquistadores como la corona sabían que era necesario pactar unas capitulaciones antes de que nadie se lanzara a descubrir y *granjear* (por aprovechar) los vastos territorios del Continente americano.

Del año 1563 son las *Ordenanzas sobre descubrimiento nuevo y población*, dictadas por Felipe II. Establecen la posición legal de las partes contratantes, monarcas y descubridores. Fijan todos los detalles de convenios futuros para proteger los intereses de la corona. Los descubridores debían saber de memoria tales *Ordenanzas,* pues que su sentido reaparece en el libro de Vargas Machuca *Milicia indiana*. Es un completo tratado de colonización de principios del siglo XVII que refleja el espíritu de los que, de acuerdo con las *Ordenanzas,* marcharon a descubrir, poblar o granjear. Las *Ordenanzas* del año 1563 empiezan con un párrafo que dice así: «Ninguna persona, de cualquier estado y condición que sea, haga de su propia autoridad nuevo descubrimiento por mar ni por tierra, entrada, ni nueva población, ni ranchería, en lo que estuviera descubierto o se descubriere, sin licencia o previsión nuestra, o de quien tuviera poder para la dar, so pena de muerte y de perdimiento de todos sus bienes para nuestra cámara.»

«Y mandamos a los nuestros Visorreyes, Audiencias y otras justicias de las Indias, que no den licencia para hacer nuevo descu-

El Imperio español en América

brimiento sin enviárnoslo primero a consultar y tener de ello licencia nuestra.»

Así, por las *Ordenanzas*, quedaba enteramente a la discreción del rey y de sus consejeros el decidir sobre la oportunidad de un nuevo descubrimiento. A veces, sobre todo al principio de los descubrimientos, los monarcas no podían hacer más que aceptar los hechos consumados y aprobar iniciativas que no habían sido aprobadas de antemano, como en el caso de Cortés y de Balboa, o de Pizarro y Almagro. Tanto Carlos V como Felipe II siempre se mostraron benévolos con los aventureros afortunados, y aun con aquellos que habían actuado en abierta oposición con los representantes de la autoridad real en el Nuevo Mundo.

Pero pronto los conquistadores *indocumentados* trataron de legalizar su situación obteniendo una cédula real que excusase sus extralimitaciones al partir para la conquista y les asegurase un título de gobernador de la tierra conquistada. El siglo XVI, siglo de absolutismo y de tiranía, era también

Hernán Cortés. Grabado de la época.

**Francisco Pizarro.
Museo Arqueológico Nacional.**

una época de superstición por la jurisprudencia. Todo lo que se hacía, aun por parte del César, tenía que justificarse por un precepto legal. Precisamente porque muchas veces se decidía un asunto arbitrariamente, se insistía en cubrir la decisión con una fórmula de derecho que justificase el atropello. Lo que contaba era el éxito, el resultado; pero este éxito tenía que explicarse con el tecnicismo de justicia, reconocido como prueba por un tribunal. No bastaba la razón de Estado; claro está que la voluntad del César lo resolvía todo en última instancia, pero era necesario revestirla de cláusulas legales, como si hubiera trascendido aquella decisión del derecho público.

He aquí como ejemplo el caso de Colón. Las capitulaciones de Santa Fe, que establecían los derechos del almirante y de sus descendientes a la gobernación de los países que iba a descubrir, eran exorbitantes. De haberse mantenido, hubiera sido imposible

Capítulo XII

continuar el descubrimiento de América, porque Colón y su familia tenían derecho a todo. Era inevitable cancelar aquellas capitulaciones por razón de Estado y conveniencia general de la Humanidad. Parece que un César como Felipe II podía anular aquellos privilegios de una plumada, y, sin embargo, se recurrió al expediente de un largo y costoso pleito para dar a la sentencia aspecto de legalidad. Las capitulaciones concedían títulos y derechos a Colón y sus descendientes sobre las islas y tierras que descubrieran del mar Océano. Parecían intachables, a menos que se probara que Colón no descubrió las tales islas y tierras, puesto que ya habían sido descubiertas por otros con anterioridad. Esta fue la tecnología legal de que se valió la corona... Se quiso probar que otros habían ido antes a América. Por lo menos, había ido el apóstol Santo Tomás, de quien se decía que fue a predicar el Evangelio a la India... ¡y ay del que se atreviera a negarlo! Sería como decir que Santiago no estuvo en España ni Lázaro en la Galia. Colón no descubrió tierras, porque las Indias ya estaban descubiertas, si no por otro, por Santo Tomás... Colón, pues, no tenía derechos sobre ellas.

Ergo, el César podía cancelar su contrato con el audaz navegante. Algo parecido tuvo que hacerse con Cortés; los privilegios del conquistador de la Nueva España no eran tan descomunales como los que arrancó Colón de la reina Isabel, pero en cambio México era una tierra de más calibre que las Antillas. Hubo también que rebajar las concesiones y Cortés tuvo que resignarse con un marquesado.

Así, mientras se valía de la iniciativa particular, la corona no tenía intención premeditada de defraudar a los conquistadores, pero estaba resuelta a defraudarlos si así convenía. Aprovechándose de la fortuna de unos, de los errores, de la temeridad y las ambiciones de otros, la corona de Castilla iba ensanchando su Imperio de Ultramar sin exponer ni ejércitos ni capitales. Es una equivocación muy común la de suponer que los castellanos monopolizaron el descubrimiento de América. Carlos V concedió *Derecho de descubrir* hasta a unos banqueros alemanes. A veces la corona participaba en los gastos con algunos buques, armas y bastimentos, pero los conquistadores tenían que alistar sus compañías, dándoles algún viático antes de ponerse en camino, pagan-

El oro de América, de baja ley, llamado guanín.

El Imperio español en América

El descubridor Ulrico Schmidel, banquero de Brema a quien Carlos V concedió permiso para descubrir en Sudamérica.

menos de excitación, entusiasmo y fracasos ocurrieron cuando la colonización griega en el Mediterráneo. Ya hemos hecho notar esta semejanza en el segundo volumen de esta obra; también entonces los aventureros griegos marcharon al Oeste por vagas intimaciones del oráculo: también entonces fracasaron algunos al descubrir la tierra que debía hacerles ricos; otros regresaron para partir otra vez; otros se asociaron para lograr, unidos, lo que no habían conseguido por sí solos. Todos murieron pobres, o en naufragios y combates. Si se cambian los nombres y se pone Cirene, Siracusa y Crotona en lugar de Panamá, Lima y Santiago, la historia se repite a dos mil años de distancia. Las *colonias, descubrimientos* y *granjerías* parecen requerir el sacrificio de varias generaciones. En la región del Oeste de los Estados Unidos (que se llama aún *la frontera*) se calculaba que sólo el tercer ocupante lograba hacer provechosas las haciendas. El primer aventurero fracasaba; era vencido por el suelo ingrato que se esforzaba en roturar. El segundo era vencido también; a pesar de aprovecharse de las fatigas de su predecesor, las cosechas no podían venderse porque los mercados estaban todavía lejos... Por fin, cuando este segundo, rendido, abandonaba la hacienda, un tercer ocupante empezaba a *granjear* y veía recompensadas sus labores. En el transcurso del

do sobre todo sus deudas, pues que no se permitía embarcar a nadie que no tuviera saldadas sus cuentas en España. Esto obligaba a los conquistadores a procurarse un capital crecido, que raramente podían devolver a los prestamistas. Los descubrimientos resultaban a menudo mal negocio; los caudillos se lanzaban a *poblar* tierras que conocían sólo por haberlas visto de paso, o por referencias engañosas de otros compañeros. Muchas veces los pactos o capitulaciones entre la corona y los conquistadores eran documentos que no valían el papel en que estaban escritos; o no se habían fijado bien los límites de la concesión, o se trataba de territorios insalubres, lugares desiertos o pantanosos.

Era el eterno espejismo de América, que perdura todavía: siempre un El Dorado, pero siempre más allá. En realidad, la culpa no es de América, porque los mismos fenó-

Grabado del libro de Ulrico Schmidel que le representa montado en una llama y acompañado de indios (1602).

Capítulo XII

siglo XVI toda América era tierra *de frontera;* por esto los conquistadores sólo esperaban *la bonanza* del oro y de los indios.

El oro era la gran ilusión que, por más escarmentados que estuvieran, los conquistadores no conseguían desvanecer. Ya Colón advirtió que las joyas de oro que llevaban los indígenas de las Antillas eran de una mezcla que sólo tenía un cuarenta por ciento de oro. Esta aleación se llamaba *guanín* y la elaboraban los naturales de la Guayana, en las riberas del Orinoco. Allí había cobre nativo y oro en las arenas de los ríos, que los indios mezclaban y fundían para hacer pendientes en forma de águilas y figuras humanas. A estos *oros* los llamaban *guanines.* Por todas las islas del golfo de México se traficaba con objetos de guanín. Este fue el primer oro que Colón vio en América: metal de tan baja ley que casi se sintió defraudado después de haberlo tasado. Sentía una especie de superstición por el oro y le atribuía poderes curativos y mágicos. Al descubrirse los yacimientos de oro en tierras de Santo Domingo, Colón quería que los castellanos fueran a explotarlos después de haberse santificado ayunando y comulgando.

Los horrores que sufrieron los castellanos por culpa del *maldito oro* no son para contados en un libro como el nuestro. El oro era escaso en América; sin embargo, era el único metal que tenían los indios, y con la acumulación de siglos de bárbara minería, parecía más abundante de lo que era. Los castellanos no podían llegar a convencerse de que no hubiera un rincón del Nuevo Mundo donde las rocas fueran de oro macizo. Y la realidad fue que, hasta que no se descubrieron las minas de plata de México y en el cerro del Potosí las del Perú, el rendimiento de América en metales preciosos no compensó los sacrificios hechos para obtenerlos. Los castellanos hacían *entradas,* o razzias, en poblados indios, sacrificando a todos sus habitantes para desposeerlos de unas cuantas joyas de *guanín* que habían heredado de sus padres. Una vez purificado el oro, y entregado a la corona el tercio que le correspondía, los conquistadores no reci-

Los indios de Guayana fundiendo oros o guanines. De la obra de Sir Walter Raleigh.

El Imperio español en América

Antonio de Mendoza, primer virrey de México y del Perú. Palacio Municipal. México.

bían de *la fundación,* como producto de su *hazaña,* oro bastante para comprar un trapo de manta o un puñado de harina.

La falta de estabilidad de las cosas de América, que todavía perdura, impedía que los inmigrantes se establecieran en lugar fijo y comenzaran una vida sensata de colonos y agricultores. Había en el Nuevo Mundo regiones fertilísimas, de clima paradisíaco, y sin embargo, el trigo, el aceite, el vino tenían que importarse de España... Los conquistadores no habían dejado sus esquilmados campos de Castilla para convertirse en estancieros. Acaso influyera en esto el que tampoco habían poseído tales patrimonios castellanos. De haberse realizado la conquista de América por caudillos aristócratas, todo el proceso del descubrimiento hubiera sido otro. El contraste puede verse en las colonias inglesas de la América del Norte, que empezaron siendo concesiones hechas a poderosos personajes que sentían el romanticismo de cultivar la tierra virgen del Nuevo Mundo. Mientras los grandes nombres de la América Española son Cortés, calabaceado en Salamanca; Pizarro, casi analfabeto, y Balboa, fugitivo de la justicia, en la América del Norte los nombres son sir Walter Raleigh, poblador de Virginia; sir William Penn, poblador de Pensilvania, y lord Baltimore, poblador de Maryland. El resultado fue que estos pobladores aristócratas manifestaron en seguida gran predisposición por la vida sedentaria; señores de plantaciones inmensas, gozaban de su prosperidad bucólica como un refugio contra las intrigas, tan frecuentes, de la corte. En cambio, los aventureros españoles se lanzaban con ímpetu frenético a descubrir nuevas tierras precisamente porque querían regresar triunfantes, y sobre todo ricos, a la corte de Castilla.

El retraimiento de la nobleza castellana para lanzarse a la colonización de América era consecuencia del atractivo que tenía la política peninsular durante los reinados de Carlos V y Felipe II. Los magnates castellanos no tenían necesidad de ir allende los mares para ser *visorreyes* y gobernar pueblos sujetos a la corona de España... Había oportunidades para los vástagos españoles de familias ilustres en Italia y en los Países

Licenciado Pedro La Gasca, que sofocó la rebelión de los Pizarros en el Perú.

Capítulo XII

Bajos. Hasta los conquistadores en América sentían el romanticismo de las campañas de Europa. Hernán Cortés quiso honrarse acompañando al Emperador en la expedición de Túnez y proponía repetir allí la estrategia que le hizo vencedor en México. Valdivia, desde Chile, se acuerda de su vida militar en Italia y marcha al Perú para poner allí su táctica al servicio del Emperador. Todo esto refleja una nostalgia por las cosas europeas que no deben nunca sentir los verdaderos emigrantes.

La abstención de las clases pudientes españolas fue absoluta, obligando a los rudos descubridores a improvisar facultades de organización y de mando para las que no estaban preparados. Admira la facilidad con que Pizarro, Cortés y Balboa supieron adaptarse a la dignidad que requería su nueva condición de caudillos. En menor escala, el hecho se observa también entre los aventureros de inferior categoría. He aquí un párrafo de Fernández de Oviedo al describir *el término medio* del conquistador español: «Ovo, pues, en aquella conquista un Sebastián Alonso de Niebla, hombre labrador que en España nunca hizo sino arar e cavar e las otras cosas semejantes a la labor del campo, el qual fue varón animoso, recio, suelto, pero robusto, e junto a su robusticidad, que en sí mostraba a primera vista en su semblante, era tractado de buena conversación. Este salió gran adalid y osaba acometer y emprendía cosas que, aunque parecían dificultosas y ásperas, salía con ellas victorioso. E como era muy suelto e gran corredor, atrevíase a lo que otros no hicieran, porque junto con lo que he dicho de su persona, era de tan gran fuerza, que el indio a quien él asía era tanto como tenerle bien atado...» Fernández de Oviedo acaba su descripción de Alonso de Niebla explicando los detalles de su muerte. Pereció defendiendo a uno a quien consideraba como su mayor enemigo. Esta generosidad para contrarios e inferiores era la mayor virtud del castellano de aquellos días, y al mismo tiempo, su *robusticidad* (o rusticidad) le hacía incapaz de rebelarse ante los representantes de la majestad real. Por esto, aunque comenzadas a poblarse mucho más tarde, las colonias inglesas hiciéronse independientes mucho antes que las españolas. A veces los funcionarios de la corona de Castilla eran seres perversos, codiciosos y muy dispuestos a prevaricar; pero raramente los conquistadores, aun teniendo la razón de su parte, como en el caso de Balboa con Pedrarias, se atrevieron a desafiarlos. Hubo un solo caso de sublevación, que fue el de los Pizarros, rebelándose contra leyes que todos reputaban injustas, impuestas desde España. Un primer virrey, enviado por Carlos V, fue derrotado por los insurrectos y murió en el campo de batalla. Parecía que, con lo inaccesible que resultaba entonces el Perú, la rebelión tenía que acabar con la separación; pero bastó que el César enviara un *licenciado*, sin ejército ni armada, sólo con poderes, para que los castellanos abandonaran a los Pizarros y corrieran a defender el estandarte imperial.

La rebelión de los Pizarros puso de manifiesto la necesidad de organizar el Imperio allende los mares según un régimen que garantizara a la corona de los peligros de una futura desmembración. De aquí la creación de los famosos *Virreinatos* y las *Audiencias*. Ambas autoridades, virrey y Audiencia, se completaban, auxiliándose para el servicio de gobierno, pero a la vez se espiaban y vigilaban para impedir excesos de poder. En América no se dio nunca el caso de que virrey y Audiencia fueran cómplices en una misma maldad.

El virrey era, como el mismo nombre lo indica, un apoderado de la majestad real. Carlos V creó en 1542 los dos virreinatos de México y del Perú, que en el siglo XVIII se aumentaron con los de Santa Fe y Buenos Aires. Las demás provincias quedaron gobernadas por capitanes generales, que tenían en realidad las mismas facultades que los virreyes.

La autoridad de capitanes generales y virreyes varió mucho según los tiempos. Carlos V, en la cédula del año 1542, dispone «que en todos los casos y negocios que se

El Imperio español en América

ofrecieren, hagan (los virreyes) lo que les pareciere y vieren que conviene, y provean todo aquello que Nos podríamos hacer y proveer, de cualquier calidad y condición que sea, si por nuestra persona se gobernaran, en lo que tuviera especial prohibición». Ya hemos visto una de estas prohibiciones: en las *Ordenanzas para poblar* se prohíbe a los virreyes que autoricen descubrimientos sin el acuerdo de la corona. En materias arduas e importantes los virreyes debían consultar con los oidores de la Audiencia, pero no estaban obligados a seguir sus opiniones.

La única cortapisa que tenían los virreyes era que, al terminar su mandato, estaban sujetos a lo que se llamaba *juicio de residencia*, o pública investigación de todos sus actos. Ya hemos dicho en otro capítulo que esta fiscalización tenía su origen en la obra del cardenal Albornoz. Para *tomar la residencia* se nombraba desde España un juez especial, y a él acudían todos los que tenían algún agravio o podían probar alguna injusticia del virrey cesante. Las sentencias de este juez de *la residencia* eran inapelables, excepto recurriendo al Consejo de Indias. Sin embargo, por muy enojosas que fueran *las residencias* de algunos virreyes, los peores escapaban sólo con un poco de mala reputación, pero sin desprenderse del botín conseguido durante su administración. Un virrey, el duque de Linares, decía a su sucesor «que si el que viene a gobernar este reino no se acuerda de que *la residencia* más rigurosa es la que se ha de tomar al virrey, en su juicio particular, por la Majestad Divina, puede ser más soberano que el Gran Turco, por cuanto no discurrirá maldad que no haya quien se la facilite ni practicará tiranía que no se le consienta».

El tiempo que los virreyes debían permanecer en el mando fue al principio indeterminado; más tarde fijóse el período de tres años, que se solía duplicar a los que se distinguían por sus servicios. Por último, se estableció para los virreinatos el período de cinco años, que duró hasta la indepen-

Archivo de Indias, antigua sede de la Casa Lonja. Sevilla.

Capítulo XII

dencia de las colonias. El sueldo varió también muchísimo; a mediados del siglo XVIII el virrey de México cobraba setenta mil pesos anuales, a los que se le añadían varias gratificaciones por servicios y cargos secundarios.

Si el virrey era una imagen del César o monarca absoluto, la Audiencia venía a ser lo que en Castilla era el Consejo del Reino. El virrey representaba lo que hoy llamaríamos poder ejecutivo, y la Audiencia el judicial. Ambos formaban una magnífica balanza de poderes, enjuiciándose mutuamente con su sola coexistencia. Claro es que el virrey podía lucrar sirviéndose de su cargo, y los oidores de la Audiencia podían vender sus votos en las causas importantes, pero debía bastar una sola mirada del virrey para hacer comprender a los oidores de la Audiencia el sumo desprecio que le merecían por su peculado. Virrey y oidores tenían que despachar juntos infinidad de negocios; en un principio, el virrey era el presidente nato de la Audiencia, aunque no tenía derecho a voto.

Persuadida la corona de que la prosperidad de la colonia dependía casi más de la honradez de los oidores de la Audiencia que de la inteligencia y honorabilidad de los virreyes, no cejó en dictar disposiciones que tendían a mantener a los oidores ajenos a las pasiones e intereses de la población. Se les obligaba a vestir toga negra, se les prohibía dar ni recibir dinero prestado, poseer granjas, hacer visitas, asistir a desposorios y bautizos, admitir presentes de los negociantes, recibir dádivas de ninguna especie, tomar parte en diversiones y juegos, y estas prohibiciones hacíanse extensivas a sus hijos. Todo un libro (2-16) de la Recopilación de Leyes de Indias trata de presidentes y oidores de Audiencias y Cancillerías. Acaso las dos más importantes prohibiciones eran la de poseer bienes y la de casarse con una persona de la colonia. Cuando, por licencia del rey, los oidores conseguían autorización para contraer matrimonio, por lo general se les trasladaba a otra Audiencia. Para que no sufrieran la tentación de dejarse sobornar, los oidores de Audiencia percibían un sueldo que les ponía al abrigo de todas las necesidades y ascendían por traslado, según sus méritos. De las Audiencias de menor categoría pasaban a las de México, Santa Fe y Lima, acabando por ser especialistas técnicos con gran experiencia. Aquel régimen de un funcionario responsable con autoridad ilimitada y un Consejo fiscalizador, o Audiencia, se aplicó en América no sólo para el gobierno de

Archivo de Indias. Palacio de la antigua sede de la Casa Lonja. Sevilla.

Archivo de Indias. Palacio de la antigua sede de la Casa Lonja. Sevilla.

vastas colonias, como México o el Perú, sino también para determinados territorios incluidos en la colonia. Como el rey delegaba su autoridad en el virrey, este último, el virrey, delegaba su autoridad en un gobernador, asistido también de una Audiencia.

El lector avisado habrá podido observar que, a pesar de la simpatía que reflejan los párrafos anteriores por el régimen colonial español, no hemos podido mencionar un solo instrumento de gobierno que se originara de la colonia misma. Tanto el virrey como los oidores que componían la Audiencia eran enviados desde España. Además, el poder legislativo radicaba en España; los Césares (Carlos V y Felipe II) no habían creído prudente desprenderse de esta potestad de dictar ellos mismos las leyes de las Indias.

El cuerpo legislador de América fue creado por el Emperador en agosto de 1524. Se componía de un presidente, ocho consejeros, un fiscal y dos secretarios. Todos ellos eran nombrados por la corona, que escogía personas capaces: ex virreyes, obispos que habían residido en América y oidores de Audiencia retirados, dignos de este merecimiento por su saber y experiencia. Este cuerpo legislador se llamaba Consejo de Indias, y aunque su residencia oficial era la ciudad de Sevilla, debía hallarse siempre cercano a la majestad real para informarla cumplidamente en casos urgentes. El Consejo de Indias proponía, además de la legislación, los altos funcionarios de las colonias.

Las ventajas e inconvenientes de estar el cuerpo legislador en Europa y los ciudadanos beneficiarios de la legislación en América saltan a la vista. Por de pronto, daba a la legislación excesiva uniformidad y atrofiaba las facultades de la colonia para llegar un día a disponer de sus propios destinos. En cambio, impedía que una clase o raza determinada monopolizase la colonia, dictando leyes para su beneficio exclusivo. Pero también podía el Consejo de Indias pecar por excesivo celo, defendiendo principios abstractos, humanitarios y románticos, que producirían trastornos desproporcionados en relación con los beneficios obtenidos. Y esto es lo que ocurrió. El Consejo de Indias pecó por bondad más que por malicia. Las leyes son todas maravillosas en el papel, reflejan una filantropía casi mística. Hay cédulas de Felipe II, del tiempo en que el César hacía morir sin

Capítulo XII

Félix Lope de Vega Carpio.

piedad en el cadalso a los protestantes flamencos, en que el pálido monarca se conmueve al pensar que sus pobres indios puedan sufrir el contacto de negros y gitanos. Por fortuna, todavía quedan indios en América, y no hay que recurrir a los textos de Las Casas ni de Ginés de Sepúlveda para dilucidar si los aborígenes del Nuevo Mundo eran ángeles o diablos, hombres o bestias. Si, por desgracia, los indios americanos se hubieran extinguido completamente, como se han extinguido los tasmanianos, estarían ahora los españoles sufriendo el baldón prodigado por los apóstoles de la indiada hasta el fin de los siglos. Todos los que hemos vivido en contacto con el indio, desde Fernández de Oviedo hasta el autor de este libro, sabemos que los indios, con capacidad fenomenal para civilizarse, eran y son todavía de una inferioridad física y moral lamentable. Bueno era que Las Casas y los filántropos del Consejo de Indias dictaran medidas para proteger al indio, pero asombra que se preocuparan tan poco del blanco, de las viudas, los huérfanos y los esclavos, y que se les ocurriera, para proteger a los indios, la barbaridad de sacrificar millones de negros.

El último órgano regulador de las relaciones entre América y la metrópoli, o sea la *Casa de Contratación,* tiene el mismo origen: un deseo de proteger a las colonias contra emigrantes y mercancías reprobables o nocivas.

Es el régimen de los *undesirables* (que podríamos traducir por *indeseables*) que están usando todavía hoy los Estados Unidos. La *Casa de Contratación* daba licencia de embarque para gentes y mercancías. Cobraba, como es natural, derechos de exportación, y resolvía las querellas originadas en el comercio de América. Ya en tiempo de Carlos V se empezó a regularizar la navegación por medio del sistema de las dos flotas anuales, las cuales regresaban con el tesoro. Por cada seguro que la flota garantizaba contra los corsarios, el erario cobraba una tasa llamada *avería,* que variaba del uno al seis por ciento. Durante los cuarenta años del reinado de Carlos V fueron a las Indias 2.421 buques y regresaron sólo 1.748. Para regresar se congregaban las embarcaciones en la Habana. La Armada del Mar del Sur, o convoy entre Panamá y el Callao, partía después de la llegada del Convoy del Atlántico, que arribaba en la primavera al Darién.

El colosal esfuerzo de poblar un continente ha sido considerado por muchos como algo insensato, que necesariamente tenía que producir un desastre.

Pero puede decirse que España no existía antes de aquella descomunal aventura. En realidad, las responsabilidades y los beneficios, que derivaban del Imperio colonial, fueron a manera de vínculos que fundieron, a la larga, las diferentes nacionalidades de la Península.

Es cierto que España dio mucho a América: la emigración la debilitó llevándose la parte más viril de la población; pero también es cierto que España recibió mucho de América.

La gigantesca aventura de América fatigó al espíritu español, pero infundió ánimos para lanzarse a extremos que parecen incompatibles con otras razas.

El Imperio español en América

La colonización de América no produjo un monumento literario como fue la epopeya de Camoens *Os Luisiadas*. Sólo merece ser recordada, por su valor histórico y literario, la *Araucana* de Alonso de Ercilla. Este era militar y poeta a la vez, empuñaba como él dice «ora la pluma, ora la espada». Redactada en momentos de calma en el campamento, describe la guerra de los conquistadores contra los indios araucanos de Chile. ¡Magníficos ejemplares de humanidad! Ercilla tiene para ellos versos admirativos. Reconoce la belleza y la fuerza de los bronceados aborígenes, dignos enemigos de su raza.

Si las proezas de los españoles no fueron cantadas en versos heroicos, los relatos de sus viajes y descubrimientos forman, en cambio, un vasto arsenal de literatura. Se publicaron voluminosas descripciones de los países explorados, de su fauna y flora, hasta verdaderos tratados de antropología y etnografía.

La obra capital, representativa de la literatura española, el *Don Quijote*, fue producida en el siglo de mayor actividad colonial. Cervantes, escogiendo un esquizofrénico como protagonista, quiso deliberadamente apartarnos de la normalidad, monótona y diaria, considerada como preferible por los pueblos europeos, adoradores de la lógica y la razón. Cervantes había viajado por Italia, tierra del humanismo; en Argel se había puesto en contacto con el Oriente islámico, pero deseaba ir a América, que era más *su tierra* que Europa o Asia. Uno de los errores más comunes es el de considerar a Don Quijote como un loco de atar que pasó su vida tomando por gigantes molinos de viento y por ejércitos rebaños de carneros.

Estos desvaríos son parte insignificante de las *salidas* de Don Quijote. El hidalgo manchego estuvo pocos días — acaso ni una semana — en la ruta transitada por las gentes, donde cayó en extremos de locura que justificaban el encierro. Geográfica y socialmente, el mero argumento de *Don Quijote* es verosímil. Las *extrañeces* de Don Quijote casi siempre tendrían que ser toleradas por una sociedad civil.

Pretendiendo hacer Cervantes una sátira contra los libros de caballerías, demostró romántica nostalgia por aquel régimen heroico. Creyó tener derecho a revelar deseo de vida pura, libre, bucólica, ya que no podía ser caballeresca. Su *Don Quijote* no será un libro de caballerías, pero ciertamente es una novela pastoral. El Hidalgo y su escudero han apostatado de la vida ciudadana y duermen varios meses a la luz de las estrellas en el monte, al margen de senderos poco frecuentados de España. El personaje a quien Cervantes trata con más simpatía es el Caballero del Verde Gabán, un gentilhombre rural que vive de su hacienda como los patriarcas. Su hijo es el poeta.

Ante Don Quijote desfilan todos los tipos sociales y todos los representantes de la ri-

Miguel de Cervantes Saavedra, por Juan de Jáuregui. Academia de la Lengua. Madrid.

Capítulo XII

quísima variedad ibérica. El vizcaíno y el andaluz contrastan con la seriedad castellana del hidalgo; el duque aragonés y el burgués catalán reciben lecciones de sabia locura de Don Quijote.

Cervantes, como Shakespeare, de quien fue contemporáneo, se interesó por otros casos de paranoia y esquizofrenia, pero la locura de Don Quijote es filantrópica de aventuras, no de ensimismamiento. La locura era un extraordinario fenómeno que fascinaba a los ingenios del siglo XVI. En su obra póstuma, el *Persiles*, Cervantes nos da su confesión, nos transmite su inacabable afán de correr los caminos del mundo; quiere moribundo navegar por los mares cuajados del Norte, atravesar pasos de montañas, donde el azul está más vecino; llegar a urbes lejanas, donde pululan otras gentes.

¡Qué diferencia de magnitud entre Cervantes y los otros *ingenios* de su época! El teatro español, acogido a temas medievales, raramente consigue dar vida a los personajes aunque se lo proponga. Y es posible que esto que parecía un defecto sea su mejor cualidad. Saturados de idealismo, de conceptismo, los protagonistas se distancian de la realidad, tanto o más que los enajenados de Cervantes, aunque ni la trascendencia ni la moraleja del *Don Quijote* son nada nuevo en la escena.

Portada de la primera edición del Quijote.

Destrucción de la Gran Armada española. Grabado del siglo XVIII. Museo Británico.

CAPITULO XIII

LOS COMIENZOS DE LA GRANDEZA BRITANICA

La ruptura de la Iglesia de Inglaterra con la curia romana se inició, más que por una conversión nacional al protestantismo, por la conveniencia personal de Enrique VIII. Necesitaba éste una dispensa del Papa para divorciarse de su esposa y además dinero para sus gastos.

El Papa se resistió a satisfacer su capricho matrimonial, y como expediente para procurarse recursos nada tan rápido y provechoso como la desamortización o confiscación de los bienes eclesiásticos. Enrique VIII logró ambas cosas, licencias y dinero, estableciendo una Iglesia semirreformada, de la que él quedó como jefe espiritual y temporal. No creemos que valga la pena de extendernos en este episodio, ni en los esfuerzos del rey para regular el culto de la Iglesia anglicana, haciendo escribir por satélites y prologando el mismo monarca su texto de Doctrina Cristiana. Pero algunos incidentes del comienzo de la Reforma inglesa son tan significativos, que no podemos dejar de mencionarlos. En 1530 Enrique VIII se hizo

Enrique VIII, por Holbein.
Galería Corsini. Roma.

llamar Cabeza Suprema de la Iglesia de Inglaterra; en 1533 el Consejo real acordó que desde entonces al Papa se le llamaría el Obispo de Roma; en 1535 el Parlamento acordó cerrar las casas de religiosos que tuvieran menos de mil pesos de renta al año; la reducción de los monasterios fue llevada al extremo, y con la excusa de destruir reliquias el rey despojó a las iglesias de sus tesoros, incluso al santuario nacional de Santo Tomás de Canterbury. Enrique VIII fue comparado a Ezequías, que destruyó las reliquias del templo de Jerusalén. El mismo año el Papa le excomulgó. El rey, sin preocuparse mucho, hizo aprobar por el Parlamento los llamados *Seis artículos,* que eran tanto como establecer la Inquisición en Inglaterra, pero al servicio del poder real. Los seis artículos referíanse a seis dogmas que los fieles debían aceptar sin discusión, bajo pena de hoguera y confiscación de bienes si disentían. Acaso el lector creerá que los *seis artículos* impuestos por Enrique VIII eran de tenor protestante. Nada de esto. Enrique VIII imponía pena de muerte a aquel de sus súbditos que dejara de creer en el dogma de la transubstanciación, esto es, que el pan y el vino se transubstanciaban en carne y sangre de Cristo. Los fieles tenían que renunciar a comulgar en las dos especies; los eclesiásticos no podían contraer matrimonio, y todo el mundo tenía que admitir a pies juntillas que las misas y la confesión auricular eran convenientes. Es decir, que Enrique VIII era un perfecto papista en todo, menos en permitir que el *Obispo de Roma* se entremetiera en su conducta y cobrara ningún beneficio en sus Estados.

En 1547 murió Enrique VIII, dejando como sucesor un muchacho de diez años que hubo de su tercera esposa Juana Seymour. Dejaba también dos hijas, la mayor, María, nacida en 1516 de su primera esposa Catalina de Aragón, hija de los Reyes Católicos, y otra, Isabel, nacida en 1532 de su segunda esposa Ana Bolena. Un consejo de regencia gobernó durante la menor edad del príncipe, que fue coronado rey con el nombre de Eduardo VI. Durante los seis años de su reinado, el rey, o mejor dicho, sus consejeros, se esforzaron en espiritualizar la reforma de Enrique VIII. Por de pronto abolieron los llamados *Seis artículos* y se ordenaron unas visitas, a fin de examinar al clero para poder darse cuenta de su capacidad e ilustración. Se han conservado algunos de los resultados, todos en extremo escandalosos. En la diócesis de Gloucester, el año 1551, de 311 sacerdotes que se examinaron, sólo 70 pudieron repetir los diez mandamientos de la ley mosaica, y sólo 34 sabían que estaban en el capítulo XX del *Éxodo*. Había diez que no sabían el *Padrenuestro*. Acaso para evitar la continuación de esta ignorancia, los regentes ordenaron compilar un *Libro de rezos,* que fue la pauta del famoso *Prayer Book* de la Iglesia anglicana. El *Libro de rezos* fue enmendado en sentido más luterano o calvinista en el transcurso de este reinado. En la segunda redacción, al altar se le llama ya *mesa,* al sacerdote se le llama *ministro,* se dispone usar pan ordinario para la comunión en

Los comienzos de la grandeza británica

lugar de pan sin levadura, el vino no debe ser aguado, etc. Sobre todo las ideas de transubstanciación han desaparecido de las fórmulas sacramentales: Calvino y hasta Zwinglio las hubieran aprobado. Desde entonces se ha venido corrigiendo este *Libro de rezos* de la Iglesia anglicana, siempre con la aprobación del Parlamento. Hace unos años, la Cámara de Westminster, llena de socialistas y pragmatistas, tuvo que votar una última redacción del *Prayer Book* de la Iglesia nacional en la que iban correcciones que afectaban todavía a la transubstanciación del pan y el vino en cuerpo y sangre de Cristo. Realmente, nada puede imaginarse más cómico que un debate parlamentario sobre la transubstanciación en el siglo XX.

El joven Eduardo VI murió en 1553, tras seis años de reinado, y le sucedió su hermana mayor María, la hija de Catalina de Aragón, y por lo tanto celosa católica. Tenía ya treinta y siete años, era poco agraciada físicamente y, sobre todo, incapaz. Se coronó en octubre y a los pocos meses se casaba con el príncipe heredero de España, que después fue Felipe II, quien se instaló en Inglaterra como rey consorte. Felipe era bastante más joven que su esposa, pero ejercía sobre ella un ascendiente extraordinario, sobre todo en las alarmas de embarazo, que, dadas la edad y la naturaleza de la reina, no pasaban de ser manifestaciones de coquetería senil.

María y Felipe consiguieron producir una completa reacción católica. El reinado de ambos es uno de los capítulos más sensacionales de la historia de Inglaterra. Aquel mismo Parlamento que en 1552 había aprobado el segundo *Libro de rezos*, digámosle calvinista, dos años después suplicaba a los reyes — María y Felipe — que «procuraran que pudiesen recibir absolución y ser admitidos en el seno de la Santa Iglesia Católica, cuya cabeza era el Papa». Este es el texto de la *Súplica*, que fue aprobada por unanimidad en la Cámara de los Lores y con sólo dos votos en contra en la Cámara de los Comunes. De acuerdo con esta *Súplica*, el 30 de noviembre de 1554 el legado del Papa pronunció una absolución de carácter nacional delante de la reina María, del rey consorte Felipe y de las dos Cámaras en pleno. No obstante, hubo casos de resistencia; no todos habían seguido la Reforma como un acontecimiento político, y hubo que emplear medidas represivas. Tenemos el catálogo de cierto Strype, cuya veracidad es indiscutible, de las personas que fueron quemadas por herejes durante el reinado de Felipe y María. El catálogo de Strype menciona 288 personas que murieron en la hoguera o el patíbulo, sin contar las que, dice él, perecieron de hambre en las cárceles. El pueblo inglés, hoy paladín de libertades, no se afectó por los autos de fe. El embajador francés dice que se aplaudía a un hereje cuando en la hoguera no desmayaba, *como si presenciara un casamiento*.

Algunas de las víctimas eran obispos de los que aconsejaron las reformas en tiempo de Enrique VIII y Eduardo VI. Para dar

Catalina de Aragón, esposa de Enrique VIII.
Galería Nacional de Retratos. Londres.

Capítulo XIII

al castigo mayor carácter de ejemplaridad, se enviaban los prelados contumaces a sufrir la última pena en sus propias diócesis. Pero a Cranmer, arzobispo primado de Canterbury, se consideró necesario juzgarlo por un tribunal de teólogos reunidos en Oxford, que le obligó a escribir una retractación de sus errores; a pesar de ello, fue degradado y finalmente murió en la hoguera. El relato del embajador veneciano, que presenció el suplicio del arzobispo, es emocionante: «Al llegar al patíbulo, arrojó primero al fuego el malhadado libro de su retractación, que llevaba escondido en el seno, y después, poniendo la mano entre las llamas, dijo: —Tú que has pecado firmando este escrito, debes arder primero.— Después entró él en la hoguera y quemó también.»

En el año 1558 murió la reina María, «la más infeliz de las reinas, de las esposas y de las mujeres», como ella misma decía. El pueblo la apodó *la Sanguinaria*, porque murió creyendo que Inglaterra aún no había terminado su penitencia y no había logrado apaciguar la cólera divina por el pecado de su padre y su hermano apartándose de la obediencia al Sumo Pontífice.

La parienta más próxima de María era su hermanastra Isabel, nacida del matrimonio, o connubio, de Enrique VIII y Ana Bolena. El pueblo y el Parlamento la habían considerado como hija ilegítima de su padre, y éste había hecho decapitar a su madre, Ana Bolena, por supuestas infidelidades antes y después del matrimonio. Isabel conocía, pues, de cerca la desgracia. Durante el reinado de Felipe y María estuvo siempre en peligro de ser ejecutada por razones de Estado. Isabel, en las cortas estancias que le toleraron los reyes a su lado, había hecho claras manifestaciones de repugnancia hacia el culto católico. La reina María con dificultad podía obtener que su hermanastra asistiera a la misa, haciendo las genuflexiones que exige el culto, pero no se podía tampoco decir que fuese protestante. Según Isabel, la diferencia entre las varias ramas de la cristiandad «era una pura bagatela»; en el francés que entonces hablaba la corte, *n'estoit que bagatelle*. Esta es la frase característica del pensamiento de Isabel, tan demostrativa de su personalidad como la del primer Borbón de Francia cuando decía que París bien valía una misa.

Era, pues, evidente que Isabel no se dejaría llevar ni por los sectarios protestantes ni por los católicos. Por razones de política exterior, era también conveniente que Isabel no manifestara en seguida si ella, y también Inglaterra, habían de ser católicas o protestantes. Las condiciones en que heredó sus reinos la favorecían: había encontrado a Inglaterra sujeta a la obediencia del Papa; Felipe y María habían restablecido la amistad con las naciones católicas; le bastaba, pues, a Isabel no continuar la persecución y dejar que el pueblo inglés tomara la postura espiritual que más conviniese a su carácter. Esta parecía la política apropiada a una persona de su sexo; hasta podía haber sido soberana protestante de un país católico, lo cual era mucho más fácil que ser reina católica de un país protestante.

Isabel comprendió desde un principio las grandes ventajas que podría sacar de mantenerse indecisa en tan espinosa situación; podría engrandecerse con los importantes favores que le prodigarían, con objeto de atraérsela, los príncipes romanistas y los luteranos. También es seguro que Isabel se mantuvo soltera porque era lo que hoy llamaríamos una persona de sexo poco acentuado; pero, además de coquetear como mujer con su reino, coqueteaba como reina con su mano. Con el precedente de que Felipe había dominado a María, se temía que el marido de Isabel pudiera dominar a ésta. De casarse con un príncipe reformista, tanto los protestantes alemanes y los hugonotes como Guillermo el Taciturno encontrarían en Inglaterra el aliado estable y seguro que necesitaban para su triunfo. De casarse Isabel con un católico, los hugonotes y el Taciturno quedarían cogidos entre dos fuegos. Dentro del campo católico, Isabel

Los comienzos de la grandeza británica

podía decidirse por un príncipe español, como Don Carlos, o el mismo Felipe II, que hubiera obtenido con facilidad dispensa papal para casarse con ella, o bien un príncipe francés, uno de los Guisas o el Delfín.

En tanto Isabel permaneciese soltera, Inglaterra permanecería neutral y no habría manera de terminar con una victoria aplastante las guerras de religión. Como ni uno ni otro bando podía vencer, Europa iba a debilitarse en una sangría feroz por puntos de confesión, mientras Inglaterra se iría engrandeciendo paulatinamente merced a su hábil juego de trampolín. Esto lo vio muy claro Isabel al principio de su reinado, con su perspicacia femenina y gracias a los útiles consejos de su secretario Guillermo Cecil. Este es, juntamente con Isabel, el verdadero fundador del poder británico; no sabemos qué admirar más de la pareja, si la fidelidad y astucia del secretario o la perfidia graciosa de su señora. La reina y Cecil hablaban largamente de posibilidades matrimoniales, discutían candidatos para jugarlos uno contra otro en el tablero de la política. Después, llegado a su despacho, Cecil cogía la pluma y escribía otra vez la lista de los pretendientes, favoreciéndolos con un adjetivo, o una frase desdeñosa, y rechazándolos uno por uno y todos a la vez en un soliloquio de hombre de Estado. Estos papeles que reflejan las alternativas barométricas de la política de Cecil se han conservado fielmente hasta nuestros días.

Cecil, como Isabel, había consentido en oír misa durante el tiempo de Felipe y María, pero lo mismo que Isabel, Cecil debía de creer que aquello no pasaba de ser una bagatela. Cecil estaba casado con una protestante fervorosa, y las mujeres de hugonotes y reformados tuvieron gran influencia sobre sus maridos en la vida práctica.

Sin embargo, creemos muy posible que el lector haya formado un concepto equivocado, por lo que hemos dicho, de Isabel de Inglaterra.

Esta mujer hombruna, nacida de un connubio irregular entre un rey voluntarioso y

Eduardo VI, hijo y sucesor de Enrique VIII.

María Tudor, reina de Inglaterra, *la Sanguinaria*, esposa de Felipe II de España.

una mujer apasionada, no podía resignarse al juego defensivo de dejarse cortejar por unos y otros. Le era muy difícil esconder sus sentimientos anticatólicos. Desde que había sido coronada reina, asistía con gran irregularidad a la misa, y con la condición de que el celebrante no elevara la hostia, porque esto la obligaba a arrodillarse. Una vez que el abad de Westminster salió a re-

Escenas de la vida de Isabel de Inglaterra: 1. La Torre de Londres, donde se halla prisionera. 2. Su hermana María Tudor la somete a interrogatorio, mientras su esposo Felipe II de España escucha detrás de una cortina. 3. Entrada triunfal de Isabel en Londres. 4. Destrucción de la Armada Invencible.

cibirla en procesión, precedido de cirios y candelas, Isabel gritó enfurecida: «¡Apagad estas luces, que es de día!»

A Isabel le repugnaba que pudiesen hacer de ella una papisa laica. Cuando el Parlamento trató de promulgar una ley que la declaraba *Cabeza de la Iglesia*, como su padre y su hermano, la reina rehusó este título para no ofender a los católicos. El embajador español llegó a creer que Isabel había procedido así porque él se lo había aconsejado. Pero también mandó redactar de nuevo el dichoso *Prayer Book* y permitió en una *proclamación real, con el consentimiento de Lores y Comunes,* comulgar en las dos especies. Ella misma, el día de Pascua del año 1559, oyó misa recitada, no en latín, sino en inglés, y comulgó con pan y vino; el clérigo iba vestido con una simple cota. Esto fue bastante para que corriese por toda Europa la noticia de que la reina Isabel se había hecho protestante.

En Inglaterra a todas estas innovaciones se les daba el suave nombre de *alteración* de religión, que se podía interpretar como medidas disciplinarias. Nadie podía decir concretamente lo que pensaba Isabel en cuestiones tan importantes como las referentes al dogma. Lo más probable es que no pensara nada.

El embajador de España en Inglaterra, el conde de Feria, comunicaba en una carta a Felipe II los detalles de una conversación con la reina, en la que Isabel debió de jugar con él como juega la gata con el ratón. El embajador la quiso atemorizar, recordándole la bula papal que excomulgó a su padre Enrique VIII. Isabel contestó, con simpleza que escondía malicia, que sólo quería llegar a una pacificación de los espíritus. Díjole que bastaría un *interin*, o concordato, análogo al que regía en Alemania. A esto el embajador hízole observar que el *interin* alemán tenía bien poco de católico; Isabel contestóle que no sería el mismo, sino algo parecido. Después añadió que ella creía que Dios estaba en el sacramento de la Eucaristía y sólo desaprobaba tres o cuatro cosas de la liturgia de la misa. Es decir, que la reina Isabel, sin estudios ni autoridad, se permitía opinar en tres o cuatro cosas de la misa. Es realmente gracioso, porque el canon de la misa se había establecido después de siglos de controversia en concilios y con doctrina de los Santos Padres. Pero es más gracioso todavía que el embajador español comunicara a Felipe II todas estas rarezas de Isabel,

Los comienzos de la grandeza británica

añadiendo en su francés diplomático: *Cette reine est extrêmement sage, et a des yeux terribles:* Esta reina es inteligente en extremo y tiene un mirar terrible.

Consiguió Isabel, con sus artimañas, demorar trece años la excomunión papal, es decir, hasta que ella estuviese ya firmemente establecida en el trono. Se había ido olvidando su ilegitimidad y era adorada por el pueblo como la encarnación del genio inglés. Era inglesa de Londres, sin mezcla de sangre extranjera, y los ingleses le agradecían que no pensara en casarse, evitándose un amo molesto como había sido el rey consorte Felipe II.

Cuando se promulgó por fin, en 1570, la excomunión papal, ya no llegó como un fulminante anatema contra la nación, sino como un reproche personal contra la reina, porque ella personalmente aceptaba y practicaba «las impías constituciones y los atroces misterios de Calvino». ¡Qué ingenuidad para un documento emanado de la curia romana! ¡Misterios con Isabel y constituciones de Calvino para la solterona coronada! ¡Qué poca mella podían hacerle estas acusaciones! Isabel podía desafiar el temporal y desplegar ahora sin temor sus cualidades masculinas. Hasta entonces sólo había empleado las artes propias de mujer: sentimentalismo, disimulo, gracias y sencillez; ahora iba a manifestar lo que escondía de energía, tenacidad, audacia y ambición para la grandeza de su pueblo. A su lado, fiel y constante, estaba el grave Cecil, más como un asociado en la gran empresa que como un servidor y criado.

Las circunstancias habían venido a favorecerles con la tragedia inaudita de María Estuardo, reina de Escocia. Caso de morir Isabel sin hijos, María era la heredera natural del trono de Inglaterra. María Estuardo había pasado en Francia su primera juventud, como esposa del príncipe heredero, y hasta fue reina de Francia por algunos meses. Allí había aprendido dos cosas: un odio feroz a los hugonotes y una libertad de maneras y de costumbres que tenía que chocar con sus súbditos reformados. Ya hemos hablado en otro capítulo de sus querellas con Knox; aquí bastará mencionar los desaciertos de María Estuardo en su vida privada, que la llevaron al patíbulo. Nacida en 1542, regresó de Francia, ya reina viuda, el 1561, cuando tenía sólo diecinueve años. En 1564, María, después de haber pensado seriamente en una alianza con España, contrayendo matrimonio con el príncipe Don Carlos, casó con un noble escocés, vano y vicioso, que se llamaba Darnley. Era un muchacho alto, bien formado, de tez clara, del que María se enamoró como una loca.

Pero Darnley, además de disoluto, era celoso. Un día asesinó por celos a un juglar

Una sesión del Parlamento de Inglaterra presidida por la reina Isabel en la antigua capilla de Westminster.

Isabel de Inglaterra. Pinacoteca de Siena.

italiano de la reina, y ésta, a su vez, se procuró cómplices y asesinó a Darnley. Las circunstancias de la muerte de Darnley, que, no lo olvidemos, era el rey consorte, horrorizaron a católicos y protestantes. Darnley estaba enfermo, y en lugar de deshacerse de él con un veneno, nada se les ocurrió mejor, a María Estuardo o a sus cómplices, que poner un barril de pólvora debajo de su cama y hacerlo volar con la explosión. Después de esta hazaña, la reina se hizo raptar por uno de los asesinos, un aventurero bravucón, y se casó con él al cabo de tres meses.

El escándalo llegó a ser tan enorme, que María y su tercer marido tuvieron que hacer frente a la rebelión de toda la nobleza y el pueblo escocés, coligados contra ellos. En mayo del 1568, perseguida sin cesar por los suyos, estigmatizada como adúltera y asesina, María Estuardo cruzó la frontera para pedir refugio a su prima Isabel. Tenía entonces veintiséis años.

Ya se puede imaginar con qué mezcla de preocupación y de contento Isabel y Cecil verían llegar a la casquivana reina de Escocia, que les había amenazado con su legitimismo y su catolicismo. Por de pronto, le dieron seguro alojamiento en un castillo: era una pieza más, una reina, para jugarla en el tablero de ajedrez entre blancos y negros, esto es, entre católicos y protestantes. María pidió una entrevista con Isabel, pues creía que hablando personalmente con ella podría sugestionarla para que la ayudase a recobrar la corona de Escocia. Tenía la experiencia del encanto que le daban su juventud y sus maneras, y estaba segura de fascinar a Isabel.

Por esto Isabel creyó conveniente desacreditarla ante sus súbditos, y a la demanda de la entrevista contestó que no podía admitirla a su presencia antes de que se hubiera exonerado de las acusaciones. Una conferencia preliminar se celebró en York, y el regente de Escocia llegó con un cofrecillo que, según parece, contenía, entre otros documentos, una carta autógrafa de María a Darnley invitándole a dormir en la cámara que voló con el barril de pólvora, y además el contrato matrimonial entre la reina y el asesino de su segundo marido. Estos papeles después desaparecieron, pero Isabel tuvo buen cuidado de que los vieran los magnates ingleses que podían ser partidarios de María. Su complicidad en el asesinato de Darnley, después de la conferencia de York, ya no fue negada por nadie en Inglaterra. Por lo que toca a Escocia, hasta el mismo embajador español en Edimburgo, cierto De Silva, escribía a Felipe II que todo el mundo creía allí en la complicidad de María en la trampa del barril de pólvora para matar a Darnley.

Teniendo a María Estuardo a buen recaudo en Inglaterra, Isabel y Cecil advertían que se había evitado un gran peligro. María, como reina de Escocia, podía entrar a formar parte de una confederación católica contra Inglaterra. Los enemigos podían desembarcar en los grandes estuarios de los ríos escoceses con toda comodidad, y

Los comienzos de la grandeza británica

desde allí emprender una acción combinada con los descontentos católicos ingleses. En cambio, el Consejo de regencia de Escocia no se atrevería a pactar alianzas mientras la reina estuviese prisionera en Inglaterra.

Cada vez más segura de sí misma, Isabel empezó a lanzarse francamente a nuevas tácticas de agresión y a desafiar el poder de España. Conservando relaciones diplomáticas con este país, empezó, sin embargo, a favorecer a los piratas-pescadores de los Países Bajos, que hemos llamado *los pordioseros del mar*, al servicio del príncipe de Orange. Los corsarios ingleses, obrando aparentemente sin órdenes reales, pero animados por la protección descarada de Isabel y Cecil, empezaron a atacar a los galeones españoles. La simpatía con que la reina y su secretario veían el despojo de los buques de la carrera de las Indias por los corsarios ingleses era tan escandalosa, que el embajador español en Londres recriminaba al duque de Alba porque se tardaba tanto tiempo en declarar la guerra a Inglaterra. Esto sucedía en el año de 1569.

El Papa también era partidario de una acción inmediata, pero Felipe II prefería esperar, y preparaba mientras tanto el terreno enviando dinero a los católicos ingleses; éstos debían empezar por libertar a María Estuardo y coronarla reina en lugar de Isabel. Los tercios españoles llegarían en seguida, María casaría con Felipe y se podría empezar una segunda edición del reinado de la Sanguinaria. Y efectivamente, unos cuantos barones católicos del norte de Inglaterra se rebelaron, y con un ejército de 1.700 hombres de caballería y 4.000 infantes entraron en la ciudad de Durham. Empezaron por oír misa y procedieron inmediatamente a quemar la traducción inglesa de la Biblia y el famoso *Libro de rezos*.

Isabel de Inglaterra conducida en triunfo por sus cortesanos.
(Pintura mural del castillo de Sherbourne.)

Capítulo XIII

Guillermo Cecil, consejero de la reina Isabel, el verdadero fundador del poder británico.

Pero no lograron otro triunfo; pocas semanas después, los que no habían conseguido escapar desbandándose, pendían de la horca.

Otra manera de libertar a María era asesinando a Isabel. En aquella época era natural creer que todo dependía de una persona y que, despachado el rey, príncipe o capitán, los pueblos dóciles seguirían como un rebaño. Ya hemos visto que, en los Países Bajos, España había puesto a precio la cabeza del Taciturno, en Francia los católicos esperaban ahogar la Reforma asesinando a Coligny; en Escocia se acababa de asesinar al regente que había enseñado las cartas del cofrecillo... En el caso de Isabel, sabemos que el duque de Alba puso como condición preliminar, para cruzar el canal, que Isabel muriese de muerte natural, *o de cualquiera otra muerte*. En 1571 el programa español, aceptado por el Papa, era que el italiano Ridolfi asesinaría a Isabel y que María Estuardo, saliendo de su prisión, se casaría con el duque de Norfolk, que era católico. Cecil tenía bien montado el servicio de espionaje y consiguió reunir los documentos necesarios para enjuiciar a Norfolk, que fue decapitado. Por el momento se dejó en paz a María, aunque se extremaron los rigores de su prisión y se entregaron los papeles al embajador español para que regresara a su patria. Sin embargo, todavía no se declaró la guerra; Felipe II envió a otro representante y continuaron las maquinaciones con el consiguiente rocío de dinero católico.

Así pasaron dos años de continuos peligros y zozobras, de los que Isabel iba saliendo, no sólo incólume, sino engrandecida. Por fin, en el año 1586 los conspiradores consiguieron la complicidad de María Estuardo; ésta, desde su cautiverio, firmó una abdicación de sus derechos a las coronas de Inglaterra y Escocia en favor de Felipe II. Como se creía que era de todo punto indispensable el asesinato preliminar de Isabel, se consultó a María, y la pobre cautiva aprobó enteramente el plan, añadiendo algunos detalles que podían, según ella, asegurar el éxito de tan arriesgada empresa. La nota escrita por su mano acababa con este párrafo: «Prepárese todo así, y cuando sea la hora, empiecen su trabajo los seis caballeros.» Los seis caballeros *(gentlemen)* eran los seis asesinos.

Toda esta correspondencia fue interceptada y copiada por los esbirros de Cecil. Un tribunal de cuarenta y seis jueces se constituyó en el castillo-prisión de María Estuardo para oír lo que podía alegar en su favor. Con gran dignidad y energía protestó diciendo que no era súbdita de Isabel ni estaba sujeta a las leyes inglesas. En cuanto a la correspondencia de *los seis caballeros*, negó la autenticidad, y como no se tenían sino copias, ha quedado siempre la duda de si pudo ser una estratagema de Cecil para perderla. Pero a Isabel le convenía más tener a María encerrada en un castillo que no hacerse impopular firmando su sentencia de muerte, por lo que pidió al Parlamento que estudiara si podía encontrarse una solución compatible con su seguridad

Los comienzos de la grandeza británica

que no implicara la muerte de María. Ambas Cámaras contestaron que no, que no había ninguna.

María Estuardo fue decapitada en su prisión del castillo de Fotheringam, en febrero de 1587. Había estado en cautiverio cerca de veinte años, casi la mitad de su vida; pero ni aun con tan larga reclusión había perdido el gusto de embellecerse. Después de ajusticiada, quiso el verdugo levantar su cabeza, quedándole sólo entre los dedos una cabellera postiza. La bella María Estuardo de los dramas y novelas, que todavía despierta románticos amores en los lectores de su historia, era calva, secreto que había guardado con femenil coquetería.

La muerte de María Estuardo acabó de decidir a Felipe II para invadir a Inglaterra. Hacía ya cuatro años que Isabel había despachado al último embajador español, Mendoza, por su descarada intervención en un complot católico. De hecho, Inglaterra y España se hacían la guerra desde entonces, pero ni Felipe II ni Isabel habían justificado las hostilidades con una declaración formal. Felipe II no se decidía a declarar la guerra porque temía que hasta su victoria, si la conseguía, aprovecharía más a Francia que a España. Si María Estuardo conseguía la libertad, olvidaría los servicios de Felipe II y resurgiría su humor francófilo. Isabel tampoco veía ventaja en declarar la guerra a España mientras pudiera aprovecharse de la libertad que tenían sus naves para piratear por los mares. Sus buenos amigos Hawkins y Drake le llevaban un botín espléndido de los buques españoles apresados que venían de las Indias. Isabel les visitaba a su llegada a Plymouth, y allí, en el mismo barco pirata, les condecoraba por los *servicios* prestados a Inglaterra. Aquellos mismos corsarios, Hawkins, Drake, Raleigh, no sólo desembarcaban en América para piratear, sino que incluso fundaban colonias en el Nuevo Mundo. El primer establecimiento inglés en América lleva todavía el nombre de Virginia, que se le impuso en honor de Isabel. Felipe II tenía, pues, que acabar con aquella competencia por mar y tierra que le hacía *la Reina Virgen*.

Por esto al morir María Estuardo, y precisamente después de haber abdicado sus de-

Anverso y reverso de una medalla inglesa conmemorativa de la destrucción de la Gran Armada.

Capítulo XIII

La Gran Armada. Grabado de la época. Museo Británico.

rechos en favor de Felipe II, la demora en atacar a Inglaterra hubiera traído emparejada ruina y deshonra. Entonces, y sólo entonces, Felipe II dio órdenes de aparejar la *Gran Armada*. Por desgracia, ya era demasiado tarde; los ingleses, haciendo de corsarios, habían aprendido a navegar. Ya no era aquel pueblo de tenderos que Felipe II había conocido como príncipe consorte.

Varios detalles de este apasionante episodio han sido, por lo general, mal interpretados. Se creía que Felipe II tenía razón al decir que la *Gran Armada* era, en realidad, *Invencible,* y que sólo Dios, y no los hombres, pudieron destruirla. La palabra Dios aquí se emplea por *elementos;* es un término de náutica que todavía se usa en los documentos de seguros y consignaciones marítimas inglesas. *Acts of God,* actos de Dios, quiere decir tempestades, ciclones y terremotos. Pero la derrota de la *Gran Armada* no se consumó por actos de Dios, sino por causas puramente humanas. Los buques españoles eran de tipo mediterráneo y galeones o pinazas inmejorables para la travesía del Atlántico, pero inferiores a los buques ingleses, construidos para el corso, ligeros y de poca altura. Cuando un galeón español, de puente altísimo, se balanceaba sobre las olas, los cañones disparaban sus balas a las nubes o las lanzaban al mar. Además, los ingleses peleaban en sus propios mares y para la defensa de su patria, mientras que los españoles llegaban hasta allí movidos por una política de reacción

La Torre de Londres en el siglo XVI, según un grabado de la época.

Los comienzos de la grandeza británica

católica que empezaba a enfriarse. Se repitieron las dos circunstancias que dieron la victoria a los griegos en Salamina: un tipo más moderno de embarcación y mejor conocimiento de las costas y las corrientes.

Es también inexacto que la Armada Invencible estuviera mandada por una persona incapaz y que el almirante improvisado, duque de Medinasidonia, fuese el único culpable del desastre. En los buques españoles iban los marinos más excelentes de aquel tiempo, sobre todo vascos, entrenados en la carrera de las Indias. Será suficiente citar los nombres de los capitanes a las órdenes de Medinasidonia: Juan de Recalde, Alonso de Leyva, Miguel de Oquendo, Martín de Bertendona, etc. Además, Medinasidonia no organizó la armada. Quien organizó la armada, y quien es responsable del tipo de buques que la componían, fue Santa Cruz, que todos están de acuerdo en reconocer como un gran almirante. Los buques eran 130, y de ellos 80 de más de 300 toneladas; los demás no eran barcos de com-

Grabado con el retrato de sir Francis Drake, corsario y almirante de Isabel de Inglaterra.

bate, sino de impedimenta. En conjunto, las 130 embarcaciones de la Gran Armada desplazaban 47.868 toneladas, lo que dará idea de cómo han cambiado los tiempos. Además, en la Gran Armada iban 8.000 marineros y 19.000 soldados, mientras que en la marina inglesa todos eran marinos y soldados a la vez... Igual también que en Salamina.

Por fin, el Gran Rey—Jerjes o Felipe II— había dado, sin moverse de tierra, órdenes concretas. El objetivo de la Gran Armada era Flandes y embarcar los tercios de Flandes. Los incidentes del desastre casi no vale la pena de recordarlos. La Armada Invencible llegó sin dificultad a la altura de Plymouth. Los ingleses no presentaron una línea de batalla; durante cuatro días estuvieron hostigando desde sus puertos con escaramuzas, en las que empezó a flaquear la acometida española. Los buques rezagados, los que habían sufrido quebrantos en combates parciales, los que, por un golpe de mar, quedaban imposibilitados de seguir

Sir Walter Raleigh, descubridor y colonizador de Virginia. Grabado de la época.

Capítulo XIII

peleando, eran irremediablemente apresados. Como los ingleses conocían los vientos del canal, enviaban contra la apiñada armada buques ardiendo, inmensas hogueras flotantes cuyas llamas prendían en el velamen de las naves enemigas. Los *actos de Dios* vinieron después: sólo para acabar con los pocos que pudieron salir del canal y entrar en el mar del Norte envió Dios tempestades y ciclones.

La destrucción de la Armada Invencible es la primera afirmación del poder británico; puede decirse que la empresa que comenzó en Plymouth acabó tres siglos después en Trafalgar.

El reinado largo y afortunado de Isabel no sólo produjo prosperidad y riqueza; dio a Inglaterra tiempo de reconocer sus posibilidades. Conciencia de su fuerza, derivada de su situación insular, que se tradujo en maravillosa literatura. El primer gran poeta inglés, Edmund Spenser, glorificó a Isabel con un extenso poema, *The Faerie Queene*, la Reina Hada. ¡Poco tenía de hada y de Virgen la virago inglesa! Pero los súbditos la adoraban hasta reconocer en ella cualidades femeninas de las que carecía.

En esta época apareció el genio más extraordinario no sólo de la literatura inglesa, sino de toda la humanidad. Es Shakespeare. No creemos exagerar diciendo que si nos dieran a escoger un solo escritor de todas las literaturas antiguas y modernas no titubearíamos en preferir al misterioso, único, profundo gran inglés. No sabemos casi nada de su vida. Hasta se ha dudado de su existencia y se supone que las obras que se atribuyen a un Shakespeare, autor de teatro, son de Lord Essex, amigo de Isabel, o de Francis Bacon, filósofo, hijo adoptivo de la propia reina. La causa de esta vacilación es que, con el mismo nombre que el autor de las piezas de teatro, se publicaron libros de poesía que revelan un temperamento refinado, sutil, que parece incompatible con el carácter trágico, violento, del autor de *Hamlet, Macbeth, Romeo y Julieta* y de otra docena de grandes obras teatrales. No se concibe tal profusión y ubicuidad de talento en una sola persona. Pasan los años, se publican estudios sobre Shakespeare y cada día conocemos menos de aquel gran astro del ingenio humano que vivió escondido en los años de la Reina Virgen.

Medalla conmemorativa de los viajes y descubrimientos de Drake.

Guy Fawkes y sus amigos, conspiradores católicos que intentaron volar el Parlamento haciendo estallar una carga de pólvora colocada en el sótano. Según un grabado del siglo XIX.

CAPITULO XIV

LA REVOLUCION INGLESA

A la muerte de Isabel, el heredero legítimo, indiscutible, del trono de Inglaterra era Jacobo, el hijo de María Estuardo y de Darnley. Sus derechos derivaban de haberse casado el rey de Escocia, abuelo de María Estuardo, con una princesa inglesa. Con Jacobo I se unieron definitivamente las coronas. Desde entonces, como decía Isabel, ya no habría una Inglaterra y una Escocia, sino una Gran Bretaña. La vida de Jacobo I había empezado con la tragedia de su padre: el asesinato de Darnley coincidió con el bautizo de su hijo. Rey de Escocia desde su infancia, por la abdicación y cautividad de su madre, Jacobo había visto, de los cuatro regentes que administraron el país durante su menor edad, morir dos asesinados y otro en el patíbulo. Las ideas del Humanismo y del Renacimiento acerca del asesinato por razón de Estado, así como del regicidio en pro del bien común, empezaban a ponerse en práctica con una naturalidad alarmante.

Al llegar Jacobo I a Londres, en 1603, su problema primero y más urgente fue el de restablecer la paz con España. De hecho, España e Inglaterra continuaban en estado de guerra desde los días de la Armada. Jacobo I encontró la fórmula para acabar las hostilidades: dijo que él, como rey de Escocia, no estaba en guerra con España, y como no se podía separar al rey de Escocia del rey de Inglaterra (porque eran una misma persona), tampoco el rey de Inglaterra estaba en guerra con España. Esto parecía confirmar el juicio que Enrique IV de Francia había emitido acerca de Jacobo I cuando dijo de él que era «el tonto más ingenioso de la cristiandad».

La paz con España debía sellarse con un matrimonio real. Jacobo tenía para casar al príncipe heredero, y desde 1604 los mi-

Capítulo XIV

Medalla de Jacobo I de Escocia e Inglaterra.

nistros y embajadores ingleses estuvieron concertando su boda con una infanta. El negocio no era fácil, pues si bien Felipe III dotaba a su hija con 600.000 libras, que casi hubieran enjugado el déficit inglés, en cambio España, o mejor dicho, Roma, imponía unas condiciones que Jacobo y su hijo no se sentían con ánimo suficiente para aceptar. En el fondo, Roma trataba de obtener la libertad de cultos para los católicos ingleses, y además, que los hijos de los príncipes fuesen educados por su madre, española y católica, hasta la edad de doce años, y que todos los servidores de aquélla — española y católica — fueran de su misma religión.

Para llegar a un acuerdo, obteniendo, a cambio de estas concesiones religiosas, ventajas políticas, el príncipe de Gales, que después fue Carlos I, con su amigo y favorito Buckingham, fueron a Madrid en 1623. Eran los dos más apuestos mozos del mundo entero, pero no consiguieron vencer a los curiales españoles; éstos escamotearon de los capítulos matrimoniales los artículos referentes a las ventajas políticas que pedían los ingleses, a cambio de la libertad de cultos y otras concesiones que exigían los católicos en materia de religión. Al descubrir el error u omisión, Carlos y Buckingham, indignados, regresaron a Inglaterra. Al fin se había desistido del matrimonio con la infanta española, y dos años después, en 1625, Carlos casaba con una hermana de Luis XIII de Francia. Este enlace traería por lo menos la paz con los franceses, puesto que Jacobo y su hijo Carlos habían heredado también de Isabel su política de apoyar a los hugonotes.

Pasteleando matrimonios durante veinte años, padre e hijo acabaron, sin embargo, con los peligros de la invasión española y del ataque concertado de Francia y España, que hubiera ahogado a la Gran Bretaña antes de nacer. Esta seguridad exterior que obtuvieron Jacobo I y, sobre todo, su hijo Carlos, permitió que Inglaterra fuese la primera en librar la gran batalla para conseguir las libertades políticas de la democracia que hoy, en más o en menos, todavía disfrutamos.

Se dio primero en Inglaterra; después, con pocas diferencias de detalle, se reprodujo en América y en Francia. Parece como si fuera necesario repetir el experimento en el laboratorio del mundo para que la Humanidad acepte definitivamente un cambio razonable.

Vamos a ver en qué consistía la idea revolucionaria en el siglo XVII y en Inglaterra. El concepto de la casi divinidad de la augusta persona imperial o real había llegado como una herencia de Oriente hasta el Imperio romano. El rey lo era por elección divina, o por haber heredado la corona de otro que la había recibido directamente de Dios. La Iglesia aceptó esta idea, ratificando la elección del Todopoderoso. En su nombre ungía o coronaba a los monarcas que se lo permitían. El derecho divino a la corona se transmitía de padres a hijos, y las usurpaciones trataban de justificarse con algún enlace o abdicación. En el caso de un rey inepto, la Iglesia aceptaba el regicidio. Es rey sólo el que gobierna justamente, si no ya no es rey, decía San Isidoro de Sevilla.

La Revolución inglesa

No se concebía, teológicamente, que el rey compartiera su soberanía con otras potestades o autoridades de linaje no divino.

Al final de la Edad Media los nobles y las potestades eclesiásticas, sin discutir este derecho divino de la realeza, fueron obteniendo concesiones de privilegios que en definitiva eran limitaciones del poder real. Pero en los siglos XVII y XVIII apareció una nueva doctrina, de cuyo tremendo radicalismo no nos damos cuenta porque estamos ya familiarizados con ella: es la de la soberanía del pueblo por encima (y hasta con exclusión) del rey. La nación se posee a sí misma, sin limitaciones; el derecho a regir el Estado puede el pueblo delegarlo en un príncipe o en una casta, pero uno y otra deberán dar cuenta de sus actos y no pueden extralimitarse de las instrucciones que reciben periódicamente del Parlamento.

Esta idea es consecuencia de la Reforma. Si un remendón, según Lutero, puede interpretar las Escrituras gracias a una luz enviada por Dios; si no se requiere ningún intermediario entre Dios y el alma para la revelación; igualmente, mayormente, podrá el remendón opinar en asuntos de política. Así como, según San Pablo, la Iglesia es un cuerpo en el que todos sus miembros son necesarios, así la nación formará otro cuerpo en el que cada ciudadano tiene su función que cumplir y debe participar por necesidad en su gobierno. En esto todo el mundo estará conforme, pero los aristócratas y realistas añadirán que cada ciudadano, según su nacimiento y sus capacidades, debe tener diversos grados de participación. El rey necesita del remendón para remendar sus zapatos, pero se necesita de un rey para gobernar la tierra, la ciudad y hasta la casa del remendón.

Hay que convenir, sin embargo, que cuando el remendón se ha acostumbrado a la idea de que él recibe directamente de Dios revelaciones acerca de las cosas divinas, le será mucho más difícil acostumbrarse a la idea de que tiene que aceptar sin discusión una autoridad terrenal para las cosas mundanales. Además, la lectura de la Biblia no era favorable al desarrollo de un espíritu de disciplina monárquica. Los puritanos ingleses leían, en los libros de los reyes de Israel, ejemplos de escándalo y perversión que les animaban a ser republicanos. Es verdad que los últimos profetas ensalzaron el gobierno monárquico, pero en los primeros siglos del protestantismo los libros de los profetas no se leían con el entusiasmo con que se leen hoy. Actualmente, lo poco que queda sincero y ferviente en el protestantismo es de tipo profético; se espera con ansia la inminente segunda venida de Cristo. Lo que leían los puritanos en el siglo XVII eran los Salmos y los libros históricos de la Biblia, que eran de tenor republicano. De las profecías (que eran

El príncipe de Gales en 1624, luego Carlos I de Inglaterra, por Maytens.

Carlos I de Inglaterra en la época de las guerras con el *Parlamento largo,* por Van Dyck. Museo del Prado.

monárquicas) no comprendían gran cosa. Sin vacilar, el Dios del Sinaí y de los Jueces de Israel era resueltamente republicano. ¡Qué tremenda maldición les envía, por boca de Samuel, a los judíos cuando le piden un rey! «Será como la zarza del camino, llena de espinas; os robará vuestras hijas para prostituirlas, vuestros hijos serán sus esclavos.»

Enfrente de este espíritu puritano y republicano, resultado del protestantismo, había otro realista, casi tan respetable, resultado del humanismo. Si el genio tiene el deber de intensificar su personalidad para con ella servir al bien común, ¿dónde mejor que entre la realeza se encontrará el material para formar al verdadero príncipe? Claro que un príncipe como el deseado por Maquiavelo puede originarse de una familia humilde y ensalzarse por sus méritos: valor y generosidad... ¿pero no es más natural que el verdadero príncipe haya nacido de una familia de príncipes, tenga conciencia de la propia superioridad, esté acostumbrado a la abundancia y desee superar en grandeza a sus ilustres progenitores?

Esta idea, acaso inconscientemente, llevó al absolutismo de los Estuardos y los Borbones. El rey sentía el deber de mostrarse déspota. Para gobernar dependía de un valido, privado o favorito. Ambos, el rey y el privado, decidían en un cubículo, sin testigos, la marcha de la política; después el valido, ministro o favorito, con ayuda de secretarios hábiles, movía todo el engranaje del Estado. Y si el rey era un monarca inteligente, como Luis XIII, y el privado un espíritu noble, como Richelieu o Colbert, casi no se hubiese podido formular objeción alguna contra este sistema, que tenía la ventaja de hacer recaer todas las faltas y errores sobre el privado, mientras que el rey recogía sólo los laureles y triunfos. El personaje odioso era el favorito; él era quien exigía los nuevos impuestos; el rey los gastaba, y de su mano pródiga caían sólo beneficios.

El primer privado de Carlos I de Inglaterra fue aquel mismo Buckingham que ya hemos encontrado en Madrid como camarada de Carlos. Viajando de incógnito, Carlos y Buckingham llegaron una noche a la embajada de Madrid; el primer sorprendido de su llegada fue el conde de Bristol, que no sabía nada de la aventura. Buckingham gustaba de estas empresas arriesgadas, que hacen amable a un individuo cuando no expone más que su vida, pero que son peligrosísimas en negocios de Estado. Buckingham comprometió a su amo y amigo Carlos I en una política exterior descabellada de guerra contra España y Francia. Fue asesinado cuando se preparaba a embarcarse en el puerto de Plymouth en otra expedición para ayudar a los hugonotes, dejando a su rey una deuda cinco veces mayor que la que dejó Isabel a Jacobo I.

La Revolución inglesa

Era costumbre inmemorial de la realeza, sobre todo en Inglaterra, obtener los recursos por medio de un Parlamento. Era lo único que se le pedía a esta asamblea de representantes de la nobleza, del clero y de las ciudades. Se convocaba al Parlamento con gran irregularidad y casi exclusivamente para lograr sin violencia el cobro de los impuestos. Los Parlamentos aprovechaban esta ocasión para entregar al rey un memorial proponiendo reformas, que leía después el monarca o su privado, pero sin que la voluntad del Parlamento tuviera carácter imperativo. Sin embargo, esta pequeña limitación del poder real por el Parlamento era suficiente para hacer dudar de la legitimidad de los demás privilegios reales. ¿El rey podía hacer justicia, podía declarar la guerra, y no podía imponer contribuciones? Y todo por una tradición no justificada más que por la costumbre. Un pastor protestante, de nombre Mainwaring, comprendió lo absurdo de tal excepción y publicó un sermón diciendo que el rey tenía derecho a cobrar los impuestos que creyese conveniente. Todo el mundo se escandalizó, menos Carlos I, que le otorgó una pensión.

Los tres primeros Parlamentos de Carlos I, por su carácter díscolo y su resistencia a conceder los recursos que les pedía el monarca, fueron disueltos rápidamente. Dejaron en el rey y los que le rodeaban una impresión desagradable, pues advertían en ellos cierta tendencia a dar consejos sobre política exterior y a entremeterse en los asuntos de gobierno. Clarendon dice que todo el mal que le advino después a Carlos I fue el resultado de la violenta disolución de sus primeros Parlamentos. «Se separaron (el rey y sus Parlamentos) sin respeto ni caridad el uno para el otro, como personas que no deben ya encontrarse sino para atacarse o defenderse.»

Los años que van desde el 1629 hasta el 1640 forman el período más largo de la historia de Inglaterra sin Parlamento. El rey procuró cubrir los gastos de su casa y los del Estado con los derechos de Aduana y obligando a sus amigos y enemigos a hacerle dádivas. Acaso creía Carlos I que con esta inactividad política se apaciguaría el Estado y que un día más o menos lejano podría disponer de un Parlamento manejable, como los que convocaba en Francia su cuñado Luis XIII. Pero a menudo la falta de expansión, en lugar de calmar los ánimos, los exaspera y provoca todavía mayores excesos.

Algunos de los antiguos miembros del Parlamento continuaban reuniéndose en casas particulares para comentar los acontecimientos, y la imaginación, que debía permanecer inactiva en el terreno político, se explayaba en materias de religión. Se leía más y más el Antiguo Testamento, y de ello resultó que, sin nada práctico en que poderse ocupar, en estos once años sin Parlamento los protestantes ingleses se dieron cuenta de la enorme distancia que separaba

Reina Enriqueta de Francia, esposa de Carlos I de Inglaterra, por Van Dyck.

El Támesis en Londres, junto al palacio real de Whitehall, que se levanta detrás de las casas de la orilla. Grabado de Wenceslao Hollar. Museo Británico.

Plaza del mercado de Westminster, donde fue decapitado Carlos I. Grabado de la época, por Wenceslao Hollar. Museo Británico.

a su Iglesia reformada de la Iglesia cristiana de las Escrituras.

La Iglesia anglicana, tal como quedó después de las mejoras y paliativos de Isabel, tenía todos los abusos de la Iglesia romana sin el prestigio que a ésta pudo darle la tradición. Era sobre todo un órgano del Estado, o, lo que es lo mismo, un instrumento del rey. Los clérigos anglicanos, casados, no parecían más piadosos que los católicos romanos que permanecían célibes. Los obispos disfrutaban de pingües rentas y se valían de castigos inquisitoriales para imponer su disciplina. El inquisidor, juez sin apelación, era el arzobispo primado de Canterbury, cierto Laud, amigo de Carlos I. He aquí algunas de sus sentencias: en el año 1640 ordenó cortar las orejas a un sujeto porque había publicado un libro contra el episcopado protestante. Otro puritano, que protestó contra la liviandad del teatro (especialmente por permitirse a las mujeres salir a escena), fue también

desorejado. Otro que perdió las orejas por orden del arzobispo fue un médico que compuso una parodia de la letanía con estas palabras: «De plagas, pestes, hambre, obispos, clérigos y diáconos, *liberanos, Domine.*»

El puritanismo prometía ser un protestantismo dentro del anglicanismo, y un diluvio de impresos cortos, piadosos y políticos, hacían el efecto de una campana tañendo a rebelión. La mayoría sólo tenían el interés de su fanatismo, y por la violencia del lenguaje merecían correctivo, pero entre ellos aparecían el *Lycidas,* de Juan Milton, uno de los pensadores más profundos de aquel tiempo. El rey, mientras tanto, proseguía su vida pacíficamente. Era un esposo modelo, adoraba a sus hijos, sentía pasión por construir edificios en el nuevo estilo clásico, y sobre todo por coleccionar pinturas, pero no podía acusársele de pródigo ni caprichoso. Para gobernar el Estado se valía de lord Strafford, a quien había elevado desde una dorada medianía, y que tampoco era cruel ni perverso. Acaso ese estado de cosas hubiera continuado indefinidamente si no hubiese sido por los disturbios de Escocia, también de carácter religioso, que exigían una campaña y, por lo tanto, dinero. El rey convocó un Parlamento en 1640, que duró pocos días y acabó votándole un subsidio de 120.000 libras. Más extraordinario todavía para un Parlamento fue que en él se acordó que los clérigos, en sus parroquias, debían predicar cuatro veces al año la doctrina del derecho divino de los reyes; que los que se levantaran en armas contra el rey serían castigados con las penas del infierno, y que clérigos y maestros debían jurar que nunca consentirían que se apartara el gobierno de la Iglesia de su presente jerarquía de arzobispos, obispos, sacerdotes, diáconos, etc. A este juramento se le llamaba, en mofa, el del *etcétera.*

Animado por la experiencia del *Parlamento corto,* que así se llamó el primero de 1640, el mismo año, por noviembre, Carlos I convocó un nuevo Parlamento que duró trece años y se llamó el *Parlamento*

La Revolución inglesa

largo. Es el que se rebeló contra el rey y le condenó a muerte. El Parlamento inglés se componía de dos Cámaras, una para los *lores*, o nobleza y clero, y otra para los *comunes*, o representantes de las ciudades. Se reunía en unos edificios que no tenían ninguna condición para asamblea, restos del palacio real de Westminster, anexo a la abadía. Uno de los locales, el que servía para las reuniones de los Comunes, era la ex capilla de San Esteban, la cual tenía ventanas que daban al río. El monarca habitaba el nuevo palacio de Whitehall, situado a un kilómetro de distancia, sin terminar, como ha quedado hasta ahora, pero construido ya en el estilo grandioso del Renacimiento italiano.

El acto de apertura del *Parlamento largo* no pareció augurar la tragedia que se desencadenó después. El rey llegó sin pompa en la barca real y subió a la sala del Parlamento por las escaleras del muelle. Habló a los reunidos en términos de moderación: «Deseo que éste sea un Parlamento feliz; evitemos todo recelo, tanto por vuestra parte como por la mía.» Pero era imposible que la nación pudiese olvidar el abuso de once años de postergación, sin permitírsele ni el desahogo de un Parlamento a la antigua. Por esto, seis días después de la apertura ya le fue posible a un diputado por Londres, llamado Pym, hacer que los Comunes acordaran que fuese acusado de traición lord Strafford, que había dirigido los negocios del Estado como valido y favorito real. Los Comunes aquella misma noche fueron en comitiva —más de trescientos se congregaron— a la sala donde estaban reunidos los Lores y reclamaron la prisión de lord Strafford como traidor. Los Lores, sorprendidos por aquella inusitada manifestación, y por la proposición, más extraña todavía, empezaban a discutir el asunto cuando entró en la sala el propio Strafford. Este, sin más demora, fue detenido y encerrado en la Torre de Londres, como prisionero de los Comunes.

El rey, acaso sorprendido por la rapidez de los acontecimientos, o porque creyera que la falta de jurisprudencia impediría formalizar la acusación, permitió que se encarcelara a Strafford. Pero había una antigua ley en Inglaterra que condenaba a muerte al que hiciese traición al rey, y ésta fue la que se desenterró para procesar a Strafford. El Parlamento se acogió a esta ley y pretendió haber probado que el favorito había hecho traición, y que esta traición había sido traición al rey... Lo primero era posible; gobernar a un país once años, con poder absoluto, implicaba haber hecho cosas que podían parecer abusos, y éstos calificarse de traición. Pero que la traición era contra la persona real resultaba enteramente imposible probarlo, a menos que se estableciera el hecho jurídico, completamente nuevo, de que el rey y la nación eran una misma cosa. A esto se llegó por declaración del Parlamento, y ya entonces el rey comprendió que peligraba la vida de su favorito. Seguro todavía de sus propios derechos, Carlos I tomó el partido de ir en persona al Parlamento para defender a su valido.

Duque de Buckingham, amigo y privado de Carlos I de Inglaterra.

Capítulo XIV

Conde de Essex, primer general del ejército del Parlamento inglés contra el rey Carlos I. Grabado de la época.

Llegó allí, tomó asiento y, con la cabeza cubierta, declaró que Strafford nunca le había aconsejado nada que fuese traición contra él ni contra el reino, «aunque, por haber abusado del poder, era claro que no podía continuar sirviéndole en ningún cargo de confianza»... Acabó suplicando a los reunidos que encontraran un término medio entre la fortuna de que Strafford había gozado hasta entonces y la muerte que significaba la sentencia de traición. En el fondo, era abandonar al amigo.

Esta defensa del rey le fue fatal al favorito. El mismo rey había reconocido abusos; ¿por qué, pues, no se había anticipado él a castigarlos? La declaración real era injusta, porque no se había encontrado más falta grave en Strafford que la de ser valido de un monarca absoluto. Sin embargo, Carlos I firmó la sentencia y Strafford fue decapitado el 12 de mayo de 1641, en la colina delante de la Torre de Londres. El hacha del verdugo cortó su cabeza de un solo golpe. La inmensa multitud que había presenciado la ejecución se desparramó por la ciudad gritando alborozada: «¡Justicia! ¡Justicia! ¡Se ha hecho justicia!»

El segundo ataque de los Comunes se dirigió contra los obispos que tenían sus sitiales en la Cámara de los Lores. Era de todo punto evidente que el protestantismo episcopal resultaba tan intolerante como el romanismo católico. El rey, que era protestante, defendía ardientemente la autoridad de los obispos en la iglesia, pero al fin tuvo también que transigir, y su otro amigo. el primado de Canterbury, aquel famoso Laud que desorejaba a los que se le insolentaban, fue también encerrado en la Torre. Además, los Comunes redactaron un memorial, llamado *el gran Reproche,* en el que, sin orden ni concierto, casi acusaban al rey de todos los abusos de los obispos, clérigos y consejeros. Este disparatado *Reproche* fue compilado mientras Carlos I estaba ausente. Había ido a Escocia para resolver negocios de Estado dificilísimos. Cuando volvió, el pueblo de Londres le recibió con entusiasmo. Animado por esta efímera popularidad, Carlos, en lugar de disolver el Parlamento, concibió la descabellada idea de acudir en persona a Westminster para detener a cinco de los diputados más rebeldes de los Comunes. Era el 4 de enero del año 1642. El rey salió de palacio animado por su joven esposa, que le aconsejaba que no fuera cobarde. Alto, delgado, con su elegante porte realzado por un vestido de terciopelo negro y el collar de la Orden de la Jarretera, Carlos entró en la capilla donde se reunían los Comunes. Entró sin saludar, se sentó en el sillón del presidente y buscó con los ojos a sus enemigos; advertidos éstos, habían escapado por la escalera del río, yendo a refugiarse en el *Guild-Hall,* o palacio municipal de Londres. Al darse cuenta de su huida, el rey murmuró despechado: «¡Los pájaros han escapado!», y salió de la sala acompañado de los gritos del Parlamento: «¡Violación, privilegios, violación!»

La Revolución inglesa

Al día siguiente el rey, exasperado, fue al *Guild-Hall,* sin escolta. También el Consejo municipal rehusó la entrega de los cinco diputados. Otra vez tuvo que escuchar los gritos de violación y privilegio. Esto era ya demasiado para un príncipe que estaba bien persuadido de su obligación de gobernar personalmente en virtud de su derecho divino. Sin planes preconcebidos, el 10 de enero salió Carlos de Londres para no volver ya sino vencido y prisionero. En cambio, aquel mismo día los cinco miembros perseguidos de la Cámara de los Comunes regresaban a Westminster en triunfo, escoltados por una multitud que les ovacionaba y vitoreaba.

Pronto empezó la guerra declarada entre el rey y el Parlamento. Para fortalecer su posición jurídica, el Parlamento declaró que no podía ser disuelto sin su propio consentimiento. Pasó a ser una asamblea soberana que podía durar eternamente. Además, reclutó un ejército, en un principio con la sola idea de defender sus privilegios y su mera existencia. El rey estableció su corte en Oxford y allí fueron a acompañarle la mayoría de los Lores, que si bien al principio habían consentido y aun fomentado la agitación de los Comunes, al ver el cariz que tomaban los acontecimientos se pusieron al lado del rey; éste pudo llegar a reunir en Oxford ochenta y ocho lores y sesenta y cinco miembros de la Cámara de los Comunes, que formaron lo que se llamó *el Parlamento mestizo* por los parlamentarios de Westminster.

La mayoría de los comunes y algunos lores quedaron en Londres. El general en jefe del ejército del Parlamento fue por largo tiempo lord Essex. Las operaciones del ejército absolutista las dirigía el rey en persona, pero se aconsejaba de su sobrino el príncipe Ruperto, que había llegado de los Países Bajos para ayudarle. El príncipe Ruperto es una de las personalidades más interesantes de la época; era filósofo y artista del arte más aristocrático y noble de aquella época, esto es, el arte de la guerra. Cervantes vacila entre la superioridad de las armas o la de las letras. Ser militar entonces, cuando las guerras no representaban hecatombes, era ocupación respetable. El príncipe Ruperto consideraba la guerra como un deporte y una ciencia; era generoso con el enemigo y de valor excepcional, parejo a sus instintos tácticos. Es probable

Medalla de Cromwell, acuñada durante su gobierno.

Medalla de Cromwell, acuñada durante el período republicano.

Capítulo XIV

Fairfax, general del ejército llamado de los santos, o cabezas redondas, milicias del Parlamento, contra el rey.

que, de haber sido él solo quien dirigiera las operaciones, hubiera ganado la causa realista; pero era de rigor que, en campaña de esta naturaleza, se prestara atención a las disposiciones del monarca; éste, después de cada derrota, se sentía más absolutista, menos inclinado a pactar y transigir con el Parlamento de Londres. Entre tanto, la reina estaba en Francia, o en Holanda, intrigando con sus parientes. Carlos recibía y escuchaba toda clase de propuestas de auxilio extranjero, sin considerar que, para salvarse él, entregaba Inglaterra al enemigo. Todo menos legalizar una disminución de su poder absoluto. He aquí palabras del rey que se han hecho famosas en la Historia:

«Yo no consentiré en entregar ni la Iglesia, ni los amigos, ni mi espada como vencido. No sé de dónde llegarán auxilios, pero estoy dispuesto a vender a Inglaterra y a todos los ingleses al que quiera ayudarme a defender aquellas tres cosas. Y si no llega auxilio, pereceré en la demanda.» Por estos conceptos, Carlos I de Inglaterra es una de las grandes figuras de la Historia; no es un infeliz, inconsciente de sus derechos y sus deberes, como Luis XVI de Francia o Nicolás II de Rusia. Carlos I de Inglaterra fue mártir de una idea equivocada, o anacrónica, pero mantenida con sinceridad. El reino heredado de sus abuelos era suyo, podía venderlo, enajenarlo. El Estado era él, los súbditos debían obedecerle, sin recibir en compensación ningún derecho.

Es también providencial que delante de la noble figura del rey se destaquen con igual grandeza las nobles figuras de sus enemigos. En julio del año 1645 el ejército absolutista fue deshecho en una batalla cerca de York, en el llano llamado Marston-Moor. El príncipe Ruperto mandaba las tropas reales y Essex las del Parlamento, pero el combate se ganó por el arrojo de Oliverio Cromwell, general de la caballería parlamentaria.

Cromwell era hijo de una familia acomodada de Cambridge. Había empezado sus estudios en la Universidad, pero al cabo de un año, acaso disgustado por el espíritu aristocrático de aquel centro docente, marchó a Londres para aprender el *oficio* de abogado. Representaba en el Parlamento la ciudad de Cambridge, no la Universidad, que tenía su representante en la Cámara de los Lores. Cromwell era irascible, pero de un celo y piedad sin límites.

Después de la desbandada del ejército real, Essex y Cromwell fueron a Londres y allí en el Parlamento, Cromwell propuso la creación de un nuevo tipo de milicia. Estaría formada exclusivamente por voluntarios creyentes, puritanos de fe probada, que se alistarían, no por un año o dos, sino hasta el final de la guerra. Los lores (los trece que quedaban en Londres) se opusieron a este nuevo instrumento de combate, pues comprendieron que en aquellos sectarios armados podían despertarse ambiciones de gobernar; pero la idea de Cromwell triunfó y así se formó el famoso *Nuevo Ejército* del Parlamento. Se llamaba de los *cabezas redondas* porque iban rapados del todo, en contraste con el ejército de los caballeros, vestidos a la antigua usanza del ejército real. Los *santos*, devotos, sectarios,

La Revolución inglesa

puritanos, o lo que fuesen, no sólo querían defender los derechos democráticos del Parlamento, sino, sobre todo, imponer sus ideas religiosas de profetismo y piedad. Lo notable es que el Nuevo Ejército se proveyó de las armas más modernas; se habían hecho grandes progresos en el arte militar de Europa durante el período de las guerras de religión, y muchas de estas nuevas tácticas e inventos no se habían todavía introducido en Inglaterra. Soló por su mejor armamento la Legión de Santos, que tales eran los soldados del Nuevo Ejército, ya debía haber vencido a los absolutistas, pero además se les impusieron, y los cabezas redondas los aceptaron, los más terribles castigos en casos de indisciplina. Cada soldado iba provisto de su Biblia y de sus Ordenanzas, en las que no se perdonaba ni el más ligero exceso.

Como ya hemos dicho, el Nuevo Ejército fue idea y creación de Cromwell, pero se confió su mando a sir Tomás Fairfaix, un noble sinceramente partidario del Parlamento, de gran habilidad, paciencia y moderación. El ejército del Parlamento constaba de 22.000 hombres y su sostenimiento importaba 56.000 libras esterlinas cada mes. Carlyle dice que el Nuevo Ejército es la más extraordinaria milicia que ha existido.

No es éste el lugar de explicar en detalle las intrigas del rey, de la reina emigrada y del príncipe Ruperto cerca de Francia, Holanda, Escocia y los católicos de Irlanda, etcétera, todo para conseguir una intervención de los enemigos de Inglaterra en favor de la causa absolutista, o mejor, del rey. Lo importante para nosotros es que el Nuevo Ejército de los puritanos entraba en acción y pocos meses después, en junio del año 1645, derrotaba definitivamente al ejército real en el llano de Naseby. También esta vez decidió la batalla una carga de caballería dirigida por el propio Cromwell.

Carlos I, viendo perdida su causa en Naseby, se refugió en Escocia; pero los escoceses, que tenían una deuda de dinero con el Parlamento inglés, prefirieron saldar esta cantidad de 400.000 libras a guardar como prisionero al monarca. Así, pues, Carlos fue entregado al Parlamento de Londres y pronto empezó su calvario. Se ha recordado, como una prueba del carácter de Cromwell, que había dicho en cierta ocasión que si él se encontraba algún día frente a frente con el rey, en un combate, no tendría escrúpulo en despacharle de un pistoletazo. Sin embargo, cuando el rey cayó en manos del Nuevo Ejército y del Parlamento, no había propósito de decapitarle. Se le hicieron proposiciones para que aceptase un régimen semiconstitucional, pero él rehusó; estaba decidido a morir como mártir.

A últimos del año 1648 ya no se llamaba Majestad, sino simplemente Carlos Estuardo. El 28 de diciembre la Cámara de los Comunes ordenó que se constituyese «un tribunal de justicia para juzgar al rey por delito de alta traición, levantando un ejército contra el reino y su Parlamento». Los trece miembros que quedaban en Lon-

Cromwell. Cuadro de Pedro Lely. Galería Pitti. Florencia.

Miembros del ejército de Cromwell que formaban el comité administrativo. Grabado de la época, impreso por sus enemigos con el título: *Rebeldes, no santos*.

dres de la Cámara de los Lores rechazaron esta proposición con horror, pero la Cámara de los Comunes declaró que no necesitaba en absoluto el consentimiento de los lores para seguir haciendo justicia. El 1648 fue llamado *Primer año del restablecimiento de la Libertad por la gracia de Dios*.

El tribunal que había de juzgar a Carlos Estuardo tenía que componerse de ciento treinta y cinco personas, pero sólo una tercera parte asistió a las sesiones; Fairfaix no estuvo presente sino el día que se constituyó el tribunal. Se eligió presidente y el rey fue traído a Londres, alojado en el palacio de la familia Cotton. Carlos se limitó a negar la autoridad del tribunal para juzgarle, diciendo que «soberanos y súbditos son enteramente distintos». No se dignó defenderse; su juicio y su sentencia dependían del cielo. Por fin se le condenó como traidor y como rebelde, pues no quería defenderse.

Parece que costó mucho obtener la firma de los jueces aprobando la sentencia; con trabajo se llegaron a reunir cincuenta y nueve y muchas aparecen raspadas y de difícil lectura en el documento. La serena confianza del rey en su superioridad desconcertó a sus jueces. El 30 de enero de 1649 fue decapitado Carlos I en la plaza delante del palacio de Westminster, precisamente en el mismo lugar donde se levanta hoy día la estatua de Cromwell. La sentencia no se ejecutó hasta las dos de la tarde de aquel día; la cabeza cayó de un solo golpe; el verdugo la levantó para mostrarla al pueblo, mientras gritaba: «¡Esta es la cabeza de un traidor!»

El cadáver, embalsamado, quedó expuesto en Whitehall por espacio de una semana. Cuéntase que Cromwell quiso verlo, y sacando del ataúd la cabeza del ajusticiado, para contemplarla mejor, hizo observar a los que componían su escolta que equella cabeza era de un hombre sano, que podía haber vivido largos años. Por fin se le dio a Carlos una sepultura decente en el castillo de Windsor. El mismo día de la muerte del rey se dictó una orden que declaraba traidor a todo el que reconociera como sucesor del difunto en el trono de Inglaterra a su hijo, el príncipe de Gales, o a cualquiera otra persona.

El antiguo régimen se declaraba así caducado; ahora lo que importaba era establecer sobre sus ruinas otro régimen nuevo, constitucional o parlamentario, y sobre todo, a gusto de *los Santos* del ejército, que con su espada habían derribado el antiguo. Esta era la grande y difícil empresa. Al Estado se le llamó *Commonwealth*, que

La Revolución inglesa

quiere decir lo mismo que República. Había ejemplos de repúblicas que se gobernaban sabiamente: Suiza, Venecia, los Países Bajos... Algo análogo tenía que arbitrarse para Inglaterra; pero se hicieron ensayos de comités, de juntas gubernativas, de parlamentos de nuevos elegidos, y ninguno funcionó de modo satisfactorio, acaso porque los cabezas redondas o puritanos se entremetían en todo con su sectarismo. Por fin Cromwell, el mismo que había hecho triunfar al Parlamento, entró en él con su escolta y echó a la calle a los mismos diputados republicanos. «¡Afuera tú, charlatán! — le gritó a uno —; ¡vete de aquí, hijo del diablo! — así llamó a otro diputado puritano —; ¡sal tú, borracho — le dijo a otro —, que no te vea más, Enrique Vané!» (el legislador, el inventor de nuevas constituciones). Así gritaba Cromwell, según se cuenta, mientras echaba con sus arcabuceros a los parlamentarios fuera de la sala. Cuando todo estuvo en silencio, y el local vacío, vio la maza presidencial, que, como si fuera un fetiche, nadie se atrevía a tocar, y exclamó: «¿Qué vamos a hacer ahora de esta vara de bufón?»

Cromwell, devoto a la nación y a su causa, no supo rodearse de gente capaz de colaborar con él y consolidar la República. En-

Caricatura de Fairfaix, grabada en Holanda por los emigrados realistas. Museo Británico.

cumbrado rápidamente, creía que podía él abarcarlo todo. Sus *ayudantes* eran ya del tipo de ministro-mueble o ministro-pisapapeles, como dicen en Sudamérica; no pareció preocuparse en descubrir los grandes ingenios que podía producir Inglaterra. Sólo queda de esta época de valor literario y moral *El Paraíso Perdido,* de Milton.

La gran epopeya religiosa y moral de Milton es una obra de arte tan importante como los dramas de Shakespeare. Milton a veces eleva a gran altura su asunto. Los gritos de los ángeles malos, las maldiciones de Satanás, el ruido de la caída, los paisajes del Edén, los cielos nublados y las auroras de un empíreo que queda lejos, todo es de una belleza que no se ha superado.

Pero Cromwell desconoció la ley que exige que para que triunfe una revolución se necesitan por lo menos dos generaciones. Hasta que desaparecen, por violencia o por extinción, todos los que han nacido con la idea de que hay sólo un régimen *mejor*—el antiguo —, queda siempre el peligro de una

El palacio «Banqueting Hall», empezado a construir por Carlos I.

Capítulo XIV

restauración. Por esto los verdaderos revolucionarios, como Augusto, procuran rodearse de ministros capaces como Agripa, Mecenas y Messala.

Creyéndose inspirado de lo alto, Cromwell, con el título de *Protector,* gobernó a Inglaterra durante diez años. Alguna vez le pasó por la cabeza la idea de hacerse coronar rey para legalizar su situación, pero le repugnaba recibir honores de monarca. Sin embargo, todo probaba que los tiempos no estaban todavía en sazón para un gobierno republicano; si el remendón decapitaba al rey, corríase el peligro de que el remendón se hiciera rey... Y como el hijo de Cromwell era ya un remendón, fue inevitable la restauración de los Estuardos.

El proceso de la Revolución inglesa se presta a muchos comentarios. No bastan vagas teorías cuando se tiene que reconstruir un Estado. Si la Revolución rusa ha triunfado es porque, además de las doctrinas económicas marxistas, pudo apoyarse en un organismo sólido. Los cabezas redondas no hicieron más que discutir, en el Parlamento, principios teológicos; sin embargo, su fracaso produjo un gran bien: la emigración de los puritanos descontentos a América, los cuales establecieron en Massachusetts una colonia que pretendía ser un modelo de Estado gobernado gracias a la lectura de las Santas Escrituras.

Queda por decir cuáles fueron los beneficios que Inglaterra debe a la Revolución. Por de pronto, consolidó el desarrollo nacional que había obtenido durante el reinado de Isabel. Inglaterra, después de Cromwell y los puritanos, fue la nación que vemos hoy. Además, conservó su carácter humanista y protestante que dura todavía. Se dio cuenta de su valor y de su fuerza. Apreció lo que podía resultar de un Parlamento que tuviera carácter soberano. El Parlamento inglés, con sus dos cámaras, ha tenido necesidad de grandes reformas, no es todavía un cuerpo gobernante modelo, pero en su tiempo era el mejor y es aún el que menos estorba la vida nacional en Europa.

Medalla acuñada por los emigrados realistas después de la ejecución de Carlos I. (En el reverso, la hidra de cien cabezas sobre el cadáver del rey.)

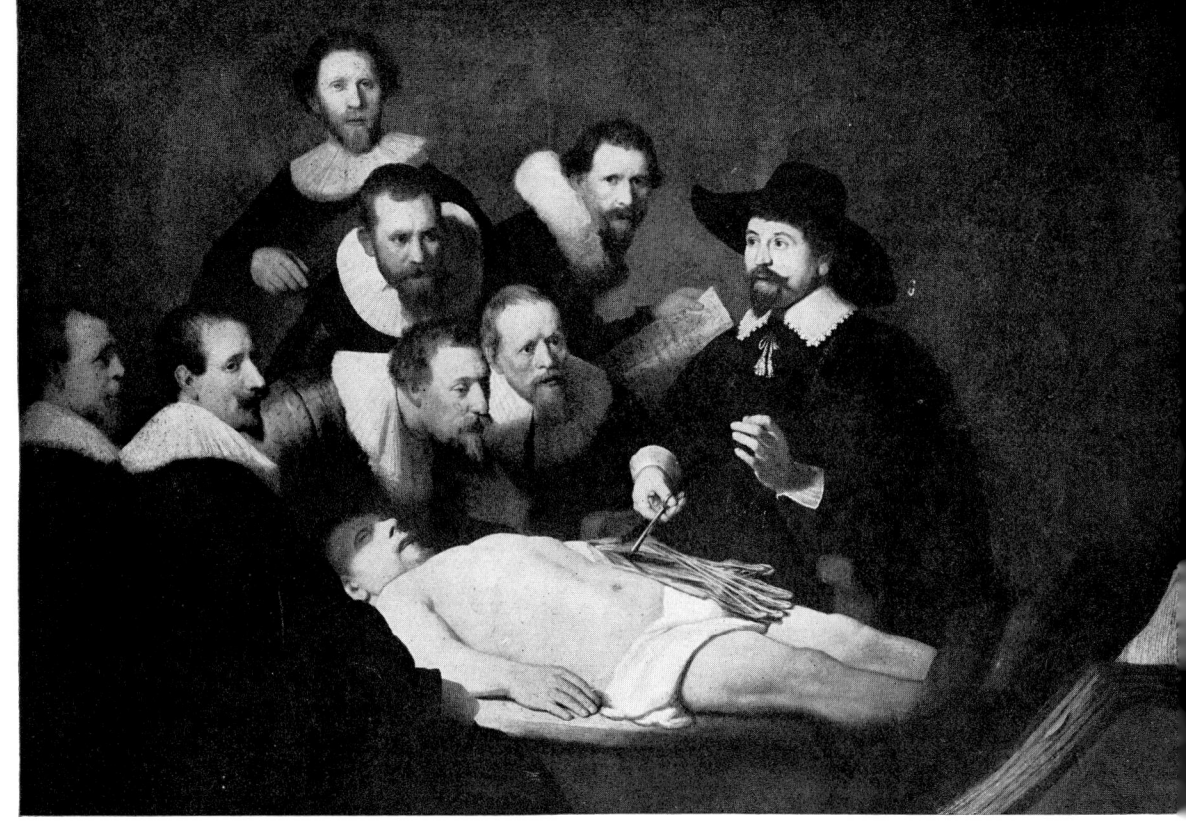

El cirujano **Tulp**, de Amsterdam, dando lección de Anatomía a sus discípulos. Cuadro de Rembrandt. Año 1632. Museo de La Haya.

CAPITULO XV

LOS COMIENZOS DE LA MODERNA BIOLOGIA. VESALIO, PARACELSO, ACQUAPENDENTE, HARVEY, MALPIGHI Y ROBERTO BOYLE

La renaciente curiosidad humanística, estimulada por la imprenta, tenía que orientarse necesariamente hacia el estudio del cuerpo humano. En el *sistema* del mundo la *máquina* humana es y será siempre lo que interesa más al hombre. Los primeros *modernos* que quisieron conocer la forma y los métodos de organización del cuerpo humano fueron los artistas. El movimiento y los gestos de una figura no se podían representar bien si no se sabía qué músculos y qué nervios funcionaban para mover los miembros. Alberto Durero, con su temperamento meditabundo, casi misantrópico, se preocupó principalmente por las proporciones del cuerpo humano. Esto también había preocupado a los antiguos. ¡El *Canon*! ¿Por qué la Naturaleza obra produciendo la forma según unas medidas y relaciones que son siempre fijas?... Pero Durero, con su libro de dibujos de la *Simetría Humana*, publicado en 1532, no entró en la verdadera cuestión de la estructura del cuerpo y las leyes que presiden su funcionamiento, sino que trató sólo de sus medidas. En cambio, Leonardo atacó ya el proble-

Capítulo XV

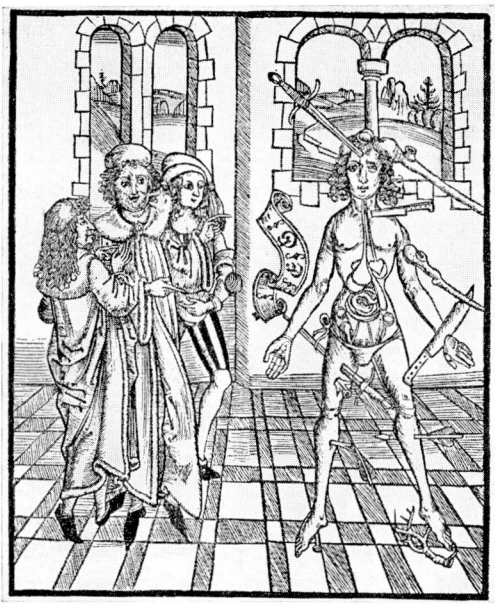

Grabado del primer tratado de Cirugía, impreso por Juan de Grünigfer. Representa la lección de las diferentes clases de dolores según las distintas partes del cuerpo que afectan (1497).

embargo, durante los siglos XVI y XVII los artistas no cejaron en su interés por la anatomía. Abundan los cuadros de esta época pintados sólo para representar cuerpos descuartizados mostrando venas, músculos y tendones. En la escuela holandesa los artistas experimentaron un placer casi morboso en representar cirujanos operando pústulas y tumores. Obras maestras, como *La lección de anatomía,* de Rembrandt, muestran el interés apasionado del artista por un asunto casi científico.

Pero por fin había llegado la hora de que los médicos comenzaran a estudiar, sin prejuicios escolásticos, aquel cuerpo humano que, en estado de enfermedad, ellos alardeaban de saber curar. Durante toda la Edad Media bastáronles el texto de Avicena y los sobados aforismos de la escuela de Salerno. Ahora, con el Renacimiento, habían recuperado los textos clásicos, sobre todo a Galeno, impreso por el benemérito Aldo Manucio. Con su laboriosidad admirable,

ma con espíritu verdaderamente moderno. Sus *Cuadernos de Anatomía,* que no fueron impresos hasta el año 1911, asombran por la precisión de sus observaciones, confirmadas algunas de ellas con pruebas experimentales; especialmente son admirables las observaciones de Leonardo acerca de la estructura del corazón. Por medio de disecciones y experimentos se convenció de que las válvulas sólo permiten el paso de la sangre en una dirección e impiden que regurgite hacia atrás. Leonardo no llegó a precisar sistemáticamente el régimen circulatorio. En ésa, como en tantas otras cosas, fue un precursor, sin metodizar sus resultados ni hacer escuela que continuara sus estudios.

Pero, para observar vísceras y hasta disecarlas, se necesitaba algo más que la curiosidad intermitente de los artistas; eran los médicos quienes tenían que preocuparse por estos estudios. Los artistas reproducían sólo los cuerpos, mientras que los médicos tenían que recomponerlos y enmendarlos. Y, sin

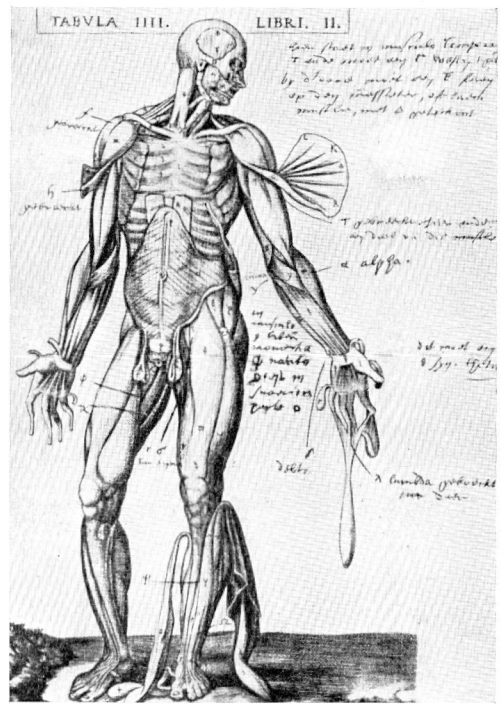

Grabado del tratado *De Fabrica,* de Vesalio.

Los comienzos de la moderna biología

Paracelso, por Rubens (1493-1541). Museo de Bruselas.

Aldo se asoció para imprimir los escritos de Galeno con un médico inglés, Tomás Linacre, que estudiaba en Padua. Aldo y Linacre prestaron un servicio importantísimo a la Humanidad, porque, al fin y al cabo, Galeno era muy superior a Avicena y a los empíricos de la escuela de Salerno. Algunas de las ideas de Galeno sobre los humores y los tres espíritus, natural, animal y vital, no eran del todo descabelladas; por lo menos, obligaban a examinar al enfermo para saber cuáles humores o espíritus tenía perturbados. En la Edad Media el médico no se preocupaba por ello; curaba con recetas halladas en los manuscritos.

Con Galeno aprendieron los médicos a observar, y como consecuencia de ello se publicaron varios tratados de medicina y cirugía originales. El primer impreso médico en lengua moderna es el tratado alemán de cirugía que escribió Jerónimo Brunschwig, publicado en Estrasburgo en 1497 por Juan Grünigfer. Está profusamente ilustrado y sería un libro precioso aunque no tuviera más que las láminas. Siguieron a este tratado otros ya especiales de anatomía, cuyos autores se afanaron en escoger buenos artistas para encargarles los dibujos. Sin embargo, el paso decisivo en la ciencia anatómica lo hizo dar Andrés Vesalio con su gran obra *De Humani Corporis Fabrica*. Vesalio, como la mayoría de los genios de esta época, fue un hombre internacional. Nacido en Bruselas en el año 1508, se graduó del doctorado en Basilea en 1537. Enseñó anatomía en Padua hasta que Carlos V y Felipe II lo tomaron por médico de cámara. Residió unos años en Madrid y allí publicó otro de sus escritos (*Anatomicarum Gabrielli Fallopii observationum examen*), un comentario a la obra de Falopio, su sucesor en Padua. Pero Vesalio no terminó su vida en Madrid. En una de sus disecciones diose cuenta horrorizado de que el corazón de aquel cuerpo latía todavía, y creyéndose culpable de homicidio, marchó como peregrino a Tierra Santa para conseguir el perdón de su pecado. Allí murió de fiebre, probablemente tifus.

Andrés Vesalio, autor del primer tratado moderno de Anatomía *De Humani Corporis Fabrica* (1543).

Capítulo XV

William Harvey, autor del *De motu cordis*, tratado monográfico sobre la circulación de la sangre (1628). Grabado antiguo.

los poros interventriculares y tantos otros disparates que se aceptaban sólo por la fe en los textos. Los dibujos del libro *De Fabrica*, de Vesalio, hechos por un tal Stephan von Calcar, son excelentes, muy superiores a todos los dibujos anatómicos anteriores, con la excepción, naturalmente, de los dibujos que ilustran la *Anatomía animata* de Leonardo.

Si Vesalio fue el Erasmo de la medicina, a su contemporáneo Paracelso se le puede calificar de Lutero científico. Nació en el año 1490 en Einsiedeln y su verdadero nombre era Teofrasto Bombasto von Hohenheim. Probablemente se dio a sí mismo el nombre de *Paracelso*, que quiere decir *superior a Celso*, el tratadista romano todavía popular en medicina. Paracelso inició en realidad los estudios de la química moderna, aunque, dado su carácter, no podía menos de recaer en absurdos de alquimia y aun de magia. El hombre, formado del limo de la tierra, contenía en su cuerpo todos los elementos. Los más vitales, tríada mística de substancias, son la sal, el azufre y el mercurio. Convencido de la supremacía de estas materias, Paracelso las usaba como medicina en la mayor parte de los casos. Fue él quien propuso valerse del mercurio para el tratamiento de la sífilis,

El libro *De Fabrica*, de Vesalio, es más de admirar por las condiciones en que tuvo que trabajar su autor. Como era médico famoso, su sala de disección estaba constantemente llena de otros médicos aventajados, monjes, cortesanos y mendigos. Así y todo, Vesalio pudo desechar como puramente imaginarios los hígados de cuatro y cinco lóbulos de Galeno, los úteros cornudos, acertando esta vez por casualidad. Pero como el cuerpo está compuesto también de los otros elementos, el médico debe conocer la química y esforzarse en estudiar la materia en todas sus variedades. Eso era, en verdad, un consejo utilísimo; pero Paracelso se excedía también, sin duda, cuando añadía que el médico debía conocer astrología porque las estrellas influían en la na-

Los comienzos de la moderna biología

turaleza humana, y tenía que saber también teología porque el hombre, creado por Dios, mantiene con el Creador relaciones constantes, y magia, porque está sujeto asimismo a los ataques del demonio.

A pesar de tantas *singularidades,* Paracelso daba sus lecciones en alemán, y no en latín, y como comienzo de sus enseñanzas empezaba quemando a Avicena y Galeno. Pensador original, Paracelso excitó a los demás a pensar por su cuenta, previniéndoles contra el dogmatismo de las escuelas. Siendo el médico más popular de la Alemania de su tiempo, tuvo que preocuparse de patología y terapéutica. En este ramo se manifestó antigalenista y contrario al sistema de los cuatro humores. Paracelso fue el primero en observar que las enfermedades cambiaban según el clima y aseguró que la naturaleza curaría las llagas más de prisa que el médico con sus emplastos. Prescribió la intervención quirúrgica, cuando fuese necesaria, clamando contra la división artificial de medicina y cirugía, que abandonaba esta última a los barberos. Paracelso murió en Salzburgo el 1531 y se supone que pudo ser asesinado por los médicos *a la antigua,* que no le perdonaban sus ataques.

Vesalio y Paracelso son los dos gigantes de la primera generación de biólogos modernos; pero el interés por la anatomía y los estudios biológicos era general, y otros muchos hombres de ciencia iban dando pequeños impulsos, que, sumados, provocarían el gran cambio de que todavía nos beneficiamos. Así, por ejemplo, hacia la mitad del siglo XVI un médico de París, Guillermo Baillon, describió por vez primera la tos ferina y el reumatismo. Por la misma época, un *profesor* italiano, llamado Silvio, describió las venas y arterias del cerebro. En 1541, Juan Bautista Canani, de Ferrara, hizo grabar en cobre veintiséis maravillosos dibujos de los músculos y huesos del brazo. Pero habiendo visto luego los grabados al boj, también excelentes, sobre el mismo asunto, en el tratado *De Fabrica,* de Vesalio, con el despecho de reconocerse superado, mandó destruir su edición, y de ella quedan hoy, conocidos, sólo once ejemplares. Un canónigo de Módena, y profesor en Padua, Gabriel Falopio, publicó en 1561 las *Observationes anatomicæ,* que ya hemos dicho que estimularon a Vesalio a publicar una memoria crítica. Falopio describió los tímpanos auriculares, los huesos esfenoides,

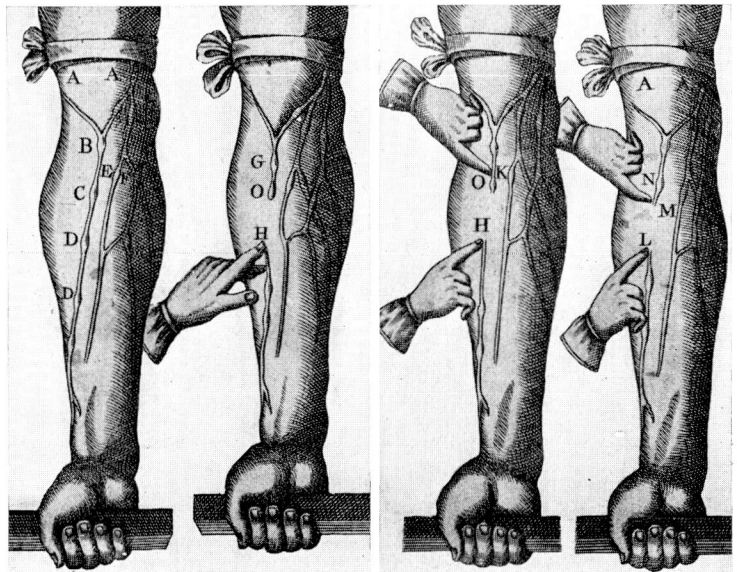

Grabados de la primera edición del *Motu Cordis,* de Harvey, representando el mecanismo de las arterias y las venas con sus válvulas.

Capítulo XV

Grabado del *Tratado de Disección,* de Mundino de Padua. Representa la lección del análisis de orina.

bía describir con precisión científica el maravilloso mecanismo del corazón y las arterias y las venas; éste era el estudiante inglés Guillermo Harvey, nacido en Folkestone en 1578. Harvey se doctoró en Padua en 1602, después de cuatro años de estudios con Acquapendente. De regreso en Inglaterra se estableció inmediatamente como médico profesional, en Londres, logrando una gran clientela. Cirujano del hospital de San Bartolomé, llegó a tener tanta reputación, que fue nombrado médico de cámara del desdichado rey Carlos I. Después de la sentencia y ejecución del monarca, Harvey se retiró a su casa de campo de Lambeth, frente a Westminster, y allí escribió su libro imperecedero *Exercitatio anatomica de motu cordis et sanguinis in animalibus.* Se conoce generalmente con el nombre más corto de *Motu cordis,* esto es, *Movimiento del corazón,* pero el título de Harvey es mu-

los ovarios, la vagina y la placenta, los ligamentos circulares y muchos nervios.

El nombre de Padua ha aparecido ya varias veces en este capítulo. En Padua enseñó Vesalio, en Padua enseñó Silvio y en Padua enseñó Falopio. He aquí un caso admirable de constancia en un *estudio* que tenía que producir necesariamente resultados extraordinarios. El sucesor de Falopio en la cátedra de Padua, su discípulo Jerónimo Fabricio de Acquapendente, fue también un gran biólogo. La vida de Acquapendente se deslizó entre los años 1537 y 1619. Era rico y mandó construir por su cuenta el anfiteatro anatómico de la Universidad de Padua, edificio adonde fueron después a estudiar los más grandes cirujanos de la época. Acquapendente hizo allí sus descubrimientos y, sobre todo, reconoció las válvulas en las venas, facilitando no poco el descubrimiento de la circulación de la sangre.

Cabalmente entre los estudiantes del anfiteatro de Padua, escuchando a Acquapendente, estaba ya entonces el hombre que de-

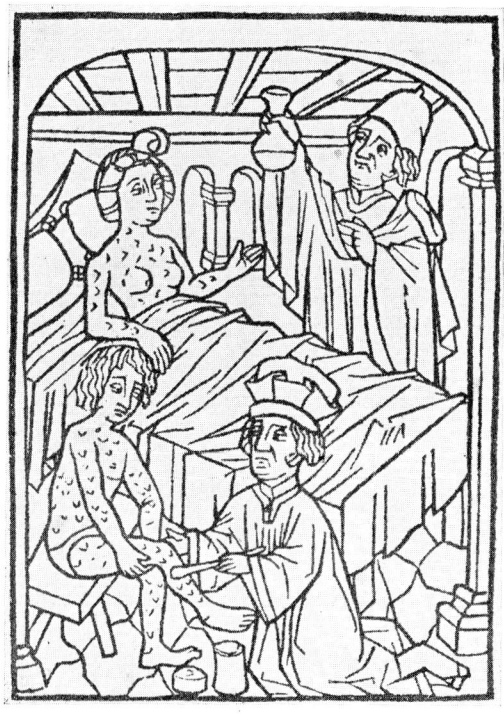

Grabado que figuraba en la portada del primer libro que se conoce sobre la sífilis, impreso en Viena verosímilmente hacia el año 1497 y debido a Barto.

Los comienzos de la moderna biología

cho más científico y más ambicioso; no es sólo el movimiento del corazón lo que trata de describir Harvey, sino también el torrente circulatorio de la sangre, y no sólo en el hombre, sino en todos los animales. Después de la anatomía de Vesalio, el paso más grande hacia la medicina moderna es la monografía de Harvey. Con ella se inaugura verdaderamente la fisiología especializada en el estudio de un órgano y de su función. Sus contemporáneos describen a Harvey como de estatura mediana, de tez morena, ojos redondos y negros, llenos de vida, y el cabello blanco ya veinte años antes de morir. El rey le manifestaba el mayor agrado y simpatía, poniendo los animales del parque real a su disposición para que pudiera llevar a cabo sus experimentos, pero Harvey no fue nunca popular como médico. Sus colegas de profesión le respetaban como *anatomista*, pero no le admiraban como patólogo. «Nadie hubiera dado tres peniques por sus píldoras.»

Permita el lector que hagamos un esfuerzo ahora para darle a comprender la importancia del descubrimiento de Harvey. Aristóteles había ya dilucidado que el corazón es el órgano central de la vida, como él decía, de la mente y del alma. Pero para Aristóteles el corazón engendra el calor animal, más sutil, más espiritual que el fuego. Este calor, esencial para la vida, Harvey lo atribuyó a la misma sangre, reconociendo que el corazón actúa sólo como una bomba para mantener en movimiento el líquido circulatorio. La prueba que dio Harvey no puede ser más ingeniosa: hizo observar que en el embrión del polluelo aparecen venas antes que el corazón y que late el pulso. Más aún; si el huevo frío se calienta con la mano, la sangre renueva su circulación, dice Harvey, «su prístina danza, como si la vida regresara del Hades». Por consiguiente, es la vida la que nos da el calor y éste hace circular la sangre por todo el cuerpo.

La observación de que la sangre circula, de que se mueve por todo el cuerpo, debió de ocurrírsele al primer hombre que vio abierto el cuerpo de un animal todavía

Malpighi, descubridor de los vasos capilares entre las arterias y las venas, fundador de la histología moderna. Bolonia, 1628-1692. Colección del autor.

vivo, o vio una arteria al descubierto. Pero nadie llegó a explicarse el cómo ni el porqué del movimiento. Harvey, valiéndose del descubrimiento de las válvulas venosas de Acquapendente, llegó a la conclusión preliminar de que las venas permiten el paso de la sangre sólo en una dirección — esto es, hacia el corazón — y las arterias el de la sangre que viene del corazón, por lo que éste debe hacer el oficio de bomba.

Otra conclusión preliminar fue la de que toda la sangre está constantemente en movimiento. La prueba, también muy ingeniosa, que dio Harvey es la siguiente: el corazón puede contener cuatro onzas inglesas de sangre, esto es, 64 gramos. Como quiera que el corazón late 72 veces por minuto, saldrán por las arterias $72 \times 64 = 4.608$ gramos de sangre por minuto, y al cabo de una hora, 276 kilogramos. Esto es, que cada hora saldrá del corazón una cantidad de sangre que pesa más del cuádruple de un

Capítulo XV

Ambrosio Paré,
gran cirujano y tratadista francés (1510-1590).

hombre normal. Y como no se puede suponer que toda esta sangre se elabore en las vísceras, será siempre la misma sangre que circulará impulsada por el corazón.

Harvey no llegó a explicar perfectamente la circulación de la sangre, porque no conoció los vasos capilares, que son el lazo de unión entre las arterias y las venas. Para esto hubiera necesitado un microscopio, y de precisar este punto se encargó Malpighi, del que hablaremos a continuación. Pero con esta salvedad, el *Motu cordis* de Harvey es todavía un modelo de monografía científica. Harvey describe lo que vio y tocó en perros, cerdos, serpientes, ranas y peces; hasta en ostras, langostas, insectos y, sobre todo, en el embrión del polluelo. El *Motu cordis* fue impreso en Francfort en el año 1628. Los médicos galenistas y aristotélicos lo recibieron con recelo e ironía. La Facultad de Medicina de París se burló de Harvey oficialmente; en Francia sólo lo defendieron y vindicaron literatos como Boileau y Molière. Los pocos enfermos que le seguían fieles desertaron casi todos después de la publicación del *Motu cordis*. Todavía hoy los enfermos que pueden permitirse el lujo de un doctor prefieren el clínico que practica la medicina al investigador, cuyos descubrimientos le distraen de las enfermedades. Harvey continuó trabajando en su retiro de Lambeth, y en 1654, tres años antes de morir, publicó otro tratado, *De Generatione animalium*, en el que precisaba que todo ser vivo nace de un germen o de un huevo; las palabras *Omine vivum ex ovo* son el legado que hizo Harvey a la Humanidad. Aristóteles había afirmado que es el elemento masculino el que da la forma al embrión y que la madre sólo cuida de nutrirlo en su seno. Galeno, en cambio, creyó que los dos progenitores, uniendo sus elementos, producen el nuevo ser. Harvey declaró terminantemente que «casi todos los animales, hasta aquellos que paren vivos a sus hijos, hasta el mismo hombre, se producen por medio de huevos». La intuición genial de Harvey, en este punto, casi no se concibe. El óvulo humano no fue *visto* hasta el año 1827 por Bauer.

El trabajo de Harvey *De Generatione* es cinco o seis veces más largo que el *Motu cordis*. Contiene innumerables observaciones, es una obra paciente y reflexiva, pero sin la brevedad sintética admirable de su primer tratado. El *Motu cordis* de Harvey no puede compararse a nada que le preceda. Hoy se ha tratado de dividir su gloria con el español Miguel Servet, con los italianos Acquapendente y Malpighi... Pero aunque éstos contribuyeron al descubrimiento, unos proponiendo el problema, otros resolviendo algunos de sus detalles, sólo Harvey le concedió la importancia que tenía. El trabajo de Harvey probó que Aristóteles y Galeno no eran infalibles; no había tales poros en el corazón por donde se filtrara la sangre; el corazón no era el hogar ni la caldera del cuerpo, sino un mecanismo como una bomba con válvulas.

Los comienzos de la moderna biología

Quedó, como ya hemos dicho, un punto sin precisar en la teoría del sistema circulatorio propuesto por Harvey. La sangre iba del corazón a los músculos, y Harvey creyó que éstos hacían el oficio de esponja; de allí la extraía el corazón por la succión de las venas. Pero ni los músculos son materias esponjosas ni toda la sangre va a los músculos. Harvey no llegó a conocer que la sangre pasa de las arterias a las venas por unos vasos capilares, invisibles sin microscopio; y, sin embargo, saltaba a la vista, por poco que se hubiera fijado en los dibujos anatómicos de Vesalio, que la sangre pasaba de las arterias a las venas directamente, sin detenerse en *la esponja* de los músculos. Las terminaciones de las arterias estaban afrontadas con las terminaciones de las venas. Sin embargo, debe excusarse a Harvey porque en su tiempo el microscopio era todavía un instrumento muy deficiente. Galileo había ya imaginado combinar lentes para formar el telescopio, y, como consecuencia, se derivaba que podían usarse lentes combinadas que harían de microscopio. Pero las imágenes que proporcionaban estos microscopios primitivos no eran claras, y casi parecía preferible usar simples lentes. Y con simples lentes no podían obtenerse grandes ampliaciones; sin embargo, con ellas consiguió Marcelo Malpighi descubrir los vasos capilares que hacen de puente entre las venas y las arterias. Malpighi nació en 1628. En 1661, cuatro años después de la muerte de Harvey, Malpighi daba a la estampa su libro *De pulmonibus*, en el cual describía por vez primera el paso de la sangre de las arterias a las venas a través de los vasos capilares. El secreto le fue revelado por el pulmón de la rana, donde los capilares son muy grandes; allí con la simple lente pudo observar el fenómeno. El verdadero carácter vesicular del pulmón quedaba también del todo especificado en la obra de Malpighi, que era un técnico impecable, muy hábil para la observación de lo diminuto.

Como queriendo en todo continuar la obra de Harvey, Malpighi publicó todavía un libro sobre la generación *De formatione pulli in ovo* (1673). Estudió la anatomía del gusano de seda y puede decirse que inició la histología moderna, haciendo notar la diferencia de los tejidos de las vísceras y de las glándulas. Pero todavía quedó por aclarar la causa del calor de la sangre. Servet casi anticipó que los pulmones servían para enfriarla, por lo menos afirmó que toda la sangre pasaba por los pulmones. Harvey, al principio, creyó también que la respiración servía para enfriar la sangre; pero después, al notar que el feto no respiraba, abandonó el problema por demasiado complicado. Sanctorius, un profesor de Padua, fue el primero que intentó medir las variaciones de la temperatura en el cuerpo humano, ya a principios del siglo XVI. Pero no hay que decir que los termómetros de aquel tiempo no permitían apreciar ni décimas ni casi grados. Descorazonado por sus experimentos sobre temperaturas, Sanctorius trató de

Fracastoro, quien dio el nombre a la sífilis (1484-1553).

Barbero rústico del siglo XVI operando a un paciente. Cuadro de Teniers. Museo del Prado.

comparar los pesos del cuerpo en diferentes ocasiones y en distintas circunstancias. Con esto puede decirse que Sanctorius estableció los principios de la moderna ciencia del metabolismo o nutrición y secreción. ¡Qué humilde comienzo! Pero, ¿quién se atrevería a negar la importancia de estos experimentos de Sanctorius, pesando y volviendo a pesar a un individuo?

Hacia esta época empiezan los holandeses a interesarse por los estudios biológicos, en los que más tarde debían superar a los italianos. Sin títulos ni educación escolástica, Antonio van Leeuwenhoek confirmó las observaciones de Malpighi de los vasos capilares del sistema circulatorio, dibujó los espermatozoos y los corpúsculos de la sangre y hasta dibujó bacterias, que pudo observar en el sarro de los dientes y en el limo de las aguas. Esto ocurría el año 1683 y por todo instrumento empleaba Leeuwenhoek lentes de poca ampliación. Otro holandés, llamado Swammerdam, se especializó en el estudio de los nervios, y probando de antemano que el músculo no aumenta de peso

ni medida en el momento de contraerse, pudo refutar por completo la vieja idea de que los nervios transmitían un fluido o líquido nervioso análogo a la sangre de las venas.

Pese a su trascendencia para el futuro, estos descubrimientos apenas cambiaron la práctica de la medicina. ¿En qué podía ayudar, para la curación de las enfermedades, el régimen y funcionamiento de un órgano aislado, aunque éste fuera el corazón? En cambio, la cirugía se aprovechó de los estudios de Vesalio y de otros libros de anatomía. Las guerras de religión proporcionaban infinidad de ocasiones para intervenir a los cirujanos militares, que podían comprobar sobre las mesas operatorias lo que decían los libros. El médico militar francés Ambrosio Paré realizó numerosos experimentos que le llevaron a poder afirmar cuatro puntos importantísimos: el primero, que las heridas por arma de fuego no estaban envenenadas y no requerían el tratamiento del aceite hirviente, que quemaba los tejidos. Este descubrimiento fue casual; Paré, en una ocasión, se encontró sin aceite en el campo de batalla y notó que las heridas se cicatrizaban más pronto con bálsamos fríos. El segundo descubrimiento de Paré es que pueden evitarse las hemorragias, después de amputaciones, ligando el miembro y no cauterizando el muñón. El tercero fue el preconizar el cambio de posición del feto en casos de presentación anormal, y el cuarto, que las moscas transmiten las enfermedades. ¡Qué inocentes nos parecen estos *descubrimientos!* Con todo, los libros de Paré: *La manière de traicter les playes* (1545), *Briefve collection de l'administration anatomique* (1551), etc., fueron impresos y reimpresos en todos los países de Europa.

Como les sucede siempre a los innovadores, la Facultad, los profesionales practicones, erigidos en autoridad infalible, hicieron una guerra encarnizada a Paré. Este tuvo que jurar, ante la Facultad de Medicina, que creía en todo lo que creía aquella corporación petrificada, con Galeno y Aris-

Los comienzos de la moderna biología

tóteles por patronos. Así y todo, la Facultad trató de impedir la publicación de las obras de Paré, que no tenían nada de pecaminoso y sí muchos consejos excelentes, basados en su gran experiencia como cirujano militar.

Por lo que toca a medicina interna, la gran lucha de los siglos XVI y XVII fue contra la sífilis. Se creía entonces que la sífilis era una enfermedad de origen americano; pero es probable que sea mucho más antigua de lo que se pensaba, y que no fuera sino sífilis probablemente mucho de lo que en Oriente se llamaba lepra. Hacia el fin del siglo XV, coincidiendo con el descubrimiento de América, la sífilis hizo estragos en Europa. Se empezó entonces a darle el nombre de *male franco* o *morbo gállico*. El primero en llamarla *sífilis* fue Fracastoro, el año 1530; su tratamiento había producido ya una copiosa literatura antes de Fracastoro, pero éste puso orden en la confusión, y además describió los síntomas de otras enfermedades infecciosas como el tifus.

Ya hemos visto a universidades como Padua especializarse en los estudios biológicos; esto por fuerza tenía que producir médicos dotados de espíritu de observación y hacer adelantar el arte de la medicina. Pero continuaron los practicantes y barberos operando a discreción, sobre todo ayudando a las comadronas. En partos difíciles, el barbero-cirujano y la comadrona acababan torpemente con la vida de la madre y del hijo. Tales y tan frecuentes fueron los abusos cometidos, que ya a principios del siglo XVI se empezó a legislar en Francia contra barberos y comadronas, acusados de homicidio. Los hospitales se perfeccionaron igualmente, de acuerdo con las nuevas enseñanzas de la ciencia biológica.

Pero la medicina no podía progresar mientras la química quedase retrasada, y en esta ciencia perduraban las supersticiones medievales de la piedra filosofal y de la alquimia. Nadie se proponía reducir una sal, o sintetizar un compuesto, si se podía destilar oro o hacer una piedra que satisficiese todas nuestras necesidades. A lo más, los químicos consentían en aceptar la teoría de los cuatro elementos de Aristóteles.

El primero que dio a la química una orientación enteramente moderna fue el irlandés Roberto Boyle. Hacia la mitad del siglo XVII se había fundado en Inglaterra una sociedad llamada *el Colegio invisible* o universidad sin sede. Sus miembros habían convenido en dedicarse al cultivo de la *Nueva filosofía*, esto es, las ciencias naturales, cultivadas por la observación y la experimentación. Sostenido por este grupo de amigos, Boyle libró la química del dogma aristotélico de los cuatro elementos, pero no pudo emanciparse por completo de la alquimia. Sin embargo, en su primer libro, que lleva por título *El Químico escéptico*,

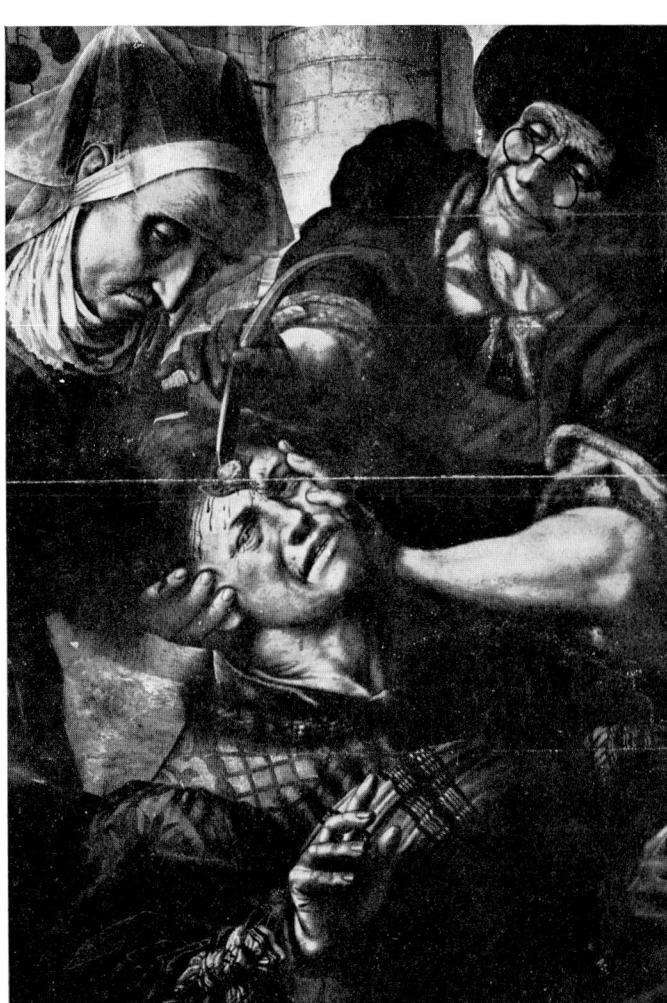

Extirpación de un tumor en el siglo XVI. Cuadro de Jan Van Hemessen. Museo del Prado.

Capítulo XV

Roberto Boyle.
Cuadro de Kerseboom (1627-1691).

criticó mordazmente los experimentos de los que continuaban creyendo, de acuerdo con las ideas de Paracelso, que la sal, el azufre y el mercurio eran los verdaderos elementos de todas las cosas. La química empezó desde entonces a ser una verdadera ciencia.

Boyle, bajo ciertos aspectos, es tan grande como Newton, de quien fue casi contemporáneo. Newton nació el 1642 y Boyle en el 1627; ambos murieron después de una larga vida consagrada a la ciencia. Ambos fueron miembros al mismo tiempo de la *Royal Society*, la Academia de Londres, recién fundada, como secuela del *Colegio invisible*. Boyle era irlandés, hijo del duque de Cork, y, por consiguiente, poseía recursos suficientes para dedicarse con entera libertad a sus investigaciones científicas. Cuando sólo tenía ocho años sus padres enviáronle a Inglaterra para que allí recibiera su primera educación; después estudió en Leyden, Lyon y Ginebra. A su regreso del Continente, Boyle residió primero en sus propiedades de Irlanda e Inglaterra, y las veces que iba a Londres posaba generalmente, pues era soltero, en casa de su hermana, dama de honor de la corte. En el año 1654 Boyle se instaló definitivamente en Oxford. El laboratorio de Boyle en esta ciudad, con los aparatos que él necesitaba para realizar sus experimentos, fue el que podríamos llamar primer laboratorio moderno de física y química.

Boyle era alto, delgado, de tez pálida, reveladora de una naturaleza delicada. Para conservar la salud trataba de prevenirse contra los cambios de temperatura, advertido por el termómetro, que era entonces un aparato algo primitivo. Todo el caudal que le sobraba, una vez satisfechos con toda puntualidad los cuantiosos gastos que le irrogaban sus complicados experimentos, acostumbraba repartirlo entre los pobres y las obras de propaganda religiosa. Con frecuencia se ha dado en llamar a Boyle con el sobrenombre de *el sabio santo*. Boyle tuvo la intuición de los elementos químicos, probó que el aire era una substancia material y llegó a pesarlo... Galileo había ya demostrado el peso del aire porque inyectando aire a presión dentro de un vaso éste pesaba más que cuando el aire se hallaba en su natural presión. Torricelli, discípulo y amigo de Galileo, observó que, por mucho esfuerzo de succión que se hiciera con una bomba, el agua nunca subía más de treinta y tres pies. El peso de esta columna de agua debía equilibrar el valor de la presión atmosférica. Para probarlo, Torricelli hizo la succión de otro líquido, el mercurio, que siendo catorce veces más pesado que el agua, debía subir sólo hasta una catorzava parte de treinta y tres pies. Así ocurrió, en efecto. Enterado Pascal del experimento de Torricelli, y convencido de que si no subía más el mercurio era porque su altura representaba el valor de la presión atmosférica, encargó a su cuñado, que vivía cerca de la montaña de Puy-de-Dôme, que ascendiera hasta aquella altura para ver si allí el mercurio subía hasta

Los comienzos de la moderna biología

el mismo nivel que en el llano. La diferencia, que era de tres pulgadas, confirmó las suposiciones de Pascal y Torricelli. Pero no se sacaron consecuencias provechosas del notable descubrimiento hasta el momento en que Boyle procedió con su máquina neumática a verificar experimentos de diferentes presiones dentro de una esfera de vidrio.

El lector podrá ver el ingenioso aparato de Boyle, tal como lo reproducimos en esta misma página. Abriendo y cerrando espitas, Boyle extraía con una bomba el aire de la esfera, enrareciéndolo gradualmente, y, al revés, comprimía el aire cerrando y abriendo las espitas en sentido inverso. Así llegó a poder formular varias leyes de los cuerpos gaseosos y, sobre todo, a destruir la gran superstición, fundada en los escritos de Aristóteles, de que la Naturaleza tiene horror al vacío. Boyle, con su máquina neumática, producía un vacío casi perfecto y afirmaba que sus experimentos «probaban que la *supuesta aversión de la Naturaleza al vacío* es accidental consecuencia de la fluidez de los cuerpos y del aire principalmente». Los cuerpos caían todos en el vacío con la misma velocidad, tanto si eran ligeros como pesados; en cambio, el tic-tac del reloj no se oía desde el exterior cuando la esfera se vaciaba por completo. Esto significaba que el sonido requería un medio como el aire para su propagación. Boyle disertó hipotéticamente sobre la estructura de la materia y de los átomos, y por sus geniales intuiciones puede llamársele el fundador de la química moderna. Según él, todos los cuerpos estaban formados por *corpúsculos,* de diferentes clases y medidas, que al mezclarse formaban las diversas substancias. Boyle distinguió entre mezclas y compuestos, y estableció que un compuesto debe tener cualidades diferentes de sus componentes. Empezó a preocuparse de la combustión y respiración, probando que requería aire. Nunca quiso hacer disecciones de animales, cohibido por su natural piadoso y compasivo. La ambición de las ciencias experimentales, en sus comienzos, era la de poder llegar a formularse de un modo matemático. Era la misma preocupación de Descartes y Spinoza por lograr probar, con demostraciones matemáticas, los principios de la filosofía. Pero si aún hoy son muy difíciles de estructurar con fórmulas matemáticas los resultados de la química obtenidos empíricamente, ¡cuánto más difícil no habría de ser en la época de Boyle!

Sin embargo, el método de la observación y experimentación estaba preconizado como el único verdaderamente científico. He aquí las palabras con que el gran clínico italiano Silvio, del año 1664, exponía su manera de enseñar:

«Yo llevo a mis estudiantes cada día a las salas del hospital para que vean ellos mismos a los enfermos. Les hago observar los síntomas de la enfermedad y procuro que es-

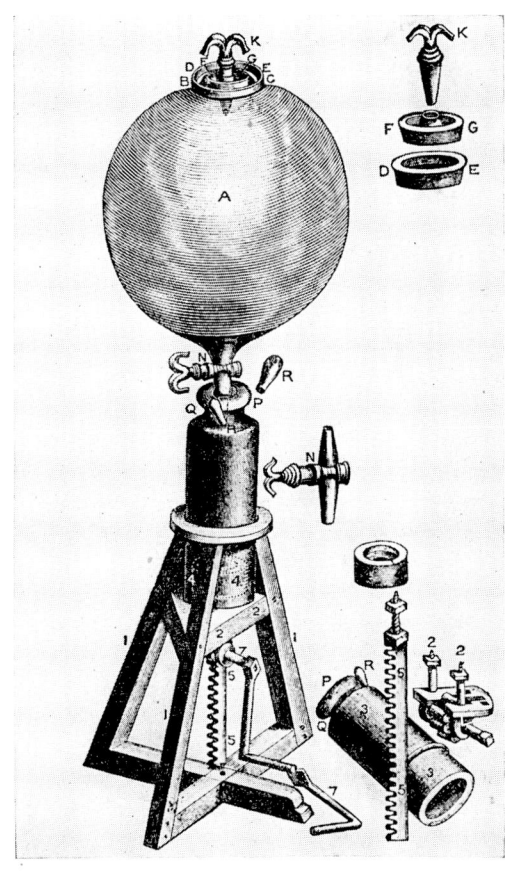

Primera máquina neumática de Boyle para producir el vacío.

Capítulo XV

cuchen las quejas de los pacientes. Después pregunto a los escolares lo que piensan de una enfermedad, cuáles creen que puedan ser sus causas y qué tratamiento propondrían para curarla. Sobre todo les exijo las razones en que fundan su opinión, y después doy mi juicio y receto las medicinas.»

La impaciencia por descubrir suficientes leyes del Universo para con ellas formular un nuevo Sistema del Mundo se manifiesta hasta en espíritus místicos, como es el caso de Pascal y Descartes. Todos parecen esperar *la revelación*, que serán los *Principia Matemática* de Newton. ¡Ah, si Descartes y Pascal hubieran tenido la oportunidad de leer los *Principia* como los leyó Boyle! Todavía tienen que combatir el prejuicio del horror al vacío porque así lo había creído *la antigüedad*.

«El respeto que ahora se tiene por los antiguos escritores griegos y latinos es tal, que se consideran oráculos sus pensamientos, y sus obscuridades, sublimes misterios, hasta en aquellos asuntos en que deberían tener menos valor... La geometría, la aritmética, la música, la física, la medicina, la arquitectura y todas las ciencias sujetas al raciocinio y a la experimentación, deben ser cultivadas para perfeccionarlas. Los *antiguos* las han encontrado sólo planeadas por aquellos que les precedieron, y nosotros las dejaremos sólo en un estado algo mejor para aquellos que nos sigan...»

«Sin embargo — sigue quejándose Pascal —, la calamidad de nuestro siglo es que se perdonan opiniones nuevas en teología, y, en cambio, las pocas novedades que hemos podido enunciar en física parecen falsas porque chocan con las opiniones tradicionales, como si fuera un deber inexcusable el respeto por los antiguos filósofos que trataron de estos asuntos...» Se puede, según Pascal, perdonar a los antiguos la creencia de que la Vía Láctea era debida a una mayor densidad en aquella parte del cielo, que por eso reflejaba mejor la luz... o el decir que la Naturaleza tiene horror al vacío; pero no se puede perdonar a los modernos, porque si hubiesen conocido nuestros experimentos, hubieran afirmado lo que entonces negaban.

No se puede pedir más para aquel tiempo. Todavía hoy estas palabras de Pascal es posible que suenen a ridícula pedantería seudocientífica en muchas facultades de física y medicina de Europa y América.

Medalla de Carlos II,
fundador de la *Royal Society*, de Londres.

Boda en Holanda, en el siglo XVII. Cuadro de Duystev.

CAPITULO XVI

DESCARTES, SPINOZA Y LEIBNIZ

Los resultados de los trabajos de Kepler y Galileo fueron el estímulo para continuar el esfuerzo de descubrir nuevas leyes. Copérnico y Kepler requirieron una fe previa, esto es, que el Universo estaba organizado de una manera matemática. Según esta fe, si no se sabía más del régimen del cielo y de la tierra, era culpa de los hombres, no de Dios. El Cosmos era un mecanismo dirigido regularmente, con las leyes fijas. Dios tenía estas leyes en su mente y se dignaría revelarlas en el preciso momento en que los humanos prestaran atención a lo que ocurría a su alrededor. El plan de la Creación podía ser descubierto y explicado con fórmulas matemáticas. Para Kepler, el mundo era «una divina geometrización».

Galileo tuvo el mismo concepto del Universo. La Naturaleza se regía por leyes matemáticas precisas, y con matemáticas creó su teoría del movimiento. Descomponiendo el movimiento en períodos consecutivos, se produce el mismo efecto que apreciamos con los sentidos: así se podían estudiar los objetos en movimiento y en estado de quietud, coordinados según una ley. La suma de una serie de diversas quietudes era un movimiento. El postulado de que el mundo estaba matemáticamente organizado fue la base de toda la ciencia y la filosofía del siglo XVII. Todos los grandes pensadores de este siglo procuran pensar como matemáticos.

En cierto modo, puede presentarse ya como un precursor de este *nuevo mundo* científico al canciller inglés Francisco Bacon, que, todavía en el siglo XVI, escribió un tratado llamado *Novum Organum*. (El viejo *Organum* era la *Lógica* de Aristóteles.) Bacon propuso descubrir la verdad valiéndose de la observación de los fenómenos y sintetizando después las observaciones, en lugar de explicar los fenómenos por una razón aceptada de antemano. La razón, en la

Capítulo XVI

mayoría de los casos, se basaba en la autoridad de la Escritura o de los Santos Padres, o del mismo Aristóteles. Pero la labor de Bacon fue utilísima más por sus ataques al viejo *Organum* que por su proposición de un método mejor. Su libro en latín, *Idolos*, revela la pobreza del pensamiento que adora falsos conceptos. Los ídolos, a veces, eran sólo palabrería, sin lógica ni sentido, que se adoraban como verdades. La vacuidad de muchos conceptos admitidos como dogma por la ciencia resultaba evidente después de los ataques de Francisco Bacon, quien, sin embargo, no llegó a comprender toda la importancia de las demostraciones matemáticas.

El primero que tuvo perfecta conciencia del método que se inauguraba con Kepler y Galileo fue Descartes; éste, en realidad, es el fundador, el verdadero creador del espíritu científico moderno. Renato Descartes era francés, nacido en un pueblecito de la Turena en 1596. Sus padres le destinaban a la carrera militar, pero él, desde muy temprano, sintió vocación por la filosofía. Se educó en el Colegio Real de Jesuitas de la Flecha y allí se confirmaron sus maneras aristocráticas y altivas. Pese a su ambición filosófica, se mantuvo adicto toda su vida a los jesuitas y se mostró respetuoso con la Iglesia. En 1634, Descartes escribía aún a su amigo el padre Mersenne: «Ya debéis saber que Galileo ha sido censurado por la Inquisición y que sus opiniones sobre el movimiento de la Tierra han sido condenadas por heréticas. Yo sólo puedo deciros que en mi tratado acerca de la luz he admitido la idea del movimiento de la Tierra; pero si creyera que mi teoría dependiese de la de Galileo, por nada del mundo la defendería contra el parecer de la Iglesia, aunque estuviese basada en demostraciones que parecieran ciertas y que fuesen completamente claras.» Estas palabras del fundador del método moderno, y la retractación de Galileo, prueban la fuerza que tenía la Iglesia de la Contrarreforma con el concurso que le prestaban los jesuitas. Sin embargo, la filosofía escolástica que se enseñaba en la Flecha no podía satisfacer a Descartes; en cambio, en las matemáticas, de las que los jesuitas eran buenos maestros, veía verdades establecidas rigurosamente. Por esto, a pesar de su respeto por el dogma, Descartes no cesó en su porfía de sujetar todo el conocimiento filosófico al mismo régimen de enunciado y prueba que se aplicaba en las matemáticas. Descartes dispuso de recursos para completar su educación con largos viajes. El propósito de estos viajes está por él explicado diciendo que «fue de una corte a otra para ver el mundo como un espectador», y en el *Discurso del Método* dice: «Es conveniente conocer las maneras de las otras gentes para poder emplear nuestro juicio más razonablemente y no creer ridículo todo lo que no se aviene con nuestra manera de ser, como hacen los que no han viajado.» En 1625 se

Francisco Bacon, autor del *Novum Organum*, por Van Somer. National Gallery. Londres.

Descartes, Spinoza y Leibniz

estableció en París, aunque viviendo cuatro años escondido en la gran ciudad, como un ermitaño, recibiendo raras visitas, y completamente entregado a sus estudios. En el año 1629 se trasladó a Holanda, entonces el país más despierto de Europa, y allí vivió hasta el año 1649.

Descartes ya no permaneció tan solitario en Holanda, pues cultivó el trato de gentes y hasta tuvo amores correspondidos. Gozaba sobre todo de la calma de espíritu que produce el éxito, la paz interior del que se siente maestro de la técnica y la satisfacción del resultado conseguido. En los veinte años que pasó Descartes en Holanda continuó esforzándose en formular nuevas verdades; pero los años de su madura juventud en la ciudad de París fueron los de verdadera lucha. Fue en París donde peleó solo, cara a cara, con el ángel malo de la confusión, que le vedaba el camino del recto conocimiento con pruebas matemáticas.

En 1649 Descartes aceptó la invitación de la reina Cristina de Suecia, que le ofrecía toda clase de honores y facilidades para continuar allí sus trabajos. Pero como su naturaleza era más bien frágil, murió de una pulmonía durante el invierno siguiente a su llegada a Estocolmo.

Aunque Descartes se conservó católico practicante hasta el fin de su vida, toda su gloria se basa en su *duda metódica*. Por sus importantes descubrimientos matemáticos sería también famoso, pero la gran popularidad de su reputación se basa en estas tres palabras: *Cogito, ergo sum (Pienso, luego existo)*. Están grabadas en su monumento de La Haya, y por ellas será recordado como un nuevo profeta.

La importancia de este axioma no se revela en seguida; es evidente, por lo menos para un occidental. Buda había dicho que precisamente el pensar es lo que nos da la engañosa percepción del *ego;* que creemos existir sólo porque pensamos. Pero, en fin, ambos arrancan del vacío de la duda; Buda, para llegar al conocimiento del *no-ser,* y Descartes, al conocimiento del *ser,* al de la existencia individual.

Descartes, por Franz Hals. Museo del Louvre.

El estado mental que obligó a Descartes a preguntarse si verdaderamente él existía, se repite a menudo en las grandes almas perturbadas por la sed de conocimiento. San Agustín, en el libro XXVI de *La Ciudad de Dios,* dice: *Si enim fallor, sum (Me equivoco, luego existo)*. La relación entre Descartes y San Agustín se advierte todavía más comparando los dos siguientes párrafos. Dice San Agustín: «Yo estoy seguro de que existo, porque me conozco y quiero vivir. Y esta certeza está por encima de todas las objeciones de los escépticos; porque, si me dicen que puedo equivocarme, diré: — Puedo equivocarme, luego existo.» Descartes, por su parte, escribe: «¿Qué soy, pues? — Una cosa que piensa. — ¿Y qué es una cosa que piensa? — Una cosa que duda, que concibe, que afirma, que niega, que desea, que imagina y que siente.»

Dando por probado que existimos porque pensamos, Descartes pasa a preguntarse si podemos probar que existe algo más que el yo pensante. ¿Quién nos asegura que este mundo exterior no es una alucinación,

Capítulo XVI

algo puramente imaginario, acaso producido por un espíritu maligno para confundirnos con engaño? El temor de estos seres malos, y sobre todo la respuesta o prueba que encuentra Descartes para su segundo problema, es típico de un discípulo de los jesuitas. Creemos que el lector quedará sorprendido si le decimos que Descartes prueba que hay un mundo exterior porque hay Dios. Para probar que Dios existe, la prueba que da Descartes también hoy parece algo jesuítica. A decir verdad, eran mucho más completas las pruebas que da Santo Tomás en la *Summa Theologica* que la que Descartes propone, creyendo proceder como un matemático en su demostración. Dios existe, dice Descartes, porque nosotros pensamos en Dios, tenemos una idea de Dios. Esta es la prueba de Descartes: «Somos capaces en nuestra mente de imaginar un ser infinito y perfecto — esta idea de un ser infinito y perfecto no puede ser causada más que por un ser infinito y perfecto —, luego Dios existe.»

Este fue también el modo de argumentar de San Anselmo. Partiendo del concepto de Dios, como ser altísimo y perfecto, argüía que semejante ser, pensado como el más perfecto de todos, debía también existir; pues, de lo contrario, faltaría uno de los caracteres de la perfección, que es la existencia. Pero Confucio no necesitó de este concepto de *altísimo*.

Lleno de dudas, empero, Descartes tenía una fe sin límite en el poder del pensamiento. En la historia del espíritu humano se repite a menudo el caso de llegar a la consecución de los más grandes resultados por caminos extraviadísimos. Fundar la existencia de Dios en el argumento de que Dios existe porque somos capaces de imaginarlo parece algo fantástico, y creer que el mundo exterior es una realidad porque Dios lo ha de haber creado, es más fantástico aún. Con todo, Descartes tenía fe en su método. El primer título que quería poner a su gran obra, el *Discurso del Método*, era: *Proyecto de una ciencia universal que pueda elevar nuestra naturaleza a un más alto grado de perfección*, etc. Esta ciencia universal, que tenía que producir al superhombre, estaba basada en las matemáticas.

«Me encantaban sobre todo las matemáticas — dice Descartes — por la certeza y evidencia de sus demostraciones, pero no comprendí aún la posibilidad de emplearlas para otra cosa que no fuese la mecánica. Me maravillaba de que no se pudiera levantar un edificio espiritual sobre cimientos tan firmes y sólidos.» En consecuencia, Descartes empezó a buscar la manera de construir su filosofía sobre las matemáticas. «Los razonamientos, encadenados y precisos, que usan

Estatua de Descartes en La Haya.

Descartes, Spinoza y Leibniz

Pabellón que ocupó Descartes en Utrecht en 1635.
De un dibujo antiguo en la colección de la reina de Holanda. Castillo de Soestdijk.

los geómetras para sus demostraciones, me hicieron pensar que todo lo que depende del intelecto humano podría probarse de la misma manera, con tal que no se acepte como verdadero nada que no esté antes bien probado y evitando pasar sin la misma evidencia de una verdad a la otra.»

Su talismán es el método matemático. Quería aceptar sólo aquellas proposiciones que son claras y precisas; las verdades complicadas deben subdividirse en tantas partes como sea posible. Además, hay que pasar de lo simple a lo complejo, y precisa evitar que se nos escapen detalles que podrían fortalecer o debilitar el raciocinio. Por ello decide rechazar «...como absolutamente falso todo aquello que lleve la menor tacha capaz de producir duda; no quería que quedara en la mente nada que no fuese absolutamente cierto». Descartes insiste a menudo en las palabras «claras y precisas», refiriéndose a las verdades que quiere encadenar como base de la ciencia nueva, que debiera ser una enciclopedia fisicomatemática.

Recordemos que, hasta el presente, Descartes sólo ha establecido dos verdades: la de su existencia y la de la existencia de Dios; la tercera que cree probar es que el mundo no es un producto de la imaginación. Cree que la existencia de Dios es ya de por sí la prueba de la existencia del mundo exterior, y que el concepto que tenemos del mundo por los sentidos es exacto, porque, siendo Dios perfecto, no nos querrá engañar.

Descartes prosigue analizando el mundo exterior por su método de subdivisión, y le halla compuesto de dos *substancias:* mente y materia *(res cogitans y res extensa).* La mente, o inteligencia, es completamente distinta de la substancia de las cosas corporales. Es inmaterial y sin extensión. Los cuerpos son materiales y ocupan espacio. Continuando su raciocinio, Descartes insiste en que mente y materia no tienen ninguna relación y deben estudiarse por separado. Solamente en el hombre, espíritu y materia están unidos por un especial querer de

Capítulo XVI

Medallón con el retrato de la reina Cristina, protectora de Descartes.

Dios; por esto la conciencia tiene efectos sobre el cuerpo, y el cuerpo influye en la mente humana. Hoy nos hacen sonreír los esfuerzos del padre del pensamiento moderno por encontrar en el cuerpo humano el lugar de intersección entre la materia y el espíritu. Descartes creyó haber descubierto que la mente y la materia se comunican en la glándula pineal alojada en el cerebro. Descartes no llegó a este notable resultado sin antes practicar disecciones anatómicas. Aunque filósofo, y matemático sobre todo, era casi un médico; sentía tanta curiosidad e interés por las ciencias biológicas como por las físicas, y dio razones *biológicas* para explicar el funcionamiento de la glándula pineal; pero ya le fue mucho más difícil probar por medio de demostraciones matemáticas el supuesto papel de intermediario de la misteriosa glándula entre el espíritu y la materia, o entre el alma y el cuerpo.

No hay duda que el *disparate pineal* de Descartes fue todavía consecuencia de su formación intelectual. Había que explicarse el funcionamiento de este ser excepcional que es el hombre, *sólo un tanto inferior a los ángeles*. Su distinción entre materia y espíritu se admitió por los que le sucedieron; sólo que algunos prefirieron continuar las observaciones de las leyes del mundo material, mientras que otros se especializaron en el estudio de las del espíritu. Con sus doctrinas, Descartes fue inconscientemente la causa de las dos corrientes filosóficas que se originaron más tarde: las escuelas materialistas y las idealistas.

Descartes hizo avanzar prodigiosamente las ciencias matemáticas con el método de notación que se llama aún hoy *cartesiano*. Supuso el espacio dividido por tres ejes y cada punto fijado por tres *coordenadas*, o distancias a estos ejes. Esto facilitó la formulación de las leyes de las líneas en un plano, o de las superficies en el espacio. Cada curva, cada superficie, si era regular y matemática, tenía sus puntos fijados de antemano por una ley que podía formularse en términos de las coordenadas o distancias a los ejes. Cabe imaginar con qué éxito resolvería Descartes los problemas geométricos de la materia, él que aspiraba a sujetar el espíritu a fórmulas matemáticas.

Sin embargo, Descartes no llegó nunca a adoptar, en su exposición filosófica, el vocabulario técnico de las matemáticas, probando sus proposiciones espirituales con demostraciones algebraicas y enunciándolas con teoremas y corolarios. A este extremo llegó, en cambio, su discípulo Baruch de Spinoza, discípulo sólo por la lectura de sus escritos. Spinoza nació en Amsterdam el año 1632, de una familia de judíos portugueses, y por su educación, esencialmente hebrea, puede considerársele también como el último de la serie de grandes pensadores judíos hispánicos. En realidad, Spinoza debe tanto a Maimónides y Abencebrón como a Descartes. Probablemente el hecho de que Spinoza se encuentre en la confluencia de las dos filosofías extremas del Oriente y el Occidente es lo que le da encanto singular y le hace un pensador perenne de toda la Humanidad, más que el filósofo de una escuela o una época.

Descartes, Spinoza y Leibniz

Recibió su primera educación en la *escuela* de Amsterdam, como se llamaba entonces a la sinagoga; allí aprendió de los ancianos la ciencia de la ley mosaica, y además el hebreo, latín y griego. Fuera ya de la *escuela*, Spinoza leyó las obras de Descartes, y su entusiasmo por la nueva filosofía se manifestó tan fuerte y sincero, que hubieron de reprobarlo los rabinos. El disgusto llegó a tal extremo, que, en 1656, cuando Spinoza sólo tenía veinticuatro años, fue expulsado de la sinagoga. Esto hizo de él un paria, desterrado de la judería, denostado por sus compatriotas, odiado por sus parientes, escandalizados, y sin por esto encontrar entre los protestantes holandeses un substituto de la familia y de la gente que le habían excomulgado. Baruch Spinoza aprendió el oficio de fabricante de lentes, acaso para imitar a Descartes; pero éste había tallado lentes por afición, mientras que Spinoza lo hizo para ganarse el sustento.

El biógrafo de Spinoza, su discípulo Colerus, dice que «era débil de cuerpo, enfermizo y propenso a la tisis desde su juventud; de estatura mediana, cutis moreno pálido, cabellos negros rizados y párpados gruesos. En su aspecto en seguida podía reconocerse su origen hebreo portugués». El año 1663 publicó Spinoza su primer libro: *Principios de la Filosofía de Descartes*. Este trabajo llamó la atención del gran estadista holandés Juan de Witt, quien concedió a Spinoza una pensión vitalicia. El agradecimiento de Spinoza le hizo meditar sobre las cosas de gobierno, y acabó por incorporar sus ideas en su obra capital: *Tratado Teológico-político*. Publicado en 1670, el *Tratado* causó tal escándalo, que Spinoza no se vio con ánimo para dar a la imprenta ninguna otra obra suya. La *Ética* es ya un libro póstumo, editado por Colerus; Spinoza murió de tisis pulmonar en el año 1676; tenía cuarenta y cuatro años.

El punto de partida del sistema de Spinoza es la distinción que había hecho Descartes entre mente y materia. Esta distinción perdura en Spinoza; sólo que para él mente y materia son dos aspectos de la misma cosa: Dios, que para él es idéntico a la Naturaleza entera. Para Spinoza hay dos tipos de naturaleza — dos maneras de ser —, que llama *natura-naturanda* y *natura-naturada*; la una es la naturaleza creadora, la otra la naturaleza creada. Descartes había hablado de Dios como de *una substancia*. Para Descartes esto quería decir que Dios existe en sí mismo. Spinoza acogió esta idea como el punto central de todo su sistema. «Yo entiendo como substancia (Dios) — dice Spinoza — todo lo que existe en sí mismo y se comprende a sí mismo.» Como inmediata consecuencia, Spinoza dice que Dios

Autógrafo de Descartes. Final de una carta al padre Mersenne. «Sobra todavía tinta y papel, pero no tengo más que decir, etc.», 4 de marzo de 1641. Biblioteca Nacional. París.

Capítulo XVI

Retrato auténtico y contemporáneo de Spinoza.

que han creado los hombres para sus religiones nacionales. No podemos hablar de El como si tuviera voluntad, o pensamiento, porque estas cualidades le limitarían a ser una persona individual. Y puesto que Dios no tiene individualidad, no razona, no tiene ningún propósito fijo. Creando y obrando, Dios cumple con su misma esencia.

Dios, por lo tanto, es libre; está todo El en la Naturaleza, nadie puede influirle o cambiarle. Dios es la naturaleza-creadora, la naturaleza-naturanda, aunque está también en la naturaleza-naturada. El hombre, en cambio, es individualizado y limitado; pero el hombre es una parte de la Naturaleza y, por lo tanto, de Dios. Cuando el hombre es verdaderamente hombre, es libre también, porque cumple su función. La acción del hombre es ser humano. La pasión le hace infeliz. No se pueden llamar acciones huma-

es todo lo que existe, puesto que si hubiese otras substancias que no fueran Dios, este Dios tendría limitaciones, no sería aquello que son las otras substancias. Con este argumento Spinoza pretende convencer de que todo el Universo es Dios. Aceptado este razonamiento, el judío de Amsterdam llegó a ser el más desenfrenado filósofo panteísta de todos los tiempos. Se ha llamado a Spinoza *el filósofo embriagado de Dios*. Goethe, que coincidía con Spinoza, habla de la paz del *espinozismo*. Fue, en realidad, un místico de la Naturaleza, adorándola por la perfección y regularidad de sus leyes. Hablando del milagro, deplora que las almas ruines necesiten de fenómenos extraordinarios para conocer y amar a Dios. Para Spinoza el milagro es la regularidad de los fenómenos. Cree que el ser humano debe percibir mejor la grandeza de Dios en la ley por la cual los tres ángulos de un triángulo suman dos ángulos rectos, que en los prodigios de la vara de Moisés y haciendo retirar las aguas del mar Rojo.

El verdadero Dios, según Spinoza, no puede ser imaginado como los pobres dioses

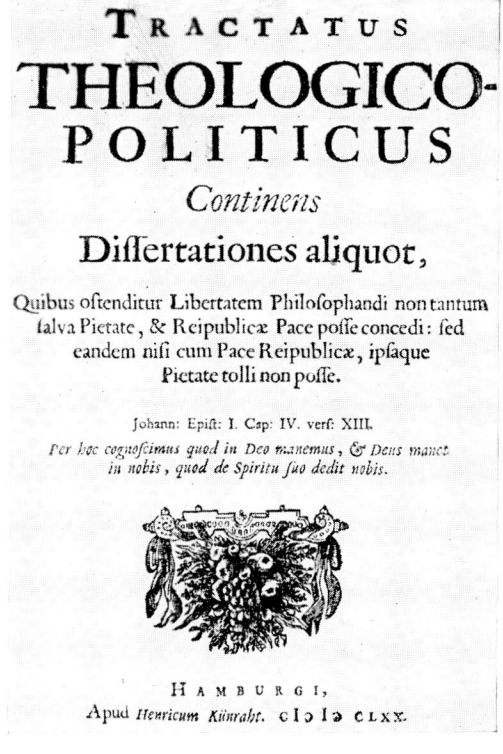

Portada de la primera impresión del *Tractatus Theologico-Politicus* de Spinoza del año 1665 sin nombre de autor. Hamburgo.

Descartes, Spinoza y Leibniz

nas las que realiza el hombre fuera de su naturaleza racional, filosófica y matemática. Lo que el hombre realiza apartándose de su naturaleza no son acciones, son pasiones; padece por ellas, es una víctima de ellas, no un creador, elemento de Dios y parte de la natura-naturanda. Lo que nosotros llamamos virtud, para Spinoza es simple acción; el pecado, o desorden, es, para Spinoza, pasión.

Lo más característico del hombre es el entendimiento; la verdadera acción humana es conocer. Spinoza descubre el goce perfecto en «el amor intelectual de Dios». Este amor no es sentimental y emotivo, sino esencialmente intelectual. He aquí a Spinoza, al discípulo de Descartes, proclamando aún la supremacía de la razón. Pienso, luego existo, dijo Descartes; conozco, luego adoro esto que conozco, dice Spinoza. Dios está en mí y le veo presente en la ley de todas las cosas. Pero como Dios y el Universo son dos aspectos de una misma substancia, calma y contento infinito sólo pueden llegar al hombre de la pura contemplación de las leyes supremas y de la esencia del mundo. ¿Qué puede hacer el hombre mejor que contemplar a Dios? Contemplando la Naturaleza creada, la naturaleza-naturada, el hombre goza de la presencia de la naturaleza creadora, naturaleza-naturanda, que es la ley inmutable y universal del Cosmos. Por la razón, el filósofo consigue la unidad mística con Dios; recobra su posición en la naturaleza-naturanda, que había perdido con sus pasiones, convirtiéndose en bestia. El hombre, humanizado por el pensamiento, se reintegra en la esencia misma del mundo y no es un profeta, o un místico; es Dios, parte de Dios.

Ya hemos dicho que todo el sistema de Spinoza está desplegado en fórmulas matemáticas, casi indiscutibles, pero saturado de fe y de alegría por la convicción que le infunde la certeza de poseer la verdad, sólo vislumbrada por Descartes. No hay en los libros de Spinoza ni remordimiento por haber dejado la religión de sus mayores ni irritación para con la sinagoga por no haberle comprendido. Pobre y solitario, Spinoza vivió en un paraíso como el de los patriarcas que hablaban con Dios y paseaban con Él por el jardín del Edén. «Y Dios hizo crecer en el Paraíso todos los árboles que son agradables de mirar, y todos los que producen buenos frutos», dice la Tora. En Holanda, los árboles del Edén, con bellas flores y sabrosos frutos, eran fórmulas geométricas y leyes físicas, en las que Spinoza veía la gloria de Dios, con la inteligencia suya, que también era Dios.

Mercader holandés contemporáneo de Spinoza en La Haya. Cuadro de Gerardo Terbock. Museo de Munich.

Capítulo XVI

Wilhelm Leibniz.

A su modo, Spinoza había resuelto la gran dificultad enunciada por Descartes. El foso entre mente y materia, cuerpo y alma, había sido colmado por Spinoza con la idea de la substancia absoluta, que lo es todo, y de la que mente y materia son sólo dos aspectos. Descartes había definido la materia como algo dotado de extensión, y la mente como lo que no ocupaba espacio ni tenía altura ni profundidad. Spinoza no discutió esta división, pero aceptó sin vacilar que ambas clases de substancias, mente y materia, eran Dios. Ahora bien, en una época esencial y fundamentalmente lógica, para muchos debió de ser irritante que una cosa fuese a la vez extensa e inextensa. Esta es la dificultad que trató de resolver Leibniz, catorce años más joven que Spinoza.

Leibniz nació en Leipzig el año de 1646, de una familia en la que era tradicional la práctica de la jurisprudencia. Su padre había sido por una temporada profesor de Derecho; Leibniz encontró, pues, en su propia casa, estímulo y libros para hacerse una educación filosófica. Aprendió también matemáticas en Jena, empezando entonces a imaginar relaciones entre los números y la esencia de las cosas. Cuando sólo tenía dieciséis años, escribió una tesis en la que se atrevía a decir *que la esencia de las cosas son los números*. Era, en realidad, la vieja idea de Pitágoras, según la cual cada cosa tiene su forma mensurable matemáticamente y cada objeto o idea puede ser enunciado o definido según un número. Claro está que para Leibniz número quería decir una fórmula algebraica, pero, al fin y al cabo, cada cosa era algo mensurable y representable por medio de una fórmula. La consecuencia inmediata de esta idea es que, lo mismo que pueden hacerse operaciones con números, deben poderse hacer operaciones aritméticas con las cosas que ellos, los números, representan. Se pueden sumar ideas y cosas, multiplicarlas o dividirlas, como se pueden sumar o restar números.

Las doctrinas de Leibniz en este punto coinciden con la fantástica *Arte Magna* de Raimundo Lulio, que Leibniz conoció primero por los comentarios de Giordano Bruno y después en los textos originales. Otra analogía es que, para Leibniz, la suma de todos los números posibles será Dios, como para Lulio Dios era la suma de todos los atributos: Bondad + Belleza + Grandeza + Pureza, etc. Estas eran las ideas de Leibniz joven, y le vemos más o menos propenso a recaer en ellas toda la vida. Pero Leibniz, además, se ocupó en política internacional y derecho público y pensó en coordinar a protestantes y católicos. A los veinticuatro años fue nombrado juez en el tribunal supremo del duque de Hannóver.

Comprendiendo también que la paz de Europa dependía de tener a Francia ocupada en lejanos países para que no se derramara sobre Alemania, Leibniz imaginó proponer a Luis XIV un plan de conquista del Egipto. El rey de Francia nunca llegó a

Descartes, Spinoza y Leibniz

leer el *memorándum* de Leibniz, pero Napoleón lo descubrió en los archivos y quedó sorprendido de haberse visto anticipado por aquel pensador alemán dos siglos antes que él pensara en invadir el valle del Nilo. Ademas, Leibniz comparte con Newton la gloria de haber descubierto el cálculo infinitesimal, base de toda la ciencia matemática moderna. La prioridad de Newton o Leibniz en este asunto ha sido muy discutida. Por fin, se ha logrado poner en claro algunos puntos acerca de ello. Primero: Newton dio a conocer sus ideas de cálculo de las *fluxiones* en 1669, mientras que Leibniz publicó sus estudios matemáticos del 1682 al 1692. Segundo: Parece probado que Leibniz pudo ver algunas de las cartas que Newton escribió sobre este asunto, y que cuando Leibniz fue a Londres, en 1673, visitó a Newton, quien debió de comunicarle sus descubrimientos matemáticos. Tercero: El método propuesto por Leibniz para el cálculo es completamente original, y mucho más práctico y manejable que el de Newton. En este asunto, pues, el hombre de imaginación y precursor fue el sabio inglés, mientras que el alemán dio a su método forma práctica y accesible a todo el mundo.

Pero debemos, por fin, entrar a describir la verdadera filosofía de Leibniz, su teoría de las *mónadas*. Con ellas pretendió resolver el problema de lo extenso y lo sin extensión, planteado por Descartes y superado, sin resolverlo, por Spinoza. *Mónada* viene de *monos*, que quiere decir *uno*; cada cosa, siendo *una mónada*, es completa y lo encierra todo.

Leibniz empezó por recalcar que hay cosas o estados de ánimo que se hace difícil decir si son materia o mente, extensas o inextensas; por ejemplo, sueños, desmayos, alucinaciones, no se puede decir que sean puros objetos mentales. Forman un anillo intermedio entre lo extenso y lo inextenso.

La Vista, por A. Bosse. (De una serie de dibujos titulada: *Los cinco sentidos.*)

Capítulo XVI

Lo mismo puede decirse de luz y calor; no son ni mente ni materia. Fuerza tampoco puede catalogarse ni en la una ni en la otra de las dos mitades de la gran subdivisión de Descartes. Así, la *fuerza* que hace una piedra cuando resiste al movimiento que la empuja, ¿es mente o es materia?... Fuerza, acaso lo esencial de la materia, no puede de ninguna manera hacerse contrastar con mente, como habían propuesto Descartes y Spinoza. La materia es, por lo tanto, inmaterial... Por lo tanto, Dios, que quedó partido, según la solución de Spinoza — natura-naturanda y natura-naturada —, y debía ser extenso e inextenso a la vez, se unifica de nuevo por Leibniz. Según él, materia y mente son idénticas y partes del mismo Dios cósmico. Leibniz compartió con Spinoza la idea de la unidad de cuerpo y alma y creyó resolver el problema de la unidad del Universo, que parecía ilógica en Spinoza. Además, Leibniz en cierto modo se conservó panteísta, como Spinoza, como los estoicos y como Averroes.

Pero si razonando Leibniz llegaba con los ojos de la mente a la conclusión de la unidad del Universo, con los ojos corporales veía el mundo compuesto de cosas variadísimas. Cada uno de los objetos de la Creación parecía tener su vida aparte e influir, modificándolos, en los otros objetos. Cada hombre quiere y piensa a su modo. Leibniz reconoció que cada parte activa del mundo, cada individuo, cada objeto, es una parte de la substancia del Cosmos o de la fuerza que lo mueve. El Universo será, pues, una unidad formada de pluralidades.

Para explicar este conjunto, uno y plural, Leibniz creyó encontrar poderosa ayuda en la palabra *mónada*. Cada mónada, según Leibniz, era el centro de la acción, o de la fuerza, que la mantenía. Cada mónada reflejaba todo lo demás del mundo como un espejo, y así, reflejándolo todo, lo resumía todo. Cada cosa tiene algo de todas las demás; podríamos decir que, en su fórmula algebraica, en el número que representa la cosa, entran todas las cifras, las mismas cifras que entran en los demás objetos, o en los números de los demás objetos. Cada mónada se basta a sí misma y tiene una completa individualidad, su carácter y su historia. Pero en cada mónada se puede distinguir, como en una bola de cristal, todo el resto del mundo. Parecerá a algunos que todas las mónadas serán idénticas, ya que todas reflejan lo mismo: el Universo entero. Pero de hecho no es así; cada una tiene su curvatura propia, y la imagen del espejo varía con cada mónada. Además, hay grados o categorías en las mónadas, según que reflejen el mundo exterior más o menos correctamente, sobre todo más o menos claramente. La gran preocupación de Descartes, afanoso por las ideas precisas, en Leibniz se convierte en un modo de graduar el valor de las mónadas. Las hay imperfectas, porque reflejan el mundo con confusión; son materiales, bajas... Las mónadas espirituales, como alma, mente, están coronadas por la mónada suprema, que es Dios. He aquí, pues, otra vez a Dios reapareciendo del modo más inesperado. No se necesitaba en el sistema de Leibniz un *Deus-ex-machina* para explicar la Creación o su funcionamiento. Pero Leibniz, alma religiosa no menos que filósofo, no podía dejar de ver al Ser Supremo en el vértice de la jerarquía de las mónadas. Dios es la mónada perfecta y representa a todo el Universo. Es la mónada central.

Dios, mónada central, ha predestinado cada cosa a contribuir a una armonía prefijada de antemano; ésta es la famosa doctrina de Leibniz: la de la *Armonía preestablecida*. Cada mónada es independiente, pero, a la vez, actúa como si estuviera influida por las demás mónadas, pues Dios ha prescrito la ley y orden del Universo. Por este camino llega Leibniz a formular su sentencia de que vivimos en *el mejor de los mundos posibles*. Leibniz no nos dice si él cree en la posibilidad de que existan otros mundos, mejores o peores; claro está que si hay una sola posibilidad, ésta tiene que ser la mejor.

Leibniz culmina con el desarrollo de un factor de la realidad sólo entrevisto por Des-

Descartes, Spinoza y Leibniz

San Pablo, por Rembrandt.
(Colección particular. Lausana.)

cartes: la conciencia. A Descartes le sirvió de punto de apoyo el método de conocer. Pienso, tengo conciencia de ello, esto lo sé bien: la misma clase de evidencia inexpugnable debo procurar conseguir en todas mis proposiciones. Para Descartes, sin embargo, la conciencia no es más que una prueba de su existencia y racionalidad. Para Leibniz la conciencia es casi la explicación del mundo. La naturaleza tiende al conocimiento racional. El Universo es una valoración de lo inconsciente. Los grados de claridad de la conciencia son grados en la jerarquía de los seres. Toda mónada aspira a un estado de conciencia clara y diferenciada.

Leibniz a veces se irrita contra el sistema *mecanístico* del Cosmos: «Mr. Newton y sus discípulos tienen una curiosa opinión acerca de Dios y su acción. Según ellos, Dios debe dar cuerda a su reloj de vez en cuando, si no, se pararía. Dios no fue bastante previsor para construirlo de manera que marchara eternamente. Dios tiene que reparar su maquinaria, y esto prueba que ha sido mal ingeniero...» Causa tristeza ver a Leibniz burlarse de *Mr. Newton*, como más tarde Voltaire se burlaría de *Herr Leibniz*.

Resumiendo, Descartes y Leibniz nos procuraron los más importantes métodos de trabajo de la moderna matemática: la notación por coordenadas y el cálculo infinitesimal. Spinoza nos legó un ejemplo de paz filosófica (basada en la contemplación intelectual del Universo) que el mundo no había conocido desde los estoicos.

Esto es aproximadamente lo que se pensaba a fines del siglo XVII, pero ¿qué efecto tuvieron las ideas de los grandes filósofos en las gentes? ¿Qué es lo que sentían y cómo lo manifestaban? En una palabra: ¿cuáles eran las corrientes en literatura y

Capítulo XVI

en arte? Poco se produjo que valga la pena de mencionar aquí, en poesía y prosa. Es la época de la literatura canallesca, o sea el picarismo, y de la exageración sentimental, o sea el preciosismo. ¡Qué contraste con el esfuerzo investigador de los grandes pensadores en el terreno de lo absoluto!

Muy diferentes fueron los efectos en el campo del arte. Los atrevimientos de los filósofos para librarse de los conceptos fijados por la escolástica medieval que dogmatizaba un universo creado con formas fijas, actuales, visibles, tangibles, sin posibilidad de interpretación personal, animaron a los artistas a formular su estilo con libertad. Los artistas no miraron ya más al mundo como algo que debían imitar sin poder dar su interpretación personalísima.

Ni aun el mundo permaneció estable, estático, idéntico para cada uno de nosotros: los cuerpos se agitaron deformándose, con una volubilidad que sorprende, en cada obra de arte de este siglo extraordinario. Se califica la época de barroca; y la palabra barroca, que significa perla irregular, pero esférica, sugiere el carácter del arte barroco. Las formas se abultan, se deshacen, se envuelven en una composición imaginativa que no es la pura confusión. Rubens con sus pinturas expone posibilidades de acción y movimiento que no serían capaces de realizar los seres vivos; son creaciones de la mente en la que la materia interviene como colaborador, no como autor. Las líneas de los contornos desaparecen para que las manchas de colores más vivos que los de la realidad llenen el espacio de imágenes.

Algo más tarde Rembrandt, contemporáneo de Descartes y Spinoza, proyecta sus visiones más espirituales que reales. Nunca se había creído que el alma pudiera expresarse tan claramente y comunicando lo inefable con tanta precisión. La materia barroca es fluida, pero clara, transparente, los pintores barrocos precisaron la posibilidad de una materia-inmaterial y dijeron lo indecible con formas a veces brillantes — Rubens — o tenebrosas — Rembrandt. Dijeron lo que los filósofos sólo balbucieron. La pintura fue la verdadera creación.

Madre enseñando a leer a su hijo en el siglo XVII. Dibujo de Geisch.

Cuadrangle o Patio del *Trinity College* en Cambridge, donde estudió Newton y donde está enterrado.

CAPITULO XVII

DE NEWTON A KANT

Descartes había descubierto que el hombre existía porque pensaba. Pero, ¿qué podía pensar el hombre? ¿Cómo se originaban sus pensamientos? ¿Qué relación había entre las cosas pensadas y los pensamientos que ellas originan?... Estos son los problemas que se propuso revelar la Humanidad a fines del siglo XVII, problemas naturalmente insolubles, porque haría falta un juez de nuestros pensamientos, extraño a nosotros y a las mismas cosas pensadas. Tendría que ser una tercera persona, un espíritu superior, astral, que decidiera si hay analogía entre los pensamientos y las cosas que pensamos conocer.

Durante la Edad Media se había dispuesto de este tribunal supremo del pensamiento: la Revelación era el juicio de Dios. Se manifestaba por la Escritura o los escritos de los Santos Padres; si no había desacuerdo entre la fe y la ciencia, ésta movíase libremente para buscar la adecuación entre el pensamiento y la realidad en que la verdad consiste. Las cosas, según Aristóteles y su intérprete Tomás de Aquino, tenían una realidad inmutable y cognoscible, y para Tomás, piedra de toque del conocimiento humano era la Revelación. Descartes, después de comprobar su propia existencia por el fenómeno del pensamiento, quiso asegurarse de la exactitud de lo que pensaba comprobando también la existencia de Dios. Pues que Dios nos había creado seres pensantes, no nos dejaría pensar aberraciones.

Esta segunda parte, o sea la del ser divino juez, extraño a nosotros y a las cosas

Capítulo XVII

Newton joven. Grabado de la época. Museo Británico.

pensadas, es la que se quiso eliminar del problema del pensamiento en el siglo XVIII. Sin entremeterse en negar la existencia de Dios, los *pensadores* o filósofos se plantearon la formidable pregunta de si se podría comprobar, con los recursos puramente humanos del conocimiento, la identidad entre nuestros pensamientos y las cosas pensadas.

Galileo, Kepler y Copérnico habían enunciado algunas leyes matemáticas del Universo que se podían comprobar diariamente por la simple observación. Podía caber error en lo que se pensaba de las cosas mismas, pero no cabía errar en lo que se pensaba de cómo actuaban, cómo se comportaban. Podía subsistir todavía el temor de que los humanos nunca llegarían a penetrar la esencia misma de las cosas hasta el punto de formar de ellas ideas exactas, pero de lo que no quedaba duda era de que el pensamiento humano anticipaba el curso de los astros, la velocidad del péndulo y la aceleración de un cuerpo al caer, formulando sus leyes con rigurosa exactitud matemática.

Convenía conocer, pues, cuantas más mejor, estas leyes de los fenómenos, porque la suma de todas ellas podía ser la causa y aun la esencia misma del Universo. He aquí, pues, cómo lo que empezó siendo un problema metafísico del pensamiento, se convirtió insensiblemente en un esfuerzo desesperado de investigación de las leyes físicas. Pero he aquí también la explicación de por qué a cada momento surgía de nuevo la pregunta original, el gran interrogante: ¿Se ajusta a la realidad lo que pensamos y conocemos? ¿Somos capaces de pensar algo exacto?

Mas, como la pregunta debía quedar sin contestación, en seguida volvía a comenzar con más ardor la investigación de las leyes de los fenómenos naturales. Este doble interrogatorio metafísico y físico recrudeció al formular Newton un completo sistema del Universo como mecanismo regido por fórmulas matemáticas. Isaac Newton nació en el año 1642 en un villorrio del camino de Londres a York. Hijo póstumo, y nacido antes de tiempo, su naturaleza delicada y sensible le hacía tímido y a la vez apasionado en sus investigaciones científicas. La madre de Newton casó en segundas nupcias y el muchacho fue educado por la abuela; en realidad, careció de un hogar que pudiera llamar su casa hasta que fue admitido en Cambridge como estudiante. Las notas manuscritas de Newton, cuando era sólo estudiante en el *Trinity College,* revelan que ya entonces había empezado a analizar los colores de la luz por medio del prisma y que había descubierto el método de las fluxiones para calcular áreas, análogo al cálculo diferencial descubierto simultáneamente por Leibniz.

Pero cada época tiene su problema obsesionante, y en aquel momento lo que preocupaba a la Humanidad eran las leyes del movimiento; Galileo había postulado que un cuerpo se movería indefinidamente, con velocidad uniforme y en línea recta, a no intervenir otras fuerzas que vinieran a perturbarlo. Kepler, por su parte, había descubierto que las órbitas de los planetas

De Newton a Kant

eran elipses. ¿Cuál era, pues, la razón del movimiento elíptico de los astros del sistema planetario? ¿Por qué, en lugar de moverse en línea recta, procedían en giros elípticos alrededor del Sol? Esto es lo que trató de explicar Newton, y esto es lo que le llevó al descubrimiento de la famosa ley de la atracción universal.

He aquí el simple razonamiento de Newton. El astro A pasa a B en su misma órbita en un período fijo de tiempo. Pero A llega a B con la misma velocidad que cuando estaba en A; por tanto, para desviarlo, ha debido intervenir una fuerza extraña. Esta es la que Newton trataba de medir y que llamó *aceleración*. Según el paralelogramo de las fuerzas, la nueva fuerza que tuerce la dirección del astro actúa en la dirección CB, y obsérvese que esta CB es paralela a AS, o sea al radio. Por tanto, el astro A en movimiento no sigue indefinidamente en la línea recta AC porque se siente atraído por una fuerza continua en la dirección AS.

Para calcular la magnitud de esta fuerza Newton se valió de la ley de Kepler, quien había observado que los cuadrados de las revoluciones o tiempos que tardan en recorrer sus órbitas los planetas están en la misma proporción que los cubos de sus distancias al Sol. Con esta proporción, $T^2 : t^2 = R^3 : r^3$, Newton formuló la ley de la atrac-

El telescopio de Newton. *Royal Society*. Londres.

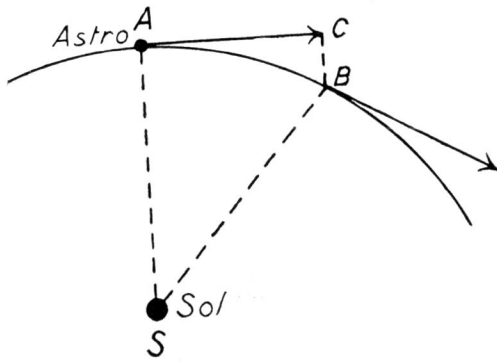

La ley de la atracción universal de Newton. A (astro) es atraído por S (sol) en razón directa de sus masas e inversa del cuadrado de la distancia A S.

ción universal, esto es, que los cuerpos se atraen en razón directa del producto de sus masas y en razón inversa del cuadrado de sus distancias, o sea con una fuerza de

$$\frac{M \times m}{d^2}$$

En un principio, Newton no trató de generalizar esta ley a todos los cuerpos celestes o terrestres; se contentó con que se adaptaran a ella los astros del sistema solar que llamamos planetas. Pero pronto observó que, no sólo los astros, sino todos los cuerpos, están atraídos unos por otros. Los objetos caían — las manzanas del jardín caían —, y con movimiento uniformemente acelerado; todos los cuerpos terrestres, al caer en el vacío, caen también con movimiento uniformemente acelerado, y si unos se retrasan al caer más que otros, es por la resistencia del aire.

Newton trató de comprobar la ley de la atracción universal aplicándola al caso de la Luna; ésta debía *caer* hacia la Tierra, pero estando más alejada que los objetos del suelo, debía caer con una velocidad menor que los cuerpos que están en la super-

Capítulo XVII

Newton en la época de la publicación de sus *Principia Philosophiæ naturalis*.

ción por semana y a escuchar, por dos horas semanales, consultas de sus discípulos. Pese a su salud precaria, trabajaba sin cesar y dormía poco. Comía con gran irregularidad, y apenas salía de su cuarto, por el que paseaba siempre de un lado al otro en inquieta meditación. Absorbido por sus nuevos estudios de óptica, Newton parecía haberse olvidado ya de la ley de atracción universal cuando sintióse estimulado a estudiar de nuevo aquel problema por las divagaciones de un joven pensador llamado Hooke. Aunque sin poder probarlo, aseguraba Hooke que un cuerpo atraído por otro —como los planetas— recorrería una órbita elíptica si había experimentado un impulso inicial. Newton, por el contrario, creía que su ley de la atracción universal estaba en flagrante desacuerdo con la realidad, porque, de ser como él creía, las órbitas de los planetas habían de ser espirales. Hasta es probable que esta duda le hiciera retardar la publicación del descubrimiento.

ficie terrestre. Si los cuerpos en la superficie terrestre caen a razón de 16 pies por segundo, la Luna, que está a la distancia de 60 veces el radio de la Tierra, debe *caer* por segundo con una velocidad de 16 pies dividida por 60^2.

Pero la velocidad de la caída hacia la Tierra, o aceleración, de la Luna, podía determinarse directamente, y tras algunas dudas (al principio no conocía Newton con exactitud la medida de la Tierra), pudo comprobar que la ley de la gravitación universal se verifica en el caso de la Luna, esto es, que la aceleración en la órbita de la Luna era fijada por el cálculo.

Newton, que, como hemos dicho, era de temperamento soñador y tímido, no publicó su descubrimiento de la ley de la gravitación hasta mucho más tarde. Por algunos años se entretuvo en estudios de óptica, con prismas y espejos, descomponiendo y recomponiendo la luz en su laboratorio de Cambridge... Había sido nombrado profesor, pero el cargo sólo le obligaba a dar una lec-

Mas para probar que Hooke no tenía razón y que él, Newton, estaba en lo cierto, éste comenzó otra vez sus cálculos y con sorpresa vio que Hooke acertaba y que a su ley se ajustaban las órbitas de los planetas, que ciertamente eran elípticas. No había, pues, ya la menor posibilidad de error: la ley de la atracción universal estaba confirmada por cuerpos terrestres y cuerpos celestes, los cielos y la tierra obedecían a aquella simplicísima fórmula de ser la aceleración o atracción igual a

$$\frac{\text{Masa} \times \text{masa}}{\text{distancia}^2}$$

A pesar de la alegría que debió de producirle a Newton tal certitud, todavía demoró por algunos años su comunicación al público. Fue necesario que otro de sus jóvenes admiradores, llamado Halley, le obligara casi a la fuerza a escribir una breve comunicación para la *Royal Society*, la flamante academia de ciencias fundada en Londres por Carlos II. El título de esta primera comunicación de Newton es: *De Motu*, o *Del movimiento*, y fue leída el 10 de diciembre

De Newton a Kant

de 1684. El interés que despertó fue tan grande, que Newton ya no pudo excusarse de desarrollar el tema con toda la importancia que merecía, y en 1687 publicó su obra magna: *Philosophiæ naturalis principia mathematica.*

Los *Principia* son un modelo de brevedad, precisión y lógica en las demostraciones. Redactada la obra en latín correctísimo, apareció en un volumen de 500 páginas, ilustradas con diagramas y figuras grabadas al boj. Los *Principia* se dividen en tres partes: la primera trata del movimiento en el espacio libre de obstáculos; la segunda, de los problemas del movimiento cuando hay resistencia en la moción; finalmente, la tercera parte contiene sugestiones de carácter general acerca de la constitución de la materia y sobre el Ser Supremo que preside el Universo.

Lo que hacía más atractivo el sistema de Newton es que no excluía al Creador. El pensamiento humano conocía las leyes de la Naturaleza, pero asimismo conocía a Dios. El hecho de ser el Universo un sistema regido por leyes matemáticas era otra prueba de una inteligencia ordenadora en toda la Creación. Newton sostuvo que la materia en estado de difusión, esto es, en átomos aislados, por sí misma, sin la ayuda del plan y el poder divinos, de ninguna manera habría podido formar cuerpos tan diferentes como el Sol, lleno de luz y fuego, y los planetas, obscuros y apagados; éstos no hubieran tampoco podido darse a sí mismos la fuerza inicial que les obligaba a girar continuamente alrededor del Sol.

En un tratado de *óptica* Newton insistió en que tiempo y espacio eran absolutos y necesarios atributos de Dios. La materia en su última división (los átomos) era sólida, uniforme e imperecedera. Entre los átomos, llenando los poros, había un fluido de densidad variable llamado éter. Los cuerpos eran opacos o transparentes según la medida de los espacios. Acerca de la naturaleza de la luz, Newton dijo que era «algo que se propagaba en línea recta en todas direcciones partiendo de los cuerpos luminosos».

Este Universo con materia sólida, compacto, inactivo, excepto por la fuerza de la gravitación, es el que hemos venido disfrutando hasta principios del siglo XX. Hoy parece caducado: el espacio no es absoluto, hemos entrado en la Era de la relatividad. Pero he aquí, según propia definición en los *Principia*, el Universo de Newton: «Hay un *absoluto-tiempo*, compuesto de instantes, y un *absoluto-espacio*, compuesto de puntos; hay materia dividida en partículas que cada una persiste inalterable a través del tiempo y ocupa, en cada instante, un punto del espacio. Cada partícula ejerce una fuerza sobre las otras partículas, cuyo efecto es atracción. Cada partícula tiene una masa que está en proporción inversa a la aceleración producida en ella por una fuerza. Las leyes físicas, como la ley de la gravitación, pueden formularse como fuerzas que ejercen su acción de partícula a partícula.»

Esto por lo que toca a la doctrina newtoniana. Por lo que se refiere al método, New-

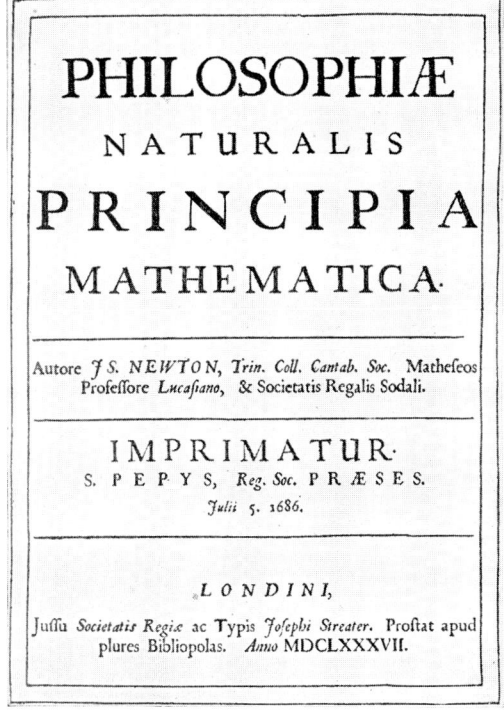

Portada de la primera edición de los *Principia Philosophiæ naturalis*.

Capítulo XVII

Apoteosis de Newton, en una edición de su *Filosofía natural*.

ton formuló tres reglas. La primera podríamos llamarla de la simplicidad: «No tenemos que introducir más causas que aquellas que son suficientes para explicar los fenómenos. La Naturaleza, que no hace nada en vano, tampoco necesita causas superfluas.» La segunda ley es la de la uniformidad: «Para explicarnos los mismos efectos debemos, si es posible, asignarles las mismas causas.» La tercera ley es la de la simultaneidad: «Las cualidades intrínsecas que encontramos en todos los cuerpos a nuestro alcance debemos estimarlas como cualidades de carácter universal que estarán también en los cuerpos que no podemos observar de cerca.»

¡Cuán familiares nos parecen estas tres reglas de Newton! ¡Pero cuán nuevas y arriesgadas para su tiempo! Como caía la manzana, *caían* la Luna, y hasta las estrellas, que estaban fuera del radio de nuestra experimentación. He aquí, sobre todo, lo que hubiera sido más peligroso de la filosofía de Newton para los escolásticos de la Edad Media. La Naturaleza en su última división era uniforme, no había superioridad ni inferioridad en las partículas, los individuos estaban compuestos de materia exactamente igual. Por su compuesto orgánico no había motivo de autodeterminación. Los organismos vivos, que se había creído que por sí mismos tenían derecho a una individual idiosincrasia, eran compuestos de materia obligada por leyes simples, unifor-

El filósofo inglés John Locke.
Grabado de la época.

De Newton a Kant

mes y simultáneas en todo el Universo. El argumento del drama cósmico no era la salvación del hombre, sino, según la hipótesis enunciada por Newton, la acción y reacción de las fuerzas mecánicas. El hombre atraviesa la escena como un proyectil disparado a través del Cosmos inalterable.

«Toda la dificultad de la filosofía — dice Newton en el prefacio de sus *Principia* — parece consistir en descubrir las fuerzas de la Naturaleza observando los fenómenos del movimiento, y después de conocidas estas fuerzas, explicar con ellas otros fenómenos.» Obsérvese que a esta búsqueda Newton la llamó filosofía, aunque añade: «Yo espero que estos principios matemáticos ayudarán a producir algún método filosófico *más verdadero.*»

Es probable que en sus últimos años el mismo Newton deseara ya algo *más verdadero* que su sistema puramente matemático.

La Universidad de Cambridge lo había enviado a Londres como su representante en el Parlamento, y el Gobierno le había nombrado director de la Casa de la Moneda con un sueldo de más de siete mil pesos oro anuales. Era también presidente de la *Royal Society*, la nueva corporación o academia científica fundada por Carlos II, que gozaba ya de extraordinario prestigio. Newton vivía en una confortable casa del barrio de Kensington, donde pasaba la mayor parte del tiempo leyendo la Biblia. Murió de cálculos en la vejiga (20 de marzo de 1727) cuarenta años después de la publicación de sus *Principia*.

Newton había predicado que la fuente primordial, acaso la única, de nuestro conocimiento era la experiencia; pero quedaba la duda de si el hombre no tendría ideas innatas, como había supuesto Platón. Esta última esperanza se encargó de desvanecerla

La *Historia de la Royal Society*, publicada (1667) quince años después de su fundación.

Capítulo XVII

Jorge Berkeley. National Gallery. Londres.

Locke, filósofo y médico inglés de la segunda mitad del siglo XVII (1632-1704). Locke proclamó que todas nuestras ideas son producto de sensaciones. Si tuviéramos ideas innatas, dice Locke, éstas aparecerían en el salvaje, en el idiota y en el niño. Ni aun la idea de Dios puede considerarse innata en los humanos, porque las diversas razas disienten en sus conceptos de la divinidad. Para Locke, el carácter superior que descubrimos en ciertas ideas es que son ideas *compuestas*. Pero éstas provienen de ideas *simples*. El que podríamos llamar *alimento* de la conciencia son las ideas simples, directas reacciones de nuestra alma a un estímulo exterior. Con ideas *simples* fabricamos las ideas *compuestas,* como las de tiempo, espacio, etc. Pero, según Locke, existen todavía objetos exteriores de conocimiento, hay un mundo real, que es el que se encarga de agitarnos los sentidos, dando origen a las ideas de nuestra mente.

Un eclesiástico protestante irlandés, que llegó a obispo, Berkeley (1685-1753), pretendió demostrar que, puesto que sólo conocemos las cosas por los efectos que nos producen, es absurdo que pretendamos definir el mundo exterior como algo real. Delicado y sutil, Berkeley, con finas maneras, lanzó la más terrible negación filosófica. No sólo no podríamos nunca aprender nada de la esencia de las cosas, sino que, hasta lo que Locke llamaba ideas compuestas (lo que nosotros llamamos ideas abstractas) era una pura ilusión. Pensamos con ejemplos concretos, con casos particulares. Uno de los más infantiles errores filosóficos era el de creer que fuera de nosotros había una substancia espiritual que originaba las ideas. El concepto que nos formamos de las cosas — por lo menos tal como las podemos conocer — es sólo un manojo de ideas. «Eliminad las ideas, decía Berkeley, y las cosas se desvanecerán.»

Según Berkeley, los conceptos que formamos en nuestra mente de las cosas exteriores son, sin embargo, algo más vivo que alucinaciones, sueños y desvaríos. Las ideas están ordenadas en la mente por la voluntad, pero se nos ocurren sin que nosotros pongamos nada de nuestra parte; de manera que esta voluntad que piensa dentro de nosotros debe recibir los impulsos de algo superior, que no puede ser otro que Dios. He aquí, pues, cómo Berkeley, reduciendo el mundo que contemplamos a una creación de nuestra mente, conservaba, en cambio — aunque sólo en el hombre —, aquel elemento divino que no vemos, lo más misterioso y difícil de analizar en el Cosmos sensible. En una palabra, para usar términos vulgares, diríamos que Berkeley, destruyendo la realidad del mundo, conservaba, sin embargo, el alma y Dios.

Pero un escocés se atrevió a dar un paso más y destruir incluso el alma y Dios. David Hume (1711-1776) denunció como locura el aceptar una substancia espiritual o divina después que Berkeley nos había liberado de la substancia material. «En el centro mismo del conocimiento — dijo Hume — está la naturaleza humana, y sólo en lo que la ciencia acuerda con el hombre ésta es

De Newton a Kant

exacta.» Más aún: nuestras observaciones de los fenómenos son individuales; sugieren ideas que son independientes unas de otras; querer hacer leyes de la Naturaleza tan sólo porque nos parece que los fenómenos se repiten según una necesidad y por causas idénticas, es un vano entretenimiento de la imaginación. He aquí cómo aquel *mundo absoluto, con espacio absoluto, con tiempo absoluto,* de Newton, se desvanecía como un fantasma de ilusión. Lo peor es que, con el ataque feroz de Hume, no sólo se desvanecía el objeto del conocimiento, sino hasta el sujeto, esto es, la personalidad humana. La devastación de la *substancia espiritual* acababa con el contemplador consciente. El *yo* de Descartes, que piensa y existe, desaparecía, en una general destrucción de las cosas y su realidad. ¿Qué era el *yo* sino el sujeto consciente? La *consciencia* es el cúmulo de las ideas, pero si éstas son ilusorias, no existe el ser consciente.

El feroz ataque de Hume era, empero, la reacción natural al mecanismo de Newton, que había reducido el Universo a un torbellino de cuerpos *acelerándose* unos a otros. Tan popular se había hecho el sistema de Newton, que fue fácil para los ingleses entender y aceptar su contradicción. Los escritos de Hume circularon sin escándalo; como los de Berkeley, estaban redactados en estilo moderado. En Francia, el empirismo destructor de Hume y de Berkeley provocó una reacción que tuvo hasta trascendencia política. En Francia existía una clase privilegiada que se aprovechaba del concepto religioso de un Dios vengador. Contra esta clase, un grupo de grandes escritores (Voltaire, Diderot, D'Alambert) blandió el nuevo sistema de Newton tal como quedó completado por Locke, que les llevó a declarar mito y superstición cuanto había venido apoyando la Iglesia durante siglos y era aún el fundamento del Estado. Pero de este grupo y su influencia en la Revolución Francesa, hablaremos en un próximo capítulo.

En cambio, la gran defensa *filosófica* que restableció la dignidad del hombre y la realidad del mundo se realizó en Alemania. Ya Leibniz era un baluarte contra la demolición intelectual, tal como después Berkeley y Hume la tratarían de formular. Leibniz insistía en que, si nos observamos a nosotros mismos, descubrimos un *yo* consciente y continuado. Este *yo* subsiste a través de todas las aventuras del conocimiento. Las cosas están compuestas de *mónadas,* o substancias que pueden ser distinguidas y apreciadas por la inteligencia; entre las cosas y las ideas no hay más diferencia que entre un objeto real y su imagen...

Hay que confesar que la defensa de Leibniz, sin pruebas suficientes, no podía inspirar confianza en la filosofía. El gran paladín del pensamiento, que con calculada argumentación devolvió a los humanos la fe en la inteligencia, el que con lógica matemática trató de probar que pensamos algo que no es pura fantasía de nuestra imaginación, fue Immanuel Kant. Tanta es la importancia de este verdadero fundador del espíritu moderno (o, por lo menos, del es-

David Hume, grabado basado en una pintura de la época.

Capítulo XVII

Immanuel Kant, joven. De autor anónimo, probablemente posterior a la época que representa.

píritu del siglo XIX), que creemos sería falta de respeto continuar nuestro relato sin dar aquí una corta biografía de Kant. Aquel coloso que reconstruyó con bloques gigantescos el edificio de la filosofía, era un pequeño hombrecillo de metro y medio de estatura, pecho hundido, maneras tranquilas y meticulosamente metódico en todos los detalles de su vida. Nació en el año 1724, en Königsberg, capital de la Prusia Oriental, y fue su padre un modesto fabricante de artículos de piel. Su madre, extraordinariamente sensible, contagió al hijo su gran reverencia para las cosas espirituales. Los recursos de sus progenitores no fueron suficientes para atender del todo a la educación del muchacho, que hubo de pasar grandes privaciones hasta llegar a obtener el grado de doctor en la Universidad de Königsberg. Una vez acabados los estudios, todavía Kant tuvo que esperar nueve largos años hasta ser admitido como profesor sin sueldo (*privatdocent*) en aquella Universidad. Son nueve años que pasó en la hacienda de un magnate rural, en la que estaba empleado como ayo o preceptor de sus hijos. Allí, en el campo, Kant debió de leer y meditar muchísimo; es lo más probable que los sistemas filosóficos que formuló más tarde sean desarrollo de las meditaciones de estos nueve años que van del 1746 al 1755.

Ya doctor y profesor, Kant se estableció en Königsberg, viviendo hasta su muerte, en 1804, según un horario inflexiblemente regular. Se levantaba a las cinco de la mañana y por todo desayuno bebía una taza de té y fumaba una pipa. De siete a nueve daba sus clases y recibía a sus discípulos. A las nueve regresaba a su estudio para trabajar hasta la una. Generalmente comía, acompañándole dos o tres invitados, un plato de pescado, verduras y un postre, rociados con una botella de vino. La sobremesa — único contacto con la sociedad — duraba hasta las cuatro, hora en que salía para dar su famoso paseo solitario a lo largo del río Pregel, que atraviesa a Königsberg. De regreso en su despacho, Kant se sentaba junto a la gran estufa de azulejos bálticos y repasaba en su imaginación los problemas filosóficos que le preocupaban. Necesitaba fijar la vista en la torre de la iglesia de Löbenichs, que se veía desde la ventana, para poder meditar sin distraerse. Tan exigente era su razón de este punto de mira, que una vez Kant se sintió perdido porque los álamos de su jardín habían crecido demasiado, impidiéndole la contemplación de la torre. Fue necesario cortarlos para que el filósofo pudiera seguir concentrándose con su visión habitual. A las nueve y media de la noche Kant cesaba en sus especulaciones y a las diez estaba irremisiblemente en la cama.

Escéptico del bien que podían procurarle los médicos, Kant se había hecho una higiene para su uso, que consistía en respirar siempre por la nariz, procurar no sudar ni enfriarse y no comer más de lo justo. Evitaba todo lo que era emocional y apasionado y detestaba por consiguiente a sacerdotes y abogados. Con estas precauciones, a pesar de su frágil naturaleza, Kant vivió

De Newton a Kant

ochenta años. Sus tres grandes obras, la *Crítica de la Razón pura*, la *Crítica de la Razón práctica* y la *Crítica del Juicio*, fueron publicadas, una después de otra, en el corto espacio de tres años, del 1787 al 1790. Pero el mismo Kant dice que la *Crítica de la razón pura*, aunque escrita en cinco meses, es el resultado de doce años de preparación. Con estos antecedentes, hora es ya de que volvamos a nuestro asunto, o sea la tragedia del conocimiento, y expliquemos en brevísimo resumen la solución que dio Kant al gran interrogante de la realidad del Universo, y lo que podemos aprender de él a través de la sensación. Recordemos que Hume había cruelmente negado toda posibilidad de conocer y hasta la mera existencia del ser consciente.

Kant comprendió perfectamente que, después del feroz ataque de Hume, no bastaba con aportar defensas de *tipo sentimental*, como las que había enunciado Leibniz. Era necesario demostrar la realidad del Universo (caso de ser ello posible) y la verdad del conocer con pruebas casi matemáticas, como las que había empleado Newton para el sistema mecánico del Universo. Kant observó, igualmente, que tenía que desechar todo argumento que se basara en *ideas innatas, substancia espiritual* y hasta lo que llamamos principio de causalidad, esto es, que unas cosas son causa de otras. Todo esto lo había desechado Hume como improbable e improbado, productos de la imaginación. Y aunque bien veía Kant, como lo había visto Leibniz, que era Hume quien fantaseaba en su mar de la duda, era evidente (y esto Kant también lo veía) que tenía que demostrarse casi de un modo matemático que Hume incurría en error. Para empezar, Kant observó que en nuestra mente caben suposiciones que son antagónicas, las que él llamó *antinomias,* y éstas ciertamente dependen una de la otra. Al negar una, se afirma la contraria: he aquí, pues, causalidad, por lo menos en la región de la mente. Por ejemplo, podemos decir, una de dos: «El Cosmos es infinito por lo que toca al tiempo y al espacio — o bien: — El Cosmos tiene un principio por lo que toca al tiempo y al espacio.» Si afirmamos uno de estos postulados, negamos el otro, ¿no es verdad? ¿Quién podrá, pues, decir que pensamos sin coordinación ni relación?

He aquí otro caso de antinomia: Podemos decir: «El Cosmos es uniforme — o bien: — No hay nada simple ni uniforme en el Cosmos, todo está compuesto de partes», etc. Estas son las antinomias de Kant, un hilito del que cogerse, tan sutil, que

Torre de la iglesia de Löbenich, en Königsberg, cuya silueta veía Kant desde su ventana y le ayudaba para meditar.

Casa de Kant en Königsberg, con las ventanas del cuarto donde trabajaba.

El Paseo de los Filósofos, en las afueras de Königsberg.

nadie podría esperar salvarse asiéndose de él... Con todo, las ciencias matemáticas y físicas logran evidencia sirviéndose de argumentos parecidos. La ciencia, dice Kant, no formula sus leyes con simples observaciones; una vez observados los fenómenos, los relaciona y sintetiza con un trabajo mental. La inteligencia funciona, pues, de acuerdo con algo que la domina y la rige; lo que pensamos será absurdo, pero no lo es decir que pensamos.

Otro argumento para Kant es el derivado de la conciencia. Descartes la había casi divinizado, Locke la había reconocido como lo que está permanentemente tras las ideas... Pero Hume la había desechado, diciendo que los estados de conciencia están compuestos de impresiones desligadas y que las sensaciones llevan anexa la reacción que llamamos *conciencia,* y que no hay, por tanto, diferencia entre las cosas percibidas y quien las percibe. Kant, en cambio, reconoció que lo que caracteriza a la conciencia es que da un sentido y explicación de las cosas. La conciencia no es pasiva; todo lo contrario, juzga las cosas y las interpreta sintéticamente. Esto confirma la facultad de conocer, pero, en cambio — Kant tuvo la nobleza de reconocerlo —, nos niega para siempre el conocimiento de *las cosas en sí mismas,* o sea la esencia de cada cosa. Si todo lo que conocemos se halla condicionado a la interpretación que de ello hace nuestra conciencia, esto quiere decir que nunca llegamos a la medula misma de las cosas, a lo que Platón llamaba la idea *(noumenos)* de cada cosa: casi idéntico a lo que Kant llamó *la cosa en sí.* ¡No puede ser más evidente! La verdadera realidad no debe depender de nosotros, del juicio o interpretación que hacemos de la realidad en nuestra conciencia individual; por tanto, inevitablemente, estaremos para siempre excluidos del conocimiento de esta realidad y de las *cosas en sí mismas.* Los humanos nos quedamos así, por consiguiente, reducidos a formar nuestros juicios con la deficiente información que nos procuran los sentidos y la reacción de la conciencia.

Todo esto Kant lo estudió con rigurosa dialéctica matemática en su primera *Crítica,* llamada *Crítica de la Razón pura.* Este gran sistema lo redactó en cinco meses; el estilo de la obra se resiente, acaso, de la precipitación; es obscuro y complicado, más aún de lo que presupone el difícil tema que con él se desarrolla. La dura, pétrea argumentación de los postulados y teoremas en que está redactada la *Crítica de la Razón pura* es agobiante. Después de animarnos con la demostración de que somos capaces

De Newton a Kant

de pensar humanamente, nos prueba también Kant que no podemos pensar más que humanamente y sin traspasar lo que nos impresiona, que es la corteza de las cosas.

En la *Crítica de la Razón práctica,* Kant trató de encontrar algo absoluto en el hombre, en lo que generalmente se llama *moral.* El tecnicismo que usa Kant es algo difícil; al deber, a la obligación moral, lo calificó de *imperativo categórico.* Dice Kant que hay ocasiones en que el deber va asociado a la conjunción *si,* lo que quiere decir que es un imperativo (un deber, una obligación) reconocido por experiencia. Haríamos tal o cual cosa, si... «Tengo que trabajar *si* quiero ganar dinero; tengo que abstenerme de la bebida *si* quiero estar sano», etc. Estos son *imperativos hipotéticos,* dice Kant, pero, en cambio, hay otros imperativos sin esta condición. Por ejemplo: hemos de ser honestos, hemos de ser justos, que, según Kant, son imperativos absolutos, universales.

Kant define el imperativo categórico diciendo: «Obra como si tu manera de conducirte pudiera convertirse en una ley universal.» Esta conducta se traduce en felicidad. Casi no creemos que valga la pena de continuar, porque muchos hoy dirán que hay actos que deben ser considerados como un imperativo categórico para algunos, pero ejecutados por la Humanidad entera la conducirían irremisiblemente al desastre total... Kant pareció reconocer esta dificultad cuando añadió que la moral de un acto está en su propósito. El objetivo de un acto moral debe ser tal, que todo el mundo pueda proponérselo. El mundo moral es aquel en que no caben deseos contradictorios.

Y he aquí que Kant, después de haber restablecido al hombre en su dignidad eminente de ser pensante, trató de elevarlo todavía con algo definitivo y eterno, que es el absoluto imperativo categórico en las decisiones prácticas o de conducta. Procuró convencerse de que el hombre puede ser impulsado por móviles generosos, ideales, sin posible contradicción. Así, la realidad que había perdido el hombre por su incapacidad de conocer *las cosas en sí mismas* la recobraba con el imperativo inexcusable de proceder en sus actos con una sola y categórica manera de conducta, tan real, tan eterna, como aquella substancia divina que es la causa de su naturaleza individual. Pero, por lo que toca al conocimiento, no lo olvidemos, el hombre tenía que resignarse a construir síntesis y formular leyes con la corteza de las cosas que apreciaba únicamente con los sentidos corporales. Así Kant fijó el modelo del hombre moderno, o mejor dicho, del hombre del siglo XIX. Por más de un siglo el hombre kantiano, a veces sin formulárselo, experimentó la impresión de que tendría que contentarse con observar los fenómenos, pero supo también que con ellos podría construir síntesis razonables y justificadas. Además, el hombre del siglo XIX, hijo de Newton y Kant, creyó que, en la desolación de su soledad espiritual, le quedaban el derecho y el deber de

Retrato de Immanuel Kant, todavía propiedad de sus editores Grafe und Unzer, de Königsberg.

Capítulo XVII

atenerse a las leyes morales — imperativos categóricos —, que supuso que eran lo único eterno de que jamás podría gozar y que debían revelársele en el interior de su conciencia.

Todavía, como para consolar al hombre de su incapacidad en la esfera del conocimiento, Kant se anticipó a estudiar el fenómeno estético en su tercer libro, *La Crítica del Juicio*. Con este título, que parece inadecuado, Kant creyó descubrir una nueva especie de revelación por medio del arte. La obra de arte no reproduce exactamente el mundo visible, o por lo menos, no debe reproducirlo; nos da una versión modificada de lo que conocemos por los sentidos. Es una versión *ideal*, entendiendo esta palabra en sentido platónico (ideas, almas de las cosas; lo cual corresponde a *la cosa en sí* kantiana). De modo que, gracias a videntes, artistas, poetas y hasta pensadores, el hombre recobra aquel mundo cuya posesión y conocimiento le habían sido negados. No puede conocer, pero puede sentir la verdad, y ésta le aparece como una cosa bella. ¡Qué amable compensación! ¡Qué grandeza, qué bondad, qué piedad la de Kant, el demoledor del conocimiento absoluto!

Portada de la primera edición de la *Crítica de la Razón pura* de Kant.

Vista del Taj Mahal

CAPITULO XVIII

LOS MONGOLES EN LA INDIA

A mediados del siglo XVI empezó a circular por Europa la noticia de que había surgido en Oriente, en la India precisamente, un poder nuevo, un Imperio regido por príncipes ecuánimes, ilustrados y tolerantes. Esto último sobre todo causó envidia a los pobres europeos, castigados por guerras de religión con matanzas como la de la noche de San Bartolomé, degollinas, invasiones, abjuraciones y autos de fe. Los viajeros que iban a la India regresaban entusiasmados por el despotismo ilustrado de los emperadores mongoles. En sus relatos se percibían lunares hasta a través del espejismo oriental; pero describían virtudes de monarcas dignos de compararse con Trajano, Antonino Pío y Marco Aurelio. Por de pronto, los emperadores de la India habían logrado dos cosas que hoy día parecen milagrosas: la unificación política de la Península Indostánica, con su hormiguero de razas, y el mutuo respeto de las numerosas religiones con que allí procuran su salvación cuatrocientos millones de habitantes.

Los monarcas mongoles de aquel grande Imperio modelo (modelo hasta cierto punto) descendían de Gengis-Khan y Tamerlán, que ya en siglos anteriores habían invadido la India. Eran mahometanos, aunque conviene recordar que los mongoles aceptaron el Islam a falta de otra cosa mejor. Gengis-Khan y sus hijos habían mostrado curiosidad por el Cristianismo; pero la Iglesia no pudo o no quiso enviarle misioneros. El barniz mahometano de los mongoles encubría la sencillez religiosa y política de Gengis-Khan, quien decía que sólo debía haber un Dios en el Cielo y un Emperador en la Tierra. Del Dios no estaba muy seguro, pero del Emperador no tenía dudas, pues debía ser él, y por esto se llamaba *Emperador de los hombres*. La ferocidad de los mongoles

Miniatura de un manuscrito mongol representando un elefante de batalla. Biblioteca Nacional. París.

era casi lógica; las pirámides de cabezas de los que se resistían eran justo castigo de la vanidad de querer ser independientes. La invasión de la India por Gengis-Khan (1221) fue tan sólo un episodio de la conquista de Persia. El Sha de Persia había huido a la India y el *Emperador de los hombres* fue a perseguirlo allende las cordilleras. Un poeta indo, hablando de la horda de Gengis-Khan, dice que los mongoles debían descender de perros, aunque tenían mayores huesos. Dios debía de haberlos creado con el fuego del infierno, puesto que parecían diablos *(flagellum Dei* les llamaban los europeos). Las gentes huían despavoridas y aterradas a la noticia de su llegada. Es muy interesante comparar estos juicios sobre los primitivos mongoles apenas arrancados de la estepa con el amor y respeto que infundieron en la misma India sus descendientes.

Tamerlán, también castigo de Dios, entró en la India como conquistador en 1398. Dice en sus *Memorias* que había ido allí impulsado por un doble motivo: hacer méritos para el Día del Juicio matando a los idólatras, y apoderarse de las riquezas de los infieles, «porque los musulmanes tienen derecho al botín de guerra santa como a la leche de sus madres». He aquí cómo describe el propio Tamerlán en sus *Memorias* la toma de Delhi: «Mi ejército, sin que yo pudiera contenerlo, entró en la ciudad, matando, saqueando y haciendo prisioneros. Aun queriendo, no habría podido evitarlo, porque era designio de Dios que sobre ellos cayese aquella calamidad.» Cada individuo que formaba parte de la horda de Tamerlán regresó a Samarkanda con un rico botín en que figuraban treinta o cuarenta cautivos e inmensas cantidades de preseas de toda clase, en especial joyas, que fueron la parte del Gran Khan. Pero Tamerlán tampoco se quedó en la India.

Estos dos episodios son como el pórtico sombrío, en contraste con lo siguiente: A principios del siglo XVI, Babar, descendiente de Tamerlán en sexta generación, era emir de Fargana en el Asia Central, en las riberas del Yaxartes. Fogoso, atrevido y noble, Babar había conquistado por dos veces a Samarkanda, donde estaba la tumba de Tamerlán, pero por dos veces también la había perdido, lo mismo que había ocurrido con su heredado patrimonio de Fargana.

En 1512, Babar, triunfando de las vicisitudes de la política oriental, logró por fin la estable posesión de Kabul, en los contrafuertes de la cordillera, y en cierto modo parte de la India. Era joven, pues frisaba en los treinta años, y había saboreado el dulzor de la fortuna y experimentado los sinsabores de la desgracia, de la soledad y el destierro. Las aventuras le aquistaron fama, y esto explica que Babar recibiera en Kabul la invitación del príncipe de Delhi en súplica de auxilio contra un sobrino usurpador. Aunque Babar, esperando ocasión de emplear sus energías, se aburría en Kabul, demoró su *entrada* en la India hasta el año de 1524. Aparentemente iba en auxilio del príncipe de Delhi, con cuyo ejército y el suyo de montañeses de Kabul se adueñó en pocos meses de la situación y restableció a su protegido en el trono. Dejó a un veterano mongol para vigilar al nuevo monarca su protegido y regresó a sus Estados. Pero el año siguiente Babar entró de nuevo en la India sin disimular ya su carácter de conquistador. Ayudado de todos los descontentos de la India, Babar venció a los rajaes congregados para detenerlo en el histórico llano de Panipat, delante de Delhi. Allí se dieron la mayor

Los mongoles en la India

parte de batallas que decidieron la suerte de la India; Babar venció en esta ocasión empleando la táctica tradicional de los mongoles, que consistía en colocar en las alas de su frente de batalla escuadrones de caballería que, envolviendo los flancos enemigos, lo atacaban por la espalda. Además llevaba cañones manejados por artilleros turcos, que en aquella época eran los mejores del mundo. El ejército de los rajaes tenía en cambio el pintoresco escuadrón de más de cien elefantes. He aquí cómo el propio Babar describe la batalla de Panipat: «El Sol había ascendido sobre el horizonte como una medida de lanza cuando empezó la refriega. A la hora del mediodía el enemigo estaba deshecho y mi ejército triunfante.» Dos destacamentos fueron a recoger los tesoros acumulados en Delhi; entre ellos había el famoso diamante *Kohinor, Montaña de luz*.

Le fue algo difícil a Babar retener en la tórrida India a los montañeses de Kabul, que suspiraban por los pastos y fuentes de sus valles. El mismo Babar echaba de menos las uvas y melones de Kabul, pero en la India se podía establecer un gran Imperio, mientras que en las montañas los mongoles siempre serían cabreros y pastores. Por esto Babar llamó a los jefes de sus tribus y les arengó así: «Hemos destruido un poderoso enemigo y conquistado un reino con incontables riquezas. ¿Vamos a regresar a Kabul como vencidos? Quien quiera ser mi amigo no ha de pensar en marcharse, aunque todos pueden regresar si quieren.» Algo así dijo Alejandro a sus macedonios en aquellos mismos parajes, y todos murmuraron que querían retroceder. En cambio, los mongoles de Babar, como los españoles de Pizarro, consintieron en continuar la empresa comenzada.

Una de las puertas de la fortaleza de Agra, capital de los mongoles en la India.

Capítulo XVIII

**Emperador Akbar.
Manuscrito del India Office. Londres.**

Los rajaes se rehicieron y hubo que dar la segunda batalla para consolidar la conquista. Era el año 1527. Babar comprendió que los desposeídos lucharían furiosamente, y para congraciarse con Alá, hizo voto de no beber más vino ni licores (el pecado de los mongoles). Después de romper las copas y verter los mostos, improvisó este dístico: «Si pierdo, aunque muera venceré; — podré perder la vida, mas la fama guardaré.» También ganó esta segunda batalla por los efectos del terror (más que del daño) causado por la artillería. Los turcos al servicio de Babar usaban en gran escala esta arma, que era completamente nueva para los indos. Un gigantesco cañón llamado *El Victorioso* no se podía disparar más que dieciséis veces al día. Tenían también culebrinas y mosquetes.

La generosidad de Babar era proverbial. Un día al atravesar la cordillera tuvo que pernoctar cerca del paso, y como en la cueva que servía de refugio sólo cabían los de su séquito, Babar excavó para él un refugio en la nieve «del tamaño de una alfombra para el rezo», dice con candor. En sus *Memorias* cuenta que al llegar al Ganges quiso vadearlo nadando... «Conté mis brazadas: fueron treinta, y otras tantas a la vuelta. Aquel río era el único que no había atravesado a nado.» Babar hablaba el persa y el turco, y en árabe compuso sus poesías. En las *Memorias* recuerda los compañeros poetas que alegraron su juventud. Menciona a su madre, de pura sangre mongola, que le acompañó en sus campañas como las hembras que seguían a la horda en tiempo de Gengis-Khan. Recuerda a su abuela — «que pocas mujeres pueden haberla superado en sentido común y sagacidad»—. Babar tenía algunas nociones de Astronomía. Los mongoles habían fundado en Samarkanda un Observatorio provisto de aparatos un siglo y medio antes del Uraniborg de Tycho Brahe. «Hasta aquel entonces, dice Babar, yo no había visto la estrella Soheil (Canopus, que no se ve en el hemisferio Norte), pero una noche, al atravesar las cumbres, vi hacia el Sur un astro refulgente y dije: — Este no puede ser más que Soheil. Mis compañeros respondieron: —Sí, es Soheil.»

Babar tenía prodigiosa fuerza física. Podía recorrer el circuito de una fortaleza saltando de almena en almena con un hombre debajo de cada brazo. Pero en las *Memorias* manifiesta el placer con que en sus marchas atravesaba campos floridos. En Kabul había una fuente con hermosa perspectiva. Babar compuso en su honor esta poesía, que mandó grabar en el granito: — «Dulce es el año en abril, — más dulce el rumor del agua. — Dulce es la uva madura, — más dulce la voz de la amada. — Disfruta Babar de todo esto, — pues ya no podrás — gozarlo después de muerto.»

Babar, *León de Kabul*, fundador de la dinastía de los Grandes Mongoles de la India, fue realmente un rey caballero. Hasta su muerte dio pruebas de gran corazón. Cuentan que su hijo y sucesor, Humayún, estaba gravemente enfermo cuando Babar, do-

Los mongoles en la India

lorido, oyó decir a un santón que a veces el Todopoderoso se satisfacía si los parientes del enfermo sacrificaban en holocausto algo que mucho estimaran. Babar dijo que quería ofrecer su vida por la de su propio hijo. Dio tres vueltas rezando alrededor del lecho de Humayún y se le oyó exclamar: «¡Está concedido, está concedido!» A los pocos días Babar murió y sanó Humayún. Entre las recomendaciones que Babar hizo a su hijo, la más insistente fue que tratase siempre con cariño a sus hermanos; pero por esto fue el reinado de Humayún extremadamente infeliz, porque sus tres hermanos se coligaron con rajaes sediciosos y obligaron a Humayún a combatir. A veces Humayún, asociado a uno de sus hermanos, combatía a los otros dos, siempre acosado por sus intrigas y siempre perdonándolos. Humayún acabó por perder a Delhi y toda la parte de la India conquistada por su padre y hubo de refugiarse en Persia. En este período de vida andariega Humayún se enamoró de la hija de un pobre letrado, descendiente de la familia del profeta Mahoma, hasta el punto de casarse con ella. La *Esposa de la emigración* dio a Humayún su hijo Akbar, que fue después el más famoso de los Grandes Mongoles de la India.

Humayún, pese a sus desdichas, no fue un príncipe resignado y pusilánime. Poco a poco recobró los Estados de Babar. Primero Kabul, luego Pundjab, después Lahore y al fin Delhi. En estas campañas de reconquista Humayún, acaso aleccionado por la experiencia, restableció el tratamiento mongol o régimen de Gengis-Khan y Tamerlán, de castigar a los vencidos levantando pirámides de cabezas. Babar había preferido esclavizar a los rebeldes, pero esto no era ortodoxo, porque muchos de los enemigos de los mongoles eran mahometanos, y a los creyentes se les puede matar, pero no esclavizar. El Islam es una fraternidad, y esclavizar a un hermano es absurdo. Un cautivo necesariamente tiene que ser inferior. Muestra típica del destino de Humayún es que seis meses después de haberse reinstalado emperador en Delhi murió a consecuencia de una caída por la escalera de palacio. Aquel a quien no habían quebrantado veinte años de infortunio, resbalaba en los mármoles pulimentados.

Babar, Humayún, Akbar y Jehanjir, los primeros emperadores mongoles de la India. (Miniatura de un manuscrito del Museo Británico.)

Capítulo XVIII

Vista general de Fatepur Siki, cerca de Agra, residencia de la corte mongola en tiempo de Akbar.

Humayún murió el 1556, dejando por heredero al príncipe Akbar, que no tenía más que trece años. Akbar había estado en peligro de ser asesinado por sus tíos en dos diferentes ocasiones. Había ya combatido y aun mandado un cuerpo de ejército en la campaña de la reconquista. ¿Qué educación podía recibir este niño Akbar, destinado a ser el príncipe más excelso que ha producido Oriente? Sabemos que cuando empezó a reinar no había tenido tiempo de aprender a leer y escribir. Pero el joven monarca se procuró en seguida un instructor de primeras letras y los rudimentos de la doctrina coránica. A los dieciséis años otro tutor le instruyó en «la lectura de poesías místicas». Akbar, por consiguiente, como los mejor educados mongoles, sabría de memoria algunas suras del Corán y las poesías de Sadí, Hafiz y Firdusi. Aprendió lo más selecto de la tradición, como, por ejemplo, historias de reyes, anécdotas y sentencias de famosos ministros, que son todavía en nuestros días el tema preferido de los orientales cultos. Completaron la educación científica de Akbar algo de astronomía, música y, sobre todo, retórica. Claro está que no son los conocimientos que hoy día exigiríamos de un monarca, pero hay que reconocer que ni siquiera tenían éstos los Borbones de Francia y España, ni los príncipes italianos y alemanes de la época.

No nos entretendremos en relatar las luchas de Akbar para consolidarse como indiscutido emperador en Delhi. Al verle todavía niño, los rajaes esperarían desembarazarse de él fácilmente. La batalla decisiva se dio también en la llanura de Panipat, a cincuenta y tres millas al Norte de la capital. Después de conseguida la victoria puede decirse que el emperador Akbar reinó, sin encontrar oposición, por espacio de casi medio siglo, desde el año 1556 hasta el 1605, año en que murió.

Los mongoles en la India

Su hijo Jehanjir describe a Akbar en estos términos: «Era más bien alto, de color trigueño, ojos negros, frente ancha y voz recia pero de timbre agradable. Sus maneras eran distintas de las de los demás mortales; en su cara había un encanto de celeste dignidad». Akbar era aficionado a la caza, pero sin el apasionamiento de la mayoría de los monarcas europeos. Era hábil tirador y en el sitio de una ciudad mandó levantar una torre de madera ante la brecha y con su puntería quebró la resistencia. Pero no gustaba de aprovecharse de la superioridad de las circunstancias. Un día sorprendió a una partida de rebeldes durmiendo la siesta. Akbar mandó en seguida que redoblaran los tambores para despertar al enemigo y darle tiempo de prepararse. Sucedía esto casi un siglo antes de Fontenoy, cuando los franceses dijeron: «¡Señores ingleses, tirad primero!» Sin embargo, la caballerosidad de Akbar no le impedía ser feroz y algunas veces reaparecía el verdadero carácter del mongol ordenando ejecuciones en masa con el colorido de la enorme pirámide de cráneos.

Sin embargo, Akbar tenía cualidades de gran estadista y aun de reformador. Construyó una nueva ciudad para residencia de la corte en las cercanías de Delhi, que hoy es una de las más interesantes maravillas de la India. Se llamaba Fatepur Siki, y fue levantada en aquel lugar porque allí nació el primogénito de Akbar. Poco a poco Akbar fue construyendo edificios en Fatepur y prolongando allí su estancia, hasta acabar por residir en este lugar más tiempo que en Delhi o Agra. Hoy Fatepur está completamente deshabitada; los innumerables edificios construidos por el Emperador y sus ministros cubren una vasta extensión, sin que nadie turbe el silencio de las ruinas. Akbar, desde que reinó sin regentes, al llegar a la mayor edad, manifestó deseos de legislar para el bien de sus súbditos. Prohibió los casamientos de menores, y en los de adultos exigía la libre voluntad de los contrayentes. Sin impedir en absoluto la cremación de las viudas a la muerte del marido, dio a entender que no aprobaba la costumbre y que castigaría rigurosamente a los parientes del difunto si imponían el suicidio a la viuda. Todavía hoy éstos son los principales males que sufre la India; ha recaído en la mala costumbre del casamiento de menores, y si bien los ingleses han conseguido abolir el *sutee* o cremación de la esposa sobreviviente al marido, una viuda hinduista no osará contraer segundas nupcias. En cambio, ya veremos que la esposa predilecta de Jehanjir, hijo y heredero de Akbar, era viuda.

Akbar ordenó el censo y catastro de la India para imponer equitativamente las contribuciones. La tierra se clasificó en tres categorías: desierta, inculta y de cultivo. Esta última era la que producía cereales y plantas oleaginosas; su propietario tenía que entregar al Estado un tercio de la cosecha, mucho menos de lo que pagaba el

Interior del Divan-i-Khas, donde se celebraban las controversias religiosas presididas por el emperador Akbar.

Exterior del famoso Divan-i-Khas, de Fatepur, donde Akbar reunía todos los jueves a los doctores de las diversas religiones de su imperio.

de imitarla, aunque con poco éxito. Entre otras cosas Akbar exigió de los oficiales de la administración que todos los documentos se redactaran en árabe-persa, y esto, dicen los ingleses, fue un gran paso hacia la unificación de la India, donde cada tribu habla diferente lengua. Se unificó también la moneda y el calendario.

Dividió la India en veinte provincias o gobiernos. Cada gobernador era como un virrey y tenía su corte en miniatura análoga a la de Delhi, con igual número de ministros. El gobierno era esencialmente de tipo musulmán, sin cámara ni representación popular de ninguna clase. El Emperador se entendía directamente con sus ocho ministros, que por orden de categoría eran como sigue: el *diván* o tesorero; el intendente o camarero mayor; el pagador del ejército; el justicia o *Qazi*; el limosnero o distribuidor de dádivas y oficios; el censor de la moral pública; el artillero mayor, y el jefe de correos y postas. Por el solo título de estos ministros imperiales y provinciales ya se comprende qué clase de Estado sería el Imperio de los Grandes Mongoles de la India. Su eficacia dependía de la honradez y capacidad de las personas que

campesino de Francia en aquel entonces. A los que tenían tierras incultas se les procuraban semillas, se les hacía un anticipo y se les perdonaba la contribución por dos años. Es imposible detallar aquí el sistema de contabilidad del Tesoro de los Grandes Mongoles, pero los ingleses confiesan que en la India no han hecho más que tratar

Pedestal de mármol sobre las murallas de la fortaleza de Agra, donde se colocaba el trono de oro y pedrería de los mongoles.

Los mongoles en la India

Tumba de Akbar, cerca de Agra.

desempeñaban los cargos. Pero lo mismo podía decirse de la Francia de Colbert y Luis XIV.

Mas lo que enaltece a Akbar sobre los monarcas europeos de su época es el interés que sinceramente sintió por lo que hoy llamamos *cosas* del espíritu. Educado en el islamismo y de madre árabe, Akbar tenía bastante de mongol para no satisfacerse con la rutina de las cinco oraciones diarias, las abluciones y la casuística de los ulemas o doctores del Islam. Cuando empezó a sentir su *fiebre religiosa*, Akbar pensó encontrar reposo peregrinando a los lugares santos de la India, circunvalando en oración las tumbas de los santones y discurriendo con los que vivían entonces. Se cuenta que a menudo el Emperador abandonaba el lecho y pasaba el resto de la noche meditando sobre una piedra del patio de palacio.

Esto duró hasta el año 1574. Akbar tenía entonces treinta y un años. Su secretario, casi ministro, era un letrado llamado Faizi, poseedor de una biblioteca de más de 4.200 manuscritos. Al notar Faizi las ansias religiosas de su amo, insistió vivamente en presentarle a su propio hermano, llamado Abul Fazal, el cual vivía cerca de Agra en *un altivo retiro*. Tanto Faizi como Abul Fazal eran xiítas, o sea musulmanes de la secta de Alí, mucho más tolerante para todo lo que sea misticismo que la de los sunitas o mahometanos ortodoxos.

Cuando Abul Fazal fue presentado a Akbar tenía sólo veintitrés años, pero de su condición dará fe el siguiente párrafo de su crónica: «Mi mente no encontraba reposo; suspiraba por la vida de los anacoretas de Mongolia y los ermitaños del Líbano. Deseaba oír a los lamas del Tibet y a los jesuitas de Goa. Me tentaba escuchar a los parsis cuando cantaban el Avesta. ¡Estaba harto de los sabios de mi tierra!»

Akbar y Abul Fazal mutuamente se estimularon para continuar su investigación dolorosa. Para esto, Akbar construyó un edificio especial, un edículo, donde se discutirían principalmente materias de religión. Hoy se le llama *Divan-i-Khas;* pero en tiempo de Akbar le llamaban *Ibadat Khana*. Las reuniones se efectuaban en aquel edículo los jueves, y cuando Akbar no podía asistir delegaba a un príncipe real para presidirlas. Abul Fazal no faltaba nunca y es-

Capítulo XVIII

poleaba con cuestiones insidiosas a los ulemas mulsumanes de las diferentes sectas para obligarlos a contradecirse y hacer patente la vanidad de sus doctrinas. A veces se discutían temas de la religión hinduista y hasta asistieron a las discusiones del jueves jesuitas portugueses que no hicieron mal papel. Pero la táctica de Abul Fazal y Akbar consistía especialmente en debilitar la religión del Estado, o sea, el islamismo. Una noche Abul Fazal propuso como tema de discusión si el rey debía ser guía espiritual de sus súbditos, como lo era en las cosas temporales. El conceder que Akbar tenía poder para decidir en religión atacaba la inviolabilidad del Corán, pero por otro lado las discusiones de los jueves anteriores habían demostrado la posibilidad de interpretarlo de las maneras más distintas y contradictorias. El resultado fue que los ulemas firmaron un documento en que reconocían que, siendo Akbar un gobernante justo, tenía categoría de Mujtahid, con autoridad infalible en materias del Islam.

Pertrechados con este documento, Akbar y Abul Fazal procedieron ya sin escrúpulos a imponer su nueva religión. Se llamaba la *Divina Fe* o *Divino Monoteísmo*. En realidad se reducía a una síntesis de todas las religiones de la India, algo parecido a la moderna teosofía. Una poesía de Abul Fazal dará idea del mar por que navegaban Akbar y su teósofo visir. Grabó por orden de Akbar en un templo de Kasimir:

«En cada templo, Dios mío, te veo — y en cada lengua te oigo alabar. — Hinduismo e Islam te buscaron. — Cada fe te proclaman sin par. — En mezquitas e iglesias te adoran. — Hacia ti los rezos se van. — Para ti, discusión y ortodoxia — son palabras que ocultan verdad. — Para el fiel, religión es el polen — que hace a las rosas perfume exhalar.»

El Divino Monoteísmo no llegó a establecer una nueva liturgia, pero prohibió muchas supersticiones. Por de pronto se abolió el impuesto que según tradición islámica pagaban los no musulmanes. La ley negó la existencia de *jinns* o genios, de ángeles, diablos y otros seres sobrenaturales; negó también los milagros de profetas y santos, los premios y castigos eternos, «tan diferentes de la metempsicosis», prohibió el casamiento entre consanguíneos, el dejarse la barba, la peregrinación a La Meca y contar los años por la Hégira. Se permitió vender y beber vino, comer carne de puerco y el contacto con perros, considerados ani-

Tumba de Itimad-el-Daula, consejero del emperador Jehanjir. Agra.

Aparición del Gran Mongol Akbar en las reuniones del Divan-i-Khas. (Cortesía del Museo de Bellas Artes. Boston.)

Capítulo XVIII

Aurangzeb. De un manuscrito contemporáneo. Museo Británico. Londres.

males impuros por Mahoma. En cambio, Akbar y Abul Fazal practicaban el culto al fuego, al Sol y a los astros como manifestaciones del poder divino. No se trató de hacer prosélitos, pero se permitió a todos los súbditos creer a su manera en este dios que estaba en las iglesias, mezquitas y en el pétalo de las rosas. Aunque puede decirse que lo dominante de la fe de Akbar fue tomado de la religión de los parsis, como se llamaban los persas emigrados a la India que practicaban todavía la religión de Zoroastro. Akbar y Abul Fazal no dejaron de aprovechar lo que podían descubrir de elevado en las viejas religiones indostánicas. Por orden de Akbar se tradujeron del indo al árabe los textos sagrados llamados Upanischads, y de la traducción de Akbar se valieron los europeos hasta hace poco.

El Divino Monoteísmo duró sólo hasta la muerte de Akbar. Su hijo Jehanjir, aunque practicó la religión del Islam, no fue tam-

Puerta de la tumba de Itimad-el-Daula, suegro y visir del emperador Jehanjir. Agra.

Los mongoles en la India

Mezquita llamada La Perla, en la fortaleza de Agra.

El inevitable conflicto entre hermanos a la muerte de Jehanjir acabó con la victoria de Sha Jahán, y desde el 1628 al 1658 la India vio el más extraordinario espectáculo de pompa y esplendor. El Sha aparecía al amanecer en la ventana de su aposento, que daba al patio donde estaban los cortesanos, muchos de ellos a caballo. Con el Sha se mostraba la famosa reina, llamada Muntaz-i-Mahal, o sea «la elegida del palacio». Esta era una pequeña dama de tez morena, hija del primer ministro, que llegó a dar a Sha Jahán catorce hijos. Murió al nacer el último y Sha Jahán edificó para ella el Taj Mahal, que se considera el mausoleo más hermoso de la tierra. Es obra de un arquitecto veneciano, que fue a parar a Agra y se saturó de tal manera del arte poco celoso mahometano. Continuó el régimen de tolerancia de su padre. Jehanjir era príncipe de gran talento, pero tenía el vicio de la bebida y el opio. Estaba en pleno uso de razón hasta el atardecer, en que se sumía en sopor hasta la mañana siguiente. Tal era la regularidad de su vicioso hábito, que cada noche su esposa favorita le daba de comer estando dormido. Era la favorita viuda de un oficial del ejército y se la llamaba *Nur-Mahal* o luz del palacio; en los últimos años de Jehanjir actuó de regente.

Jehanjir sintió el furor constructivo característico de todos los mongoles. Los alrededores de Delhi y Agra se embellecieron con palacios, jardines y tumbas monumentales. Los rajaes se habían acostumbrado a la dinastía extranjera y las castas inferiores encontraban ventajas en la administración centralizada del Gran Mongol. De aquí la paz y los inmensos recursos que permitieron a Jehanjir y a su hijo levantar costosísimos edificios.

Sha Jahán. Museo Británico.

Capítulo XVIII

oriental, que hizo el monumento más indo del Indostán.

Para distraerse de la pérdida de su amada, Sha Jahán continuó sus locuras arquitectónicas y su deporte favorito, que eran las peleas de elefantes. Pensó en construir una nueva Delhi. Por de pronto edificó su palacio dentro del fuerte de esta nueva capital. Construyó también allí una mezquita... ¿Mas para qué continuar? ¿No es ésta la eterna recaída en el delirio oriental de construir, pensando en ganar fama superando a sus antepasados? Además, notemos la reaparición de la mezquita... Como consecuencia, Sha Jahán fue destronado por su hijo Aurangzeb, un fanático musulmán que encerró a su padre en una torre de Agra y procedió a la restauración de la ortodoxia islámica. Pero tal era el sentimiento de respeto que inspiraba la dinastía fundada por Babar y ennoblecida por Akbar, que Aurangzeb continuó reinando hasta su muerte, en el año 1680, y sus sucesores subsistieron como espectros de los Grandes Mongoles hasta la conquista de la India por los ingleses. Para las cosas espirituales es todavía más difícil crear que destruir: un régimen superado, una fe caduca, subsisten durante largo tiempo como roña en el cuerpo social.

Cabe preguntar qué debemos a la India los occidentales y el mundo civilizado en arte, literatura y ciencia. Bien poco que podamos calificar de aprovechable para nuestros gustos europeos. En religión y filosofía, al fin se cayó en un degenerado budismo, y lo que queda de las artes plásticas indostánicas es un estilo barroco de formas mitológicas y algo del tipo monumental creado para los grandes mausoleos de los emperadores y sus ministros. La pintura casi se redujo a la decoración miniada de libros, coleccionados todavía por los aficionados a lo exótico y oriental.

Por último, hemos adoptado los tejidos que llamamos *casimires*, con estampados de complicados ramajes florales estilizados con fantasía casi geométrica.

La emperatriz Muntaz-i-Mahal, sepultada en el Taj Mahal de Agra.

Apoteosis de Enrique IV, por Rubens. Galería de los Uffizi. Florencia.

CAPITULO XIX

LA FRANCIA BORBONICA. «LE GRAND SIECLE» O SIGLO DE LUIS XIV

Los franceses llaman al siglo XVII *siglo de Luis XIV o le grand siècle,* porque señala el apogeo de la Francia borbónica y absolutista. El reinado de Luis XIV es el más largo que registra la Historia. Duró sesenta y dos años; pero a este período de apogeo francés deberían añadírsele los reinados de Enrique IV y Luis XIII, abuelo y padre, respectivamente, de Luis XIV, y la regencia del Duque de Orleáns durante la menor edad del bisnieto de Luis XIV, que fue después Luis XV.

Tal convicción tuvieron entonces los franceses de su superioridad, que llegaron a publicar libros como el titulado: *«Paris, le modèle des nations étrangères, ou L'Europe française».* Querían indicar que la mentalidad de París, o mejor dicho de Versalles, se había contagiado a toda Europa. En reali- dad, Francia tuvo en esta época plétora de grandes hombres. No produjo un genio universal del tipo que podríamos llamar humano, como Cervantes; pero en cambio vio nacer de su seno multitud de talentos finos, agudos, genialmente inteligentes. A la agudeza, a la discreción, en Francia se la llamó *esprit;* se estimaba una respuesta maliciosa como algo espiritual y profundo. Mientras en la Edad Media, en el siglo de San Luis, Francia, centro del mundo católico, acogió a teólogos y artistas de todos los países y la Sorbona era un centro internacional de estudios, en el siglo de Luis XIV Francia es homogénea y francesa. Además, no sólo no admite extranjeros, sino que exporta sus hombres, sus modas y su lengua a Europa.

La prosperidad material de la Francia borbónica, durante el siglo XVII, fue obra de

Capítulo XIX

varios ministros inteligentes. Los monarcas tuvieron por lo menos la discreción de saberlos escoger y dejarlos en relativa libertad. El ministro de Enrique IV fue Sully, que nos ha dejado unas confusas memorias explicando sus esfuerzos para sanear la hacienda. El solo título es ya una confesión de sus cualidades y limitaciones: *Sages et Royales Economies*. Se trataba, pues, de economizar, sin grandes planes para producir riqueza. Sully logró mejorar la hacienda, en lamentable estado después de las guerras de religión. Calculó que la deuda de Francia ascendía casi a trescientos millones de libras, una enormidad en aquel tiempo. Para disminuirla, Sully atendía a todo. Aunque consiguió aumentar sus honores y su fortuna, quiso que constara en sus memorias que nunca lucró en nada sin que lo supiese el rey su amo.

Enrique IV inició la política del gobierno personal, que debía conducir al más exagerado absolutismo. Las guerras de religión no sólo habían desangrado y empobrecido a la nobleza, sino que la habían dividido. Los nobles católicos preferían un rey absoluto católico a un monarca que, respetando sus antiguos derechos, transigiera con los hugonotes. Enrique IV empezó a relegar la vieja aristocracia francesa a una posición decorativa; en el reinado de Luis XIV encontramos a los nobles en Versalles, empenachados y cubiertos de lazos, encorvándose como lacayos al paso del *Gran Monarca*. Era casi inevitable, porque si los Borbones hubiesen respetado los privilegios de la antigua aristocracia feudal, se exponían a verse insultados en los Consejos reales por descendientes de antiguas familias, más franceses y más nobles que ellos mismos. Enrique IV redujo su Consejo de ministros (numeroso durante los Valois) a cuatro secretarios. Despachaba con ellos por la mañana. Los nobles *de sangre* que iban a visitarle a aquella hora tenían que esperar a que el rey terminara.

Otro paso hacia el absolutismo fue el poco respeto con que los Borbones trataron a las asambleas parlamentarias de Francia. Además de los llamados *Estados Generales* o reunión de los tres brazos, popular, eclesiástico y nobleza, con representantes de toda Francia, que sólo se reunían convocados por la Corona, había infinidad de parlamentos regionales que proponían medidas de gobierno y hasta gobernaban en cada región. Enrique IV los trató con el mayor desprecio. He aquí la respuesta de Enrique IV al agente del Parlamento de Burdeos que le visitó en París: «¡Muy bien, muy bien, monsieur Dubernet! ¡Buen orador! El papel lo sufre todo. Pero yo os contestaré como rey, como soldado, como gobernante... ¿Quién gana los pleitos en Burdeos? ¡El que tiene la bolsa más llena! Los parlamentos no valen nada, y el vuestro es el peor. Os conozco, puesto que soy gascón como vosotros. Decidme si hay un campesino que cultive viña propia... Todos trabajan la de un presidente o un consejero. Basta ser consejero (esto es, político) para enriquecerse inmediatamente.»

Luis XIII, por Felipe de Champaigne. Museo del Prado. Madrid.

La *cour de marbre*. Patio central del palacio de Luis XIII en Versalles.

En otra ocasión, Enrique IV espetó a sus *parlamentarios* esta arenga: «Yo sé cómo se gobierna con parlamentos, porque la corona que heredé (Bearn y Navarra) es de un país que se gobierna con ellos. Los reunía cada año. Y allí prevalecía el que más gritaba; el que recordaba más instituciones de emperadores, príncipes y señores. Las gentes no comprendían nada de lo que él decía, pero exclamaban: ¡Qué bien dicho! ¡Que le hagan síndico! Y después de encumbrado, era el primero en formar una *liga* (contra el rey).»

Tal fue Enrique IV. Su filosofía no pasó de un natural buen humor y su ciencia estadística se redujo a desear que todos los franceses echasen cada día gallina en el puchero. Este primer Borbón inició también el régimen de favoritas o amantes regias, que suplantaban a la reina legítima, si no en sus derechos, en sus honores. Después de mariposear con varias bellezas, se fijó en Gabriela d'Estrées, de la que tuvo dos hijos; trataba de legitimarlos cuando murió la favorita. Previendo oposición contra sus bastardos, aceptó casarse con María de Médicis, con el solo propósito de tener un sucesor. De este matrimonio nació Luis XIII. Enrique IV fue asesinado en 1609 por un fanático católico a quien el rey gascón parecía demasiado tolerante con los hugonotes. Aunque Enrique IV había dicho que París, o la corona de Francia, bien valía una misa, y nunca flaqueó en su *conversión,* los católicos no le perdonaban su juventud protestante y sobre todo el edicto de Nantes, que establecía libertad de cultos. A la muerte de Enrique IV, su hijo Luis XIII era menor de edad, por lo que fue necesaria una regencia durante cuatro años. Luis XIII reinó desde 1614 hasta 1643, tiempo más que suficiente para consolidar un nuevo régimen. Pero era de carácter caballeresco, mesurado y algo tímido; no el tipo de monarca que se arriesga a grandes reformas y aventuras. Le gustaba ver prosperar tranquilamente sus Estados y rodearse de gentes distinguidas. A París, prefería Versalles, *el Versalles de Luis XIII,* que entonces sólo era un apeadero de caza, en la parte central del gran palacio que hoy se llama la *cour de marbre*. Aquella fachada humilde no hace sospechar el Versalles pomposo que tiene detrás. Vivía allí como un gran señor rural, rodeado de un grupo de amigos más bien que de una pequeña corte, y se entretenía cazando.

Al comienzo de su reinado, Luis XIII cambió varias veces de ministro; pero desde el 1622 hasta su muerte en 1643 gobernó a Francia su valido, el famoso cardenal Richelieu, quien hasta cierto punto fue continuador de Sully, aunque de ideas mucho más vastas y de temperamento más aristocrático. Nervioso, dolorido, con el cuerpo enteramente cubierto de úlceras, aquel de-

Capítulo XIX

macrado cardenal inició la política internacional de Francia que ha durado hasta nuestros días. Consistió en una mira interesada sobre los Países Bajos, el propósito de dominar la orilla izquierda del Rin y la constante vigilancia sobre España para que jamás pudiera amenazarla por el Sur.

Luis XIII accedió difícilmente al papel de *Roi fainéant* de Versalles a que le condenaba el cardenal erigido en *mayordomo de palacio*. Pero no tuvo ánimos ni atrevimiento para despedirlo como a un criado desobediente. La reina legítima era una infanta española, Ana de Austria, hija de Felipe III, a la que Luis XIII no se confiaba más que para explicarle los disgustos que le daban sus amantes francesas. Un día que fue a París para visitar a una de ellas, mademoiselle de la Fayette, ya retirada en un convento, viose precisado por una tempestad a refugiarse en el Louvre, donde vivía la reina. Aquella inopinada visita a su esposa fue causa de que naciera el heredero del trono, el prototipo de todo un régimen: Luis XIV.

Este es *le Roi Soleil*, el que, según los franceses, y por lo menos para ellos, caracteriza todo un siglo. Los principios fundamentales de su gobierno fueron una combinación de los de sus dos antecesores. Tuvo un ministro, Colbert, que sabía agenciar recursos como Sully, en tanto que el propio rey sabía gastarlos, como otro Richelieu, en aventuras de política exterior. Colbert era plebeyo, hijo de un mercader que no creyó necesario darle educación literaria. A los cincuenta años, siendo ya ministro del rey *cristianísimo*, trataba de aprender latín mientras iba en carroza a despachar con el monarca los asuntos de la jornada. Ascendido grado por grado hasta alcanzar la alta posición de intendente de Hacienda, Colbert no podía ser ni filósofo ni filántropo. Frío, metódico, con ideas claras y persistente en aplicarlas, parecía oscilar como la brújula para señalar constantemente el norte. Encontró la hacienda sumida en un embrollo de deudas, garantías, pagarés y bonos entregados a los prestamistas. Colbert, sin llegar nunca a la liquidación de un presupuesto, consiguió al menos satisfacer las grandes necesidades de la costosísima corte de Luis XIV y sus todavía más costosos ejércitos.

El plan de Colbert era transformar a Francia, de país agrícola, como había sido hasta entonces, en la nación céntrica de Europa, esencialmente industrial y mercantil. Favoreció toda clase de nuevas industrias, desde la fábrica de tapices de los Gobelinos hasta los plantíos de moreras para gusanos de seda; envió instrucciones a los fabricantes de tejidos de lana, exponiendo los colores y calidad que debían tener las telas para competir con las de otros mercados, y a estas iniciativas y direcciones del gobierno siguió el nombramiento de inspectores autorizados para castigar a quienes fabricaran mercancías de inferior calidad. Las muestras de telas defectuosas se exponían en la picota con el nombre del fabricante delincuente. Caso de reincidir, se mencionaba al infractor en la reunión del gremio, y a la tercera falta se le exponía personalmente en la picota.

Colbert hizo esfuerzos desesperados para acabar de una vez para siempre con las aduanas regionales y otras trabas y gabelas que hacían en extremo difícil el comercio interior. Trazó una red de caminos que llegarían por doquier, habilitó puertos y empezó los canales que hasta hace poco han abaratado los transportes en Francia. El primer canal del Languedoc, que puso en comunicación el Atlántico con el Mediterráneo, fue inaugurado por Colbert en 1681. Tenía más de 250 kilómetros de longitud, con 75 esclusas, y en el punto más alto alcanzaba 300 metros sobre el nivel del mar. Colbert consideró herencia prodigiosa los territorios franceses ultramarinos y animó a los que allí iban a establecerse o a traficar procurando a Francia mercancías de los trópicos. Era entonces época de *compañías* y sociedades anónimas, que aparecían por doquier en Inglaterra y en Holanda. Colbert quiso establecerlas y protegió la formación de Compañías francesas para el comercio con las Antillas, el Extremo Oriente, el Levante mediterráneo, y hasta para empresas locales como la explotación de los bosques del Pirineo y las pesquerías del mar del Norte. Convencido además de que la superioridad de los franceses dependía de su buen gusto y temperamento estético, pensó contribuir a la prosperidad de Francia con la creación de la Academia de Bellas Artes en Roma y la Academia de Ciencias y la de Música en París. Richelieu había creado ya una Academia Francesa para la lengua y la literatura.

Explicado quién era Colbert, *el intendente*, que agenciaba los recursos ahorrados por la Francia laboriosa, vamos a ver quién era el rey que los gastaba, esto es, Luis XIV. Fuerte, sano, de bella presencia, convencido de que su misión de gobernar a un gran pueblo no permitía injerencias de nadie, a veces escuchaba la opinión de los demás, pero siempre quería resolver él los asuntos. Desde joven había dicho que él sería su primer ministro, y así fue; ni Colbert ni Louvois llegaron a suplantar al monarca, como había hecho Richelieu con Luis XIII. Al principio se creyó que los galantes desórdenes del rey acabarían por enervarle o entontecerle; pero, por lo visto, los Borbones no sentían muy intenso erotismo, sólo les agradaba excesivamente el trato íntimo con personas amables del otro sexo. A Luis XIV, en su juventud por lo menos, le gustaba la variación en estas intimidades femeninas. Las *Memorias* de Saint-Simon descubren la existencia de una hija del rey, de color achocolatado, y otra gruesa y mal hablada, nacida de la hija de un jardinero de Versalles. El rey le proporcionó un decente matrimonio, pero le prohibió el acceso a la Corte. Se mencionan, además, una mademoiselle de Fontange, una Soubisse y una Loudre, pero sin categoría oficial de amantes regias. Por orden cronológico, las amantes titulares de Luis XIV se sucedieron como sigue: su primer amor fue María Mancini, sobrina del cardenal Mazarino, italiana de gallarda presencia. La segunda, beldad ya muy francesa, fue made-

Cardenal Richelieu, por Felipe de Champaigne. Museo del Louvre.

moiselle de La Vallière, que dio al rey tres hijos: dos varones que murieron niños y una hembra que el rey casó con el príncipe de Conti. El amor sincero del rey por La Vallière duró hasta 1670, pero ya antes había empezado a manifestar interés por una dama de la reina, casada con cierto Montespan. Hubo un período en que Saint-Simon dice que las gentes de Versalles se regocijaban viendo a las tres reinas: la esposa legítima, María Teresa de Austria, la Vallière y la Montespan. Pronto triunfó esta última, y el marido fue enviado primero a la Bastilla, después a sus tierras de Guyena.

Capítulo XIX

Saint-Simon dice: «Los partos de madame de Montespan eran públicos. Su círculo se convirtió en el centro de la Corte... Era también un centro del ingenio por la agudeza en la conversación, de un tipo tan delicado, sutil y al mismo tiempo tan natural y agradable, que se distinguía por su especial carácter.» Esto dice Saint-Simon, enemigo declarado de la Montespan; hay que imaginar el daño que tal persona podía ejercer con su influencia sobre un monarca absoluto. Por esto Saint-Simon añade: «Madame de Montespan era caprichosa, de mal genio y altanera... No perdonaba a nadie y se burlaba de todo el mundo con el solo objeto de divertir al rey. Como tenía fértil ingenio y era encantadora en sus maneras, no había nada más peligroso que ser ridiculizado por ella.» Tuvo del rey ocho hijos: cuatro que murieron antes de la mayor edad y cuatro que ocuparon sitios de honor en la Corte. Los dos varones fueron el duque de Maine y el conde de Tolosa; las dos hembras casaron, una con el hijo del gran Condé y la otra con el duque de Orleáns. Este era nada menos que el hijo del Delfín, heredero de la Corona. Cuando su madre supo que había dado su consentimiento para casarse con la hija de la Montespan le dio en público un bofetón. «Pero *el Rey amaba a sus bastardos* y la Delfina tuvo que aguantar.»

Hemos detallado someramente las *ligerezas* amorosas de Luis XIV, no por el maligno placer de exponer su conducta, sino porque fue imitado por la corte de Versalles, modelo de todas las demás cortes de Europa. Más tarde, un noble, Charles-Louis de Montesquieu, consejero y después presidente del Parlamento de Burdeos, escribirá las *Lettres persanes,* en las que dos ingenuos viajeros orientales descubren en París algo más *oriental* que en su propia patria. Además, la borbónica necesidad de Luis XIV de tener a su lado una persona inteligente, capaz de aconsejarle, pero del sexo femenino, determinó su casamiento con la última favorita, la llamada madame de Maintenon, de accidentada juventud. Era hija de una familia noble, pero arruinada. Todavía niña, emprendió un viaje a la Martinica y años después comparaba el torbellino de la corte de Versalles con los huracanes de América. De vuelta en Francia, la casaron con un poeta cómico de mérito, Scarron, de quien quedó viuda a los veinticinco años de edad. Madame de Montespan, que había podido apreciar sus cualidades, la nombró institutriz de los hijos que había tenido con el rey. No sabemos cómo la viuda Scarron (después madame de Maintenon) llegó a suplantar a la Montespan; pero es muy probable que forzaran el cambio los escrúpulos de conciencia del rey, que empezaba a fatigarse de sus desórdenes. La joven institutriz había sido hugonote en sus primeros años, y convertida al catolicismo conservó hasta la muerte una seriedad de que la Montespan carecía. Después de un corto período de escaramuzas eroticopiadosas, Luis XIV, que era viudo, no tuvo reparo en casarse con aquella mujer, francesa, aunque no de sangre real.

Madame de Maintenon, esposa de Luis XIV, por Mignard. Museo de Versalles.

Luis XIV, por Rigaud.

Capítulo XIX

El matrimonio se efectuó en secreto, sólo en presencia de dos testigos: Louvois y el arzobispo de París. Todo el mundo conocía el hecho del casamiento y algunas veces se habló de hacer la declaración oficial que hubiera elevado a madame de Maintenon a la categoría de reina de Francia; pero, posiblemente por la resistencia que opuso ella misma, nunca se llegó a dar semejante *escándalo*.

Durante los últimos treinta años de Luis XIV, madame de Maintenon fue su fidelísima colaboradora y consejera. Sin preocuparse de tratamientos, recibía con gran dignidad a los hijos del rey y a los nobles de la sangre. El rey la visitaba varias veces al día, y por la noche despachaba con sus ministros en la cámara de madame de Maintenon. La escena ha sido descrita varias veces: el rey y madame, sentados en sendos sillones a cada lado de la chimenea, escuchaban los informes de los ministros. Ella parecía no querer enterarse y proseguía su labor de cañamazo. Delante de la mesa del rey había dos taburetes: uno para el ministro y otro para la cartera. Aparentando hambre y sueño, madame de Maintenon cenaba y se desnudaba asistida por dos camareras, mientras el rey iba despachando los asuntos que le sometían sus ministros. Cuando éstos terminaban, Luis XIV iba a despedirse de ella, ya en la cama; y allí, sentado a la cabecera, recibía su último consejo.

¡Qué país, Francia, capaz de producir un personaje político como madame de Maintenon! Una aventurera había llegado a reina sin caer en aventuras. No se nos han transmitido quejas comprobadas de abuso del poder de madame de Maintenon. No protegió a nadie de su familia, no tuvo predilección por ninguno de los príncipes. Saint-Simon, que, como gran aristócrata, detestaba la alcoba de la Maintenon que había suplantado la cámara de los nobles en los consejos reales, dice que ella había decidido las tres cuartas partes de los nombramientos, gracias y beneficios que repartían los ministros. Es posible que se equivocara en sus protegidos, pero no lo hacía por vanidad de su poderío ni para engrandecer a sus criaturas. Nunca defendió ella misma a sus candidatos. Daba a entender de antemano a los ministros cuáles eran las personas que ella prefería y que apoyaría en la nocturna conversación con el rey. Con arte y tacto ganaba los pleitos.

Así se gobernaba a Francia, el país más importante de Europa en el siglo XVII, con cuatro ministros-intendentes, un ministro femenino y un primer ministro que era el propio rey, quien, además de elegir a sus

Viñeta que sirve de cabecera del primer Diccionario de la Academia Francesa.

La Francia borbónica

Medallón de Luis XIV en el carro de la Iglesia, aludiendo a la alianza del Rey Cristianísimo y el Papa. Grabado de Lebrun.

generales y embajadores, les daba directas instrucciones de su puño y letra o respaldaba con notas aclaratorias los despachos que redactaban sus intendentes. En ocasiones era deplorable su intervención. Una vez el rey le dijo a uno de sus generales que conocía bien el mapa de Alemania, a lo que el subordinado repuso que una cosa era conocer aquel país en el mapa y otra conocerlo por haber peleado en su mismo terreno.

Luis XIV trabajaba al menos nueve horas diarias; pero no podía abarcar los múltiples servicios del Estado. La organización era defectuosa; los altos oficiales, que habían comprado sus cargos, no se consideraban parte de un engranaje administrativo y no cooperaban mutuamente. La falta de articulación se notaba sobre todo en tiempo de guerra. Si Francia escapó de verse repartida en tiempo de Luis XIV, es porque no pudieron ponerse de acuerdo sus enemigos. Las otras cortes de Europa, copias de Versalles, eran todavía peores que el original.

En la primera parte del reinado de Luis XIV, con la extremada pericia de Colbert y disponiendo de generales a la antigua, como Condé y Turena, el rey pudo ensanchar algo sus fronteras y hacer ligeros avances en el Rin y el Palatinado. Aunque esto no era gran cosa, tan seguro sentíase Luis XIV de su engrandecimiento, que llegó a soñar en ser elegido emperador. La esperanza era muy remota, pero los territorios recientemente conquistados en el Rin le daban tal derecho, como príncipe del Imperio. Luis XIV casó a su hija con el elector de Baviera, porque éste se comprometió a presentarle como candidato al Imperio en la próxima elección.

Deslumbrado el Papa por los éxitos del *Gran Monarca*, le recomendaba una cruzada contra el Turco, asegurándole que en tres campañas los franceses podrían apoderarse de Constantinopla y de las provincias del Asia Menor. «El Rey de Francia podría después indemnizarse repartiendo coronas a sus hijos legítimos y bastardos.»

Capítulo XIX

¡Cuán diferente fue el curso de los acontecimientos! Al finalizar su reinado, Luis XIV se veía anatematizado por el Papa y amenazado por una coalición de casi toda Europa. Constituía un peligro para todo el mundo aquella Francia tan arrogante y belicosa.

La causa inmediata de la Gran Coalición, como se llamó a la alianza de Alemania, Inglaterra, Holanda y Saboya contra Francia, que sólo contaba con el apoyo del elector de Baviera, fue el intento de desmembrar a España. El asunto revela de tal manera las costumbres políticas y la diplomacia de la época, que vale la pena dedicarle algunos párrafos.

Princesa de los Ursinos, consejera de Felipe V durante su primer matrimonio. Colección del duque de Ahumada. Madrid.

Mucho antes de morir el último infeliz vástago de la casa de Austria en España, el imbécil Carlos II el Hechizado, ya Luis XIV había concertado con otros pretendientes el reparto de los territorios españoles en Italia y en los Países Bajos. España, a la muerte de Carlos II, tenía que quedar reducida a la península y a las colonias que poseía en el Nuevo Mundo. Con el resto había botín más que suficiente para satisfacer enteramente a todos los ambiciosos de Europa que tenían puestas en España sus miras. Holanda recibiría la mayor parte de los Países Bajos. Francia mejoraba su cinturón fronterizo por aquel lado tan sólo con algunas plazas, pero se quedaba en cambio con Guipúzcoa y con Nápoles y Sicilia. El emperador recibía el Milanesado. Inglaterra se contentaba con Dunkerque, Ceuta, Gibraltar, Mahón, Orán y la Habana. Por fin, el elector de Baviera recibía la Corona, lisa y monda, de España y sus posesiones de Ultramar.

Todo esto se pactaba casi en público, sin que los españoles tuviesen voz ni voto en las negociaciones. Mas para llevar a cabo este reparto era necesario que el Hechizado muriese sin testar; y he aquí que un mes antes de morir, los nobles del Consejo de Castilla, impulsados por el cardenal Portocarrero, lograron que el Hechizado firmara un testamento declarando sucesor al duque de Anjou, nieto de Luis XIV. Confiaban que la misma malicia que había obligado a Luis XIV a proponer el reparto de los territorios españoles le obligaría a defenderlos si el rey de España era uno de sus retoños. Cuando llegó a Versalles la noticia del testamento del Hechizado, el rey convocó Consejo extraordinario, como siempre en la cámara de madame de Maintenon, donde escuchó a sus ministros sin decir nada hasta entrada la noche. Al día siguiente, en una reunión de los príncipes de la sangre, Luis XIV declaró que aceptaba el testamento del Hechizado. Entonces el embajador español, marqués de Castelldosrius, pronunció la famosa frase: «¡Ya no hay Pirineos!» En seguida se envió un correo para

La Francia borbónica

Felipe V de España, nieto de Luis XIV. Palacio del Marqués de Lozoya. Segovia.

anunciar a los españoles que Francia aceptaba la herencia que le otorgara Carlos II todavía moribundo.

Sin embargo, había razones para rehusar tal herencia. De tener la seguridad de que se procedería al reparto de los territorios españoles según estaba convenido de antemano, es muy probable que Luis XIV se hubiera satisfecho con su parte. Era evidente que la aceptación de aquella herencia provocaría un conflicto europeo, pues nadie podía tolerar que en Francia y España reinase una misma familia. Por otra parte, si el duque de Anjou (o más bien Luis XIV) rehusaba el testamento del Hechizado, la guerra se desencadenaría igualmente, pues el emperador no querría conformarse con la parte de los territorios españoles que con la Corona de España recaerían en su sobrino el Archiduque. Y guerra por guerra era preferible provocarla aceptando una herencia que pondría a España del lado de Francia. La guerra duró desde el 1701 al 1714. Se peleó en los Países Bajos, en Baviera, el Milanesado y España. Hubo batallas fatales para ambas partes. Los franceses rindieron un ejército entero en Baviera, en la batalla de Blenheim, y los coligados perdieron dos ejércitos en las batallas de Almansa y Villaviciosa. Cataluña se puso al lado de los coligados. Madrid fue evacuado dos veces por la Corte borbónica. Por el Norte, la frontera francesa retrocedió hasta Lille y hubiera sido relativamente fácil llegar hasta el mismo París. Pero en 1711 moría el emperador José I y la corona recaía en el pretendiente austríaco Carlos, con lo que se volverían a unir España y el Imperio. ¡Qué tremendo conflicto!

Finalmente, se concertó la paz llamada de Utrecht, en 1713. Es interesante que en el artículo XIII de aquel tratado, el rey Borbón de España concedía amplia amnistía a los catalanes y además «los privilegios que gozaban los *castellanos, de todos los pueblos españoles el que el rey quería más*». Es de-

María Luisa de Saboya, primera esposa de Felipe V, por Menéndez. Colección Lázaro Galdiano. Madrid.

Medallón con el retrato de Boileau, admirado por Apolo y las Musas. Estampa de la época.

cir, que los Borbones les reconocían a los catalanes el beneficio de unos privilegios, pero no los suyos, no sus *fueros*, sino los que gozaban los castellanos. Por esto Barcelona no sucumbió hasta un año después de firmarse el tratado; su resistencia se calificaba de *obstinación* hasta en Inglaterra. La armada inglesa (durante la guerra favorable a los catalanes) en 1713 tenía órdenes de acabar con la *confusión* de Barcelona, en el caso de que no hubieran bastado los ejércitos y armadas de los Borbones. Naturalmente, la paz de Utrecht se hizo a base de que España pagara los platos rotos. El Milanesado, los Países Bajos españoles, Nápoles y Cerdeña quedaron para el Emperador. Gibraltar, Menorca, Terranova y las provincias marítimas del Canadá (estas dos últimas posesiones francesas) se dieron a los ingleses. Saboya recibió la isla de Sicilia. Como se ve, poco más o menos el mismo reparto concertado antes del testamento del Hechizado.

El primer Borbón español, duque de Anjou, que en España se llamó Felipe V, era un muchacho inteligente, pero tan holgazán, que alguna vez que tomó parte como fantoche en acciones militares, no se movía ni aun en momentos de peligro. Estaba casado con una princesa de Saboya, casi niña y escrofulosa en extremo. Pero la que dirigía los negocios del Estado era una francoitaliana, la princesa de los Ursinos, amiga de la Maintenon. El duque de Orleáns, jefe del ejército francés en España, decía que la *Generala* (la Maintenon) estaba en Versalles y la *Capitana* (la Ursinos) en Madrid. Cuando murió de sus escrófulas la primera esposa de Felipe V (la *Saboyana*, como se la llamaba en Madrid), la duquesa de los Ursinos entretuvo al rey procurándole cinco compañeros de caza y de diversión con el título de *entretenedores reales*. Mientras tanto, la de Ursinos casaba al rey, por poderes, con una princesa de Parma, Isabel Farnesio, sin consultarlo siquiera con la corte de Versalles. Esto pareció ya demasiado a la Maintenon, y la nueva reina llegó con órdenes de desembarazar al Borbón de España de la antigua consejera. Isabel Farnesio y la de Ursinos se encontraron en Jadraque, y allí, en lugar de recibir las gracias de la nueva reina, la princesa de los Ursinos recibió la orden — que venía, naturalmente, de Versalles — de partir para la frontera, sin tiempo siquiera de cambiarse el traje.

La guerra de Sucesión, que más que guerra fueron cuatro conflictos bélicos a la vez, arruinó por completo a Francia y evidenció la tremenda desorganización a que la había conducido el poder personal. Si Enrique IV tenía algo de razón al condenar los parlamentos a la antigua, el régimen de un monarca absoluto y un ministro con faldas demostró ser todavía peor. Los nobles franceses, que en el pasado habían salvado a la

La Francia borbónica

Juan Lafontaine. Biblioteca de Ginebra.

derrotado no se resignó a retroceder como estaba convenido hasta que llegaron órdenes terminantes del rey, porque no quería darse por vencido delante de la Corte... «El día fue espléndido y el monarca dejó el campo satisfecho», dice Saint-Simon... Pero una cosa era hacer paradas y simulacros de ataque delante de las damas y otra desprenderse de los movimientos envolventes de Marlborough y del príncipe Eugenio en las llanuras de Flandes y del Milanesado.

Una vez expuesto el régimen de Versalles, con sus sucursales en casi todas las demás cortes de Europa, cabe preguntar qué reacción provocó aquel ambiente político en los espíritus cultivados, que, según dijimos, abundaban entonces en Francia. Respuesta completa a ello dará el próximo capítulo; pero de momento podemos anticipar que hubo en Francia entonces suficientes asuntos para discutir, sin tener que entremeterse en los peligrosos problemas del poder personal del monarca. Los literatos se entretuvieron en discusiones de estética y retórica. Se dio

nación con sus energías y aptitudes directivas, se manifestaron corrompidos y enervados después del tratamiento recibido en Versalles. El rey nombraba a sus hijos bastardos, como figurones de relumbrón, para dirigir los cuatro frentes de combate; pero los mariscales, que tenían que planear las campañas y dirigir las batallas, eran tan vanos y necios como sus *superiores*, que no se movían de la Corte.

Saint-Simon dice, en sus *Memorias*, que el rey gustaba de dar paradas militares para demostrar a las damas que sabía táctica. Explica con detalles repulsivos la parodia de un sitio de Compiègne. En una eminencia se colocó la silla de manos de madame de Maintenon, que escuchaba desde dentro los comentarios del soberano. Luis XIV, de pie, se bajaba para hablar por la ventanilla. El sitio, según cuenta Saint-Simon, debía acabar con la escena final de la retirada de los *sitiadores;* pero el que mandaba el ejército

Racine. Grabado de la época.

Capítulo XIX

la batalla entre los que pretendían defender la Academia contra la Pedantería y el Galimatías, y la batalla entre Antiguos y Modernos: si se había de imitar a los poetas griegos y romanos o a los italianos y españoles. Se batalló sobre si el Arco de Luis XIV (Porte Saint-Martin) tendría su inscripción en francés o en latín. La estética de la época encontró su legislador en Boileau. Este, en una *Arte Poética,* imitación de Horacio, declama que hay que reflexionar, raciocinar ante lo que sugiere la inspiración. Hay que imitar a los antiguos, porque, según Boileau, ellos supieron descubrir las cosas grandes de la Naturaleza y del hombre. Pero al tratar de explicar lo que hay de grande en la Naturaleza y en las obras de los hombres, Boileau se pierde en confusiones mal disimuladas: «Sea Natura vuestro único estudio.» Y añade: «Estudiad la Corte, conoced la ciudad.» Los poetas y artistas han de ir a Versalles — la Corte — y han de aprender de París — la Ciudad —. Allí encontrarán Atilas, Brutos, Césares, Cides y Alejandros, por lo menos en el teatro de Corneille y de Racine. Boileau no es un gran entusiasta de Molière. Prefiere a Terencio. ¡Pobre Molière, digno hermano de Shakespeare y Cervantes! El nos dio el eterno *Avaro,* el eterno *Tartufo* o hipócrita religioso, el eterno *Enfermo imaginario* o neurasténico. Molière y Lafontaine con sus *Fábulas,* tan francesas de lenguaje y tan universales por su belleza, son los dos grandes artistas de la época. Racine y Corneille, por su ritmo pomposo, lograron efectos que hacen creer que Boileau tenía razón y que los franceses logran belleza y grandeza raciocinando. Pero fuera de Francia preferimos a Molière.

La frase tersa, tan sencilla y al mismo tiempo tan poética de Lafontaine, nos admira incluso hasta a los que no somos franceses. No concebimos que se puedan decir las cosas mejor. La filosofía de las fábulas será popular, hasta vulgar si se quiere, pero los versos de Lafontaine la enuncian con melodiosa dicción.

No había tampoco necesidad de entremeterse en discusiones de ciencia política, de absolutismo y parlamentarismo, porque sobraban materias de disputa en el campo de la religión. Coleaba aún el asunto de los hugonotes. Para un temperamento como Luis XIV, la libertad espiritual que reclamaban los protestantes debía contener la amenaza de convertirlos en rebeldes políticos. Poco a poco se les fueron disminuyendo prerrogativas. El edicto de Nantes no decía nada de los hijos. Se les obligó a educarlos católicamente. Se ordenó a las comadronas que bautizaran a los recién nacidos de hugonotes. Un intendente propuso raptar a los hijos de aquellos protestantes, y educarlos en conventos y colegios y después devolverlos «para que pudiesen convertir a sus padres.» Muchos hugonotes emigraron; y a los que en Francia permanecieron se les impuso la servidumbre de alojar a soldados, que tenían órdenes de procurar la mayor molestia posible. Son las *dragonadas.* Por fin, en el año 1686 se revocó el edicto de Nantes, y los no convertidos fueron enviados a presidio o a galeras. Esta medida parecía justificada por la doctrina de algunos prelados: «Dios hace reinar a los reyes sobre la tierra, dice Bossuet, obispo de

Corneille. Grabado de la época.

La abadía de Port-Royal-aux-Champs antes de su destrucción. Estampa antigua.

Meaux, para que los reyes católicos hagan reinar a Dios con las leyes y la fuerza.» En cambio, Fenelón, obispo de Cambrai, preceptor del Delfín, encontraba poco cristiana la política del rey *cristianísimo*.

Otro *entretenimiento* de los cortesanos de Luis XIV fue la lucha de la Iglesia de Francia con la Curia romana. Más de sesenta obispos franceses habían firmado unas declaraciones (pecaminosas según Roma), llamadas los *Cuatro Artículos*. Por los tres primeros se reconocían los derechos del Papa en materias de dogma; pero por el cuarto se insinuaba que el rey tenía el derecho de gobernar los asuntos temporales de la Iglesia en el país. El rey pretendía nombrar los obispos, pero el Papa reclamaba el derecho de aprobación. ¿Había de ser galicana o romana la Iglesia católica de Francia? Unos decían: *seamos gallos, no gallinas*... Pero no hubo más remedio. Los obispos que habían firmado los Cuatro Artículos tuvieron que retractarse. Luis XIV quería ser absoluto en Francia y no quería que el Papa lo fuera en Roma. Los agentes de Luis XIV en Roma decían al Papa: «Roma es una República compuesta de todas las naciones del mundo; y basta haber sido bautizado y ser católico para pertenecer a ella y aun gobernarla.» La disputa duró desde 1682 hasta 1693. Francia no fue romana ni galicana.

Ciertas gentes de iglesia recibieron, como todo lo demás, la influencia de Versalles. Saint-Simon explica que en una tertulia de cortesanos le hicieron creer a uno que el autor del *Padrenuestro* era Moisés, y otro dijo que todos los crucifijos debían ser obra de un mismo autor, que se firmaba Inri. En lugar de teólogos, Versalles produjo predicadores retumbantes y confesores acomodaticios. Apareció el tipo nuevo del *casuista*, que podía diagnosticar pecados y calificarlos de veniales y mortales y sobre todo tranquilizar a los pecadores con su jerga untuosa — casi una receta —, donde se mezclaban grandes dosis de la gracia divina con pequeñas dosis de penitencia. Los manipuladores de estos tratamientos de confesonario perfumado y amable fueron los jesuitas. Para tranquilizar a las gentes llenaron sus iglesias de guirnaldas, angelitos o cupidos, lazos, festones, bordados y crestorías. Ya San Ignacio había recomendado no espantar a los pecadores con las exageraciones de las dificultades de su salvación; pero los jesui-

Capítulo XIX

tas del siglo XVIII extremaron el régimen de abrazar a la oveja descarriada y de hacer festín cada vez que el hijo pródigo se arrodillaba ante el confesonario. El confesor de Luis XIV, el jesuita padre La Chaise, al reprocharle el rey por su benignidad, contestaba que él como confesor era justo, y el rey demasiado exigente y duro consigo mismo.

Pese a escoger a sus confesores entre los jesuitas, Luis XIV no era monarca para dejarse influir por ellos. Se dijo que en los últimos años de su vida había sido admitido como socio laico de la Compañía para beneficiarse de sus privilegios en la hora de la muerte; pero esto no consta de modo seguro. Además, madame de Maintenon, por su origen calvinista, tendía más a favorecer las corrientes galicanas de la Iglesia, representadas por el alto clero francés, que las injerencias romanas representadas por los mismos jesuitas.

Los mejores espíritus de la Iglesia de Francia en este tiempo fueron resuelta-

Fenelón, por Vivien.
Antigua Pinacoteca de Munich.

Molière, por Mignard. Museo Condé.
Chantilly.

mente galicanos, esto es, partidarios de una moderada autonomía de la curia papal en asuntos temporales. Para reforzar su posición y excusar el deplorable estado actual de la Iglesia, algunos abates y prelados se dedicaron con ardor a trabajos de erudición e historia eclesiástica. Del tiempo de Luis XIV son los trabajos de Mabillon, de Pedro Marca, de Baluze, de Peiresc y tantos otros que establecieron los métodos de la diplomática y la paleografía modernas. Pero esto no bastaba. El entretenerse con historia, tratando así de olvidar los problemas de la salvación, gracia, predestinación, redención, etc., no satisfacía a los más exaltados.

Algunos espíritus escrupulosos dentro del catolicismo se refugiaron en una especie de fraternidad religiosa agrupada alrededor de la abadía de Port-Royal. Esta era una antigua abadía de monjas, cerca de París, reformada por su abadesa, de la gran familia de los Arnauld. El parentesco o amistad de esta monja mística atrajo a varios nobles

La Francia borbónica

descontentos de la Iglesia y de la Corte que se retiraron a vivir en torno de Port-Royal. Tenían allí pobres, pero cómodas chozas, donde vivían individualmente, continuando sus estudios y devociones. La categoría de los *señores* de Port-Royal, muchos de ellos nobles y todos más o menos eruditos, hizo temer que de allí saliera otro intento de reforma dentro de la Iglesia galicana, que podía alterar la paz de las conciencias, obtenida, al fin, con la moral casuística.

En realidad no había razón de alarmarse. Los *señores* de Port-Royal (como ellos mismos se llamaban) eran de temperamento aristocrático, sin intención de hacer prosélitos. No llegaron a organizarse en comunidad religiosa; no eran de homogeneidad intelectual ni sentían el impulso del misionero y casi desdeñaban el trato de las gentes. Tenían una hospedería cerca de la casa sucursal de las religiosas de Port-Royal en París; pero la relación entre los grupos de monjas y *señores,* tanto en Port-Royal como en París, era de exquisita elevación moral. Las monjas de Port-Royal tenían visiones, se curaban por milagros de reliquias. Los *señores* habían resucitado la doctrina de la predestinación y de la gracia, que creían por redescubrir, olvidada en los escritos de San Agustín. Tal fue el motivo para combatir a Port-Royal. Uno de los *señores,* cierto Saint-Cyran, había aceptado lo más condenable del libro *Augustinus,* de Jansenio, donde se exponían en detalle las opiniones de San Agustín sobre la gracia y la salvación. El *Augustinus* es un terrible infolio que nadie lee, y que casi podemos afirmar que nadie leyó en su tiempo. Algunos de los *señores* y monjas de Port-Royal decían que no lo habían leído. Pero los jesuitas, o sus hechuras, llegaron a encontrar en

Puerta de Port-Royal, donde se repartían las limosnas. Miniatura de la *Crónica*.

Capítulo XIX

Patio de las religiosas de Port-Royal. Miniatura de la *Crónica de Port-Royal*.

el *Augustinus* de Jansenio cinco proposiciones heréticas, y los *señores* de Port-Royal, por otras razones más que por defender el *Augustinus,* respondieron que las cinco proposiciones eran ciertamente condenables, pero que no estaban en el *Augustinus*. Sin embargo, el *Augustinus* fue condenado, y aunque Jansenio nunca estuviera en Port-Royal (fue obispo de Yprés) y en aquella época estaba ya muerto y enterrado, a las monjas y *señores* de Port-Royal se les acusó de jansenistas. Tanto los jesuitas como Versalles vieron jansenistas en todos los que no se conformaban con la moral casuística. Uno de los *jansenistas,* el consejero Arnauld, que era hermano de la abadesa de Port-Royal, protestó por escrito y fue excluido inmediatamente de la Sorbona.

A tres siglos de distancia podemos hoy juzgar mejor a Port-Royal que los ministros de Luis XIV y los jesuitas que les aconsejaban. En el dominio de las ideas representa Port-Royal una recaída más bien que un progreso. Los *señores* de Port-Royal fueron espíritus sinceros y hasta consecuentes, que se figuraban retornar a un catolicismo del tiempo de San Agustín y San Ambrosio. Pero en la vida muy pocas veces es posible ser consecuente. Descubrimos en los *señores* y en las religiosas de Port-Royal virtudes que eran ya de poca trascendencia en su tiempo. Es verdad que hacían devociones y se infligían penitencias que daban ocasión a fenómenos místicos interesantes. Es verdad que recibían los sacramentos con pureza y fervor. Pero en Port-Royal se encuentran también beaterías y ñoñeces explicables sólo por un sentimentalismo de gran vulgaridad. En las miniaturas de la historia contemporánea de Port-Royal que publicamos, verá el

La Francia borbónica

lector el altar sin imágenes, pero lleno de relicarios con objetos de santidad muy dudosa. En el suelo de la iglesia estaban señalados los lugares donde se enterraron los *señores* más notables, o por lo menos alguna de sus entrañas, como el corazón. En el jardín, las religiosas hilaban discutiendo cosas santas. Es verdad que en Port-Royal algunos de los *señores*, que eran riquísimos, vivían como ermitaños, sin comodidades ni servidumbre; pero el mundo no demandaba refractarios al progreso, sino campeones de justicia y moralidad. Sin embargo, el ataque de los enemigos de Port-Royal motivó la defensa, o mejor dicho, el contraataque de Pascal, con sus *Cartas a un provincial de la Compañía y a los Jesuitas*, que hará pensar en Port-Royal hasta el fin de los siglos. Este monumento de polémica no pretende escudar a los *señores* o *jansenistas* de Port-Royal, sino que va directamente a poner de manifiesto los errores de los jesuitas para que así, debiendo ellos defenderse, soltaran su presa, o sea Port-Royal. Pascal era filósofo y físico más bien que teólogo. De riquísima familia de Auvernia, se había establecido en París, donde vivió por algún tiempo con tren de carroza y criados. Tenía una mente aptísima para las matemáticas, pero en su período de hombre de mundo de París escribió un libro sobre el Amor que hasta hace poco (y así todavía lo creen los *jansenistas*) quería decir el amor de Dios. Pero recientemente el ministro y político E. Herriot ha creído descubrir la fe de bautismo de un hijo natural de Pascal, y esto ha hecho creer que el amor a que se refiere el libro *Del Amor* no sea *el amor divino*.

Cuando Pascal, todavía joven, hubiera podido continuar sus trabajos científicos, se convirtió bajo la influencia de los *señores* de

La *Soledad* o jardín de Port-Royal, donde se reunían las religiosas.

Capítulo XIX

El maestro Sacy, uno de los *señores* de Port-Royal, por Felipe de Champaigne. Museo del Louvre.

Port-Royal, donde encontró espíritus sinceros y apasionados como el suyo. Irritado por la persecución de que eran objeto aquellos nuevos amigos, falsamente acusados de jansenismo, Pascal descendió al palenque con las *Cartas* ya mencionadas. Las firmaba Montalte y aparecían como impresas en Colonia. Su estilo es maravilloso; es un libro de controversia teológica que se ha convertido en clásico de la literatura universal. Hoy ya no nos importan las cuestiones allí debatidas; pero nos regocija la maliciosa agudeza con que están tratadas. Todos los *señores* de Port-Royal escribieron en estilo de párrafos finos, comprimidos, cuidados, pulidos, pero no abrillantados. Y he aquí que Pascal los defiende con el más intencionado y refinado lenguaje que jamás se escribió. Hoy nos sorprende que las *Cartas* de Pascal fuesen revisadas por algunos de los *señores* de Port-Royal y que aprobasen su publicación. Pero es posible que hasta facilitaran a Pascal muchos de los datos y citas con que él acorrala a los jesuitas. Pascal menciona más de cuarenta obras de jesuitas de las que extrae párrafos que realmente hasta a un lego sonrojan. Los jesuitas se excusan diciendo que es de mala fe extraer párrafos de un libro porque es probable que estén rebatidos por el espíritu general de la obra. ¿Pero acaso no se les acusaba a ellos de hacer lo mismo con el *Augustinus*? ¡Y qué diferencia entre el *Augustinus*, que pecaba por exceso, y las doctrinas de aquel jesuita que en la Sorbona daba un curso de «devoción fácil», o de aquel otro que encontraba razones para no pagar las contribuciones, de los que defendían la reserva mental, las opiniones probables, etc.! Hemos concedido a la fundación de la Compañía de Jesús un capítulo entero de este volumen. Queremos justificarnos de antemano, para tener derecho a copiar este párrafo de la quinta *Carta* de Pascal: «Sabed, dice un jesuita del siglo de Luis XIV, que nuestros superiores no intentaron corromper las costumbres, pero tampoco reformarlas. Sería una política desastrosa. He aquí su idea: tienen tan buena opinión de sí mismos, que creen útil y necesario, para el bien de la religión, que su influencia se extienda por todas partes y que así puedan gobernar todas las conciencias. Para ello los confesores no deben ser severos.»

Los ataques del clero acomodaticio de Versalles no se reducían a acorralar a los jansenistas en sus dos casas de Port-Royal-aux-Champs y Port-Royal de París: combatían con igual persistencia los excesos de misticismo extremado llamado *quietismo*. Originado en España, había penetrado en Francia y hecho prosélitos incluso en personas de la Corte. Hasta se había sospechado de Fenelón, el tutor del Delfín, de haber simpatizado con los quietistas, y la mismísima madame de Maintenon, cónyuge de Luis XIV, toleraba las visitas y consejos de una madame Gugon, la propagandista del quietismo integral. Los quietistas no eran un peligro nacional, pero, como los jansenistas, eran un síntoma del despego que se podía producir hacia la jerarquía católi-

La Francia borbónica

ca. Los quietistas se proponían conseguir los consuelos de la beatitud y el éxtasis con el silencio y la abstención mental. Si se hubieran retirado a un convento con objeto de obtener los más altos efectos de la gracia, lejos del bullicio de la corte y desatendiendo los deberes sociales, el quietismo no hubiera causado alarmas, pero los quietistas creían que podían ejercer cargos públicos, dedicarse a negocios y a la familia con el alma entregada a la contemplación.

Era una corriente general del espíritu europeo consecuencia de las guerras de religión. ¿Para qué tanta lucha si Dios estaba en lo alto? En el campo protestante aparecieron también *reformas* como la de los metodistas anglicanos iniciada por Wellesley; la de los cuáqueros, iniciada por Fox; la de los memnonitas, por el holandés Memmon, y sobre todo la multitud de místicos que no llegaron a reunir más que pequeños grupos de prosélitos. Todo el que sentía fuertemente la religión tenía un carácter anormal, poco eclesiástico; aceptaba los sacramentos como rutina casi necesaria, pero contaba especialmente con milagros. Casi

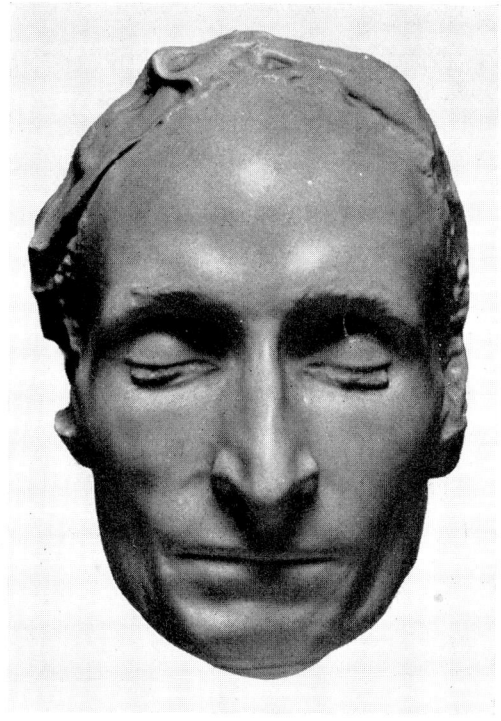

Mascarilla de Pascal.
Basílica de Santa Genoveva. París.

Máquina de calcular inventada por Pascal. Conservatorio de Artes y Oficios. París.

Capítulo XIX

todos los santos de la época barroca son taumaturgos.

San Francisco de Sales, con su *De Vida Devota,* expone los métodos verdaderamente católicos de piedad eclesiástica, sin excesos. Pero hasta el mismo Santo recibía inspiración de Santa María de Chantal, que hacía milagros. Sin embargo, más humano y más cristiano era San Vicente de Paul, el cual creaba su orden de sacerdotes cultos y sanos para levantar al pueblo caído en la miseria y la ignorancia.

Estos conflictos de alta mística, el quietismo y la piedad práctica con abundancia de sacramentos, no trascendieron a la corte de Versalles, pero algunos artistas y escritores se contaminaron de sus extremos. El gran trágico Corneille fue acusado de jansenista y el pintor Felipe de Champaigne fue amigo de los *señores* de Port-Royal. Tenía sus dos hijas en Port-Royal-aux-Champs y por una de ellas se logró una curación que se reputó milagrosa.

Todavía queda un grupo de fervientes discípulos de Port-Royal en París, que forma una especie de congregación. Conservan el archivo de los primitivos *señores* y algunos de los preciosos objetos a los que se daba valor religioso, como una espina de la Corona de la Pasión. No; el jansenismo no ha terminado. Es una desviación hacia la mística individual y extremada que experimentan todas las religiones, como encontramos en el judaísmo y el islamismo.

Jansenio, autor de *Augustinus,* por Felipe de Champaigne. Biblioteca Nacional. París.

Apoteosis del duque de Orleáns, regente de Francia, durante la menor edad de Luis XV. Cabecera de la epístola dedicatoria del *Diccionario* de Bayle, publicado en 1720. Biblioteca Nacional. París.

CAPITULO XX

EL «SIGLO DE LA FILOSOFIA». VOLTAIRE Y ROUSSEAU. LA ENCICLOPEDIA

El siglo XVIII, acaso porque no tuvo grandes y verdaderos filósofos, fue un *siglo de filosofía*. Todo el mundo se creyó con derecho a filosofar, propugnando panaceas para el Estado. Con ellas se podían remediar todos los males económicos y acabar con todas las injusticias sociales. Las filosofías o seudofilosofías del siglo XVIII tendrán muy poco de filosófico, pero trajeron la revolución. Aunque fueran utópicas, las gentes podían comprenderlas. Embriagados de filosofía, los pueblos, sin reparar en daños, se lanzaron a la ardua tarea de crear un nuevo régimen. Hacia la mitad del siglo se rebelaron las colonias americanas, y del año 1789 es la convocatoria de los Estados Generales por Luis XVI, con la que en realidad comienza el período revolucionario en Francia.

Fue una filosofía que tuvo carácter práctico. Pretendió basarse en estadísticas, en biología, en historia y en geografía. Las doctrinas sociales del siglo XVIII, despreciando los principios metafísicos, creían arrancar de la realidad de los hechos, o al menos de lo que se pensaba ser hechos probados. A veces se daba como científico y probado algo que era más problemático que los razonamientos de los teólogos. Un político filósofo dogmatizaba que los hombres eran poten-

Capítulo XX

Librería de L'Honoré, de Amsterdam, que imprimía libros franceses prohibidos.

modernas encuadernaciones les han dado más cuerpo, llegan a ocupar salas enteras. Algunos se publicaron en el extranjero; otros, anónimos, aparecieron con pie de imprenta falso para despistar a las autoridades. Pero, por lo regular, no hubo gran persecución del pensamiento ni se pusieron cortapisas a los editores. No se sospechaba que aquella erupción filosófica fuera la señal de una revolución política.

Francia, o París, *escuela de naciones* por lo que toca a los abusos absolutistas, fue también *escuela de naciones* para la filoofía de la revolución. Los acontecimientos se prestaban a comentarios digamos filosóficos.

Luis XIV en su testamento confió la educación de su bisnieto y sucesor, Luis XV, al bastardo legitimado duque de Maine, hijo de la Montespan. Pero como la regencia del reino tenía que recaer en un *príncipe de la sangre,* no tuvo más remedio que consentir en que el regente fuera el duque de Or-

cialmente idénticos y buenos. Sus variedades de pensar provenían del clima y sus maldades de la educación. Otro economista filósofo asombraba a los lectores con cifras que saneaban la renta pública en diez años. Su enemigo, para defender otro programa milagroso, aseguraba que el primero se había equivocado en la mitad de sus cálculos de ingresos y gastos. El público leía y reía sin cesar.

Fue una época de folletos más bien que de grandes libros. Hasta los textos de esta época que han pasado a ser clásicos, como el *Contrato Social* o las *Novelas* de Voltaire, son cortísimos. Pero, en cambio, la cantidad de escritos ligeros seudofilosóficos del siglo XVIII es enorme. Asombra verlos reunidos en las salas de las bibliotecas modernas destinadas a esta especialidad. Se necesitan millares de aquellos libritos que fueron lecturas apasionantes en el siglo XVIII para llenar una estantería; y como quiera que las

Tienda de libros en los pórticos del *Palais Royal,* durante el siglo XVIII.

El *Palais Royal*, residencia del Regente duque de Orleáns, sitio de moda en París durante la menor edad de Luis XV.

leáns, de costumbres licenciosas y decididamente anticlerical.

Mientras el joven rey iba creciendo, educado por damas y obispos en las Tullerías, el regente habitaba el Palais Royal, rodeado de pervertidos, *roués*, de ambos sexos. Como todos los Orleáns, el regente era inteligentísimo. y hubiera podido hacer mucho bien si hubiese persistido en algunas de sus ideas. Pero no tenía empeño en gobernar; los cuidados de la política le robaban el tiempo que necesitaba para sus *distracciones* y comprendía que sus reformas estaban amenazadas por el cambio que traería necesariamente la mayor edad de Luis XV.

Las orgías del *Palais Royal* le interesaban más que los asuntos de la Corona. En aquel palacio reunía a los aristócratas encenagados, como él, con las *pequeñas ratitas* de la Opera. La regencia inventó los bailes de máscaras en el teatro, donde no hubo indecencia ni desorden que no se manifestara de un modo público.

Con todo, el regente permitió dos experimentos de la administración que vale la pena de consignar. Los ministros o intendentes reales de Luis XIV *(visires*, como llegó a llamárseles) fueron substituidos por ocho Consejos: uno central, llamado Consejo de la Regencia, y los Consejos de Gobierno Interior, de Conciencia, de Guerra, de Marina, de Hacienda, de Negocios Extranjeros y de Comercio. Cada uno se componía de diez miembros, escogidos por el regente entre la nobleza y la magistratura.

Algo útil hicieron; pero a poco aquellos personajes que Luis XIV había acostumbrado a envanecerse de cargos puramente honoríficos dejaron de reunirse y el Estado cayó todavía en mayor confusión.

El segundo experimento fue el ensayo con que permitió el regente que el Gobierno se beneficiase de las especulaciones. Mientras el Estado se debatía en el déficit más espantoso, algunas compañías y particulares se enriquecían como por arte de magia. Muchos negocios eran pompas de jabón, pero otros producían beneficios y ganancias colosales. No hay que olvidar que era un momento en que la Humanidad comenzaba a aprovecharse de los descubrimientos geográficos. Gentes ambiciosas que disfrutaban monopolios concedidos por el Estado se aprovechaban por primera vez de territorios coloniales y hasta de inventos industriales. Parecía que la nación debía participar de aquella bonanza, y un escocés, llamado Law, hizo comprender al regente la oportunidad que perdía el Estado no aprovechándose de su crédito. «El Estado ha de conceder el crédito, decía Law al regente, no recibirlo de los particulares.» Law propuso al regente que el Estado fundara un Banco de emisión de billetes y con el capital constante de los accionistas se resarciera en negocios provechosos de lo que perdía la nación en servicios públicos. Estos, que por ser públicos no dejaban de ser negocios, se liquidaban entonces, como acostumbra suceder ahora, con grandes pérdidas. Es exactamen-

Capítulo XX

te lo mismo que pasa en nuestros días con los privilegios concedidos a compañías que explotan la fuerza eléctrica nacional; es exactamente lo mismo que ocurrió en el siglo XIX, cuando particulares y compañías se aprovecharon del invento de la máquina de vapor en los ferrocarriles. Es la historia, que amenaza con ser eterna, de servicios que realizan particulares mientras son provechosos y luego se convierten en parásitos del presupuesto de la nación cuando ya no pagan dividendos.

En el siglo XVIII no se soñaba aún en la energía eléctrica ni en la fuerza del vapor, pero había negocios nuevos de banca y de colonización que producían ganancias colosales. ¿Por qué no podía el Gobierno lucrar con ellos? El regente aceptó de Law la idea de la creación de un *Banco General de Emisión,* y a poco la de una *Compañía de Occidente* para la explotación de las colonias francesas en América. Para participar en estos negocios manejados por el Estado, los accionistas debían comprar sus acciones pagando una parte en dinero contante y otra parte en antiguos créditos contra el Estado o en billetes de la Deuda. Así Law y el regente rebajaron en muchos millones la deuda nacional y muchos acreedores del Estado canjearon bonos, que representaban positivos desembolsos en empréstitos del tiempo de Luis XIV, por el *papel del Banco General* o por el de la *Compañía de Occidente.* Esta participación del público ocasionó la catástrofe. Los tenedores del papel de Law, mejor dicho, papel del Estado especularon desaforadamente; las acciones llegaron a valer diez veces más del precio de emisión, pero se desvalorizaron también con pasmosa rapidez.

Law trató de mantener los precios por todos los medios que emplearía un bolsista moderno, esto es, comprando sus propias acciones, jugando al alza, emitiendo más acciones de las que legalmente estaba autorizado, etc. Además, se valió de los recursos que le daba el poder absoluto del regente; hizo promulgar edictos que obligaban a todos los ciudadanos a aceptar los billetes del Banco y a no atesorar más que un mínimo de moneda... Para la colonización en cierne del Mississippi hizo deportar a la Luisiana legiones de desocupados que perecieron por falta de dirección y de recursos... También aquello fue un desastre. Ricos y pobres, nobles y burgueses, perdieron sus ahorros en el *Banco* y la *Compañía de Occidente,* y el Estado se encontró más endeudado y desacreditado que antes de emprender aquellos negocios.

El mismo Law, que había llegado a Francia con una fortuna considerable, la perdió con sus experimentos. Nadie le culpó de fraude. Creemos deber terminar este episodio con la explicación que da del desastre Saint-Simon, amigo de Law y del regente. En el Consejo del Reino, del que formaba parte, Saint-Simon dijo que mientras veía que los proyectos de Law (Banco y Compañía) podían ser excelentes en una República donde la hacienda es enteramente popular *(fiscalizada),* como en Inglaterra, eran peligrosísimos en una Monarquía absoluta, como Francia, donde las necesidades de la guerra, la avidez de un favorito o de una amante real, el lujo de la Corte y la prodigalidad del monarca podían agotar los depósitos del Banco y arruinar a los accionistas, sin que nadie pudiera advertirlo.

El duque de Orleáns murió en 1725, tras ocho años de gobierno. ¡Pero qué años! Poco después Luis XV comenzó su largo reinado, que pareció ser degenerada repetición del de Luis XIV. Duró hasta 1774, casi medio siglo. Lo habían casado aún niño con una princesa polaca de más edad que él y un tanto fea. Al principio Luis XV fue un esposo modelo, pero en 1733, a los veintidós años, empezó a relacionarse eróticamente con cinco hermanas, que una tras otra se encargaron de despabilar al joven rey. Era casi una vergüenza para los cortesanos que el bisnieto de Luis XIV no tuviera amantes. «De cada veinte señores de la Corte — dice Barbier —, quince no viven con sus esposas.» En 1764 el rey acabó por fijarse primero en madame de Pompadour, que le *aconsejó* durante veinte años, y des-

Luis XV en traje de gala, por Van Loo. Museo de Versalles.

Capítulo XX

pués en madame Dubarry hasta que sobrevino su muerte por viruelas.

La Pompadour era casi tan inteligente como madame de Maintenon y supo manejarse en condiciones muy difíciles, pues una enfermedad de la matriz le dificultaba el trato sexual. Pero procuraba al rey, poco exigente, entrevistas con otras mujeres.

Madame de Pompadour era alta, esbelta, de rostro perfectamente ovalado, sonrisa cristalina y la *plus belle peau du monde*. Distraía al rey con fiestas, *petits plaisirs*, a los que asistía toda la Corte. La Pompadour era casi una actriz, amiga de los *filósofos* y de los *financieros*. Voltaire había frecuentado su salón en París antes de que se elevara a la categoría de favorita oficial de Versalles. Sin la beatería de madame de Maintenon, en 1765, la Pompadour consiguió del rey la expulsión de los jesuitas. Voltaire dijo que los jesuitas debían haber sido lapidados con las piedras de Port-Royal, que ellos habían obligado a demoler con sus calumnias en tiempo de Luis XIV. Pero en realidad el episodio de Port-Royal influyó poco: los jesuitas se habían hecho odiosos a todo el mundo. Hasta sus métodos pedagógicos eran anticuados. Renegando de Descartes, únicamente enseñaban teología escolástica y a escribir versos en latín. Tenían, al ser expulsados de Francia, más de cien casas o colegios; treinta y ocho en los alrededores de París. Todos fueron confiados a instructores laicos.

Dos años después de expulsados de Francia, los jesuitas fueron expulsados de España y de sus colonias y por fin de Nápoles. Por algún tiempo el papado creyó que podría salvar a los jesuitas de una total destrucción si se reformaban. Pero su general respondió con las famosas palabras *sean como son, o no sean*, y el papa Clemente XIV no tuvo más remedio que decretar la extinción de la Compañía de Jesús. El documento pontificio que abolió canónicamente a los jesuitas en 1773 es de terrible severidad. Recoge todos los cargos que se les habían hecho, sin tratar de excusarlos.

Los jesuitas se portaron en esta crisis con su característica habilidad. Algunos sufrieron en el destierro, pero otros se refugiaron en los países protestantes y en Rusia. El *interregnum*, como llaman los jesuitas al período de su supresión, duró hasta 1814, en que Pío VII autorizó el restablecimiento de la Compañía. El provincial de Rusia pasó casi automáticamente a tomar el cargo de general y todo continuó como antes.

Por lo que toca a la cultura, la Pompadour protegió el arte francés, en contraste con el gusto por el arte italiano que habían estimulado Richelieu, Colbert y hasta Luis XIV. El marqués de Miravaux, hermano de la Pompadour, que era ministro de Bellas Artes, prefería los edificios aparatosos, los salones dorados, los muebles y las joyas de líneas retorcidas, a los de gusto clásico. El rey permitía gastar sumas enormes en nuevos castillos reales. El de Bellevue, por ejemplo, costó dos millones y medio de libras.

Madame de Pompadour, por Nattier. Museo de Versalles.

El «siglo de la filosofía»

El reinado de Luis XV se pareció también al de Luis XIV por la continuada pesadilla de las guerras europeas. Fueron igualmente guerras de familia, de *sucesión*, enervantes y sin grandeza. Hubo guerra por la sucesión de Polonia, guerra por la sucesión de Austria y guerras en Italia para preparar allí la sucesión de Felipe V de España. Fueron largas campañas (la de Austria es la guerra de los *Siete Años*), sólo ventajosas para los ambiciosos que conseguían las coronas. Se empleaban ejércitos de mercenarios; pero así y todo, los pueblos padecían los atropellos de la soldadesca y la nueva sangría impuesta al ya exhausto tesoro nacional. El único positivo resultado de las guerras incesantes fue que estimularon a pensar sobre problemas de Derecho internacional. Grocio, en el siglo anterior, expuso los principios de una *jurisprudencia* para pueblos beligerantes en su obra magistral *De jure Belli ac Pacis*. Se aprovechó para su tratado de los escritos de todos los que le precedieron en el mismo asunto. Provisto de una erudición formidable, mezcló las opiniones de filósofos griegos y jurisconsultos romanos con ejemplos de la Biblia y sentencias de los Padres de la Iglesia. Pero además mencionó a Vázquez y Suárez y debió acaso la inspiración de su libro (aunque no lo cita) al gran Francisco de Vitoria, a quien se considera el verdadero fundador del Derecho internacional.

La causa de haberse anticipado los españoles del siglo XVI, como Vitoria, Vázquez y Suárez, a Grocio, se debe a que a España se le presentó urgente la necesidad de decidir en cuestiones de Derecho internacional al anexionarse los territorios americanos. ¿A quién pertenecían de derecho las tierras de América? ¿Había pecado en tomarlas? ¿Era natural y legítimo suplantar en su gobierno a los naturales concediéndoles la compensación de una moral y una religión superior?

No se puede negar que los casuistas españoles se anticiparon a Grocio en más de un siglo, pero lo hicieron sin la científica serenidad y amplia generalización del pro-

Perfil de madame Pompadour mostrando señales de decadencia. Grabado por Saint-Aubin.

blema que le supo dar Grocio. Este era holandés, había nacido en Delft en 1583, pero tuvo que emigrar y compuso su obra en Francia. Un día le escribió a su hermano: «No pidas nada para mí. Si mi país no me necesita, yo no necesito a mi país. El mundo es bastante grande sin Holanda.»

Al compilar las leyes que deben regular los casos de paz y guerra entre pueblos, Grocio apeló a la Humanidad y la Naturaleza. Menciona a clásicos y textos antiguos, pero es sólo para confirmar con hechos ocurridos los que le sugiere el sentido común. La sociedad de las naciones necesita regirse por otras leyes que las que rigen a los individuos dentro de un pueblo. Pero la guerra debe sólo declararse para mantener un derecho, y una vez reconocido éste, debe acabar. Durante el período de guerra, los derechos civiles, de paz, se suspenden, pero debe regir un derecho militar, de guerra, que es el que Grocio se proponía legislar con su libro. Guerra no excluye Justicia.

Sin embargo, las gentes soportaban las guerras y sus desmanes con gran resigna-

Capítulo XX

Hugo Grocio, autor del primer tratado de Derecho internacional.

ción. El pueblo tiene incomprensible paciencia para el desgobierno y aun consiente ver a sus hijos sacrificados en los campos de batalla, alejados de la patria por el interés y la vanidad de sus gobernantes... pero no tolera verse abrumado por impuestos que le roban año tras año el fruto de su trabajo. Esto es lo que ocurrió en Francia. Imagínese cómo estaba el tesoro después del reinado de Luis XIV, de la Regencia y del reinado de Luis XV. El fisco reclamaba el ochenta y cinco por ciento del producto de las cosechas en contribuciones, levas, capitación, diezmos y gabelas. Más exasperante era aún que los privilegiados, esto es, las clases superiores, nobleza y clero, estuviesen exentas de impuestos. El tercer estado, o brazo popular, que trabajaba la tierra y elaboraba los productos manufacturados, pagaba todos los gastos. La nobleza y el clero poseían inmensas fincas rústicas y aun percibían pensiones con que los favorecía el rey, además de los sueldos por cargos cortesanos. A mediados del siglo XVIII, los gastos de Versalles consumían la sexta parte de los ingresos anuales de la hacienda francesa. Estos abusos económicos más que la vanidad belicosa de los monarcas borbónicos, más que la inmoralidad de sus costumbres, avivaban el fermento filosófico que no tardaría en convertirse en voraz incendio revolucionario.

El profundo cambio de ideas políticas, no ya de Derecho internacional, sino de Derecho público, realizado en la primera mitad del siglo XVIII, se nota ya en el tratado de Montesquieu sobre el *Espíritu de las Leyes*. Mientras Bossuet proclamaba que los reyes «eran dioses» y Fenelón sólo se dolía de que no hicieran buen uso de sus derechos divinos, Montesquieu lanzó la teoría de que los pueblos podían regirse lo mismo por un sistema republicano que por una monarquía y hasta por un despotismo. Las leyes, según opina Montesquieu, son relaciones necesarias, justificadas por la índole de cada pueblo. Aquellos cuya cualidad suprema sea la virtud necesitarán una república; los que estimen más el honor preferirán una monarquía; los temerosos requerirán un déspota. Así en algunos casos un tirano puede ser preferible a un monarca constitucional y hasta a una república. Todo depende del tiempo y los países. Montesquieu pretendió haber descubierto reglas fijas, casi matemáticas, de la política. En el prólogo de su libro asegura «que ha visto adaptarse a sus principios los casos particulares de la Historia». ¡Qué contraste entre Montesquieu encontrando razones para las leyes en el carácter de los pueblos, y Bossuet, para quien la Historia se atiene al plan fijado de antemano por Dios y cuya realización se ha encargado a los reyes! La voluntad del rey es la ley del reino, *¡el Estado soy yo!*

Montesquieu no pretendió generalizar sobre cuál sería el mejor régimen de gobierno en Francia. Saturado de lecturas clásicas, prefería naturalmente vivir en una república, pero en aquella época no se concebía

El «siglo de la filosofía»

que pudiera haber repúblicas en vastos países. Las conquistas, dice Montesquieu, obligaron a Roma a abandonar el régimen republicano. Una monarquía constitucional como la inglesa no sería posible en Francia; lo mejor que puede desear Montesquieu a su país es regresar al sistema de monarcas como Luis XII, que aprovechaban la colaboración de la nobleza y estaban intervenidos por la fiscalización de las asambleas provinciales.

En los cortos párrafos que hemos dedicado a las ideas políticas del siglo XVIII ya habrá notado el lector que los seudofilósofos franceses aluden como obsesionados al gobierno constitucional inglés. Aun sin considerarla remedio de los males del mundo entero, la Constitución inglesa se fundaba en principios de gobierno que parecían un gran progreso. El Parlamento inglés, de origen medieval, se creía con derechos casi soberanos. Sólo él podía autorizar impuestos y había sostenido guerras contra los monarcas absolutos. A Carlos I le había costado la cabeza y a Jacobo II el trono. Los franceses podían, por consiguiente, decir: *Ex Britannia lux*.

De Inglaterra llegó a Francia no sólo un primer ejemplo moderno de revolución, sino también la teoría de su legalidad. Descartes había teorizado el derecho a pensar; pero era demasiado filósofo y aristócrata para descender a discutir trivialidades políticas. En cambio, la filosofía de la naturaleza de Newton condujo gradualmente a una filosofía de la sociedad humana y a sus derivados, las ciencias morales y políticas.

El primer filósofo inglés que trató de estas cuestiones fue Hobbes, quien todavía creyó posible justificar con raciocinios el absolutismo monárquico. Los hombres, según Hobbes, vivían al principio sin ley, víctimas del mal que se hacían unos a otros. Para evitarlo, resolvieron renunciar a su libertad original y conformar su voluntad a las decisiones de un soberano. Este era libre: primero porque no se había desposeído de los derechos del hombre primitivo, y además porque los otros hombres se habían conformado a respetar sus decisiones. Siempre que les asaltara la tentación de desobecerle, tenían que recordar la *soledad vil y miserable* en que vivían antes de conformarse a su gobierno... Estas ideas de Hobbes podían ser disparatadas, pero pretendían no apoyarse en la Escritura ni en la filosofía, sino en la Razón.

Locke, en su *Ensayo del entendimiento*, contradijo a Hobbes afirmando que siendo el hombre primitivo naturalmente libre y

Portada de la edición de Amsterdam de 1670 de *De Iure Belli ac Pacis*, de Grocio. La Paz y la Guerra en el umbral del templete de la Justicia.

Capítulo XX

Madame du Châtelet, la amiga e inspiradora de Voltaire. Grabado de la época.

virtuoso, el gobierno era casi un mal. Mal necesario, pero mal que debía reducirse al mínimo posible. El convenio que, según Locke, había legalizado la vida civil no despojaba a los hombres de todos sus derechos como pretendía Hobbes. Tan sólo para proteger las vidas y haciendas de los individuos se había constituido el Estado; en todo lo demás, cada cual conservaba sus derechos y podía resistir al que tratara de arrebatárselos. El entendimiento humano es la suprema ley. Antes de que se instituyera el Estado ya existía la Razón. Por esto, según Locke, en manera alguna estamos obligados a cumplir leyes opuestas a lo que prescribe la Razón natural.

Ya puede comprenderse con qué acento exótico sonarían estas discusiones en los franceses que iban a Inglaterra, sobre todo al ver la flemática decisión con que se aplicaban las *filosofías*, descabezando a reyes, reinas y validos. Montesquieu había estado en Inglaterra en viaje de estudios; Voltaire estuvo allí desterrado; Rousseau halló hospitalidad en casa de Hume, discípulo de Locke.

Voltaire era hijo de un notario llamado Arouet. Saint-Simon dice despectivamente que redactaba las escrituras de su padre, y añade: «Ahora el hijo, con el nombre de Voltaire, ha conseguido ser personaje de importancia en la república de las letras y hasta es considerado con respeto por ciertas gentes.» Así, ya no debe extrañarnos que Voltaire fuera encerrado en la Bastilla por *versos satíricos muy imprudentes* y que lo apalearan los criados del duque de Rohan, y que cuando quiso desafiar al gran prócer fuese desterrado. Voltaire regresó de Inglaterra con unas *Cartas filosóficas,* que fueron su venganza. En las primeras trata de religión, mejor dicho de religiones, porque Voltaire tenía empeño en hacer constar que en Inglaterra todas las religiones estaban permitidas y que había muchas. Otras dos cartas describen la política inglesa, la parte que tiene el Parlamento en la vida civil al votar y fiscalizar los impuestos. Otra carta está dedicada al comercio, base de la grandeza británica; y por fin, siguen las cartas verdaderamente filosóficas. En ellas divulga Voltaire los descubrimientos de Newton y de Locke, el primero exponiendo las leyes de la materia y el segundo reduciendo el espíritu a su función material.

Publicadas anónimas, las *Cartas filosóficas* de Voltaire fueron condenadas en Francia, quemadas y reclamado su autor. Voltaire se refugió en un castillo puesto a su disposición por su fiel amiga madame du Châtelet. En aquel primer retiro Voltaire escribió profusamente dramas y sátiras, preparó el *Ensayo sobre las costumbres* y los *Discursos sobre el hombre*. Además, madame du Châtelet quería que Voltaire se dedicara a la filosofía y a la ciencia pura; le había arreglado un laboratorio y hasta le obligó casi a escribir un tratado de vulgarización: *Elementos de la filosofía de Newton.* Madame du Châtelet hubiera preferido

El «siglo de la filosofía»

que Voltaire fuera otro Newton, un Newton francés, más avanzado. Por aquellos vericuetos científicos no había peligro de volver a la Bastilla.

Voltaire cedió a los deseos de su amiga sin embotar sus formidables facultades de crítico mordaz y de agudo *calumniador* del mal. Es tanta la ferocidad exquisita con que Voltaire ataca los abusos e injusticias, que peca de injusto y llega al abuso. Había logrado gran popularidad. Ya dijimos que contaba con el favor de madame de Pompadour, pero, además se había reconciliado con la corte, escribiendo un poema épico: *La Henriada,* cuyo héroe era el primer Borbón francés, Enrique IV. Había dedicado al Papa su tragedia *Mahomet* y el pontífice le había dado las gracias en una carta que

Busto de Voltaire, por Houdon. Museo del Louvre.

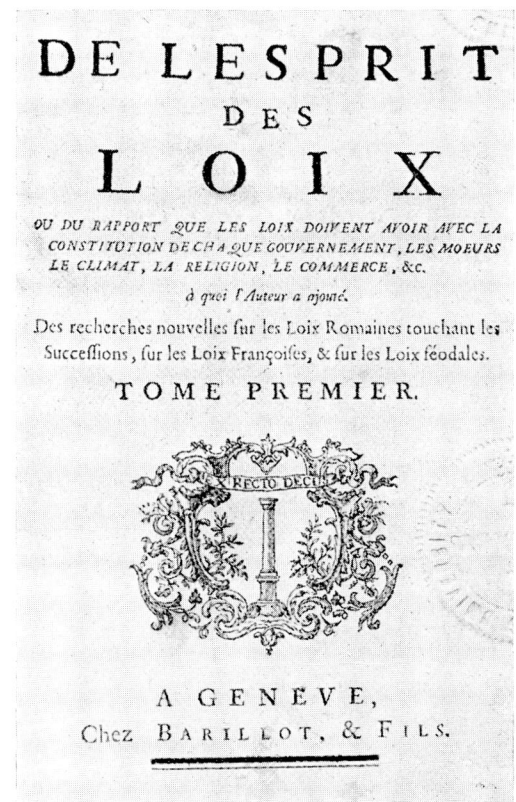

Portada de la primera edición de *L'Esprit des Lois,* de Montesquieu, todavía sin nombre de autor, 1748.

Voltaire publicó a manera de prólogo. Mahoma era el intolerante, el ejemplo de despotismo religioso, de crueldad inquisitorial y de malas costumbres, no la Curia romana.

A la muerte de madame du Châtelet, Voltaire prefirió aceptar la invitación de Federico el Grande de Prusia, aficionado desde joven a la filosofía. Cuando príncipe heredero, había publicado un *Anti-Maquiavelo,* pero ya en el trono quiso destruir su propia obra. En medio de sus preparativos guerreros, continuaba una correspondencia familiar con Voltaire y éste acudió a Potsdam, donde fue colmado de favores. La estancia de Voltaire en Potsdam confirmó sus sentimientos anticlericales. Federico el Grande, para ser rey de su siglo, tenía que claudicar de los sentimientos que había expuesto en su *Anti-Maquiavelo,* pero no tenía necesidad de transigir con la Iglesia romana porque era jefe de un país protestante.

Capítulo XX

De todos modos, Voltaire no pudo conformarse con la pequeña Corte de semifilósofos que había reunido Federico en Pótsdam en 1753, y escapó buscando refugio a Ginebra. Allí, a los sesenta años, tuvo por fin su propia mansión en Ferney. «Por experiencia me he convencido, a la larga, de que no vale la pena de que uno deje su casa por cuanto se dice y se hace.» Sus escritos lo habían enriquecido y supo acrecentar su fortuna con hábiles especulaciones. No una, sino cuatro casas abiertas mantuvo, a veces, Voltaire para escapar de una a otra si era perseguido. No cesó nunca en sus ataques, no transigió con el error ni se enfrió su odio contra la hipocresía y la superstición. Hasta su muerte fue agresivo, sarcástico e intencionado. Voltaire fue muy superior a los que después se llamaron volterianos: cínicos y escépticos. El atacaba de soslayo porque así creía hacer más daño que con un ataque de frente. Escribía con ironía porque lo creía más estratégico; no para gozarse riendo de la confusión que producían sus maliciosas alusiones. Cuando era conveniente emplear otra táctica, Voltaire se ponía serio y alquilaba curiales y pleiteaba en favor de los oprimidos. Por tres veces puso su reputación y su fortuna al servicio de pobres atropellados; fue tres veces Quijote, entremetiéndose, como Zola, en asuntos peligrosos, análogos al caso Dreyfus.

A continuación de Voltaire se menciona siempre a Rousseau, como si fueran dos genios gemelos que trabajaran sociados. Todo lo contrario. Rousseau pecó por excesiva franqueza, por demasiada sinceridad. Hijo de un pobre relojero de Ginebra, su madre murió al darle a luz y su padre apenas pudo ocuparse en su educación. Ginebra era entonces una república reducida casi al perímetro de sus murallas. Al salir de ellas, Rousseau se halló sin familia ni patria, y en su desamparo reconoció por patria, familia y bienes a la Naturaleza. Los bosques, las montañas, los torrentes y el cielo fueron sus amigos y su tesoro. Después de vagabundear varios años, Rousseau encontró asilo en casa de una viuda despreocupada, madame de Warens, en Chambery, que le concedió sus favores y le permitió gozar de la bellísima soledad de la Alta Saboya. Rousseau nos ha dejado en sus memorias (*Confesiones*) una descripción de los años pasados en compañía de madame de Warens, a quien llamaba la *mamá*.

Empujado por madame de Warens, que alimentaba por Rousseau un sentimiento casi maternal, lanzóse él de nuevo a la vida aventurera y estuvo en Venecia, Turín, Montpeller y Lyon, curioseando, leyendo, pero sin conseguir de momento ningún cargo ni aquistar reputación. Vivía como un bohemio, amancebado con una moza de posada, Teresa Levasseur, que fue su compañera hasta la muerte. En octubre de 1749, a los treinta y siete años de edad, debía parecer un simple soñador, fracasado, pues todavía no había publicado ni hecho nada que mereciera elogio. Pero en aquella fecha

Rousseau viejo, por Houdon.
Museo del Louvre.

El «siglo de la filosofía»

Les Charmettes de madame de Warens, en Chambery (Saboya). donde Rousseau pasó los años de su juventud.

supo que la Academia de Dijon ofrecía un premio en metálico al mejor ensayo sobre si «el progreso de las ciencias y artes había contribuido a corromper o a purificar las costumbres». Rousseau ganó el premio con una memoria que le hizo inmediatamente famoso. «No; el progreso, decía Rousseau, no había mejorado al hombre. El hombre primitivo vivía feliz e inocente. El hombre es naturalmente bueno. La civilización tan sólo ha proporcionado satisfacciones sensuales, estimulando el egoísmo y organizando la explotación social.»

El discurso-sermón de Rousseau en favor del hombre natural y primitivo cayó en terreno propicio. Hasta la aristocracia, fatigada de la excitación vana y febril de Versalles, empezó a desear el nuevo deporte del primitivismo. En 1754 Rousseau publicó otra memoria, enviada también a la Academia de Dijon, sobre la *Desigualdad humana*. Esta vez ya no se atrevieron a premiarla. Las disonancias eran excesivas. Según Rousseau, la desigualdad era consecuencia de la propiedad privada. El Estado, instituido para protegerla, había degenerado en el peor enemigo de aquellos a quienes tenía que proteger. Copiaremos algunos párrafos de esta obra, para que se haga cargo el lector de las estridencias de su estilo:

«El primero que cercó un terreno diciendo esto es mío y encontró gentes bastante simples para creerlo, fue el verdadero fundador de la sociedad civil. ¡Qué de crímenes, guerras, muertes, miserias y horrores se habrían evitado al género humano si alguien, arrancando las vallas, hubiera gritado a sus semejantes: — ¡Cuidad bien de no escuchar a este impostor! Estáis perdidos si olvidáis que los frutos son de todos y la tierra de nadie.»

«Nadie podría decir: — Yo gané esta tierra con mi trabajo. Yo la cerqué. — ¿Pero quién os ha dado los términos? ¿En virtud de qué trabajo queréis remuneración? ¿Ignoráis que la multitud de vuestros hermanos perece y sufre por falta de lo que os sobra a vosotros?» Estos gritos del Rousseau

Capítulo XX

El *Retour à la Nature*. Un filósofo muestra a la Naturaleza cómo las madres vuelven a amamantar a sus hijos. Grabado de Vaysard del año 1784.

desheredado, huérfano, vagabundo y pordiosero alcanzan apasionada elocuencia: «He aquí el pacto social entre el rico y el pobre: tú tienes necesidad de mí porque yo soy rico y tú estás en la miseria. Hagamos un convenio: yo permitiré que me sirvas con tal que me des lo poco que te queda. En cambio, yo voy a tomarme la pena de mandarte.»

Como se ve, la *filosofía* de Rousseau iba más lejos de lo que hubieran querido los *filósofos* de su tiempo. Voltaire le escribe: «He recibido vuestro libro *contra* el género humano (el discurso acerca de la Desigualdad), y creo que agradará a las gentes, aunque sin corregirlas. No se puede pintar la sociedad con colores más sombríos, ni nunca se ha empleado tanto ingenio en desear que nos convirtamos en bestias. (Voltaire no creía que el hombre primitivo fuera modelo de perfección.) Leyendo vuestro libro dan ganas de andar a cuatro patas. Desgraciadamente hace ya sesenta años que perdí esta costumbre y dejo por lo tanto la posición natural (de cuadrúpedo) a los más dignos de ella que vos y yo...»

¡Qué contraste entre la fogosa elocuencia de Rousseau y la pirotecnia maliciosa de Voltaire!... Pero ambas producían igual resultado. A grandes brochazos o con fino pastel, se exhibía el escándalo de la sociedad monárquica. Ya no se hablaba del derecho divino de los reyes. Se podía discutir si el hombre primitivo fue salvaje o ángel; pero en lo importante (esto es, que el hombre actual era un miserable esclavo y que tenía derechos que podía reclamar) no había discusión. Rousseau clamaba en alta voz: «El déspota sólo es amo mientras es fuerte, y en cuanto se le expulsa ya no tiene derecho a reclamar.» Sobre todo, la aristocracia francesa era intolerablemente egoísta. «Las palabras de bien público, felicidad de los súbditos y gloria nacional, dice

El «siglo de la filosofía»

Rousseau, sirven para preparar al pueblo a obedecer a órdenes funestas.»

Más tarde, cuando tenía ya cincuenta años, precisamente el 1762, Rousseau publicó otro resumen menos apasionado de sus ideas políticas en el famoso *Contrato Social*. Al comenzar a esbozar aquel trabajo — que él pensaba que era el que establecería su reputación — Rousseau lo había titulado *Instituciones políticas*.

Como a todos los grandes ingenios, a Rousseau no le espantaba contradecirse, y en el *Contrato Social* ya no es aquel Rousseau enemigo de la sociedad, que condena sin distinción artes, letras y ciencias. Al contrario, el *Contrato Social* es una apología de la sociedad, hace el elogio de la vida política y acepta como un bien la ciudad. Por el *Contrato Social*, el individuo se desprende de algunos de sus derechos para reconocer la supremacía de la ley. Pero Rousseau no claudica enteramente. Al hombre civil después del *Contrato* le son confiados por el Estado bienes materiales y propiedad sólo a título de precario y a cada momento revocable. Sin embargo, sería absurdo perder el tiempo tratando de explicar el sistema político que quiere defender Rousseau en su famoso libro. Su valor y su eficacia dependen, no de lo que dice, sino de cómo lo dice. He aquí el toque de diana con que empieza:

«El hombre ha nacido libre y está por todas partes encadenado. Aquel que se cree señor de los demás es un esclavo. — ¿Cómo se ha efectuado este cambio? Lo ignoro. ¿Cómo puede legitimarse esta esclavitud? Voy a tratar de contestar a esta pregunta.»

«Si yo no tuviera en cuenta más que la fuerza, yo diría: — Si un pueblo obedece porque está obligado a obedecer, hace bien; pero así que pueda desprenderse del yugo debe hacerlo, porque recobrando su libertad con el mismo derecho con que se la han quitado, o tiene razón en recuperarla o no tenían razón los que aplicaron la fuerza para quitársela. Pero el orden social es un derecho sagrado que sirve de base a todos los demás, y este derecho social no procede de la Naturaleza, es producto de un contrato. Vamos a ver, pues, qué es este contrato social.»

Cabecera de la *Historia Natural*, de Buffon.

Capítulo XX

Linneo, por Roslin.

de establecer su cuartel general en una mansión que fuera suya. Pese a sus extrañezas y locuras (acabó realmente paranoico), Rousseau era adorado por las personas devotas e inteligentes de su época, cuyas visitas le enojaban, y más enojo le daba todavía que quisieran honrarse concediéndole su protección.

Uno de los efectos de la *predicación* de Rousseau fue el que se ha llamado después retorno a la Naturaleza. Sus escritos obligaron a estimar el paisaje, a querer la vida simple y natural de los campesinos, al extremo de tratar de imitarles hasta en sus defectos. El amigo y discípulo de Rousseau, el abate Bernardino de Saint-Pierre, extremó la nota con su novelita *Pablo y Virginia*. El peligro que entrañaba esta vuelta a la rusticidad y simplicidad era de que en lugar del entusiasmo apasionado y masculino de Rousseau por la vida natural y sana, se cayera en un hueco romanticismo artificial. La filosofía se convertía en novela.

Estas furiosas invectivas se publicaban y leían como filosofía, pero iban elaborando la revolución. Además, Rousseau con otros escritos dio positivas normas de conducta, algunas de las cuales nos son todavía de gran utilidad. En la deliciosa novela sentimental *La nueva Eloísa* defendió el casamiento por amor, por libre elección y voluntad de los cónyuges, no por conveniencias de la familia, como se practicaba entonces. En el *Emilio* o la *Educación* dio un programa pedagógico para educar a un muchacho con arreglo a la razón y ateniéndose a las indicaciones que recibimos de la Naturaleza. Predicaba la lactancia maternal; el desarrollo gradual de las facultades y, por consiguiente, la gradación de los estudios; la libertad del pensamiento, la religión cordial, directa, sin sacerdocio; la sencillez de bienes y de vida; el amor fraternal, universal, no reducido a la familia o a los compatriotas... Y, además, lo practicaba. Vivía en un *hermitage*, o en una isla, o en un refugio, o en los barrios bajos de París, sin preocuparse de amasar una fortuna ni

Buffon.

Mientras Voltaire y Rousseau ponían en la picota los principios elementales de la sociedad humana, haciendo antropología, sociología o ciencia política, los verdaderos científicos arrancaban nuevos secretos a la materia, que hasta Newton había parecido la eterna y misteriosa enemiga del hombre. Cavendish, en Inglaterra, el descubridor del hidrógeno, describió con minuciosa precisión sus caracteres físicos y químicos.

Priestley descubrió el oxígeno y Lavoisier completó el descubrimiento explicando el fenómeno de la combustión y la parte que desempeña el oxígeno en la respiración. El fenómeno de que al arder los cuerpos consumiesen aire había preocupado ya a Priestley. Observó que una candela ordinaria consumía un galón de aire (cuatro litros y medio) por minuto. Y así dice Priestley: «Considerando la enorme cantidad de aire que necesitarán los volcanes y fuegos de toda clase, es un asunto digno de investigación filosófica descubrir cómo repara la Naturaleza el daño que recibe por estos medios.» Priestley encontró la solución: las plantas regeneraban el aire viciado, pero creyó que lo hacían *desflogisticando* los vapores, lo que era tanto como no explicarlo, porque las palabras *flogisto* y *flogisticar* eran para los químicos de entonces tan vacías de sentido como para nosotros.

Lavoisier observó que al arder el fósforo, el ácido formado por la combustión pesa más de lo que pesaba el fósforo, y el exceso de peso no podía ser otro que el oxígeno tomado del aire y añadido al fósforo. La respiración era otra combustión. El aire al salir de los pulmones no era ya aire, sino dióxido de carbono y agua.

Las ciencias naturales recibieron una ayuda extraordinaria con la simple idea de Linneo de clasificar los seres vivos valiéndose de dos nombres, uno genérico y otro específico. Linneo estudió mayormente las plantas y aceptó el famoso axioma: *Natura non facit saltus*, esto es, que las especies no se transforman o evolucionan bruscamente, sino por gradaciones llamadas anillos de tránsito. Linneo fundó su sistema de clasi-

Lavoisier y su esposa, como musa de la Química, por David. Biblioteca del *Rockefeller Institute for Medical Research*, de Nueva York.

ficación en la flor, exagerando en gran manera la importancia de este órgano, como si el resto de la planta casi no fuese digno de atención.

La obra de Linneo en Suecia fue continuada en Francia por Buffon. Este era, además, un gran escritor, que se apasionaba por el estilo. Insiste en la necesidad «de acumular hechos para inferir ideas que sean su consecuencia». Aludiendo a Linneo, desprecia a los naturalistas que se contentan con clasificar y dar nombres a las especies «La Naturaleza, dice Buffon, trabaja con un plan eterno que no abandona jamás.» El descubrir o adivinar este plan es la obra del naturalista. Buffon se arriesga a lanzar ideas que hoy llamaríamos hipótesis, pero que hacen decir a Voltaire que su *Historia Natural* es una novela. He aquí el resultado: lo que en Suecia se reducía a una simple ciencia de clasificación con Linneo, en Francia se convertía en filosofía peligrosa hasta a juicio de Voltaire. Condorcet dice: «Acaso Buffon ha pensado que el mejor método de destruir los errores de la metafísica y la

Capítulo XX

Diderot, por Fragonard. Colección particular.

abbé Raynal, para citar tan sólo los nombres de los más conocidos.

Los editores, por otra parte, no ocultaban sus propósitos. En el *Discurso preliminar* de D'Alembert se dice bien claro que la *Enciclopedia* iba a ser un *Diccionario razonable*, y jugando con la palabra razonar se dice que no se aceptará lo que diga la tradición y la autoridad, sino sólo lo que acepte la razón. Los maestros no serán Aristóteles ni Tomás, sino Descartes, Newton y Locke... Ellos han probado que la certidumbre nace del raciocinio y que la historia humana es el progreso de la inteligencia. La *Enciclopedia* no podía ser intentada más que en un *siglo filosófico,* y éste era, según creían Diderot y D'Alembert, el siglo XVIII.

Lo gracioso de la *Enciclopedia* es que algunos artículos estaban redactados por espíritus tan finos, que no se sabe si hablan seriamente o si se burlan de los grandes títulos que tratan de explicar. Capítulos como los que explican las palabras *Dios, Religión, Fe,* producían un efecto corrosivo

moral era multiplicar las verdades obtenidas con la observación en las ciencias naturales.» En lugar de combatir al hombre terco en su ignorancia, prefirió inspirarle el deseo de instruirse.

Todos estos (y muchísimos más) nuevos conceptos fueron incorporados en el gran diccionario tendencioso, *filosófico,* llamado *Enciclopedia.*

La idea de archivar en volúmenes por orden alfabético la entera perspectiva del conocimiento humano había venido también de Inglaterra. Los libreros de París pensaron hacer un negocio editorial adaptando al gusto del público francés la traducción de la *Enciclopedia* de Chambers, publicada a principios del siglo. Pero encargaron la dirección a Diderot y D'Alembert, dos filósofos que en seguida comprendieron la tremenda oportunidad de difundir las ideas nuevas, y más que una obra científica hicieron un libro de propaganda. Los colaboradores fueron Voltaire, Rousseau, Buffon, Helvecio, Condillac y el

D'Alembert, por Quentin-Latour. Museo del Louvre.

El «siglo de la filosofía»

Globo de los hermanos Montgolfier, según un grabado de la época.

Revolución, pero su viuda casó con otro químico y continuó desempeñando el papel de inspiradora del progreso científico hasta principios del siglo XIX. ¡Qué no hubiera podido hacer Lavoisier!

Volta, el descubridor de la electricidad, o por lo menos de algunas de sus propiedades, nació en Como en 1745 y murió ya en 1827. Consiguió producir la primera corriente eléctrica permanente. Puede decirse también que es el inventor de la pila eléctrica. La ciencia le ha recompensado llamando voltio a cierta unidad eléctrica.

Constrastando con Volta, metódico y científico a la vez, a fines del siglo XVIII apareció el genial charlatán Francisco Mesmer. Era austríaco, pero residió en París largo tiempo. Arrancando del principio disparatado de que los cuerpos celestes influyen en los

Portada de la *Enciclopedia*. Representa la verdad medio velada, a la que se acercan las Artes y las Ciencias.

bajo una apariencia de imparcialidad. Esto produjo gran revuelo y llegó a prohibirse la publicación de la *Enciclopedia*. Pero, a pesar de ello, fue saliendo con pie de imprenta falso en el propio París, hasta su terminación.

El efecto de la prohibición fue sólo enfriar a algunos colaboradores; otros, como Voltaire, se cansaron pronto. Tenían su obra personal que les absorbía casi completamente. Desde el cuarto volumen la *Enciclopedia* puede decirse que fue redactada casi enteramente por D'Alembert, que hizo de aquel gigantesco diccionario la ocupación de toda su vida.

Algunos de los hombres de ciencia de que hemos hablado pueden considerarse ya como intermedios, como puentes, entre dos centurias. Lavoisier fue guillotinado por la

Capítulo XX

seres vivos, en realidad descubrió Mesmer el hipnotismo. La popularidad de Mesmer y sus *tratamientos* de la neurosis de la época, la enfermedad de agotamiento y fatiga características del *fin de siglo,* ocasionaron una polémica entre los hombres de ciencia liberales y los eclesiásticos, que obligó a pensar y en cierto modo contribuyó a preparar los progresos de la psicología patológica del siglo XIX.

Por fin podríamos incluir en este capítulo los primeros intentos de aeronáutica de los hermanos Montgolfier, quienes consiguieron interesar a la Corte con sus experimentos. En 1782 uno de los Montgolfier se elevó por primera vez en el aire con un globo aerostático. En aquella ascensión le acompañaban dos individuos más. Ícaro había sido superado.

Los dos últimos grandes filósofos, Voltaire y Rousseau, tuvieron muy distinto final. Voltaire murió y su cuerpo fue trasladado al Panteón de Hombres Ilustres, mientras que Rousseau murió y fue enterrado en la isla de Saint-Pierre, en un rincón poco conocido.

La capilla erigida a Dios por Voltaire en Ferney con la famosa inscripción: *Deo erigit Voltaire* en la fachada.

La casa donde Pedro el Grande empezó su educación, cerca de Moscú.

CAPITULO XXI

PEDRO I Y CATALINA DE RUSIA. FEDERICO EL GRANDE Y MARIA TERESA DE AUSTRIA

La formación de las nacionalidades del Oriente de Europa se efectuó con gran retraso. A principios del siglo XVI, vastas extensiones al norte de los Cárpatos estaban divididas en pequeños Estados de fronteras inciertas, con organización de tipo medieval. Algunas, como Rusia, a duras penas habían conseguido establecer una sombra de monarquía, aun feudal, pero hereditaria; otras, como Polonia, quedaban anquilosadas en repúblicas aristocráticas que toleraban las dinastías tan sólo mientras lo permitían las rivalidades de los nobles. En Alemania, además del Rin y el Palatinado, que entraban en la órbita francesa, y Baviera, que oscilaba entre Francia y Austria, había el reino de Sajonia, esencialmente báltico, casi escandinavo, y la pequeña Marca de Brandeburgo, casi eslava, destinada a convertirse en Prusia y a ser el núcleo de otro gran Imperio germánico.

Pero incluso allí donde los acontecimientos siguieron un curso más rápido, precisaron dos o tres siglos para que aquellas regiones se pusieran a nivel del resto de Europa. A principios del siglo XVI, Crimea y las llanuras del sur de Ucrania estaban ocupadas por los tártaros. La autoridad del *Gran Príncipe de Moscovia* era sólo nominalmente reconocida por los boyardos o señores feudales rusos. Los lituanos, de antigua sangre turania, mezclados con teutones y gobernados por una Orden militar de caballeros germánicos, cerraban a los rusos el acceso al Báltico. El verdadero fundador del Estado ruso fue Iván III de Moscú, llamado el Grande, que reinó de 1462 a 1505. Casó con Zoe, o Sofía, sobrina del último empera-

Capítulo XXI

dor bizantino, Constantino Paleólogo, y esto pudo animarle a adoptar el título de Zar, palabra que deriva de César, distinción que a menudo concedían los Augustos o Emperadores bizantinos a príncipes bárbaros, sus vasallos, sin que este título implique en modo alguno reconocimiento de derechos imperiales, como pretendieron después los rusos para cohonestar su deseo de poseer Constantinopla. Más positivo resultado obtuvo Iván III empezando a imponerse a los turbulentos boyardos. Su nieto, Iván IV el Terrible, estableció la supremacía del zar de Moscú mediante una táctica política que hubiera podido ser eficacísima. Dejó a los boyardos tranquilos en sus haciendas-estados y creó una nobleza adicta a la corona. Cada sector de la administración resolvía con doble jurisprudencia. Los boyardos mantenían sus prerrogativas en un Consejo Real, o sea, la Duma, y los nuevos nobles formaban otra corte separada sin privilegios, pero recibían del monarca continuos favores. Se les dieron las mejores tierras en las cercanías de Moscú y a lo largo de las vías de comercio. Los boyardos quedaron cada vez más alejados de la capital y obligados por su propio interés a defender las fronteras.

Pero este plan, aun si su autor lo hubiese concebido con entera claridad, hubiera requerido, para tener buen éxito, un temperamento mucho más dúctil que el de Iván el Terrible. No obstante, logró atemorizar a los boyardos, arrebató a los tártaros Kazán y Astracán y por el Norte consiguió llegar hasta las cercanías del mar Báltico. Iván IV asesinó a su hijo primogénito en uno de sus arrebatos de furor; al morir sólo quedaba para sucederle Teodoro, un infante incapaz, a quien hábilmente suplantó su cuñado Boris Godunov.

Una serie de pretendientes que se decían sucesores de Iván imposibilitaron el gobierno de Godunov. Se presentó, incluso, un impostor apoyado por los jesuitas, que tenían puestas sus miras en Rusia, como en el Canadá y el Paraguay. Cabe imaginar con cuántos y cuán poderosos recursos contaría y la conmoción que produciría el impostor teniendo a su lado la vecina Polonia, también entregada a los jesuitas.

Por fin, una asamblea nacional, en la que tuvieron poca influencia los boyardos,

Boyardos de la embajada enviada a Maximiliano II, en Ratisbona, en 1576. Según el rarísimo grabado contemporáneo del artista Miguel Peterle, de Praga.

Pedro I y Catalina de Rusia

Boyardos rusos en la embajada de Iván el Terrible al emperador Maximiliano II, en audiencia en Ratisbona (1576). Grabado de la época.

eligió por zar, en 1613, a Miguel Romanov, quien, por el solo hecho de haber sido elegido por tal asamblea, tenía forzosamente que ser un personaje mediocre, pusilánime y piadoso; pero su hijo Alexis continuó la obra de Iván IV, ensanchando las fronteras siempre con la persistente idea de llegar hasta el mar. En 1672, después de desvanecer las pretensiones que Polonia tenía sobre Ucrania, empezó a hostigar a los tártaros para apoderarse de Crimea, lo que representaba llegar al mar libre por el Sur.

La política de Alexis Romanov fue exagerada por su hijo, el famoso Pedro el Grande, que ha pasado a la Historia como el caso más ejemplar de príncipe reformador. Niño todavía, asistió al asesinato, por los boyardos, de un consejero de su padre, reformista, que al verse perseguido se le había abrazado en busca de protección. Esto le impresionó de tal modo, que, a pesar de su salud robusta y su cuerpo agigantado, Pedro quedó toda la vida afecto de ataques epilépticos. Hasta los diecisiete años vivió retirado de la corte, divirtiéndose atolondradamente con una banda de muchachos de su edad, que le había procurado su hermana Sofía, regente del Imperio. Aquella compañía, que hubiera envilecido a un espíritu vulgar, sirvióle de escuela a Pedro el Grande. Jugaba con sus camaradas a levantar fortalezas y a asaltarlas y construía barcos para navegar en un lago vecino. Su educación teórica se redujo a un poco de geometría; todo lo demás, filosofía, moral, historia, y sobre todo religión, lo ignoró por completo.

En la primera parte de su reinado tuvo la fortuna de encontrar un consejero tan ignorante como él, un aventurero suizo llamado Lefort, soldadote rudo, libre de prejuicios y dotado de inagotable buen humor.

Pedro fue coronado emperador el 1690, pero tampoco este honor alteró su carácter. Continuó viviendo tan desordenadamente como antes con sus camaradas de juventud. Había hecho dos viajes al mar Blanco, a la región de Arkangel, y la contemplación de aquel Océano desierto, helado durante nueve meses del año, única salida que tenían al mar los rusos, le movió a acometer la empresa de arrebatar un pedazo de costa

Capítulo XXI

del Sur a Turquía. Seguido de sus camaradas y de un reducido ejército, tuvo la audacia de atacar a Azov, plaza fuerte de los turcos. Esta primera *expedición* fue un desastre. Los turcos castigaron a los sitiadores tomándoles los cañones en un contraataque. Pero Pedro no cejó; envió a buscar carpinteros y artilleros a Austria y Holanda y se preparó para una nueva *salida*. Descendió esta vez el Don con una flotilla de ocho galeras. Una de ellas, llamada *Principium*, esto es, *Comienzo*, construida por el propio zar, fue el primer buque de guerra ruso. Los turcos se hallaban entonces distraídos en una campaña contra Austria y no pudieron prestar mucha atención a lo que ocurría en aquel desolado rincón del mar Negro. Pedro y Lefort conquistaron a Azov, después de un sitio de tres meses. En la cabalgata infantil, casi cómica, que entró triunfalmente en la fortaleza, Lefort iba delante como gran almirante; un aventurero alemán representaba el generalísimo de los moscovitas y el zar iba en un trineo, pica al hombro, con el solo título de capitán Pedro. La conquista se consolidó construyendo una estación marítima con un arsenal en un lugar vecino.

En aquella ocasión Pedro comprendió que iba a necesitar colaboradores y que éstos debían ser rusos. En un Consejo celebrado el 15 de noviembre de 1696, obligó a los boyardos a enviar cincuenta muchachos de las mejores familias rusas a Inglaterra, Holanda y Venecia, y una embajada a las naciones del Occidente de Europa para pedir ayuda contra los turcos. La embajada partió el 1697, yendo como representante acreditado del zar de Moscú aquel mismo disparatado suizo Lefort que había conquistado a Azov; pero lo extraordinario fue que entre los marineros iba de incógnito el mismo zar, disimulado con el nombre de Pedro Mikhailov. Así el joven monarca quedaba libre de la etiqueta ceremonial y podía a su antojo visitar arsenales y aun aprender prácticamente la arquitectura naval, que era su gran manía. La embajada encontró a Europa ocupada en el asunto de la sucesión española, y nadie mostró deseos de guerrear contra los turcos; al contrario, muchos deseaban que Austria y Turquía concertaran la paz para que Austria se revolviese contra los Borbones.

El único resultado del viaje fue la educación del propio zar y su firme propósito de europeizar a Rusia. Los relatos de la época nos enteran de la extraña impresión que produjo en las Cortes de Europa la visita de aquel hombre, vestido simplemente, gran señor y al mismo tiempo de modales bárbaros. No obstante, los espíritus verdaderamente finos se dieron cuenta de la superioridad moral que la conducta de Pedro manifestaba. Saint-Simon dice en sus memorias: «El zar, en París, se hacía admirar por su curiosidad extremada, siempre fija en sus ideas de gobierno, de comercio, de construcción y política. Atendía a todo y no desdeñaba nada que pudiese serle útil. Estimaba todo lo merecedor de estima, dan-

Iván el Terrible. Grabado de la época.

Pedro I y Catalina de Rusia

El zar Alexis Mikhailov, hijo de Miguel Romanov y padre de Pedro el Grande. Miniatura del libro «Tituliarnik», de 1672.

tamiento administrado por Porfirio Díaz a México (la civilización a cañonazos, que no pasó de ser una frase) sería un régimen benigno comparado con el que Pedro el Grande aplicó a Rusia. Llegó hasta el extremo de hacer víctima de él a su único hijo, de temperamento tranquilo como la madre (a la que ya Pedro había relegado a un convento) y que no participaba de buen grado en la obra europeizadora de su padre. No se resistía, pero obedecía frío y como pensando en que un día él podría deshacer todo aquello que Pedro había creado con tanto esfuerzo. «¡No es obediencia de ti lo que quiero, sino entusiasmo!», escribía el zar a Alexis, el príncipe heredero, quien había leído enteramente la Biblia seis veces, cinco en eslavo y una en alemán, y había estudiado los escritos de los Padres de la Iglesia griega, hablaba francés y podía discutir de historia, geografía y matemáticas. Le habían casado con una princesa alemana, que murió del primer parto. Al enviudar el príncipe se amancebó con una sirvienta finlandesa y escaparon a Viena. Sintiéndose allí poco seguros aún, el príncipe y su amante marcharon a Nápoles.

do así prueba de la justa apreciación de su espíritu. Todo mostraba en él la vasta extensión de sus miras y revelaba una consecuencia continuada.» *(Tout montrait en lui quelque chose de continuellement conséquent.)*

El viaje de Pedro duró poco más de un año. Tuvo que regresar precipitadamente por haberse rebelado un regimiento de la guardia. Cuando llegó a Moscú la sublevación había sido ya sofocada, pero este incidente decidió al zar a reprimir toda oposición a sus reformas con un rigor que sólo podríamos calificar de moscovita. Al día siguiente de su llegada del extranjero, Pedro convocó a los principales magnates de la Corte, y cuando los tuvo reunidos, apareció con unas grandes tijeras y les cortó a todos la barba y las guedejas. La eliminación de aquel pelo era realmente una saludable mejora, pero infligirla sin explicaciones y a carcajadas era casi prueba de extravío mental. Así impuso Pedro el Grande la mayoría de sus reformas; el tra-

El zar Pedro el Grande. Grabado de la época.

Capítulo XXI

Antiguo palacio de Invierno en San Petersburgo.

Pedro comprendió que era indispensable para el éxito de sus reformas conseguir el regreso de Alexis y eliminarlo después. Envió a Nápoles para esta delicada misión a su amigo Tolstoi, quien prometió al príncipe que si regresaba a Rusia se le permitiría casar con su amante y vivir como simple ciudadano, renunciando a la corona. Pedro confirmó las promesas de Tolstoi con una carta, «jurando delante de Dios y del Trono de Gracia» que si Alexis regresaba no sería molestado por su pasada conducta, y tratado como un hijo querido.

Alexis llegó a Moscú en enero de 1718. A pesar del salvoconducto de Tolstoi y de los juramentos del zar, Alexis murió en junio del mismo año a consecuencia de una tremenda paliza a latigazos. Su amante confesó *en el tormento* que la intención del príncipe era reinar abandonando la política de su padre, reducir el ejército y no construir más buques. Y esto era ya más que suficiente para que Pedro el Grande olvidara el compromiso contraído «delante del Trono de Gracia». La Iglesia ortodoxa tranquilizó los tenues escrúpulos de conciencia que pudieran inquietar al zar afirmando que, dada la calidad de los crímenes del príncipe Alexis, solamente el monarca podía resolver lo que sería más justo y conveniente.

Creemos que estos episodios bastarán para que el lector se haya formado idea del carácter de Pedro el Grande. Intervino en todos los detalles de la vida de su pueblo promulgando ukases sobre el modo de vestir, de edificar casas, de contar los años, etcétera. Pero todas estas medidas no fueron impuestas por capricho, sino para hacer de los rusos verdaderos europeos y dignos del vasto Imperio que él les estaba conquistando. Rusia llegó, en tiempos de Pedro el Grande, casi a tener los mismos límites fronterizos que tiene actualmente. Siberia, aunque enteramente *tierra incógnita*, quedó constituida en una de las ocho provincias de Rusia. Las conquistas por el Sur se extendieron con nuevas campañas y tratados con Turquía y una guerra contra Persia, que hubo de ceder Bakú, Derbent, Mazandeván y Astrabad. En 1724, un año antes de morir Pedro, un tratado dividió el mar Caspio en tres partes iguales entre Rusia, Turquía y Persia.

En lo tocante al Báltico, al día siguiente de haber concertado la primera paz con Turquía, ordenó Pedro el Grande la invasión de Livonia; conquistó a Finlandia, y en la desembocadura del Neva fundó su nueva capital, Petersburgo, dejando a Moscú el carácter de ciudad santa. Además de realizar estas conquistas materiales, fundó

Pedro I y Catalina de Rusia

la Academia de Ciencias, que había de ser, a un tiempo, universidad, liceo y escuela elemental. Para sostenerla se le concedieron los derechos de aduana de Reval, Narva, Dorpat y Arenberg. Fundó, además, escuelas de matemáticas y navegación, de filosofía *cartesiana,* danza, retórica, etc. La gran dificultad con que tropezaban estas escuelas era la carestía de libros en ruso, por lo que estimuló la impresión de los textos más elementales, y en el año 1703 apareció el primer periódico ruso con el título de *Noticias de acontecimientos militares y otros sucesos dignos de recordación.*

Pero lo que parece inaudito es que el salvaje y epiléptico zar se anticipase a enviar misiones de descubrimiento y exploración, por puro celo científico, a Siberia y a Kamchatka. Todavía hoy la mayoría de antigüedades de Siberia, que son el tesoro más precioso de las colecciones que se guardan en el Museo de Leningrado, proceden de las expediciones enviadas por Pedro el Grande al Asia Central.

El gran zar murió en 1725. Su reinado había durado más de treinta y cinco años. Con todo, se dolía de que «las reformas de un pueblo son como los frutos de las palmeras que no se empiezan a cosechar hasta después de muerto el plantador».

Acaso el decreto más importante de Pedro el Grande fue el que regulaba su sucesión. Quedaba todavía un hijo del príncipe Alexis, niño de seis años, y dos hijos también menores del propio zar Pedro. Pero en vez de escoger para sucederle a uno de estos tres descendientes y nombrar un consejo de regencia, decidió transferir la corona a su segunda esposa Catalina, para que reinara, como él había reinado, con carácter de autócrata. Catalina I era una muchacha sencilla, de baja extracción, pero bondadosa. Su corto reinado de dos años no sirvió más que para establecer un precedente.

Porque a la muerte de Catalina I siguió el reinado turbulento de Pedro II, hijo del príncipe Alexis, y después de un período de desórdenes, el de Pedro III, casado con la que tenía que completar la obra de Pedro el Grande, la famosa Catalina II. «Dichoso quien dentro de un siglo pueda escribir vuestra historia», escribía Voltaire a la zarina. Esta era de familia prusiana, pero comprendió, desde el día de su llegada a Petersburgo en 1745, que debía bautizarse según el rito ortodoxo y convertirse enteramente en rusa. Su marido, el zar, en cambio, también alemán por parte de madre, se había conservado adicto a la religión luterana y sólo encontraba excelente lo que

Antiguo palacio de Verano en las afueras de San Petersburgo.

Capítulo XXI

hacía el rey de Prusia, entonces Federico II el Grande.

No es de extrañar que alrededor de la zarina se reunieran los descontentos del zar, que sólo pensaba en divertirse en mascaradas y banquetes. El zar se dio cuenta de la rivalidad de intereses que se agrupaban al lado de su esposa y llegó a pensar en encerrarla en un convento. Pero Catalina aparentó no resistir y escondió su ambición para que el zar no se decidiera a divorciarse. Sin embargo, exhibía ya a sus amantes, y otros consejeros ambiciosos preparaban el golpe de Estado que debía eliminar a su esposo. En la mañana del 9 de junio del año 1762, el amante de la zarina, Alexis Orloff, condujo a Catalina al cuarto de la Guardia, donde algunos oficiales ya estaban enterados de lo que iba a ocurrir. Aclamada por los guardias, fue en seguida a coronarse autócrata en la catedral de Kazán, mientras los guardias iban a atacar el palacio de Peterhov en las afueras de Petersburgo, residencia favorita de Pedro III, quien sin resistencia a lo que le pedían firmó su abdicación. De momento lo encerraron en una fortaleza, y para mayor seguridad lo asesinaron a los ocho días.

Así comenzó a reinar sin compañía, sobre el vasto Imperio creado por Pedro el Grande, aquella que veinte años antes había llegado de Alemania como princesa consorte. Pero nadie deploró (ni deplora todavía) su injerencia en el Estado. Completó la obra de Pedro el Grande con un carácter más ruso que el que le hubiera dado el gran zar reformador. Catalina II se sentía rusa; actuaba y pensaba como rusa. Las tierras nuevas tienen un poder de asimilación espiritual que convierte en naturales a los inmigrantes. Catalina II reinó hasta 1796, más de treinta y tres años. Añadió al Imperio ruso más de doscientas mil millas cuadradas y más de siete millones de súbditos. Gran parte de estas *adquisiciones* fueron fácil resultado del reparto de Polonia entre Prusia, Austria y Rusia. Pero por lo menos Catalina II tuvo la audacia y decisión de

La primera biblioteca de la Academia de Ciencias en San Petersburgo, fundada por Pedro el Grande.

Pedro I y Catalina de Rusia

proponerlo, aun exponiéndose a graves consecuencias. Polonia subsistía por inercia y Austria empezó anexándose una pequeña región del Sur. Cuando el embajador de Prusia enteró del caso a Catalina, en vez de objetar contestó simplemente: «¿Y por qué no deberíamos cada uno tomar de Polonia lo que nos pareciera bien?» Al hablar de esta manera Catalina tenía el pensamiento fijo en Livonia y Varsovia, pero las palabras de la zarina circularon por las cortes de Europa, y en 1772, siguiendo su consejo, Austria, Rusia y Prusia hicieron el primer reparto del infeliz Estado polaco, sin que nadie se atreviera a protestar.

Astuta y fina en las artes de la diplomacia, para Catalina II los únicos enemigos irreconciliables fueron los turcos. Como buena rusa veía en ellos los sucesores de los tártaros. Los generales de Catalina los vencieron e hicieron retroceder por tierra, y hasta sus buques lograron la victoria en una batalla naval en la rada de Scío. La armada rusa, mandada por Potemkin, había zarpado de Kronstadt y circunnavegando casi toda Europa había llegado a las costas de Grecia. ¡Qué grito de alegría hubiera lanzado Pedro el Grande si hubiera podido presenciar tal hazaña!

Lo notable es que Catalina II, aunque se valió de colaboradores que a menudo eran sus amantes, nunca cedió a un valido las riendas del poder. En su correspondencia con Diderot, D'Alembert, Voltaire y Federico de Prusia, trata de asuntos políticos y no puede olvidar que es la autócrata del mayor Imperio de Europa. Acaso Catalina escribió demasiado. Además de sus *Memorias*, redactó unas instrucciones llamadas *Nakás* para la comisión que tenía que redactar el nuevo Código Civil ruso. En ellas la zarina manifiesta el espíritu del siglo de los filósofos, declarando, como Fenelón y otros autócratas como ella, que «el monarca debe ser para el pueblo, no el pueblo para el monarca». Pero si en teoría era partidaria del gobierno constitucional y liberal, Catalina vivió lo suficiente para ver la aplicación de sus doctrinas en la revolución francesa,

El zar Pedro III,
esposo sacrificado de Catalina II.

y ya entonces, como autócrata ofendida, no pudo menos de protestar.

Mientras así, en el extremo oriental de Europa, se creaba y organizaba el gran Imperio de Pedro I y Catalina II, otros dos Estados se transformaban para formar el mosaico de la Europa Central que duró hasta la guerra del año 1914. En el Norte la pequeña Marca de Brandeburgo se transformaba en Prusia por obra de Federico III de Brandeburgo, hijo del Gran Elector, quien representaba para Prusia lo que Iván IV para Rusia, con la debida diferencia de época en el progreso inicial. Federico no se halló con súbditos boyardos borra-

Catalina II en traje de corte.

chos y bárbaros mujicks. Pero el sentimiento de formar parte de una nación prusiana o germánica era muy débil en la mayor parte de ellos. La antigua Marca de Brandeburgo estaba ocupada por grandes manchas o grupos de emigrantes holandeses, escandinavos y eslavos. Federico empezó a darles conciencia de unidad prusiana, aunque apenas les confió asuntos de gobierno. El emperador Leopoldo I de Austria, para obtener su apoyo en la guerra de Sucesión española, le dio el título de rey (noviembre de 1700); desde entonces fue Federico I.

El hijo de este primer rey de Prusia, llamado Federico Guillermo I, inició el régimen de organizar un ejército disciplinado. Federico Guillermo dio a Prusia el carácter de pueblo agresivo, temible, sobre todo, por su férrea organización. Además del ejército, lo que mayor preocupación despertaba en el rey eran los correos. Después de Francia, donde fueron organizados por Richelieu, los servicios postales de Prusia fueron los primeros en Europa como de servicio capital del Estado. Pero no era esto sólo; en unas instrucciones testamentarias a su hijo Federico, el rey le recuerda que «una nación sin industria es un campo sin vida», «la prosperidad de un país depende del número de habitantes», «el monarca debe tener los cordones de la bolsa», etc. Por lo visto (aunque a su manera), el rey de Prusia empezaba a filosofar. En unas reuniones que se llamaban «Academia del Tabaco», porque se celebraban por las tardes en palacio entre el humo de las pipas y el ruido de los vasos, el rey hablaba libremente de política con sus amigos.

Pero aparte de estas expansiones, el monarca era terriblemente severo. Los burgueses de Berlín se escondían cuando el rey salía de paseo. Delante de la corte propinaba azotainas al príncipe heredero que había de ser Federico II el Grande, quien a la sazón pensó seriamente en escapar a Inglaterra y esperar allí la muerte de su progenitor. Pero la dureza y rigidez del padre sirvió por lo menos para que el hijo heredara un Estado floreciente y provisto de una máquina de guerra formidable. Federico Guillermo había empezado a reclutar sus milicias con algo parecido a lo que hoy llamamos el servicio militar obligatorio. Pero al lado de esta fuerza creó otra de choque compuesta de mercenarios de gigantesca talla, reclutados por toda Europa y sometidos a una disciplina férrea, en la que no se ahorraban los castigos corporales. Con ella formó las unidades de su guardia. Podríamos muy bien decir que Prusia era una nación dispuesta siempre para la guerra.

Con este pueblo educado militarmente, Federico II, llamado el Grande, se entremetió en todas las guerras de Europa de su tiempo. Federico II no era un modelo de castidad; pero no se complacía perezosamente en sus amantes, como era tradicional en los Borbones franceses. Las dos pasiones de Federico II (casi sus vicios) eran la filosofía y la guerra. Podríamos decir que

Pedro I y Catalina de Rusia

la filosofía era su recreo, y que la guerra constituía en él una necesidad. El dirigía personalmente las marchas tácticas de sus ejércitos y con astucia felina esperaba el momento de atacar al enemigo cuando éste descuidaba la defensa de algún lugar.

En aquel tiempo, la caballería tenía importante papel en las batallas. La proporción de las tres armas y el modo de manejar el acero o bayoneta contra la caballería, o la artillería contra ambas, originaron una ciencia, la única de que se alababan los magnates. Era por lo menos un gran arte. Federico II movió sobre el tablero de Europa grandes ejércitos, que grande para entonces era exceder de 100.000 infantes con 15.000 caballos. Sobre todo guerreó con milicias propias, y nunca, o casi nunca, asociado con aliados. Si perdía, perdía él solo; si ganaba, también era para él exclusivamente toda la ganancia.

La ocasión para inmiscuirse en los asuntos de sus vecinos se le ofreció a Federico el Grande la sucesión de Austria. El lector debe recordar que al abdicar el emperador Carlos V, su hermano Fernando había sido elegido emperador de Austria, que es como entonces se llamaba el Sacro Imperio. Por rutina (ya que, por derecho, el Imperio debía concederse por elección) fue pasando hereditariamente dentro de la familia de los Habsburgos. Así, a principios del siglo XVIII era todavía emperador Carlos VI, aquel mismo que tuvo su papel, como archiduque pretendiente, en la guerra de Sucesión de España, y que tuvo que abandonar a sus partidarios cuando la muerte de su hermano José le colocó impensadamente en el trono austríaco. Pero ni José ni Carlos tenían herederos masculinos. Ambos se preocuparon de legitimar la sucesión a sus hijas con un pacto que se llamó la Pragmática Sanción, por el que la mayoría de los monarcas reinantes aprobaron la sucesión de las hembras al Imperio. Cabe imaginar que para que esta transacción o Pragmática Sanción fuese aprobada, el emperador Carlos tuvo que consentir sacrificios de fronteras y prometer que otorgaría importantes compensaciones a todos los que ambicionaban sucederle.

Federico el Grande de Prusia no se conformó con este *statu quo* ya admitido. Como legítimo Gran Elector tenía derechos y hasta deberes. Así es que desde el momento en que María Teresa, hija de Carlos VI, se coronó emperatriz, el rey de Prusia se anexó la Silesia y dio principio a la guerra de Sucesión de Austria, que degeneró en guerra mundial.

Aunque durante la contienda pasó por momentos de verdadero apuro, Federico II, terminada la guerra y reconocida María Teresa como emperatriz de Austria, conservó su conquista de Silesia; esta guerra dio a Prusia reputación de país fuerte, hasta el punto de que desde entonces intervino siempre como factor predominante en la política europea. El primer reparto de Polonia le permitió unir a Brandeburgo y Pomerania con la Prusia propiamente dicha.

El reinado de María Teresa no fue pacífico (guerra de los Siete Años, contra Prusia e Inglaterra, que originó varias alianzas y se transformó en una nueva guerra mun-

Federico el Grande

Capítulo XXI

dial); pero las mismas dificultades que hubo de vencer la hicieron el ídolo de sus súbditos. En este sentido las guerras de Federico II fueron también provechosísimas, pues estabilizaron el Imperio austrohúngaro, que a pesar de ser una monarquía dual, un Imperio con multitud de pueblos no asimilados (como los bohemos, croatas y eslovenos), con colonias enteramente exóticas (como los rumanos de Transilvania), subsistió por el gran fundente de todos estos elementos, que fue la dinastía de los Habsburgos descendientes de María Teresa.

Supo hacerse amar, aun transigiendo con los abusos de los nobles y la lamentable ignorancia del pueblo. A su hija María Antonieta, que iba a Francia a casarse con el hijo del Delfín, le recomendaba que procurara no enemistarse con las amantes de su suegro-abuelo Luis XV. El hijo de María Teresa, José II, reinó algún tiempo asociado a su madre; le proponía reformas liberales y tolerancia religiosa, pero María Teresa contestaba que «sin religión suprema (la católica) como norma de gobierno, la tolerancia y la indiferencia conducen al desorden y a la ruina». Sin embargo, José II trató de reformar su reino (josefinismo), y aunque fracasó en muchos aspectos, dio vida nueva al Estado austríaco.

Viena era la capital artística y galante de la Europa Central. A María Teresa debemos aquella Austria conservadora, reaccionaria si se quiere, pero sobre todo le debemos la Viena de Mozart y de Haydn. Y muchos que no fueron víctimas de la soberbia austríaca, de la petulancia aristocrática del gobierno de Viena, dirán que el *Don Juan* de Mozart bien vale un gobierno de María Teresa.

En la segunda mitad del siglo XVIII lo mejor del espíritu humano se manifestó en música. La *filosofía*, después de Rousseau y Voltaire, se había reducido a un entretenimiento de aristócratas librepensadores. Hasta Federico II y Catalina de Rusia filosofaban; pero escondida en compases musicales, el alma humana empezaba a expresarse romántica y sentimental en las obras de Bach, Hændel, Haydn y Mozart. El primero, precursor de la música moderna, pasó casi inadvertido en su tiempo; lo redescubrió Mendelssohn como maestro de capilla, sin pretensiones, en Weimar y Leipzig. Cuando murió, en el año 1750, nadie pensó que aquel organista había sido el más grande músico que hasta entonces había producido la Humanidad. Muchas de sus obras manuscritas, repartidas entre sus numerosos hijos, se creen todavía irremediablemente perdidas.

Es difícil darse cuenta de lo que representa Juan Sebastián Bach. Es algo más que un revolucionario en su época. Es, simplemente, el *inventor* de la música moderna. La música no comienza a ser tal — según hoy entendemos su concepto — sino después de J. S. Bach. Y es curioso pensar que este hombre, que pudiera representar a primera vista el antípoda de la escuela italiana, hizo gran parte de su aprendizaje sobre los manuscritos de Vivaldi y otros notables

Emperatriz María Teresa de Austria, por Du Greux.

Pedro I y Catalina de Rusia

compositores italianos de su época. Y es que, en realidad, lo que se pierde, después, al sobrevenir la degeneración de las formas teatrales, es la propia tradición italiana. No hay que olvidar que los más grandes músicos anteriores a Juan Sebastián Bach son los italianos y los españoles (Palestrina, Vitoria).

La causa del poco interés que despertó la música de Bach en su tiempo y en los años siguientes es que se mantuvo fiel a la tradición polifónica medieval, que parecía indispensable en temas religiosos. Pero el teatro, entregado con frenesí a la ópera, exigía música, y la escena requería cantatas, arias, duetos y bailes, imponiendo otro tipo de composición.

Corelli y Scarlatti fueron los primeros en emplear nuevas formas musicales, esencialmente melódicas y contrapuntadas. En teoría era un retroceso a una simplicidad vulgar y dulzona. Los grandes genios consiguieron hacer obras sublimes con temas de rondós, minuetos y cantables.

Hændel, nacido en Halle (Sajonia), residió la mayor parte de su vida en Londres, al servicio de la Casa Real, o como empresa-

Mozart.

palabras pudieran revestirse de música elevada. Hændel, en sus últimos años, se aplicó a componer *oratorios,* pomposas composi-

Minueto del *Don Juan,* de Mozart.

rio de sus propias óperas. Los títulos de las óperas y hasta sus libretos estaban en italiano: nadie podría imaginar que aquellas

ciones para masas corales y solistas, que consiguieron entusiasmar a la corte perfumada y frívola de Jorge III. Pero la aparente

Capítulo XXI

vaciedad de los arpegios y trinos de las cantatas que compusiera Hændel encubre bajo su esplendor una grandeza de estilo que volvemos a admirar sinceramente en nuestro tiempo.

Algo análogo ocurre con Haydn. Era austríaco, nacido en 1732, y aunque errante y andariego como los artistas de su época, pasó la mayor parte de su vida en Viena. Escribió también óperas y oratorios, pero casi podríamos decir que lo más importante de su vida fue la fraternal amistad que mantuvo con Mozart, enseñándole y animándole. Mozart empezó como un niño prodigio. A los tres años ya tocaba el clavicordio y componía. Algunas de sus más inspiradas obras musicales, las más aplaudidas por los públicos modernos, datan de cuando su autor era de muy corta edad. El padre de Mozart hizo viajar al pequeño músico, incluso procurando que fuera a Italia, entonces indispensable complemento de una educación musical. Mozart continuó su maravillosa carrera de *Homo musicalis* hasta su muerte, en 1791, cuando sólo tenía treinta y cinco años. Fue en verdad un caso extraordinario de ser humano creado para hacer música y vivir por la música. La moda del tiempo le exigió un estilo melódico, infantil y casi necio. La pedantería neoclásica del siglo le hacía escribir música para dramas que no tenían nada vivo y real. He aquí los títulos: *Mitrídates rey del Ponto, Ascanio de Alba, El sueño de Escipión, El Rey Pastor, Idomeneo rey de Creta,* y por excepción las *Bodas de Fígaro* y el *Don Juan*. Pero Mozart no demandaba para sus libretos ideas, pasiones, caracteres humanos; quería sílabas sobre las que tejer la maravillosa fantasía de sus cantos. La Humanidad no avanzó ni retrocedió en pensamiento ni en valores estéticos con Mozart, pero se enriqueció con el tesoro inaudito de sus melodías. Mozart, cantando arias y bailando minuetos, llenaba el mundo de una trama de sueños vivos.

El *God save the King*, himno nacional inglés, de Hændel.

Vista de conjunto de Fort Dearborn. Chicago.

CAPITULO XXII

LOS FRANCESES E INGLESES EN LA AMERICA DEL NORTE. LA INDEPENDENCIA DE LOS ESTADOS UNIDOS

LA colonización de Norteamérica no se efectuó según reglas fijas, establecidas de antemano por la Corona, como sucedió en la América española. Ingleses y franceses empezaron a poblar Norteamérica creyéndose autorizados por la prioridad del descubrimiento, que los ingleses atribuían a Cabot, navegante por cuenta de Inglaterra, y los franceses a Verrazzano, por cuenta de Francia. Pero ni unos ni otros dieron gran importancia a la cuestión de precedencia, porque había tierra para todos.

Empecemos por los ingleses. Al principio consideraron sus derechos a Norteamérica como cosa de poca monta. Las tierras eran buenas para regalos, que el rey hacía con la duda de si aquellos centenares de leguas cuadradas que daba en el mapa producirían algo más que quebraderos de cabeza. La primera de estas colonias, Virginia, es del 1584, aún del tiempo de Isabel, y tuvo el carácter de una aventura de Estado. Raleigh fracasó en su intento de colonizarla y la abandonó al cabo de algunos años. A este experimento siguió el de conceder la Corona tierras a compañías y magnates con el título de propietarios *(propietors)* a cambio de obtener parte de los beneficios el día muy problemático en que las colonias fueran remuneradoras.

La Corona, por lo regular, dejaba a las compañías y *propietarios* entera libertad de organizarse; sólo se reservó el derecho de fiscalizar su desarrollo mediante un gobernador, de atribuciones muy imprecisas. Esto dio a las colonias inglesas de Norteamérica gran variedad de población y de formas de gobierno. En esta época de colonización, o sea el siglo XVII, Inglaterra estaba atravesando un período de revolución y de disputas religiosas. Los episodios de la guerra del Parlamento, la ejecución de Carlos I, la República puritana, la restauración monárquica, la conversión de Jacobo II al catolicismo y por fin la segunda revolución que destronó definitivamente a los Estuardos, empujaron hacia América a los descontentos o vencidos, tanto del campo monárquico como del republicano, tanto de la comunión católica como de las denomina-

Capítulo XXII

Interior de Fort Dearborn, típico fuerte del período colonial en Norteamérica, construido de troncos de árbol, con la excepción del polvorín.

ciones protestantes. Virginia se pobló con *caballeros;* Maryland, por Lord Calvert, que era católico; Massachusetts, por puritanos, y Pennsylvania, con cuáqueros. Estos grupos de emigrantes no tenían ningún lazo de unión, y la diversidad de *religiones* parecía predestinarlos a separarse más y más cada día. Por ejemplo: al llegar a Boston una primera pareja de cuáqueros, el gobernador, que era puritano, lamentó amargamente no haberlos podido azotar; y un año de gran escasez y hambre que luego sobrevino se consideró castigo divino por haber sido demasiado indulgentes y tolerantes con los *amigos,* nombre con que se designaban y continúan designándose todavía en nuestros días los cuáqueros.

Los puritanos eran del tipo religioso de los *santos,* o *cabezas redondas* del ejército de Cromwell. Cuando la restauración, no quisieron transigir con la monarquía ni con la Iglesia anglicana, y emigraron a Holanda; pero al ver que no congeniaban con los holandeses pidieron a Carlos II permiso para trasladarse a Virginia. El hecho de que el monarca inglés consintiera el éxodo a América de aquellos que habían contribuido a la decapitación de su padre, prueba cuán poco importaba que los emigrantes fueran de tipo *deseable.* El primer enjambre de puritanos partió en agosto del año 1620 en el histórico velero *Mayflower,* rumba a Virginia; pero el piloto desvió el buque más al Norte y echó anclas en la hermosa y amplia bahía donde creció después la ciudad de Boston. En los comienzos, los inviernos fueron terribles y difíciles, pero los puritanos se sentían alentados y sostenidos por Dios. Exageraron todas las ideas calvinistas de la predestinación, de la salvación por la fe y de la inspiración integral de la Biblia.

La República puritana, como la Ginebra de Calvino, quiso ser una comunidad teocrática, donde hasta las más insignificantes transgresiones eran castigadas severamente. Después aquella represión engendró la hipocresía, pero en un principio los puritanos obedecían las inspiraciones o voces que escuchaban de Dios. Se regían por un senado

Los franceses e ingleses en la América del Norte

de ancianos y ministros del Señor y no permitían más interpretación de las Escrituras que la suya propia. Los puritanos, llamados *Pilgrim Fathers* (padres peregrinos), han sido hasta hace poco el elemento más influyente de los Estados Unidos.

Otros disidentes de la Iglesia anglicana y aun de los puritanos eran los ya citados cuáqueros, que llevaban al extremo la teoría de la igualdad del hombre respecto a Dios y de la revelación directa y personal al individuo. Mientras los puritanos aún conservan el ministro, o presbítero, que predica interpretando las Escrituras, los cuáqueros se reúnen sin pastor y esperan en silencio que el Espíritu mueva a uno a hablar para edificación de todos. Algunas veces las reuniones de cuáqueros terminan sin haberse manifestado en nadie el impulso de predicar o cantar un himno. Se separan satisfechos de aquella hora de paz silenciosa pasada en común, sin que el levita haya venido a turbarles con un sermón ya preparado. Los cuáqueros (llamados también *amigos*) son sinceros al declararse por conciencia incompatibles con el servicio militar, y su resistencia a alistarse ha sido respetada por los Gobiernos en las últimas guerras. En cambio, los cuáqueros han aportado sumas fabulosas y provisiones sin cuento para disminuir en lo posible el dolor de la Europa ensangrentada.

William Penn, fundador de Pennsylvania, poblada con protestantes de la secta de los cuáqueros.

La colonia de los cuáqueros en Pennsylvania se fundó con el carácter de una concesión personal de Jacobo II a William Penn, magnate inglés que había adoptado las ideas de los cuáqueros. Penn tenía un crédito contra el monarca de 16.000 esterlinas. En el año 1682 renunció a esta suma a cambio de un territorio situado al sur del río Delaware. Tomó muy a pecho sus deberes de fundador propietario y marchó a América juntamente con las bandas de cuáqueros. Dio a la colonia una constitución con dos cámaras, ambas electivas, y fijó las líneas principales de la capital de Pennsylvania, o sea Filadelfia.

De estas colonias se desgajaron subgrupos que formaron otras colonias. En resumen,

Lord Calvert, gobernador-propietario de la colonia de Maryland, poblada con católicos y caballeros.

Capítulo XXII

Pasemos ahora a decir algo de la colonización francesa en Norteamérica. En 1598, se estableció un primer *post* para el comercio de pieles en Tadussac, en la desembocadura del San Lorenzo. En 1605 Champlain construyó una primera *habitación* en el lugar que hoy ocupa Quebec. A ésta siguieron Trois Rivers y Montreal, a noventa millas de distancia una de otra. Los establecimientos carecían de importancia, pero la Corona confió su gobierno en seguida a un virrey que fue el príncipe Condé; y como éste no se movió de Francia, Champlain tomó el título de Lugarteniente General. Champlain, que era por naturaleza un genio explorador, tuvo la intuición de que las rutas fluviales serían la causa de la prosperidad de la colonia, y remontó el San Lorenzo y el río Ottawa, que conducían a lo que llamamos hoy *región de los lagos*. En 1683 La Salle, partiendo de los lagos con algunos *portazgos*, descendió por el Mississippi en canoa hasta llegar a la desembocadura en el golfo de México. Con el viaje de La Salle, las colonias inglesas de la costa quedaban circunvaladas de territorios franceses por el Oeste, territorios que formaron con el Canadá la Nueva Francia.

Richelieu, y sobre todo Colbert, se dieron cuenta de las posibilidades de las colonias francesas en América y no cesaron de concederles atención y subsidios. Ya hemos visto que uno de los proyectos de Law, el banquero-ministro del regente duque de Orleáns, era fomentar la producción de los territorios americanos, especialmente la colonia fundada por La Salle en el Mississippi. Law, según dijimos anteriormente, hombre de proyectos descomunales y ambiciosos, creó la *Compañía Occidental* para que con sus beneficios alimentara la Banca, lo que, a su vez, imaginaba acabaría por pagar la deuda de Francia.

Pero si por una parte Richelieu, Colbert y Law protegían la colonia, por otra ponían trabas y restricciones que impedían su desarrollo. Cuando en 1672 el gobernador Frontenac convocó a los *habitantes* para dividirlos en tres brazos y con ellos formar

Caricatura de Wolfe, el conquistador de Quebec, dibujada por oficiales ingleses que le acompañaban en el sitio. Representa al joven general en el acto de tallarle; lleva un letrero que dice: *Cada día más alto.*

los establecimientos ingleses en América a mediados del siglo XVIII, al comenzar la revolución, eran trece, independientes unos de otros, todos con acceso o fachada en la costa del Atlántico y con límites esfumados hacia el interior. Para los colonos ingleses los indios fueron siempre enemigos intratables. Los hombres blancos anglosajones nunca han llegado a entenderse con los Pieles Rojas. Sir Jeffery Amherst aprobó la propuesta de inocularles la viruela impregnando con pus de variolosos las mantas que les vendían. Por fortuna esta barbaridad resultó impracticable.

Los franceses e ingleses en la América del Norte

una asamblea, Colbert le escribió unas famosas cartas riñéndole por su mal aconsejado propósito. «El rey en Francia, le decía, hace tiempo que ha cesado de convocar Parlamento, o Estados generales, y nadie lo deplora.» Colbert asoció al gobernador un intendente; la colonia entera estaba unificada bajo aquel régimen, imagen del de Francia.

Así, pues, a diferencia de las colonias inglesas, que con sus asambleas tendieron desde el primer momento a la democracia, el Canadá creció con un tipo de organización feudal, de tendencia muy aristocrática. Los segundones de casas nobles que pasaron allí recibieron lo que se llamaban *señoríos,* o fajas de tierra estrechas y largas con acceso al río. Todavía hoy los distritos rurales de la provincia de Quebec son zonas estrechas, paralelas, que empezando en la orilla del San Lorenzo se extienden indefinidamente por la selva virgen. En cada distrito el *manoir,* o casa señorial, estaba cerca del río; las casas de los *roturiers*, o arrendatarios perpetuos, también tenían acceso al agua, que helada en invierno servía de pista para los trineos. Los innumerables riachue-

Wolfe, el conquistador de Quebec, por Gainsborough.

los secundarios y los lagos facilitaban las comunicaciones y contribuían a formar el tipo colonial de la Nueva Francia. Casi no

Desembarco de las tropas inglesas en Boston en 1768. Grabado de la época.

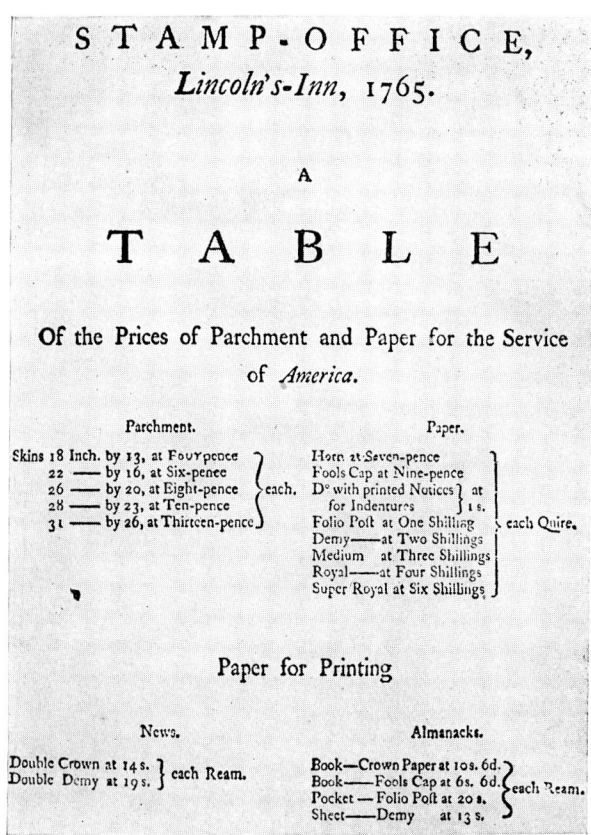

Tarifa de los sellos para impuesto del timbre en las colonias inglesas de América.

había empeño en roturar la tierra; los campos cultivados esquivaban a los castores y otros animales de piel fina, que eran la fuente más saneada de riqueza. En 1679 sólo había en Canadá 7.000 cabezas de ganado vacuno. Colbert tuvo que disponer que no se permitiera la matanza a menos de tratarse de reses estériles. Todo esto dificultaba sobre manera la emigración; un francés aventurero que quisiera emigrar a América tenía muchas más probabilidades de éxito en las colonias inglesas que en el Canadá. Además, los emigrantes tenían que ser necesariamente católicos, pues no se permitió pasar a América a los hugonotes. Desde los primeros días de la colonia la influencia de los jesuitas fue predominante. Habían pensado implantar en Norteamérica el régimen del Paraguay. Pero en el Paraguay los jesuitas no tenían competencia, mientras que en el Canadá estaban los *señores* de que hemos hablado, que los toleraban mientras no insistieran en un monopolio espiritual y político. En el año 1667 había sólo treinta y cinco jesuitas en la colonia, pero el gobernador Talon, previendo que no tardarían en multiplicarse e inmiscuirse en el gobierno temporal, pidió a París el envío de clérigos del seminario de San Sulpicio para contrarrestar su influencia. Colbert también recomendó que se impidieran cautelosamente las intromisiones de los jesuitas. Sin embargo, era difícil conseguirlo. La Compañía, con su disciplina, unidad de propósito y melosa urbanidad, acabó por imponerse.

La obra de los jesuitas en el Canadá ha sido muy elogiada. Los jesuitas enviaban cada año memorias al General de lo que ellos hacían y de lo que ocurría en el país. Estas relaciones han sido publicadas y constituyen una importantísima fuente de datos para la historia de la colonia. Pero los elogios han sido exagerados. A mediados del siglo dieciocho había ochenta mil habitantes en la Nueva Francia, mientras que pasaban de un millón los habitantes de las colonias inglesas. En esta época, y aún mucho más tarde, no había una sola imprenta en el país; hasta los giros y letras de cambio tenían que escribirse a mano. Por lo que toca al tratamiento de los indios, los jesuitas también divergían de la política de las autoridades civiles. Los jesuitas querían conservar a los indios en su simplicidad primitiva, para que fueran como súbditos de un reino de bondad y de pureza, que ellos manejarían. Los gobernadores, siguiendo el programa fijado por Colbert, querían civilizarlos, hasta corrompiéndolos; no tenían reparo en concederles la alternativa de personas inteligentes, vendiéndoles el alcohol que les prohibían los jesuitas. Colbert hubiera querido crear una raza de mestizos que fuera gradualmente afrancesándose. Algo se logró. Los indios del Canadá llegaron a aprender el francés y fueron fieles a los colonos. Los *coureurs des bois,* o mestizos, eran exploradores, espías y traficantes, todo en una pieza; no servían para reclutas, en

Los franceses e ingleses en la América del Norte

un ejército de regulares, pero eran auxiliares preciosos en las marchas de descubierta.

Pasemos ahora al hecho capital de la historia de Norteamérica, que es la lucha por el predominio en el Continente entre ingleses y franceses. Ya hemos dicho que el viaje de La Salle había revelado la comunicación posible entre el Canadá y el golfo de México por la ruta del Mississippi. La Salle había plantado en el Golfo la colonia de Luisiana, pero además los franceses tenían varias islas de las Antillas donde prosperaban ingenios de azúcar. Era de elemental política coordinar aquellas posesiones a los dos extremos de la ruta del Mississippi. Pero el viaje de Luisiana a los Lagos, subiendo el río, tardaba más de tres meses y se tenían que obtener provisiones de los indios. Las comunicaciones por esta vía fluvial interior entre los establecimientos franceses del Norte y del Sur eran, pues, penosísimas, casi imposibles, a menos que se establecieran *fuertes* intermedios en los valles del Ohio y el Mississippi. Esto empezaban a hacer los franceses cuando los colonos de Virginia y Pennsylvania y hasta sus gobernadores se dieron cuenta de que aquel rosario de fuertes levantados por los franceses impediría definitivamente la expansión occidental de los anglosajones. Encerradas entre el mar y Nueva Francia, las colonias inglesas quedarían reducidas a la zona de la costa.

Por otra parte, Francia e Inglaterra, con motivo de las guerras de sucesión, estuvieron casi un siglo sin más que cortos períodos de paz. Esto imponía como un deber a los gobernadores de América aprovechar sus milicias para atacar a los franceses por el Oeste. La gran dificultad era que los fuertes en el Ohio y en el Mississippi estaban tan lejos de las colonias inglesas como de sus bases de bastecimiento en el Canadá. En una de las más penosas campañas contra un fuerte del Ohio (Fort-Duquesne) se distinguió un joven oficial de veintitrés años, Jorge Washington, a quien el destino le tenía reservado un brillante porvenir. Pero si había tanta distancia del Norte al Centro del Continente como del Este al mismo sitio, la ruta francesa de los ríos era mucho

Funeral carnavalesco para enterrar el impuesto del timbre en Boston. Grabado de la época.

Capítulo XXII

más cómoda que los valles despoblados del interior, infestados de indios enemigos de los ingleses. Se tuvo, pues, que salvar el peligro de la expansión francesa atacando la base de todo el sistema colonial francés, que era el Canadá.

La guerra colonial entre franceses e ingleses duró cuatro años. Puede decirse que acabó el 1759 con la toma de Quebec, por Wolfe, después de la heroica resistencia de Montcalm. Ambos murieron en los llanos de Abraham, cerca de Quebec, el día fatal en que Wolfe con 4.000 hombres se encaramó por los acantilados que dominan la vieja capital de la América francesa. Los lugares de las acciones son de los más pintorescos de la tierra: la fortaleza de Louisbourg, perdida y recobrada dos veces por los franceses; Halifax, la ciudad militar fundada por los ingleses como plaza fuerte para atacar a Louisbourg; los fuertes de Hochelaga, Ticonderoga y Fort-Niágara, pequeños lugares, hoy solitarios, que costaron mortíferas campañas a los ingleses para arrebatarlos a sus guarniciones de indios y franceses. Pero después de la toma de Quebec y como inevitable consecuencia la capitulación de Montreal, Francia no pudo hacer otra cosa que ceder sus derechos del Canadá a la Corona Británica. Por el tratado de París del año 1760 el Continente norteamericano quedó solidamente anglosajón, como si fuera su destino contrabalancear el Continente del hemisferio Sur, exclusivamente latino.

La guerra colonial, que acabó con la anexión del Canadá, no tuvo gran influencia en el siguiente acto de la tragedia, o sea la independencia de los Estados Unidos. A lo más pudo influir para dar al Gobierno de Londres la convicción de que las campañas de ultramar no debían necesariamente conducir a un desastre y que las cosas de América podían manejarse desde la metrópoli. Y en verdad, las colonias del Atlántico no cargaron con la responsabili-

Lord North, primer ministro de la Gran Bretaña, tratando de hacer beber té a las colonias americanas. El rey Jorge II levanta la camisa a América. Britania llora. En el fondo se ve el cañoneo de Boston por la escuadra inglesa. Grabado de la época.

Franklin interrogado acerca de la situación de las colonias americanas en el *Privy Council* (Consejo Real) de Londres. Cuadro de Schussele. Huntington Library. Pasadena.

dad de la guerra colonial. Las expediciones contra los franceses se preparaban en Europa y a lo más se reforzaban con un corto período de reposo en Boston (aunque pronto Halifax fue preferido). Sólo la región del Norte tuvo que sufrir alguna molestia de alojamiento de militares; y si otras colonias contribuyeron con auxilios de hombres y dinero, estas ayudas fueron puramente voluntarias. Estos auxilios no fueron, por cierto, mezquinos, pues los colonos calculaban que entre unos y otros habían procurado casi tantos milicianos para la guerra contra los franceses como soldados regulares habían llegado de la Gran Bretaña. Añádase a esto que la anexión del Canadá interesaba poquísimo a la mayoría de los colonos, por no decir que no les interesaba en absoluto. Cierto que con la destrucción del proyecto de la Nueva Francia las colonias podían ensancharse libremente por el Oeste; pero de momento los que se beneficiaban del comercio con los indios que habitaban aquellos parajes no eran los colonos, sino mercaderes de pieles que venían cada año de Europa más a comprar que a vender.

Era evidente que los que se aprovecharían de la conquista no serían los colonos de entonces, sino otros que con el tiempo irían a radicarse en los fértiles valles del Ohio y el Mississippi. Por esto los colonos se resistieron tanto a la pretensión de la metrópoli de gravarlos con un impuesto de guerra consistente en un sello que los coloniales habrían de estampar en todos sus documentos, contratos y hasta periódicos para darles carácter oficial. El importe del sello variaba de tres peniques hasta diez libras esterlinas. Era una carga onerosa, pero lo que principalmente exaltó a los colonos fue la cuestión de derecho. No hay que olvidar que se vivía entonces en el siglo de los contratos sociales, de los derechos del hombre, etc. Y tampoco debe olvidarse que lo que son puras *filosofías* en los países metropolitanos de gran actividad comercial, de vida intensa y trato de gentes variadas... en la monotonía de las colonias, con la mentalidad inactiva de los allí inmigrados, bastan para encender hogueras que algunas veces causan efectos desproporcionados e insólitos.

Las premisas del *Contrato Social* de Rousseau, que en Francia no se trató de aplicar hasta el 1789, en América dieron fruto veinte años antes por la minucia del impuesto del timbre, la primera y única gabela directa que trataba de imponer el Gobierno de Londres a sus súbditos de Ultramar. Los primeros en protestar contra este impuesto fueron los puritanos. En la Asamblea de Massachusetts reunida en mayo de 1764 en el municipio de Boston, se acordó que el rey de Inglaterra no tenía ningún derecho a imponer contribuciones a las colonias sin el consentimiento de éstas. Además, se envió una carta circular a las otras Asambleas coloniales reclamando cooperación en aquel asunto. Cinco de éstas contestaron adhiriéndose y manteniendo el principio fundamen-

Capítulo XXII

Benjamín Franklin, por J. B. Duplesis. Museo Metropolitano. Nueva York.

americana. Publicaba cada año un Almanaque, donde con noticias y calendario, intercalaba sus máximas de buen vivir y elementos de ciencia política al uso de las colonias. Franklin era un gran convencido de la necesidad de unión de las trece colonias, porque preveía que, de demorarse, sería, con el tiempo, irrealizable, pues se irían creando odios, por razón de las diferencias de legislación y por los términos tan imprecisos de las fronteras. *Uníos o pereced* era la muletilla de Franklin. Estas ideas habían hecho impresión en los coloniales y el común ataque de la Corona los obligaba a reconocer la actualidad del problema. En una primera Asamblea intercolonial convocada en Nueva York, uno de los diputados interpretó el sentimiento de todos con estas palabras: «Tenemos que mantenernos en nuestros derechos naturales, que sentimos y conocemos como hombres, como descendientes de ingleses... No debemos ser neoyorquinos ni virginianos o carolinos; seamos sólo americanos.»

En estas expresiones se habla de derechos naturales, que se sienten y se conocen por el

tal de la ciudadanía inglesa: *no contribuciones sin acuerdo del Parlamento*. Es verdad que el impuesto del timbre había sido aprobado por las Cámaras de los Lores y los Comunes de Londres; pero los coloniales de América no tenían representación en aquellos cuerpos legisladores. ¿Eran los coloniales americanos ciudadanos ingleses? Pues tenían el derecho de *no impuestos sin representación* y debían, por tanto, rebelarse. ¿No tenían los americanos ingleses los mismos derechos que los demás? Pues tenían casi la obligación de rebelarse para adquirirlos.

Los coloniales enviaron a Londres para discutir estos asuntos al más encantador grande hombre que ha producido hasta ahora Norteamérica. Este es, sin duda alguna, Benjamín Franklin. Nacido en Boston, instalado en Filadelfia, su negocio de impresor le había puesto en relación con todos los que leían y escribían en las trece colonias. El mismo era escritor y *filósofo*. La filosofía de Franklin era esencialmente

El *Carpenters' Hall*, o edificio gremial de los carpinteros de Filadelfia, donde se celebró el Congreso que aprobó la Declaración de la Independencia de los Estados Unidos.

solo hecho de ser hombre, y se insiste en el especial privilegio de la ciudadanía inglesa, que no consiente impuestos sin acuerdo del Parlamento, y, por fin, se pronuncia la palabra *americanos* para designar a los que serán después miembros del cuerpo político de los Estados Unidos.

El proyectado impuesto del timbre o sello para legalizar escrituras provocó tantos motines y desacatos a los agentes del Gobierno inglés, que en el Parlamento de Londres se debatió otra vez el asunto. La protesta americana encontró allí defensores. Pitt, jefe del partido liberal, entrado en años y enfermo, se hizo llevar en su cama a la sesión de los Comunes para defender a los coloniales. Dijo que se apoyaban en los eternos principios de justicia, que eran sagrados para todos los ingleses. «Esta partida, añadió, es muy dudoso que la ganéis. América, si cae, caerá abrazada a los pilares de la Constitución.» Otro episodio pintoresco del debate fue la aparición de Franklin en la Cámara y en el Consejo Real vestido con su casaca de cuáquero y su gorro de piel en la mano. Se le llamó para informar. Franklin afirmó que los americanos nunca consentirían la aplicación de la ley del timbre. Preguntado si en caso de renunciar el Gobierno inglés a tal impuesto los americanos tolerarían otro impuesto menos aparatoso, Franklin respondió resueltamente que no. Franklin profetizó allí en la Cámara de los Comunes la futura independencia económica de los Estados Unidos, diciendo: «No conozco un solo producto exportado a las colonias de la América del Norte que no pueda llegar a ser producido allí mismo.»

Esto era una exageración; pero bien dirigida, porque el Gobierno inglés pensaba substituir la contribución directa del sello con un impuesto indirecto de Aduanas. Los coloniales habían aparentemente consentido en hacer la distinción entre impuestos interiores y exteriores. El propio Franklin lo había declarado el día de su aparición en la Cámara de los Comunes diciendo: «El mar es vuestro, y pues lo mantenéis libre de

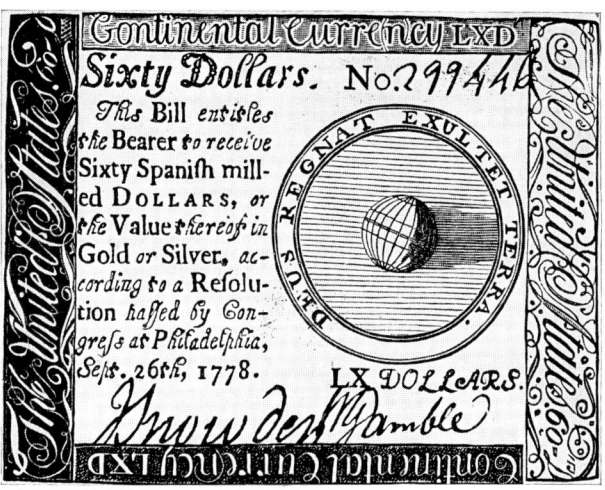

Billete de Banco de sesenta dólares, emitido por el Congreso Nacional de 1778.

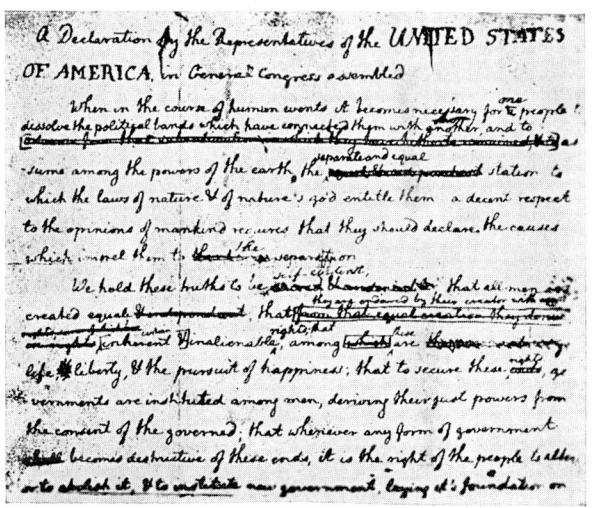

Autógrafo de Jefferson con la Declaración de la Independencia de los Estados Unidos, con las correcciones de Franklin y Adams.

piratas, podéis haceros pagar este servicio.» Creyéndose así no sólo con derecho a ello, sino hasta satisfacer en cierto modo los deseos de las colonias, el Gobierno inglés suspendió el impuesto del sello y estableció derechos de aduana para el té, vino y otros artículos que a las colonias se exportaban. Esta medida causó también indignación, sobre todo en Massachusetts; llegaba demasiado pronto, después del fracaso del impuesto del sello. Los coloniales, envalentonados por su éxito, poniendo en jaque al

Washington, por Peale, en 1776, cuando tomó posesión del mando del ejército insurrecto. Mount Vernon. Virginia.

Gobierno de Londres, creyeron que era casi una burla hacerles pagar con un impuesto indirecto lo que no habían querido pagar como impuesto interior. Además, como el artículo que más se importaba era el té, los Lores, principales accionistas de la Compañía de las Indias, iban a beneficiarse de la gabela de aduana mucho más que el pueblo inglés.

Espontáneamente, las colonias empezaron el boicoteo de los productos importados; los nombres de los comerciantes que los aceptaban y vendían eran divulgados para pública vergüenza con carteles pegados por las calles. La excitación sostenida durante varios meses de esta resistencia pasiva desmoralizó al pueblo de Boston, y aquellos puritanos tan celosos de los derechos propios y ajenos asaltaron un buque anclado en el puerto con 250 cajas de té y las arrojaron al mar. Esto fue el día 16 de diciembre de 1773; el 2 del mismo mes otro buque cargado de té había ido a Charleston, y como nadie quiso pagar los derechos, la mercancía se pudrió en un almacén de la aduana; el 25 del mismo mes otro buque con té llegó a Filadelfia, pero el capitán, con mejor acuerdo, sin anclar en el puerto, regresó con su carga a Inglaterra. Era evidente que los colonos no querían engullir aquel té que les imponían los ministros ingleses.

De esta resistencia a la rebelión armada no había más que un paso. En Inglaterra se consideró el *motín del té* de Boston como una provocación. «Tenemos que tirar de las orejas a esa ciudad de Boston. América no entrará en la legalidad si no destruimos aquel nido de langostas.» Se castigó a Boston prohibiendo a los buques la entrada en el puerto y se derogó la *carta* de franquicias de la colonia entera de Massachusetts. Se envió un ejército para mantener la paz en la región.

Las noticias de las represalias del Gobierno inglés al motín del té de Boston causaron indignación en las demás colonias. La iniciativa de un Congreso intercolonial (llamado Congreso continental) partió de la asociación *Hijos de la Libertad,* de Nueva York. Aceptada la idea por la mayoría de las colonias, acordaron reunirse en Filadelfia, como más central, el 1.º de septiembre de 1774. Entre tanto, Massachusetts, continuando la resistencia, se negaba a facilitar alojamiento y provisiones a los soldados que llegaban de Inglaterra, aunque sin provocar la rebelión armada.

El Congreso intercolonial de septiembre de 1774 sirvió sobre todo para que intimasen los diputados de las trece colonias, que hasta entonces sólo se conocían por cartas. Sirvió para darse ánimos, para confirmarse en sus teorías y acrecentar su celo en la disputa con la metrópoli. Se acordó aprobar la conducta de Massachusetts, redactar un memorial con lo que los americanos creían su derecho y enviarlo casi como un

Los franceses e ingleses en la América del Norte

ultimátum al rey de Inglaterra. Sobre todo se disolvió acordando reunirse otra vez el 10 de mayo del próximo año, con la cláusula de que se invitaría también a Canadá y a Florida. Durante los meses transcurridos entre los dos Congresos llegaron más y más tropas a Boston y los coloniales empezaron a armarse. Un primer encuentro, el 16 de abril, en Lexington, probó que los sublevados tenían, por lo menos, buena puntería. Después de esta primera escaramuza el número de los insurrectos creció tan rápidamente, que cuatro días después los ingleses se encontraban ya sitiados en Boston por un ejército rural compuesto de 16.000 hombres en armas.

Recordemos que el 10 de mayo, esto es, menos de un mes después de la *batalla* de Lexington, tenía que reunirse el Congreso intercolonial en Filadelfia. Es de imaginar con qué tensión deliberaron los diputados. Se aprobó unánimemente la rebelión de los patriotas de Massachusetts y se reconoció como Ejército Continental la abigarrada multitud de milicianos que sitiaban a Boston. Para mandarlo se escogió con gran acierto a un diputado de Virginia, no a uno de Massachusetts, en prueba de la unidad de acción que iba a desarrollarse en la campaña. El general en jefe del Ejército Continental fue aquel mismo Jorge Washington que hemos encontrado ya guerreando contra los franceses. Al momento de tomar el mando de los patriotas armados ante Boston tenía cuarenta y dos años. Era de bella presencia, más de dos metros de altura, naturaleza robusta, poco impresionable aunque sensible, educación literaria casi nula, capaz de discernir y resolver la solución apropiada en las circunstancias más difíciles. Tenía tierras y sabía cultivarlas. Sin ser en realidad un filósofo, era de una corrección moral impecable, incapaz de injusticia, ni desorden, ni vulgaridad. Era un perfecto *caballero* de Virginia, con todo lo mucho de bueno y también lo poco de malo que el nombre implicaba.

Washington aceptó el puesto que le confiaba el Congreso con la condición de que no recibiría salario alguno; pero — y esto es característico de Washington — llevaría cuenta de sus gastos personales para que el Congreso le reembolsara, si lo creía justo, al acabarse la guerra. Marchó al Norte, encontrando al ejército de los patriotas lleno de entusiasmo, aunque carente de pólvora, desorganizado, sin intendencia, acampado en chozas y tiendas de tela en los alrededo-

Square o plaza delante de la Universidad de Harvard, donde Washington tomó el mando de las milicias coloniales levantadas contra los regulares británicos. Cuadro de la época.

Capítulo XXII

Dormitorio de Washington en Mount Vernon. Virginia.

res de la Universidad de Harvard. Allí, ante los colegios, bajo un árbol que todavía extiende su secular ramaje, Washington tomó posesión de su cargo y empezó la ingrata tarea de convertir aquel conglomerado de rebeldes en un ejército de regulares. El 17 de marzo del año siguiente (1776) los ingleses tenían que abandonar a Boston y la primera etapa de la campaña había terminado. Y lo que hasta aquel momento no había sido más que una sublevación iba a convertirse en una verdadera guerra entre dos Estados; porque el 4 de julio del mismo 1776, el Congreso, reunido en la ciudad de Filadelfia, acordaba por unanimidad la Declaración de Independencia, confiando su redacción a Tomás Jefferson, otro gentilhombre de Virginia, éste ya filósofo y romántico en sus ideas políticas. El resultado, asómbrese el lector, fue como sigue: «*Declaración de Independencia por los representantes de los Estados Unidos de América reunidos en Congreso.* Cuando por el curso natural de los acontecimientos resulta necesario para un pueblo deshacer los lazos que le unen a otro pueblo y asumir ante las potencias del mundo la separada e igual posición a que le dan derecho las leyes naturales y el Dios de la Naturaleza, se requiere, como muestra de respeto a la Humanidad entera, declarar las causas que le han impelido a tal separación.»

Obsérvese que el Derecho, según manifestara Tomás Jefferson, arranca de las *leyes naturales* y del Dios de la Naturaleza... (¿Este Dios de la Naturaleza es el de Calvino o Rousseau?) En cambio, el juez que tiene que aprobar un acto de rebeldía política es la *Humanidad entera*... A este párrafo *filosoficomoral* sigue otro todavía más extraordinario y curioso, el cual, traducido, dice así:

«Nosotros creemos evidentes las siguientes verdades: que todos los hombres han nacido iguales, que han sido dotados por su Creador de derechos inalienables, entre los cuales se cuentan los de la vida, libertad y deseo de ser felices. Creemos que los gobiernos han sido instituidos para ase-

solo hecho de ser hombre, y se insiste en el especial privilegio de la ciudadanía inglesa, que no consiente impuestos sin acuerdo del Parlamento, y, por fin, se pronuncia la palabra *americanos* para designar a los que serán después miembros del cuerpo político de los Estados Unidos.

El proyectado impuesto del timbre o sello para legalizar escrituras provocó tantos motines y desacatos a los agentes del Gobierno inglés, que en el Parlamento de Londres se debatió otra vez el asunto. La protesta americana encontró allí defensores. Pitt, jefe del partido liberal, entrado en años y enfermo, se hizo llevar en su cama a la sesión de los Comunes para defender a los coloniales. Dijo que se apoyaban en los eternos principios de justicia, que eran sagrados para todos los ingleses. «Esta partida, añadió, es muy dudoso que la ganéis. América, si cae, caerá abrazada a los pilares de la Constitución.» Otro episodio pintoresco del debate fue la aparición de Franklin en la Cámara y en el Consejo Real vestido con su casaca de cuáquero y su gorro de piel en la mano. Se le llamó para informar. Franklin afirmó que los americanos nunca consentirían la aplicación de la ley del timbre. Preguntado si en caso de renunciar el Gobierno inglés a tal impuesto los americanos tolerarían otro impuesto menos aparatoso, Franklin respondió resueltamente que no. Franklin profetizó allí en la Cámara de los Comunes la futura independencia económica de los Estados Unidos, diciendo: «No conozco un solo producto exportado a las colonias de la América del Norte que no pueda llegar a ser producido allí mismo.»

Esto era una exageración; pero bien dirigida, porque el Gobierno inglés pensaba substituir la contribución directa del sello con un impuesto indirecto de Aduanas. Los coloniales habían aparentemente consentido en hacer la distinción entre impuestos interiores y exteriores. El propio Franklin lo había declarado el día de su aparición en la Cámara de los Comunes diciendo: «El mar es vuestro, y pues lo mantenéis libre de

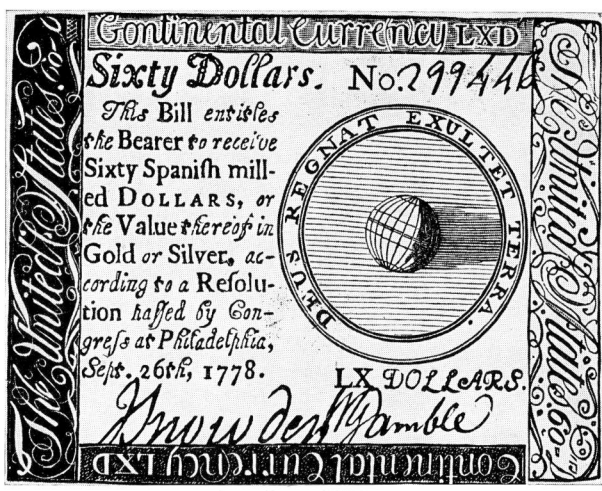

Billete de Banco de sesenta dólares, emitido por el Congreso Nacional de 1778.

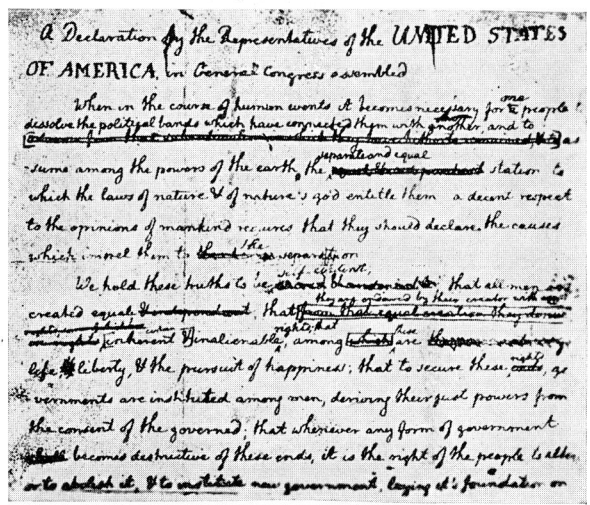

Autógrafo de Jefferson con la Declaración de la Independencia de los Estados Unidos, con las correcciones de Franklin y Adams.

piratas, podéis haceros pagar este servicio.» Creyéndose así no sólo con derecho a ello, sino hasta satisfacer en cierto modo los deseos de las colonias, el Gobierno inglés suspendió el impuesto del sello y estableció derechos de aduana para el té, vino y otros artículos que a las colonias se exportaban. Esta medida causó también indignación, sobre todo en Massachusetts; llegaba demasiado pronto, después del fracaso del impuesto del sello. Los coloniales, envalentonados por su éxito, poniendo en jaque al

Washington, por Peale, en 1776, cuando tomó posesión del mando del ejército insurrecto. Mount Vernon. Virginia.

Gobierno de Londres, creyeron que era casi una burla hacerles pagar con un impuesto indirecto lo que no habían querido pagar como impuesto interior. Además, como el artículo que más se importaba era el té, los Lores, principales accionistas de la Compañía de las Indias, iban a beneficiarse de la gabela de aduana mucho más que el pueblo inglés.

Espontáneamente, las colonias empezaron el boicoteo de los productos importados; los nombres de los comerciantes que los aceptaban y vendían eran divulgados para pública vergüenza con carteles pegados por las calles. La excitación sostenida durante varios meses de esta resistencia pasiva desmoralizó al pueblo de Boston, y aquellos puritanos tan celosos de los derechos propios y ajenos asaltaron un buque anclado en el puerto con 250 cajas de té y las arrojaron al mar. Esto fue el día 16 de diciembre de 1773; el 2 del mismo mes otro buque cargado de té había ido a Charleston, y como nadie quiso pagar los derechos, la mercancía se pudrió en un almacén de la aduana; el 25 del mismo mes otro buque con té llegó a Filadelfia, pero el capitán, con mejor acuerdo, sin anclar en el puerto, regresó con su carga a Inglaterra. Era evidente que los colonos no querían engullir aquel té que les imponían los ministros ingleses.

De esta resistencia a la rebelión armada no había más que un paso. En Inglaterra se consideró el *motín del té* de Boston como una provocación. «Tenemos que tirar de las orejas a esa ciudad de Boston. América no entrará en la legalidad si no destruimos aquel nido de langostas.» Se castigó a Boston prohibiendo a los buques la entrada en el puerto y se derogó la *carta* de franquicias de la colonia entera de Massachusetts. Se envió un ejército para mantener la paz en la región.

Las noticias de las represalias del Gobierno inglés al motín del té de Boston causaron indignación en las demás colonias. La iniciativa de un Congreso intercolonial (llamado Congreso continental) partió de la asociación *Hijos de la Libertad,* de Nueva York. Aceptada la idea por la mayoría de las colonias, acordaron reunirse en Filadelfia, como más central, el 1.º de septiembre de 1774. Entre tanto, Massachusetts, continuando la resistencia, se negaba a facilitar alojamiento y provisiones a los soldados que llegaban de Inglaterra, aunque sin provocar la rebelión armada.

El Congreso intercolonial de septiembre de 1774 sirvió sobre todo para que intimasen los diputados de las trece colonias, que hasta entonces sólo se conocían por cartas. Sirvió para darse ánimos, para confirmarse en sus teorías y acrecentar su celo en la disputa con la metrópoli. Se acordó aprobar la conducta de Massachusetts, redactar un memorial con lo que los americanos creían su derecho y enviarlo casi como un

Los franceses e ingleses en la América del Norte

gurar estos derechos y que sus justos poderes derivan del consentimiento de los gobernados, y que cuando cualquier forma de gobierno tiende a destruir el objeto para que ha sido creado, tienen los gobernados justo derecho de alterarlo o abolirlo y establecer otro gobierno que se base en aquellos principios, y organizarlo en la forma que les parezca más apropiada para su seguridad y felicidad. La prudencia aconseja, sin embargo, que los gobiernos establecidos de largo tiempo no deben cambiarse por causas ligeras y transitorias, y la experiencia demuestra que la Humanidad prefiere sufrirlos mientras sus males sean tolerables a usar el derecho de cambiar el régimen a que están acostumbrados. Pero cuando una larga serie de abusos y usurpaciones, siempre con el mismo objeto, evidencian su designio de reducirlos bajo un absoluto despotismo, es su deber desechar tal gobierno y proveer nuevos guardianes a su seguridad. Tal ha sido la sufrida paciencia de estas colonias y tal es la necesidad que las constriñe a alterar su forma de gobierno. La historia del presente rey de la Gran Bretaña es una historia de repetidas injurias y usurpaciones, todas dirigidas a establecer una tiranía absoluta sobre estos Estados. Para probarlo, he aquí los hechos que sometemos a la Humanidad entera...»

Aquí siguen, más o menos imaginarios, los abusos de la Corona (imponiendo el sello y dando a beber té a la fuerza); un pá-

Jefferson, Franklin y Adams redactando la Declaración de Independencia de los Estados Unidos.

Capítulo XXII

rrafo recordando los esfuerzos que como súbditos pacientes han realizado para hacer valer sus derechos; otro párrafo de despedida a sus hermanos británicos acusándoles de haber sido sordos a la voz de la sangre y lentos en defenderlos... y, por último, figura este párrafo final:

«Por tanto, nosotros, representantes de los Estados Unidos de América reunidos en General Congreso, apelando al Juez Supremo de la rectitud de nuestras intenciones, en nombre y con la autoridad del buen Pueblo de estas Colonias, solemnemente publicamos y declaramos que estas Colonias Unidas son y de derecho deben ser Estados libres e independientes absolutos de toda dependencia de la Corona Británica; y que toda relación política entre ellas y el Estado de la Gran Bretaña es y debe quedar rota, y que como Estados libres e independientes tienen pleno poder de declarar guerra, hacer paz, contraer alianzas, establecer comercio y todas las otras cosas que los Estados independientes tienen derecho a hacer. Y para defender esta declaración, con firme confianza en la protección de la Providencia, nosotros mutuamente comprometemos nuestras vidas y fortunas y nuestro honor personal.»

La Declaración de Independencia de los Estados Unidos no era ni más ni menos que una declaración de guerra a la Corona Británica. Los que la redactaron y firmaron tenían perfecta conciencia de que la rebelión de Massachusetts se convertiría en una lucha a muerte con el poder central. Pero era además un documento tan sincero, a pesar de sus exageraciones; tan franco, a pesar de sus inexactitudes, que debía aquistarle al pueblo americano las simpatías de todos los temperamentos románticos y filosóficos del mundo entero.

Un pueblo que redacta y aprueba tan extraordinario documento es irresistible en su deseo de libertad. Por primera vez suena el nombre de Estados Unidos de América. En un próximo capítulo trataremos de su Constitución y las primeras crisis que hubo de experimentar para organizarse según un nuevo tipo de régimen democrático.

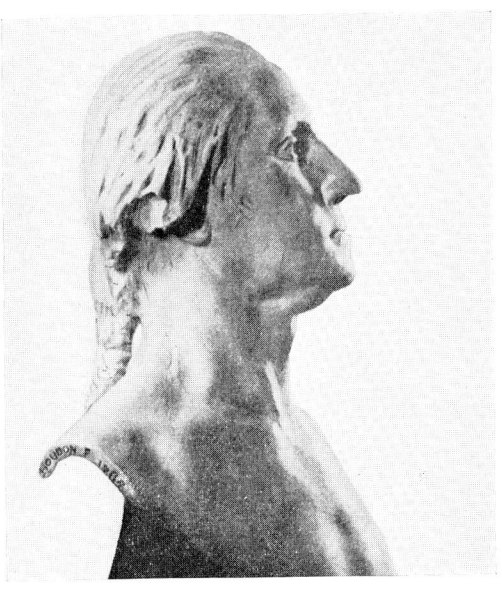

Busto de Washington, por Houdon.
Mount Vernon. Virginia.

Mirabeau en los Campos Elíseos, recibido por la sombra de Franklin, Rousseau, Montesquieu, Voltaire, Bossuet y Fenelón. Grabado de Moreau. Gabinete de Estampas de la Biblioteca Nacional. París.

CAPITULO XXIII

LA REVOLUCION FRANCESA

EL heredero de Luis XIV y Luis XV era un joven príncipe de veinte años, más parecido a su madre, sajona, y a su abuela, polaca, que a sus progenitores varones, franceses y Borbones. Alto, corpulento, de retardado desarrollo mental, estuvo ya casado siete años sin poder consumar su matrimonio con su esposa, María Antonieta. Esta ha pasado a la Historia con más fama de frívola que de perversa; pero tenía otros vicios además de la frivolidad; jugaba sumas enormes, mientras coqueteaba cuando el rey dormía. Luis XVI no tenía otra pasión que la caza. Se han conservado las páginas en que apuntaba lo notable — o lo que para él era notable — de los acontecimientos. *Nada* quiere decir que no ha cazado nada en aquel día. Derribar un ciervo o un jabalí era, para él, un acontecimiento, y por millares contaba cada año las piezas menores. El *nada* reaparece en días trágicos para la Corona y el Estado... ¡*Nada!* Este nada es Luis XVI. Se puede ser nada o nadie y actuar como Papa, rey o emperador. Iglesias, reinos e imperios casi siempre marchan por inercia; pero en épocas en que se im-

Capítulo XXIII

pone un cambio de régimen el rey-nadie es la víctima de todos los errores presentes, pasados y futuros. Los verdaderos grandes reyes son los que, encontrándose en el poder en una época de transición, realizan el cambio, como Carlomagno, Felipe Augusto y Carlos V, sin reparar en el daño que a ellos les produce.

La petulancia de Luis XIV y la poltronería de Luis XV habían impedido el gradual desarrollo de un nuevo sistema de gobierno en Francia. Taine, en sus *Orígenes de la Francia contemporánea*, no puede menos de reconocer que la corte de Versalles era algo anacrónica y más propia de China que de Francia: «*On dirait une cour d'Orient!*» Imagínese para la Francia consumida por la epidemia filosófica del siglo XVIII, el *siglo de la razón,* la etiqueta oriental. Como buen positivista, Taine obscurece los grandes sucesos de la revolución con una polvareda de detalles. La revolución era inevitable; la mentalidad de Versalles, incorregible.

Cuando nació la Delfina, María Antonieta dijo «que quería impedir que su hija creciera entre una afluencia inútil de gentes de servicio, apropiada a desarrollar el sentimiento del orgullo», y exigió que la servidumbre de la recién nacida se redujera a *ochenta personas.* ¡Después del *Emilio* de Rousseau, sólo ochenta personas para cuidar de una niña de dos meses! La servidumbre de cada uno de los hermanos del rey, alojados también en Versalles, pasaba de seiscientos entre guardias y criados. «Por el esplendor de estos astros secundarios, juzgad del brillo del Sol Real», dice Taine relamiéndose. ¡Astros y Sol el conde de Artois, el conde de Provenza, María Antonieta y Luis XVI!

No hay duda que al parangonar Taine la sociedad de Versalles con la de la China injuria a los mandarines. Por lo menos los cortesanos y gobernadores de la corte manchú eran letrados, sabían sus clásicos y se mantenían con cierta dignidad oficial. En cambio, Montesquieu define a un noble francés de su época como «uno que tiene antepasados y está cargado de deudas y de pensiones». Del cinismo de este magnate da razón Chamfort diciendo que su «amor era el intercambio de dos fantasías y el contacto de dos epidermis». La nobleza abandonó al rey de la manera más cobarde; había perdido la conciencia del deber.

Todavía la figura más noble, mejor intencionada y casi diríamos la que parece más inteligente de la corte, es el rey. La reina, María Antonieta, calificaba de *pauvre homme* a su marido; pero, a pesar de ser pobre de cacumen, el rey no era casquivano como ella. Comprendía la gravedad de la situación y trataba de rodearse de ministros que entendieran en los negocios. El problema primordial era hallar el modo de acabar con el déficit actual y el acumulado por los dos reinados anteriores. Sin embargo, este problema envolvía todos los demás: de reorganización interior, distribución de servicios, reglamentación del comercio, abolición

Luis XVI al empezar su reinado, por Dumesnil. Museo de Versalles.

María Antonieta joven, por Vigée Le Brun. Colección del Gran Duque de Hesse.

del feudalismo, etc. No podía haber balance de ingresos y gastos sin nuevos impuestos y un mejor reparto de los antiguos. Y aun había que dar esperanzas de que los sacrificios estarían compensados con beneficios, sin que todo se lo engullera Versalles.

Capítulo XXIII

Roberto Jacobo Turgot, ministro de Luis XVI. Grabado de la época.

las cosas mismas. Como el Hombre era naturalmente bueno, la Naturaleza era también justa y sabia, y no había más que dejarla hacer. El comercio todavía estaba sujeto a las aduanas provinciales: habría que suprimirlas; la industria estaba limitada por los reglamentos gremiales: también se ganaría en abolirlos; la importación de grano, intervenida por el Estado, requería libertad. Esto era *fisiocracia,* un balbuceo del libre cambio de Adam Smith, que todavía hoy no hemos podido articular con éxito.

Para Turgot, la función del Estado en aquel momento trágico, con una deuda gigantesca, debía reducirse a fomentar la actividad natural, mejorar los caminos, las sillas de posta y correos, reducir privilegios y disminuir injusticias. En hacienda su táctica era de una simplicidad fantástica: por lo pronto, economías, evitar nuevos déficit y enjugar el antiguo, reservando cada año diez millones de libras para que, al interés compuesto, mágicamente se multiplicaran, y en día no lejano llegaran a formar una su-

Preparados por la filosofía fácil de aquel siglo, los franceses se entusiasmaron con los proyectos de dos ministros de Hacienda que llegaron a gozar de inmensa popularidad. Luis XVI los favoreció hasta el punto de darles casi un poder análogo al que tuvieron los privados de los reyes anteriores. Uno fue Turgot, el otro Necker; aquél, partidario del comercio libre, sin trabas; éste, decidido estadista, partidario de intervenir fijando los precios y regulando la oferta y la demanda. Ambos fueron honrados, con fe en sus doctrinas, tenaces, inteligentes y generosos. En una época normal ambos hubieran conseguido para el Estado la prosperidad que producen los gobernantes sinceros y capaces. Turgot trató de salvar a Francia con una doctrina económica que podía compararse a la de Sully y Enrique IV, que se proponía que cada francés pudiera echar gallina en el puchero. Turgot era de la escuela filosófica (casi una secta) de los que se llamaban *fisiócratas,* esto es, los partidarios del gobierno natural, físico, espontáneo, de

J. Necker, ministro de Luis XVI. Grabado de Saint-Aubin.

La Revolución francesa

Carlos Alejandro de Calonne, ministro de Hacienda de Luis XVI al empezar el período revolucionario. Biblioteca Nacional. París.

ma suficiente con que pagar a los innumerables acreedores de la nación. Un *cuento azul*, según dijo Maurepas, su compañero de ministerio.

Turgot esperaba que, sin regular el comercio, habría abundancia *natural* de harinas y granos. En aquel tiempo el pan entraba en proporción todavía mayor que ahora en la comida del pobre. La mitad del presupuesto de una familia de obreros estaba destinada al pan. Sin embargo, como, a pesar de la bondad natural del hombre, había monopolizadores, y a pesar de la justa economía de la Naturaleza, había malas cosechas, Turgot tuvo que dejar el puesto a consecuencia de una *guerra de harinas*. Le sucedió Necker, ginebrino y calvinista. Llegado a París sin fortuna, se distinguió como empleado de un Banco hasta serle confiada su gerencia, y pudo acumular un capital de ocho millones de libras. Tenía casi cincuenta años cuando traspasó el negocio a su hermano, y empezó una nueva vida de publicista. Publicó un *Elogio de Colbert*, y en el momento peor de la *guerra de harinas*, un *Ensayo sobre el comercio de trigos*. Esto le dio fama de supereconomista, los ministros empezaron a consultarle y en el año 1776 el rey le llamó para suceder a Turgot en la Hacienda.

Discreto, de modales atractivos y sin la suntuosidad del cortesano, Necker era de costumbres irreprochables e incapaz de corrupción. Su tratamiento de aquel grave enfermo, la Hacienda francesa, combinaba las economías de Turgot con empréstitos colosales, que Turgot no hubiera podido imaginar posibles. Pero Necker era banquero y sabía *vender millones*, colocar emisiones como se dice ahora, a pagar cuando sea posible (si es que se pagan).

La estrategia de Necker no era mala; por esto se mantuvo en su puesto más que Turgot, y de no haber habido otros problemas políticos y sociales que resolver, acaso la revolución se hubiera evitado. Pero Necker, como Turgot y todos los ministros bien intencionados que rodearon al rey, comprendían que aquellos paliativos sólo servirían para ganar tiempo, y proponían otros remedios, empezando por el de la división de

Mirabeau, diputado por el brazo popular, el miembro más influyente de la Asamblea Nacional de 1789. Museo del Louvre.

Capítulo XXIII

Francia en provincias con asambleas regionales y municipales. Estas hubieran acabado por producir una entera reorganización del Reino. Recuérdese que Francia en 1788 era todavía una monarquía absoluta; los ministros eran sólo consejeros y las órdenes emanaban del rey, sin fiscalización de un cuerpo legislativo que representara a la nación. Prescindimos de mencionar otros abusos: las contribuciones, por ejemplo, se arrendaban; los arrendatarios transmitían los cargos y derechos de padres a hijos; su contabilidad con el Estado resultaba embrollada por anticipos forzosos que reclamaba la Hacienda. El territorio nacional estaba dividido en treinta provincias, gobernadas por *intendentes,* que eran verdaderos simulacros del poder real. El carácter de estas provincias variaba, pues mientras unas eran antiguos reinos anexados a la Corona de Francia, otras eran, en cambio, *generalidades* de reciente creación.

El caos administrativo aumentaba día por día. Desde la dimisión de Turgot, en diez años el Gobierno había devorado, en gastos extraordinarios, 1.600 millones obtenidos por empréstitos. En 1786, Calonne, que había sucedido a Necker, se vio obligado a comunicar al rey, en una *Memoria,* el deplorable estado del tesoro, que acumulaba déficit anuales por lo menos de cien millones de libras. La *Memoria* insistía en que «había que reformar lo vicioso en la constitución del Reino, empezando por los cimientos para evitar la ruina total del edificio del Estado».

Calonne proponía un plan de reformas, síntesis, por no decir mezcolanza, de todo lo que habían planeado Turgot y Necker. No las enumeraremos todas, ya que no fueron aplicadas; el torbellino de los acontecimientos no permitió ni empezar el *programa* de Calonne. Pero no podemos menos de señalar dos de las reformas preconizadas en la *Memoria* de Calonne. La primera, propuesta ya por Necker, consistía en establecer un régimen de gobierno regional con asambleas municipales, de distrito y provinciales. Estas asambleas debían atender a la distribución de los impuestos y al nombramiento de los oficiales de administración local. Otra, también preconizada por Turgot y Necker, era que la contribución llamada del *veintavo,* de la que los privilegiados (nobleza y clero) estaban exentos, se pagaría entonces según las tierras y ningún predio quedaría eximido de ella; ni aun las tierras del dominio real quedaban libres de aquel impuesto territorial.

Hay que reconocer que estas dos reformas eran arriesgadas. ¿Cuál iba a ser la actitud del brazo popular en las nuevas asambleas provinciales? ¿Qué dirían los nobles al ver que la provisión de cargos no venía directamente del favor real? ¿Qué diría el clero, que poseía la sexta parte de las tierras de Francia, al ver que se las gravaban con impuestos?

Saqueo de los Inválidos en la mañana del 14 de julio de 1789, donde se encontraron armas para proceder a la toma de la Bastilla. Dibujo de Prieur. Museo del Louvre.

Toma de la Bastilla por el pueblo de París amotinado el 14 de julio de 1789. Dibujo de Prieur. Museo del Louvre.

La respuesta del rey a Calonne dicen que fue: «¡Pero esto es Necker puro!» «Señor —replicó el ministro—; dado el estado de Francia, no se os puede aconsejar nada mejor...» Viendo al monarca indeciso, Calonne propuso que se consultara a una Asamblea de Notables antes de proceder a las reformas. «La monarquía ha llegado a un punto de madurez que permite perfeccionar su constitución», decía Calonne. Que la monarquía había llegado a la madurez y hasta más allá, no era dudoso, pero que el perfeccionar su constitución pudiera ser obra de Calonne, reinando Luis XVI, ya ofrecía más dudas. Sin embargo, el rey se fue habituando a la idea de convocar una Asamblea de Notables, y con su ingenuidad de *pobre hombre* creyó que de ella podía venir la salvación. «Hoy no he dormido, pero ha sido de placer», dijo a Calonne cuando se hubo decidido. La Asamblea se convocó sin tan sólo consultarlo con la reina. Los Notables tenían que reunirse en Versalles el 29 de enero de 1787.

Escogidos arbitrariamente en la Cámara Real, había, entre los Notables, sólo seis del brazo popular; los demás eran príncipes de la sangre, prelados, nobles, magistrados, presidentes de municipios, todos de clases privilegiadas. Entre los nobles descollaba el joven marqués de Lafayette, con el prestigio que le daba su romántica intervención en la revolución americana. Algunas de aquellas personas eran cultas y de buen sentido, y, teóricamente, cada una por separado hubieran aprobado las reformas, pero reunidas, y en la práctica, no estaban dispuestas a sacrificar sus privilegios.

La nación presenciaba aquel experimento con maligna curiosidad. Se conocía demasiado a Calonne para creer que llamaba a los Notables para nada serio; lo que quería era obtener más recursos con un fantasma de representación nacional. Sin embargo, algunas gentes ilustradas preveían que sería difícil detenerse allí. «Al convocar a los Notables, el rey ha dimitido», decían los nobles. «Versalles está de baja, el papel de Francia

Los restos de Voltaire llevados en triunfo por París para ser trasladados al Panteón.

sube», decían los patriotas. «Es un ultraje a la nación tratar de cambiar el régimen sin convocar un Parlamento donde estaría representado el brazo popular», añadían otros.

Mientras tanto los Notables deliberaban sin resolver nada práctico. Se habían divididos en siete comisiones, presididas por príncipes de sangre: dos hermanos del rey, el duque de Orleáns, tres Condés y un nieto de Luis XIV y la Montespan. La luz que podía venir de comisiones así presididas tenía que ser muy tenue; los Notables sólo se manifestaron con entera claridad en lo del impuesto territorial. ¿No habían sido obtenidos los privilegios por servicios realizados en reinados anteriores? La exención de los impuestos no era un favor gratuito, sino a cambio de sacrificios que habían hecho sus antepasados por la nación. Pero Calonne vociferaba: «¡Son abusos! Sí, señores, abusos que pesan sobre las clases productivas y laboriosas, abusos de privilegios pecuniarios, excepciones de la ley común, desigualdad en el reparto de los subsidios, enorme desproporción entre las contribuciones de las diferentes provincias de un mismo Estado y entre las cargas de los súbditos de un mismo soberano.» (...*Oui, messieurs, abus,* basados en *antiques préjugés, abusos sujets à une éternelle censure!*) Así hablaba el ministro de la Corona, no un demagogo. Para más coacción, el rey (o sea el ministro) hizo comprender a los Notables que se les había convocado, no con la finalidad de que deliberasen acerca del fondo de las reformas, sino sobre la manera más adecuada de llevarlas a la práctica.

Entonces uno de los Notables, el procurador general de Aix, pronunció la terrible sentencia: «Ni esta Asamblea de Notables, ni otras Asambleas parecidas, ni aun el rey... pueden imponer el impuesto territorial. Unicamente tendrían derecho de hacerlo los Estados Generales, o Parlamento general de todo el Reino, elegido por el pueblo.»

Jurídicamente el procurador de Aix tenía razón; la monarquía absoluta había usurpado derechos a que la nación nunca había renunciado. Algunos de aquellos privilegios que Calonne calificaba de abusos habían sido concedidos en la Edad Media, mucho antes de que el rey hubiera absorbido todas las funciones del Estado. Lafayette propuso también que se convocara para dentro de cinco años, esto es, para el año 1792, una *asamblea nacional.* El nombre era insólito: «¿Queréis decir los Estados Generales?», preguntó el presidente conde de Artois. «Sí, monseñor, y hasta algo más que esto», contestó Lafayette.

La Revolución francesa

La Asamblea de Notables se manifestaba, por tanto, contraria al absolutismo en el aspecto tributario y llegó a acusar a Calonne de malversación de fondos, por lo que éste dimitió. Su sucesor, el arzobispo De Brienne, disolvió la Asamblea de Notables y trató de llevar a la práctica las ideas de Calonne, pero fracasó.

Deliberadamente hemos concedido un espacio que parece desproporcionado, en nuestro relato, a los preliminares de la revolución, porque hemos querido, con imparcialidad, poner de manifiesto la absoluta incompetencia de las clases privilegiadas. Taine y los demás escritores reaccionarios que historian la revolución, lamentan la destrucción de vidas y de riquezas que acompañó a la catástrofe. Acusan de ello a los *sans-culottes*, al tercer estado, o brazo popular. «¡Hay que precaverse contra los *de abajo* — parecen decirnos —; son peligrosos! ¡Mirad cómo se regocijaron como bestias feroces en los motines y degollinas de la revolución!» Pero Taine y otros escritores del siglo pasado olvidan cuánto dolor, cuánta pérdida causaron los *de arriba*, los Notables, por su testarudez, su ineptitud, su cobardía. Una revolución, en realidad, no es el paso de un régimen a otro régimen, es el paso de un sistema de gobierno a la anarquía. De la anarquía tiene que nacer un nuevo régimen, si el antiguo no tiene vitalidad para reformarse gradualmente. Esto fue lo que ocurrió en Francia. Si los *notables* hubiesen ayudado a Turgot, o a Necker, aceptando medidas de transición de un régimen a otro, no hubiera habido necesidad de barrerlo todo con el huracán revolucionario. Taine y sus análogos se burlan despiadadamente de Rousseau y de su *Contrato Social*, pero, por lo menos, aquel hombre de la calle, aquel personaje obscuro y desheredado de la fortuna, había soñado un plan fantástico, y lo deseaba con todo su corazón.

El fracaso de la Asamblea de Notables hizo necesaria otra panacea: el Parlamento o Estados Generales. Estos empezaban a convertirse en mito redentor; las gentes deploraban el retraso de su convocación; se reunían para acordar la elevación de súplicas a las gradas del trono a tal objeto; se promovían disturbios: la insurrección empezaba. «Del caos tranquilo se pasa al caos

Los restos de Voltaire en su catafalco entrando en el recinto del Panteón.

Declaración de los Derechos del Hombre y Deberes del Ciudadano. Grabado de la época.

agitado — escribía Mirabeau —; empieza la creación.»

Por fin, la Corte decidió la convocación de los Estados Generales, aunque nadie sabía exactamente lo que debían ser. En julio de 1788 un decreto real atestiguó que «durante varios meses se habían hecho estudios sin lograr averiguar la manera de celebrar elecciones, el número y la calidad de los elegidos, especialmente en aquellos tiempos». Un detalle: los Estados Generales no habían sido convocados por casi dos siglos, pero el pueblo recordaba que en la Edad Media el rey, que se apoyaba entonces en la burguesía, había concedido doble representación al brazo popular. Se llamó otra vez a los Notables para aconsejar sobre este asunto, y naturalmente decidieron la igualdad de representantes de los tres brazos: pueblo, nobleza y clero. Pero no había manera de escamotear al pueblo una costumbre, por medieval que fuera, cuya tradición arrancaba de lo que estatuyeron San Luis y Felipe el Hermoso, y se acabó fijando el número de 1.200 diputados, repartidos así: 600 del brazo popular, 300 de la nobleza y 300 del clero.

Esta concesión, en vez de aplacar a los campeones del pueblo, los enardeció. Ellos también habían derramado la sangre por la nación y no habían obtenido privilegios. ¿Es que la sangre que no es azul es agua y no sangre? El abate Sieyès, que luego sobresalió en las asambleas revolucionarias, publicó un librito que corrió como fuego. El título era: *Lo que es el tercer Estado*, o sea el Brazo Popular. Empezaba así: «¿Qué es el tercer Estado? — ¡Lo es todo! — ¿Qué ha sido hasta ahora en el gobierno? — ¡Nada! — Si se eliminaran de la nación las clases privilegiadas, ¿el Estado, en lugar de perder, ganaría? — Los nobles son un pueblo aparte dentro de una nación..» Con este curioso catecismo se hicieron las elecciones y se reunieron los Estados Generales en Versalles el 5 de mayo de 1789. Siempre se ha recordado esta fecha como la del comienzo de la revolución en Francia; en realidad ésta comenzó con la Asamblea de Notables. En mayo de 1789 empiezan los desórdenes y disturbios.

Los diputados, siguiendo la costumbre medieval, tenían que aportar una memoria *(cahier)* en que se denunciaran abusos y propusieran mejoras. La comparación de los *cahiers* del pueblo, del clero y de la nobleza es muy interesante: reflejan las distintas mentalidades de los Estados, pero carecieron de trascendencia. Ya al día siguiente de la sesión inaugural el brazo popular se declaró en franca rebeldía. La nobleza y el clero, como en los Estados Generales de la Edad Media, querían deliberar separadamente, acaso para evitar la mayoría numérica de los 600 diputados del pueblo. Pero el brazo popular manifestó que «desde el momento de la inauguración no había diferencias, todos eran igualmente representantes de la nación». El 17 de junio, el brazo popular, rebelde y aislado, se constituyó en Asamblea Nacional y el 22 del mismo mes los dipu-

Fiesta revolucionaria del Altar de la Patria en el Campo de Marte. Nótese el Árbol de la Libertad sobre la montaña artificial y el pebetero, donde los ciudadanos ponían el grano de incienso. Gabinete de Estampas de la Biblioteca Nacional. París.

tados rebeldes se juramentaron a no separarse hasta dejar elaborada la nueva constitución del Reino. Es el famoso juramento que se ha llamado del Juego de Pelota, porque se celebró en el Trinquete de Versalles.

Ocurrió entonces un fenómeno notable. En lugar de producir escándalo, las extralimitaciones del brazo popular producían envidia a algunos de los otros brazos. Cada día abates y hasta nobles desertaban de su grupo para agregarse a los diputados del pueblo, erigidos en Asamblea Nacional. El clero y la nobleza, también contaminados de filosofía, preferían legislar, deliberar sobre un nuevo Pacto o Constitución, a bostezar oyendo proyectos de reforma expuestos por ministros de un rey absoluto.

No hubo más remedio que ceder; el 27 de junio el rey autorizó la unión de los tres Estados y reconoció el hecho consumado de la Asamblea Nacional. Su composición era la misma que la de los Estados Generales, pero con un nombre mucho más significativo. La prueba es que el 6 de julio la Asamblea nombraba de su seno una ponencia para que redactara el proyecto de Constitución. El 9 de julio decidió denominarse Asamblea Constituyente. Por otra parte, el 14 de julio de 1789 las turbas de París saqueaban el Hospital de los Inválidos y con las armas encontradas en aquel refugio.

Noble francés emigrado. Caricatura revolucionaria. Gabinete de Estampas de la Biblioteca Nacional. París.

Capítulo XXIII

cuartel-museo asaltaban la Bastilla. ¡Cuán rápidamente se sucedían los acontecimientos!... Desde el 5 de mayo, fecha de la inauguración de los Estados Generales, al 14 de julio sólo habían pasado algo más de dos meses; el régimen se declaraba caducado por la Asamblea y su poder quebrantado con la toma del viejo castillo-prisión, espantajo de varias generaciones. Cuentan que el rey, al enterarse de la toma de la Bastilla por las turbas desatadas, exclamó asombrado: «¡Pero esto es un motín!» El duque de la Rochefoucauld replicó: «No, Sire, es una revolución.» El *motín* iniciado en París repercutió en provincias.

Taine detalla fastidiosamente los incendios, motines, saqueos y degollinas que se abatieron sobre Francia entera durante aquel verano de 1789. Tantos excesos no provocaron una reacción *de las derechas*. Sólo algunos príncipes como los Condés y los hermanos del rey emigraron. En cambio, otros aristócratas, contagiándose de la excitación, querían ser más revolucionarios que el tercer Estado. El 4 de agosto la nobleza dio un ejemplo de borrachera revolucionaria. Habían llegado a la Asamblea Constituyente noticias de los desórdenes de provincias, y para apaciguar al pueblo el vizconde de Noailles y el duque de Aiguillon propusieron que la Asamblea declarara la igualdad de impuestos y la supresión de privilegios feudales. El duque de La Rochefoucauld propuso la liberación de los siervos, el arzobispo de Aix, la abolición de la gabela; el obispo de Uzés pidió la nacionalización de los bienes del clero. En medio del general tumulto, el arzobispo de París propuso que se conmemorara aquella generosidad con un *Te Deum* en la catedral.

Se acordó acuñar una medalla y dar a Luis XVI el título de Restaurador de la Libertad.

Con este espíritu durante el verano iba prosiguiendo el debate de la Constitución. Se hizo preceder el texto de una Declaración de los Derechos del hombre. Era un prefacio más filosófico que político, que garantizaba que nadie podía ser detenido a no ser por infracción de alguna ley, que todo acusado debía considerarse inocente hasta que se probara de manera cierta que era culpable, que no debía impedirse la libre exposición de principios, etc. Ello significaba el triunfo completo de Rousseau y Voltaire.

La Constitución aprobada por la Asamblea, que se llama de 1791, estuvo en vigor sólo un año, y puede decirse que nunca fue aplicada. Pero quedó como modelo para la sociedad futura. Por lo pronto abolía los títulos y órdenes de nobleza. Prohibía la venta de cargos públicos y disolvía los gremios y asociaciones que monopolizaban el comercio. Impedía los votos religiosos, declaraba el matrimonio un contrato civil y

Emigrado francés regresando a París. Gabinete de Estampas de la Biblioteca Nacional. París.

Una sesión de la Convención Nacional. El pueblo ha invadido la sala de sesiones llevando en una pica la cabeza del diputado reaccionario Ferraud. Grabado de Duplesis-Bertaux. Biblioteca Nacional. París.

establecía registros para nacimientos y defunciones. El divorcio fue reconocido por ley especial un año más tarde, en 1792.

La soberanía residía inalienablemente en la nación, pero ésta podía delegar su ejercicio en un cuerpo legislativo y en el rey. Se discutió la conveniencia de dos cámaras como en Inglaterra y los Estados Unidos, pero prevaleció la idea de una Asamblea única. Tendría 745 diputados, y Francia, libre ya de sus fronteras interiores, se dividió en 85 departamentos. Los diputados eran elegidos por compromisarios, y éstos a su vez por todos los ciudadanos contribuyentes y que habían jurado fidelidad a la Nación, a la Constitución y al Rey. La duración de la Asamblea era de dos años y el rey no tenía autoridad para suspenderla o disolverla. El rey elegía a sus ministros, cuyos cargos eran incompatibles con el de diputado; los ministros tenían asiento en la Asamblea, pero sólo podían informar sobre asuntos de sus respectivos ministerios. Al rey se le llamaba «Rey de Francia por la Gracia de Dios y la voluntad nacional», y sus derechos eran indivisibles y hereditarios. No podía proponer ninguna medida por iniciativa personal y su veto era sólo *suspensivo*. Por ejemplo: si ponía el veto a una ley de la Asamblea, aquella misma Asamblea no podía insistir, pero si después otras dos asambleas sucesivas votaban la misma ley, ésta automáticamente quedaba vigente. Es decir, que se daba tiempo al rey y al pueblo para que meditaran seis años sobre su veto y sobre la ley.

El rey juró la Constitución con toda su familia, rodeado del pueblo y la Guardia Nacional, en una gran fiesta civil celebrada en el Campo de Marte. La Corte y miles de ciudadanos creyeron que aquel acto teatral era la última concesión al espíritu revolucionario, y que se iba a empezar el régimen constitucional para el bien de Francia y de la monarquía. Pero un primer error fue excluir, por decreto, a los miembros de la Asamblea Constituyente (que habían redactado la Constitución en 1791)

La abadía de Saint-Germain, que servía de prisión, invadida por el pueblo el día de la degollina de septiembre de 1792. Dibujo de Prieur.

de la primera Asamblea Legislativa, que tenía que aplicarla. Los flamantes diputados no tenían ningún empeño en probar que aquel Pacto, Contrato o Constitución del año 1791 era inmejorable. Todo lo contrario; hombres nuevos, la mayoría jóvenes, saturados de filosofía, *republicanos*, querían algo más radical que la Constitución *monárquica* elaborada por la Asamblea de los rebeldes Estados Generales.

En esta nueva Asamblea Legislativa predominaba el grupo que capitaneaban unos cuantos diputados de la Gironda, abogados y periodistas, saturados de mal digeridas lecturas clásicas, admiradores todos de Bruto, el asesino de César, aunque incapaces de violencia, con la excepción de sus grandilocuentes discursos empedrados de Plutarco y de ejemplos sacados de Tácito y Livio. Los girondinos alardeaban de virtud; pero por lo menos toleraban y hasta cooperaban con otros más demagogos, que deseaban la abolición de la monarquía para fines menos filosóficos. Estos eran los llamados jacobinos, en aquel momento capitaneados por Danton y Robespierre, ex miembros de la Asamblea Nacional y que, por lo tanto, no habían podido ser elegidos de la Legislativa.

El rey, como siempre, estaba rodeado de ministros sinceros, pero pusilánimes como él y sin verdadera noción de la importancia de los acontecimientos. Para él, los sucesos revolucionarios eran todavía motines. Esto explica el error de los dos vetos que ocasionaron su ruina. La Asamblea Legislativa aprobó dos leyes por las que se castigaba con pérdida de bienes y otras medidas a los nobles emigrados y a la parte del clero que no había querido jurar la Constitución. En realidad, estas dos leyes eran una provocación, casi la trampa que los girondinos tendían a Luis XVI para hacerle caer. Los emigrados eran unos cuatro mil. Divididos en diversos lugares del extranjero, conspiraban para lograr una intervención, pero sin plan ni unidad de criterio. Los girondinos comprendieron que el rey, a conciencia, no firmaría aquellos castigos impuestos a sus partidarios. El asunto de los sacerdotes no juramentados era también discutible, aunque algo más claro que el de los emigrados. El rey podía firmar aquellas leyes sin gran daño, pero las vetó. No hay que decir que desde aquel momento los periódicos girondinos y las mil hojas jacobinas que se publicaban en Francia asociaron de modo indiscutible al rey y a los reaccionarios. El rey era el enemigo de la nación; la reina fue *madame Veto*, por haber, según se murmuraba, aconsejado los vetos al rey.

Recuerde el lector que Danton y Robespierre no habían podido ser elegidos miembros de la Asamblea Legislativa por el artículo de incompatibilidad. En cambio, habían encontrado refugio y ocupación como miembros del Consejo municipal de París,

La Revolución francesa

o sea la *Commune*. La presencia de los dos genios más revolucionarios de Francia en un consejo administrativo, como debía ser regularmente el municipio de París, transformó la *Commune* en un foco de insurrección irresistible. La *Commune* tenía recursos, la *Commune* podía conspirar impunemente.

Viendo que los *vetos* de las leyes contra los emigrados y el clero no juramentado habían solivantado a la multitud hasta el punto de hacer al rey culpable de todos los males, Danton y sus cómplices prepararon un primer levantamiento popular para el 20 de junio de 1792. La *Commune* aprobó la idea de una fiesta revolucionaria con la excusa de plantar un árbol de la libertad delante de las Tullerías, donde entonces habitaba el rey y donde se reunía la Asamblea Legislativa. El cortejo se congregó en el solar de la Bastilla y atravesó todo París llevando el árbol hasta llegar a las Tullerías. Después de plantarlo, alguien descubrió que era accesible una puerta de los jardines y la multitud se precipitó dentro del palacio. El rey quedó tan perplejo como el populacho, al encontrarse ambos frente a frente. Otro grupo, principalmente compuesto de mujeres, invadió las habitaciones de la reina. En lugar de ser asesinados, como probablemente esperaban los organizadores de la *manifestación*, ambos fraternizaron con los descamisados; el rey bebió a la salud de la Nación, se puso un gorro frigio y blandió un sable, amenazando a invisibles enemigos de la patria.

Por lo visto el *buen pueblo* de París era demasiado sensible para preferir el asesinato a la nueva diversión de platicar con reyes. Por lo tanto, los conspiradores (no es posible decir quiénes eran, sino tan sólo que Danton era uno de ellos) decidieron un segundo golpe para el 10 de agosto. Esta vez los *manifestantes* serían, no sólo los ciudadanos de París, sino también jacobinos de todos los departamentos que habían venido con el propósito de celebrar el 14 de julio, aniversario de la toma de la Bastilla, y se les había entretenido con excusas. Estaban impacientes de hacer algo.

La insurrección (porque de esto se trataba) no sobrevino por sorpresa. La Corte y la Asamblea conocían los propósitos de la *Commune* y se habían preparado. Había en las Tullerías numerosas tropas decididas a pagar cara su vida protegiendo a la familia

Luis XVI guillotinado en la Plaza de la Constitución delante de las Tullerías. Museo Carnavalet. París.

Capítulo XXIII

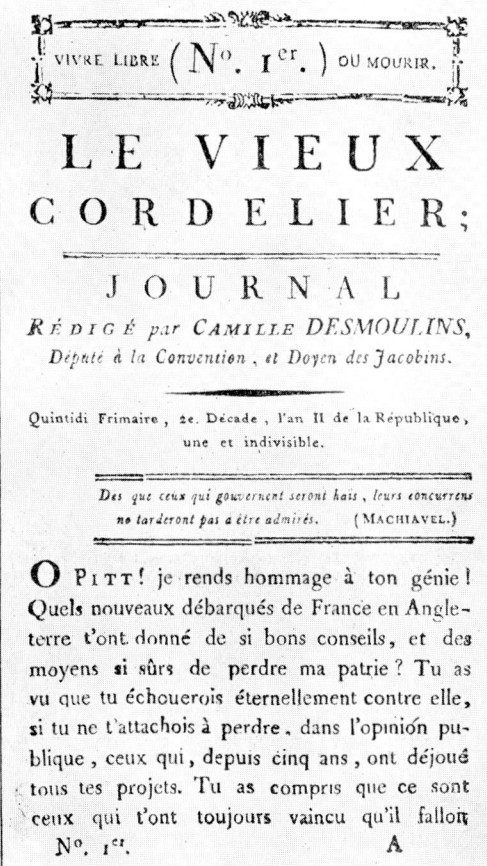

Primer número del periódico jacobino *Le Vieux Cordelier*, de Camilo Desmoulins.

decidiera su suerte. Los jacobinos de la *Commune* enviaban mensajes que excitaban a la Asamblea a votar la deposición del rey. Pero la Asamblea se contentó con aprobar una propuesta de Vergniaud, el más elocuente de los girondinos, que declaraba al rey suspenso en su oficio y nombraba un preceptor para el Delfín. El hecho de que desde aquel momento Francia fuese un reino con un rey suspendido obligaba a convocar una Convención para redactar otra Constitución que estuviera en armonía con la situación legal creada por los acontecimientos. Quedaba, pues, evidenciado que los girondinos, republicanos en los clubs, eran todavía monárquicos en la Asamblea y concebían la posibilidad de hacer un rey de aquel niño de ocho años para quien se buscaría un filósofo como preceptor. Esta solución, naturalmente, no satisfizo a los jacobinos de la *Commune*. Pero esperaban dominar la nueva Convención que heredaría el poder de la Asamblea Legislativa, y se limitaron a forzar las elecciones, dando a

real. Pero los toques a rebato de las campanas, que sonaban desde la medianoche, y la gritería del populacho desencadenado desmoralizaron a Luis XVI, que decidió no luchar y prefirió refugiarse con la reina y los príncipes en el local donde estaba deliberando la Asamblea Legislativa. La deserción del rey fue una catástrofe. Las turbas invadieron las Tullerías, degollaron y martirizaron a guardias y servidores, tanto a los que se entregaban como a los que resistían. En septiembre se continuó la degollina con la invasión de las cárceles.

Entre tanto, el rey y su familia estaban hacinados en un palco o tribuna de los secretarios de la Asamblea, esperando que se

Apunte de David tomado al paso de María Antonieta hacia la guillotina. Biblioteca Nacional. París.

Ejecución de María Antonieta. Museo Carnavalet. París.

toda Francia una impresión de revuelta que dejaba entrever el advenimiento inminente del terror. En París los jacobinos ganaron casi todos los puestos. Fueron elegidos por la capital los personajes siguientes: Robespierre, Danton, Marat, Camilo Desmoulins, Collot d'Herbois, Billaud-Varennes... La lista de los veinticuatro miembros que habían sido elegidos por París podría acabar con el duque de Orleáns, que había tomado el nombre de Felipe Igualdad, y el pintor David. Los girondinos fueron también reelegidos.

La Convención, que debía durar hasta el 26 de octubre de 1795, inauguró sus sesiones el 21 de septiembre de 1792. Duró, pues, tres años; en la fraseología de la época, la Convención debía dar a Francia un nuevo Pacto o Contrato — el documento que hoy llanamente decimos Constitución — y además gobernar, atender a apremiantes necesidades de la nación en plena anarquía. Para los ideólogos — podríamos decir filósofos-diputados — lo primero era decidir qué clase de gobierno iban a establecer, y ya el primer día — el mismo día 21 de septiembre — la Convención declaró, por unanimidad, que la monarquía quedaba abolida. El segundo día, el 22 se decretó que desde entonces se datarían los documentos a contar del año primero de la República.

La rapidez de la revolución empezó entonces a alarmar a los girondinos, y comenzaron a insinuar que Danton y otros jacobinos aspiraban al triunvirato o la dictadura. La lucha entre jacobinos y girondinos se suspendió, de momento, con la excitación que produjo el proceso del rey. La Convención, arrogándose derechos de Tribunal, acusó a Luis XVI de traidor a la nación por haber mantenido correspondencia secreta con los monarcas europeos que se interesaban en su salvación. La Convención declaró por unanimidad que Luis Capeto era «culpable de conspirar contra la seguridad general del Estado». En cambio, el castigo, o sea la pena capital, no obtuvo más que una ínfima mayoría. El rey fue guillotinado en la Plaza de la Revolución, la que hoy es

Capítulo XXIII

Plaza de la Concordia, el 21 de enero del año II de la República. El proceso de la reina se efectuó medio año después; ya no se la juzgó en la Convención, sino por un tribunal. Mientras el rey fue a la guillotina en carroza, la reina fue llevada en carreta, las manos atadas y mirando hacia atrás.

Desaparecido el enemigo común, que era la monarquía, se hizo más aguda la discusión entre girondinos y jacobinos. Estos últimos, que dominaban todavía la *Commune*, contaban con París para salvar y empujar la revolución; los girondinos pensaban que las provincias, o departamentos, estaban ya fatigadas de desorden y que servirían de dique al torrente revolucionario. Pero se equivocaron; mientras en revoluciones posteriores Francia ha encontrado freno en los departamentos, porque con mayores facilidades de transportes éstos han podido movilizarse y ahogar la hoguera de París, en los años de la Convención las *secciones* o barrios de París arrollaban cuanto pudiera ser obstáculo al progreso de la revolución. Las *secciones* o tenencias de alcaldía de París, apoyando a los jacobinos de la *Commune*, forzaron la caída de la monarquía, y el verano del mismo año 1793, después de varios motines o golpes de Estado, consiguieron la proscripción de los girondinos. Estos, demasiado intelectuales, se hubieran satisfecho con una república democrática al estilo de la que hoy disfruta Francia; pero las revoluciones no se contentan con soluciones sensatas, el péndulo ha de caer al otro lado para después estacionarse definitivamente en el centro. Los girondinos pagaron su moderación, unos suicidándose, otros terminando en la guillotina en octubre del 93, antes de transcurrido un año de haber votado ellos mismos la muerte del rey Luis XVI.

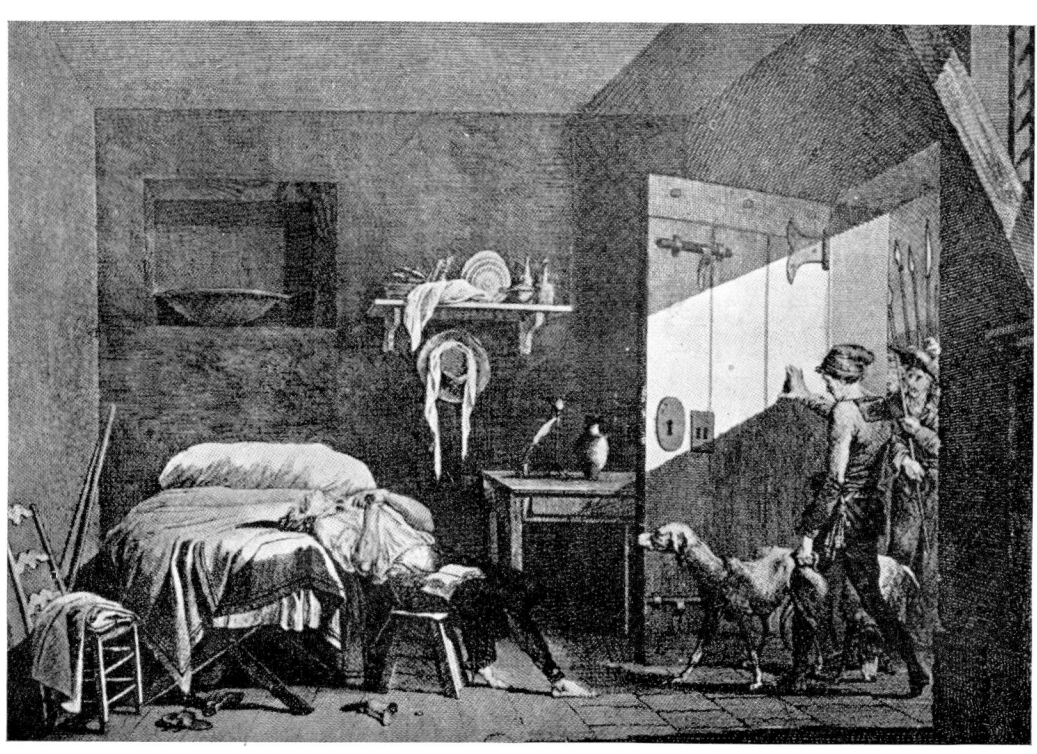

Suicidio de Condorcet, uno de los más cultos de los girondinos.
Grabado de la época. Gabinete de Estampas de la Biblioteca Nacional. París.

La Revolución francesa

Su pecado había sido proponer una organización federal para Francia, que en aquellos momentos era ciertamente sospechosa de medida reaccionaria.

Danton, aliado de los girondinos en los días de la Asamblea Legislativa y su peor enemigo en la desgracia, fue guillotinado por traición en abril del año siguiente. Ciertamente, había tenido tratos con el general Dumouriez, que desertó, entregándose al enemigo. En julio de aquel mismo año 1794 era ejecutado (ya herido) Robespierre. La *Commune* fue abolida el mismo día, y poco después se cerró el club de los jacobinos. El péndulo empezaba a descender hacia la derecha.

De esta suerte iban cayendo una tras otra las cabezas de los facciosos de la Convención.

Pero, mientras la guillotina iba segando, en los respiros que dejaba la lucha de partidos las cabezas que subsistían iban elaborando un nuevo pacto o contrato que viniera a substituir la Constitución del año 1791. En esta nueva Constitución de la Convención se desvanecían los últimos derechos feudales.

La nueva Constitución jacobina definía el derecho de propiedad diciendo que todo ciudadano puede gozar y disponer de los bienes conseguidos con el fruto de su trabajo. En cambio, otro párrafo afirmaba que «el fin de la sociedad es el bien común», que el hombre tiene *derecho* al trabajo, y que, si no puede trabajar, «los socorros públicos son una deuda sagrada».

No hay duda de que si la revolución hubiera continuado su marcha normal (sin Bonaparte) hubiera intensificado este tono socialista. Robespierre había dicho: «Todo lo que es necesario es de propiedad común, sólo lo superfluo debe permitirse que sea de propiedad privada.» El bienestar del pueblo se consideraba como la primera obligación del Gobierno. Saint-Just, lugarteniente de Robespierre, decía: «Un pueblo que no es feliz no tiene patria.»

Empezaba a cristalizar la idea de que Francia tenía que imponer sus principios a

Robespierre. Museo Carnavalet. París.

Europa: «*Ne voyons pas assez l'Europe.*» «Nuestras fronteras, había dicho Danton, serán los cuatro ámbitos del planeta.» Otros creían augurar que habría gobiernos «a la antigua», mientras algunos se constituirían a imitación del de Francia.

Pero, además de discutir *principios*, la Convención fue decretando, en el transcurso de su gestión, medidas de las que todavía hoy Francia se beneficia. Creó la Escuela Nacional Superior; el Jardín de Plantas y el Observatorio fueron reorganizados; impuso el Sistema métrico decimal; estableció el Registro de Propiedad literaria, el Gran Libro de la Deuda, etc.

La revolución hubiera debido precisar cuáles eran los gobiernos a la antigua y los modernos. Los revolucionarios franceses no tenían un programa, ni un ideal común. Ni tenían un libro santo como los puritanos; lo que más se había ahogado en las jornadas revolucionarias era la religión. Había entre los girondinos aquellos que adoraban un Ser Supremo, pero sin precisar su carácter, si era sólo el Creador o además el Mantenedor del Universo y el Juez que impone

Capítulo XXIII

reglas de conducta y hasta de gobierno. Para unos, el objetivo era restaurar la forma primitiva de humanidad natural propuesta por Rousseau, para otros el progreso continuado después de las etapas revolucionarias debía producir una sociedad mejor. Sin embargo, ni unos ni otros explicaron el camino para llegar a su ideal, ni se esforzaron en proponerlo para su inmediata realización. No dejaron un texto de gobierno republicano. Aparentemente la Revolución francesa no hizo más que destruir el antiguo régimen y para algunos parece poco, porque había mucho bueno en la Francia monárquica y borbónica, pero lo bueno quedaba de tal manera sumergido y estaba tan convencido de su bondad, que hubiera sido imposible aprovecharlo en un nuevo siglo con los cambios que imponía la ciencia.

Aun suponiendo que en Francia se pudieran salvar algunos elementos de civilización neoclásica, en el resto de Europa, las cortes, imitación de la de Versalles, con sus príncipes disolutos, su burguesía entumecida, su cultura casi medieval, no tenían gran cosa que mereciese conservarse. Y las etapas revolucionarias en Francia advirtieron del peligro a los grandes y despertaron deseo de cambios en los menestrales y en los intelectuales.

Los esfuerzos que hicieron los príncipes europeos para socorrer a sus *primos* de Francia no merecen ser recordados. Sólo doscientos soldados extranjeros de la Guardia Suiza, que fueron acuchillados defendiendo las Tullerías, han sido dignos de un monumento: el león herido de Lucerna los glorifica magníficamente.

Medallón de Robespierre.
Biblioteca Nacional. París.

Napoleón pasando revista a las tropas en el patio de las Tullerías. Grabado de la época. Museo Carnavalet. París.

CAPITULO XXIV

NAPOLEON

Después de haber creído purificarse guillotinando a Robespierre y a otros cómplices del terror, la Convención abdicó sus poderes en el año 1795, IV de la República. Al disolverse, creó los órganos de gobierno que debían substituirla; eran los siguientes: un Directorio compuesto de cinco miembros iguales en poder, que se turnaban en la presidencia cada tres meses, y dos Asambleas, una de Quinientos Diputados y otra de Cien Ancianos. Este régimen, que funcionó tres años, demuestra que el espíritu neoclásico y las ideas de Rousseau predominaban aún en la Convención. Con iguales poderes, los cinco Directores tenían que ser santos o filósofos para colaborar eficazmente, y Asambleas tan numerosas habían de acabar inutilizándose en discusiones, si los Directores se empeñaban en consultarlas.

La Convención, al abdicar, quiso perpetuar su republicanismo imponiendo que dos tercios de los componentes de las Asambleas fuesen elegidos de entre sus miembros. Pero si el Directorio y las Asambleas sentían la misión de conservar los principios republicanos, en cambio se esforzaban en recalcar al pueblo que el nuevo régimen había terminado con el período revolucionario. En verdad, el Directorio no se mantuvo guillotinando como la Convención, pero necesitó para sostenerse de un método más san-

Capítulo XXIV

Primer retrato de Napoleón, por uno de sus condiscípulos de la Academia de Brienne. Museo de Versalles.

griento, que fue la guerra. Método peligrosísimo para la propia Convención y su heredero el Directorio, porque si las guerras llegaban a conseguir victorias, era probable que engendraran al déspota, que acabaría con el régimen republicano.

La causa o excusa de las guerras del Directorio fue también herencia de la Convención. Esta transmitió al Directorio, como indiscutible, la doctrina de las fronteras naturales de las naciones. Del mismo modo que se habían fijado los Derechos del Hombre, se fijaron los Derechos de las Naciones a ser libres y a integrarse dentro de límites geográficos. De no haber estado embriagados por una ideología fantástica, la Convención y el Directorio hubieran visto que las fronteras de las naciones no coincidían con los límites geográficos. Gentes de tipo y lenguas muy distintos habían desbordado el Rin, los Pirineos y los Alpes desde los tiempos prehistóricos. Sin embargo, la Convención había decretado en 1792 que «los franceses no depondrían las armas hasta rechazar al otro lado del Rin a los enemigos de la República». Esto significaba la anexión de todo lo que hoy es Bélgica, incluyendo a Amberes y los países habitados por gente germánica de la orilla izquierda del Rin, que, como tierras del Imperio, dependían de Austria.

La ocupación de Bélgica y los territorios de la orilla izquierda del Rin por los ejércitos de la Revolución impuso un estado de guerra con las dos potencias europeas más fuertes en aquella época. Ni Austria ni Inglaterra podían tolerar que Amberes y la costa de Flandes fueran francesas: Austria porque con aquella pérdida comenzaba a desmembrarse; Inglaterra porque recordaba que dos veces partieron de la costa de Francia milicias que conquistaron la Gran Bretaña: una cuando la invasión de César y otra cuando la de los normandos. Los generales del Directorio no disimulaban sus propósitos de vencer la resistencia inglesa invadiendo la Gran Bretaña. Hoche proyectaba atacar a Inglaterra con un ejército en Irlanda; Napoleón hizo construir buques especiales para el transporte de tropas a través del Canal. He aquí, pues, cómo la romántica idea de los límites naturales ocasionó la hostilidad de Inglaterra a toda tentativa de pacificación que se basara en las fronteras geográficas y mantuvo a Europa en estado de guerra durante los años del Directorio, el Consulado y el Imperio.

Además, Francia estaba arruinada, y las guerras proporcionaron inagotables recursos al Directorio. Bonaparte propuso y practicó la guerra como medio de reforzar con el botín la hacienda de la República. En su primera proclama a los soldados que llevó a la conquista de Italia hablóles así: «¡Soldados! ¡Estáis desnudos, mal alimentados! Voy a conduciros a las llanuras más fértiles del mundo. Provincias riquísimas y grandes ciudades caerán en vuestras manos. Allí encontraréis honor, gloria y riquezas.» Los soldados replicaron a Bonaparte que es-

Napoleón

taban dispuestos a seguirle, pero que para marchar necesitaban zapatos... Encontraron en Italia los zapatos, y el Directorio los millones que necesitaba. Políticamente la campaña de Italia estaba justificada porque Austria, en guerra con Francia, retenía el Milanesado. Al guerrear en Italia, Bonaparte trataba de atacar a Austria por la espalda y llegar a la misma Viena por el Tirol. Napoleón había nacido en Córcega, francesa desde hacía poco. Su padre, de la nobleza isleña, arruinado por contiendas intestinas, obtuvo con alguna dificultad una beca para Napoleón, el segundo de sus hijos, en la escuela de cadetes de Brienne. El hijo mayor, José, se destinaba a la clerecía. Quedaban todavía seis más: Luciano, Elisa, Luis, Paulina, Carolina y Jerónimo. A los dieciséis años, en 1785, Napoleón salía de la escuela de Brienne como oficial de artillería. Su carácter, semiextranjero, de corso le mantenía algo aislado de sus camaradas, y tanto en la escuela militar como en sus años de guarnición en Provenza le quedó tiempo para leer ávidamente. Se sabía casi de memoria a Plutarco, Tácito, Montaigne, Platón, Montesquieu, Livio, Corneille, Racine, Voltaire y hasta el *Digesto* de Derecho romano, que después debía servirle para redactar su Código Civil. Napoleón había hecho también ensayos de escritor: intentó componer en su juventud una Historia de Córcega; escribió un paralelo entre el amor a la gloria, propio de los tiempos monárquicos, y el amor a la patria, apropiado a los republicanos; y publicó un diálogo politicofilosófico no desprovisto de mérito literario: *La Cena de Beaucaire*. En 1791 se atrevió a redactar una Memoria, para un Concurso de la Academia de Lyon, sobre «Verdades y sentimientos que conviene inculcar a los jóvenes para su felicidad».

Pese a estos desahogos literarios, continuaba leyendo libros de táctica y estrategia. Tuvo la suerte de terminar a cañonazos un motín en París, y en Tolón se manifestó hábil artillero.

Ciertamente por esto Carnot, uno de los Directores, apreció sus cualidades y, apoyado por otro Director, Barras, que había casado a Bonaparte con una de sus amigas, logró conferir a Napoleón el mando del ejército de hambrientos y descalzos que debía distraer a Austria por el lado de Italia. La campaña importante debía ser la del Rin, confiada a Moreau, mientras que la de Bonaparte no excedería de un experimento aventurado.

En 1796, al empezar la campaña de Italia, era Bonaparte bajito, delgado, de color aceitunado y cabellos lacios. Los soldados le llamaban *le petit caporal*. Desde su primera victoria, en Lodi, los sugestionó con su personal magnetismo. Uno tras otro desbarató a los ejércitos, cada vez más formidables, que los austríacos enviaban a través del Tirol. Mientras, Moreau fracasaba en el Rin.

Bonaparte, general de veintisiete años, dictó en Campo Formio las condiciones de paz. Austria renunció a Bélgica y a la

Bonaparte en la batalla de Arcola, primera campaña de Italia. Cuadro de Gross. Museo del Louvre.

Capítulo XXIV

mayor parte de sus posesiones de Italia, donde Napoleón instauró la República Cisalpina. La suerte de los territorios de la orilla izquierda del Rin se decidiría en un Congreso reunido en Rastatt.

Estas eran las ventajas territoriales obtenidas por Bonaparte en su primera campaña de Italia. El botín que mandó a París fueron las contribuciones impuestas a cada ciudad, tasadas por millones. Módena pagó diez millones de libras. Parma se libró mediante la entrega de veinte cuadros de Correggio y Miguel Angel. Para no caer sobre Roma y dejar tranquilo por algún tiempo al Papa, firmó un armisticio según el cual el pontífice tenía que pagar quince millones de libras y entregar caballos y bueyes por valor de otros cinco millones. Además, había de consentir la ocupación de los territorios pontificios allende los Apeninos y permitir la selección de quinientos manuscritos de la Biblioteca Vaticana, que se llevarían como trofeo a París, y cien esculturas de los Museos Pontificios, entre ellas el famoso busto de Bruto en el Capitolio, la Loba de Bronce, paladión de Roma desde la época etrusca, el Apolo del Belvedere, etc.

La idea de esquilmar a Italia imponiendo contribuciones de guerra partió de Bonaparte: como italiano, sabía que los degenerados príncipes de los pequeños Estados de Italia habían amontonado dinero avaramente.

Los cinco presidentes del Directorio animaron a Bonaparte a continuar sus expoliaciones. «¿No podríais arrebatar de la Santa Casa de Loreto los inmensos tesoros que la superstición ha acumulado en aquel lugar durante quince siglos? Haríais una operación financiera admirable que no perjudicaría más que a algunos frailes. Diez mil hombres bastarían para este golpe de mano, a condición de que no se supiera lo que se proponen» (12 de abril de 1796). El traslado sistemático de obras de arte a París fue también estimulado por despachos del Directorio. «El Directorio está persuadido, ciudadano general, que consideráis las glorias de las Bellas Artes como asociadas a las de los ejércitos que mandáis... Ha llegado la hora de que las riquezas artísticas y la cultura de Italia pasen a Francia para fortalecer y embellecer el reino de la Libertad. El Museo Nacional *(Louvre)* debe contener los monumentos más célebres de todas las artes. Esta campaña de la República en pro de la paz debe reparar los destrozos causados a Francia por el vandalismo de la invasión extranjera» (7 de mayo de 1796).

Las remesas de obras de arte de Italia están representadas en uno de los frisos del Arco de la Estrella en los Campos Elíseos de París. Allí se ven los cortejos triunfales con carros que llevan las esculturas. Las que no podían exponerse en una procesión al aire libre iban embaladas en cajas sobre carrozas con letreros que indicaban las obras que contenían.

El nombre de Bonaparte empezaba en París a ser sinónimo de éxito; sus victorias y contribuciones desde Italia habían fortalecido la República. Napoleón, empero, no creía llegada la hora de regresar a París y, todavía en Italia, empezó a preparar una expedición a Egipto. Los millones arrancados como contribución a Liorna fueron enviados directamente a Tolón para armar una flota. El destino de la expedición se mantuvo secretísimo: tanto, que Nelson, que hubiera podido desbaratar aquel convoy de transportes casi indefensos, lo dejó pasar creyendo que iba a Siria. Cuando se enteró de que Napoleón había desembarcado en Alejandría, regresó precipitadamente y sólo logró hundir los buques vacíos surtos en la rada de Abukir.

Con el golpe de mano en Egipto se proponía Bonaparte hacer con Inglaterra lo mismo que había hecho con Austria: atacarla por la espalda. Conquistando a Egipto, Bonaparte creía amenazar la India. Los ingleses sostenían entonces una guerra con el famoso jefe indio Tipo Sahib, y de haberse podido concertar la cooperación entre los rebeldes de la India y los franceses de Egipto, la situación de los ingleses en Oriente hubiera empeorado de un modo terrible. En una palabra, Napoleón contaba hacer

Bonaparte atravesando el San Bernardo en la segunda campaña de Italia. Cuadro de David. Museo de Versalles.

desde Egipto con la India lo mismo que se había propuesto Hoche con Irlanda: hostigar a Inglaterra hasta obligarla a reconocer las fronteras naturales de la Revolución. Napoleón llevaba consigo a una comisión de sabios que debían estudiar a Egipto, in-

Capítulo XXIV

ventariar sus recursos naturales y dibujar sus monumentos. Por el camino había tenido la veleidad de entretenerse en Malta y conquistarla por sorpresa. En Egipto había vencido a los mamelucos, nominalmente feudatarios del Sultán de Turquía, en una batalla teatral al pie de las Pirámides... Y, sin embargo, con un poco de buen sentido podía comprenderse que aquella expedición tenía que acabar en desastre. Habiendo Nelson destruido sus buques en Abukir, Napoleón quedaba incomunicado con Francia. Los turcos amenazaban seriamente desde Palestina y era necesario conquistar también la Tierra Santa... Desde allí sería fácil extender luego las conquistas a Siria y Constantinopla. Todo era posible con tiempo y con la buena fortuna de Napoleón... pero a costa de olvidarse de París, del Directorio y de sus amistades.

Bonaparte creía además que, si permanecía en Oriente, Francia perecería acorralada por sus enemigos. El Congreso de la paz, que, según el tratado de Campo Formio, se había convocado en Rastatt, acabó con el asesinato de los plenipotenciarios franceses. Esta infamia demuestra que los Gobiernos reaccionarios de Europa creían que podían insultar y vejar impunemente al Directorio. A los enemigos tradicionales de Francia, Inglaterra y Austria, se había sumado Rusia, alarmada por las supuestas intenciones de Bonaparte sobre Constantinopla. Un ejército ruso mandado por Suvarov, tártaro que hacía alarde de no necesitar silla en su caballo, entró en Italia por Austria y con unas cuantas marchas y contramarchas deshizo la obra de Napoleón. En la Vendée, en Bélgica, en Holanda, se agitaban los enemigos del Directorio. En esta coyuntura, algunos empezaron a sospechar que la culpa de todos los desastres procedía del régimen; el Directorio era un absurdo gobierno policéfalo, que tenía que modificarse reforzando el poder ejecutivo y podando las Asambleas. El que tenía planes más madurados era el famoso ex abate Sieyès, el cual ya se había distinguido por su idealismo, algo estrafalario, en los primeros días de la Revolución. Sieyès había permanecido por algún tiempo en el extranjero como embajador y allí había meditado, acaso demasiado, sobre el régimen republicano y las instituciones que más convenían a Francia. A su regreso habíasele elegido para cubrir la vacante de uno de los cinco Directores, de manera que, como a menudo ocurre, la destrucción del Gobierno estatuido comenzó con la traición de la mismísima autoridad elegida para defenderlo.

El proyecto de Sieyès era substituir el poder ejecutivo de cinco Directores por dos Cónsules, como en la antigua Roma; pero, según la Constitución de Sieyès, uno de los cónsules entendería en asuntos *civiles* y el otro en los *militares*. Sieyès se proponía también reformar las Asambleas, con tal que él fuese el cónsul civil. «¡Qué lástima que vuestro hermano no esté aquí! — le decía a Luciano Bonaparte —; necesitamos *un sable* para el consulado militar.» Se entablaron negociaciones con Junot; pero éste murió casi al mismo tiempo que desembarca-

Lázaro Carnot, uno de los miembros del Directorio. Museo de Versalles.

Bonaparte proclamando en Milán, en 1797, la República Cisalpina con las provincias conquistadas a Austria (Lombardía y Emilia) en la primera campaña de Italia. Museo de Versalles.

ba Napoleón en Provenza. Había regresado temerariamente en el buque *La Muiron*, que por milagro no sorprendieron los ingleses. El viaje en *La Muiron* con su séquito de generales (había dejado a Kléber casi solo para que se las arreglara en Egipto) fue de una audacia de corsario superior a la demostrada en su vuelta de Elba.

Bonaparte llegó a París el 16 de octubre de 1799. Al día siguiente fue a visitar al presidente del Directorio vestido de paisano; pero, como queriendo recordar sus hazañas en Egipto, llevaba una cimitarra turca pendiente de un cordón de seda. Para que comprenda el lector cómo estaban los ánimos quince días después de la llegada de Bonaparte, diremos que el 31 del mismo mes se habían convenido ya los puntos principales del golpe de Estado que acabó con el Directorio y estableció el Consulado. Además de Sieyès, que llevaba la iniciativa, y de Napoleón, que en cierto modo dejó que el otro la llevara, intervinieron en aquella *jornada* revolucionaria Talleyrand y Fouché. El primero era un ex obispo que conservaba sus características episcopales de perspicacia, elocuencia y diplomacia. Era ministro de Negocios Extranjeros del Directorio y fue traidor como Sieyès. El segundo, Fouché, era jefe de policía y el que más obligado estaba a hacer abortar la traición.

El golpe de Estado que impuso el Consulado se ha llamado de Brumario porque se consumó el 9 del nebuloso mes de noviembre, que en el calendario revolucionario había recibido este nombre. La excusa, enteramente falsa, que se dio para cambiar el régimen, fue que fermentaba una conspira-

Capítulo XXIV

ción jacobina. Para prevenir ataques, que nadie se había dado la pena de simular, se convocaron las Asambleas a la hora intempestiva de las siete de la mañana. Todavía adormilados, los Quinientos y los Ancianos votaron, sin saber lo que hacían, la resolución de salir de París y marchar a Saint-Cloud. Allí el golpe de Estado estuvo a punto de fracasar, pues hacer abdicar a la Asamblea de los Quinientos, en su mayoría republicanos beneméritos, que habían primero atacado a las clases privilegiadas de la Monarquía y después acabado con los demagogos de la Convención, costó algo más de lo que creían los conjurados. Sin embargo, Sieyès, Bonaparte, Talleyrand y Fouché creían injuriar a los miembros de aquellas Asambleas con el nombre despectivo de abogados; según ellos, los parlamentarios de la Asamblea de los Quinientos eran incapaces jurisconsultos que no merecían el derecho de opinar en negocios de Estado. Pero en las tumultuosas jornadas de Brumario (días 9 y 10 de noviembre del año 1799) los *abogados* llegaron a deliberar si Bonaparte y sus cómplices debían ponerse fuera de la ley, lo que justificaba el asesinato. Una vez declarado fuera de la ley, cualquiera podía sentirse Bruto y acuchillar al nuevo César, enemigo de la República; Bonaparte no les dio tiempo de votar. Mandó que redoblaran los tambores mientras Murat entraba en la sala seguido de unos cuantos gritando: *¡Estáis disueltos!* Una sombra de Asamblea, con unos cuantos Ancianos, se encargó de asumir el principio de autoridad instituyendo un nuevo Gobierno formado por tres cónsules: Sieyès, Bonaparte y Roger Ducos, que, asesorados por una comisión de veinticinco miembros, debían redactar la nueva Constitución, que sería sometida a un plebiscito.

He aquí, pues, el comienzo de otra etapa en la Historia Constitucional de Francia: la Constitución de Sieyès, aceptada o tolerada por Bonaparte. Su mecanismo de gobierno era aún más complicado que el Directorio: es cierto que los cinco Directores se habían reducido a tres Cónsules, pero en cambio se creaban hasta cuatro asambleas. Una era el Senado, casi sólo para elegir los miembros de las otras tres asambleas entre los inscritos en las listas electorales. Esto requiere una explicación. Según Sieyès, «la democracia bruta es un absurdo». Y para organizarla no se podía permitir que el pueblo eligiera sus mandatarios; el pueblo sólo debía elegir los elegibles, formando listas de candidatos, de entre los cuales el Senado elegiría. Como se ve, era una desviación de las ideas de Rousseau sobre la

Fouché, el jefe de Policía del Directorio que tramó la conspiración para derribarlo y substituirlo por el Consulado. Caricatura de la época.

Napoleón

En los años del Consulado se entregó Napoleón, casi como a un deporte, a su obra legislativa. Le favorecía o perjudicaba en ello su condición de no ser del todo francés, porque si bien este hecho le permitía tratar los asuntos sin prejuicios, carecía del sentido histórico francés.

Entre los miembros del Consejo de Estado había hombres eminentes, matemáticos, filósofos, historiadores y juristas. Se reunían en el despacho de Napoleón en el Luxemburgo y él les proponía los asuntos para estudiarlos en grupos de seis o siete. Muy a menudo les daba ya la solución casi entrevista en unas notas redactadas apresuradamente. Escribía rentas *voyagères* por *viagères*, *armistice* por *amnistie*... y cuando los redactores interpretaban mal sus ideas, les interrumpía con un torrente de oprobios. Sus desplantes llegaron a escandalizar a los consejeros: *Le mariage est un échange d'â-*

La emperatriz Josefina, viuda de Beauharnais, casada con Napoleón antes de su primera campaña de Italia. Miniatura por Isabey. Museo del Louvre.

capacidad soberana del pueblo, para caer en las de Spinoza respecto a que el pueblo necesita un organismo intermedio para declarar su voluntad. Tal engranaje podía ser preferible al sufragio directo, pero ¿quién elegiría aquel Senado que debía a su vez elegir entre las listas de elegibles? Pues, en la Constitución de Sieyès, los Cónsules nombraban el Senado; después se iba reclutando entre los altos funcionarios al cesar en sus cargos. En fin, este Senado debía elegir, de unas listas votadas por el pueblo, los nombres de los que debían formar las otras tres asambleas: el Consejo de Estado, el Tribunado y el Cuerpo legislativo. En realidad, los dos últimos no tenían otra misión que vigilar y aprobar lo que hacía el Consejo de Estado, que, constituido por cincuenta miembros, formuló la mayoría de las leyes refundidas después en el Código de Napoleón.

La emperatriz María Luisa, segunda esposa de Napoleón. Miniatura por Isabey. Museo del Louvre.

Capítulo XXIV

me et de transpirations; l'adultère, une affaire de canapé.

Napoleón carecía del sentido místico del absoluto; era fatalista como buen italiano, y creía aprovechable el catolicismo porque la religión era un freno y el Papa podía convertirse en aliado. En sus proclamas dirigidas a los pueblos católicos de Italia y Suiza les prometía conservarles sus curas y su culto. En Egipto bordaba sus alocuciones con elogios al Corán. No es extraño, pues, que Bonaparte concertara un Concordato con el Papa. Fue una transacción que no honra ni a uno ni a otro. El Papa sacrificó a los obispos que no habían reconocido a la República, obligándoles a renunciar a sus diócesis... Bonaparte no se dio cuenta, en cambio, de que los nuevos obispos elegidos por Roma no serían ya galicanos, sino romanos. Por esto el episcopado francés es el más ultramontano de Europa. En el Concordato se establecía que el culto católico podía ser ejercido libremente en Francia, y que el Gobierno eliminaría todos los obstáculos que se le pudieran oponer. Un párrafo decía: «El culto será público mientras se conforme a los reglamentos que según las *circunstancias* sean necesarios para la *tranquilidad pública.*» Lo de las *circunstancias* se suprimió en la redacción definitiva por insistencia de los agentes del Papa, quienes consintieron el detalle de la *tranquilidad pública*. El Estado francés *ponía a la disposición* de los eclesiásticos los templos necesarios para que pudieran celebrar el culto; pero no les devolvía su plena posesión,

Napoleón coronando a su esposa Josefina en Notre-Dame. Cuadro de David. Museo del Louvre.

como en tiempos de la monarquía. En el fondo, por «ponerlos a su disposición» se entendía dárselos en usufructo perpetuo.

Napoleón dividió a Francia en los departamentos y prefecturas que todavía subsisten. El nombraba los prefectos y éstos, a su vez, a los consejeros municipales y alcaldes. Siempre el método del sufragio indirecto y siempre la elección definitiva por los grandes electores, el Cónsul, el Senado, los prefectos; hoy podríamos decir por París. La Constitución de Sieyès, modificada por Bonaparte, se sometió al plebiscito de los franceses, que la votaron por la inmensa mayoría de tres millones en pro y mil quinientos en contra. Se mantenía a los franceses en la convicción de que, con el Consulado, terminaba la Revolución y continuaba la República. Los cónsules, en su alocución al pueblo, decían que sus propósitos eran: «Hacer estimar la República por los ciudadanos, hacerla respetar por los extranjeros y hacerla formidable a sus enemigos... ¡Franceses, os hemos expuesto nuestros deberes; vosotros nos diréis, al terminar, si los hemos cumplido!»

El cargo de los cónsules debía durar diez años, pero pronto Sieyès dimitió y diósele, en premio de haber redactado la Constitución, una finca que valía cuatrocientas mil libras. Roger Ducos se desvaneció gracias a su propia insignificancia. Bonaparte quedó cónsul único y por fin su consulado fue declarado vitalicio. Estas etapas de retroceso hacia el poder personal y absoluto, que significó después el Imperio, fueron mantenidas con victorias sensacionales más allá de las fronteras.

Al instalarse, los tres cónsules habían dirigido sendos despachos a los monarcas con quienes había peleado el Directorio; en términos de gran moderación pedían el reconocimiento del nuevo régimen consular y los beneficios de la paz. No se mencionaba el atropello inicuo de Rastatt, ni se manifestaba más ambición que la de conservar las fronteras naturales de Francia. Con todo, ni Rusia, ni Austria, ni Inglaterra se dignaron parlamentar. Pitt decía que

La moda Directorio. Mme. Récamier en su butaca neoclásica, por Gérard. Petit Palais. París.

el nuevo Gobierno no ofrecía garantías y lo mejor era dar a entender al pueblo francés que para obtener la paz era necesario restaurar la Monarquía. Bonaparte empezó hostigando a Austria con la campaña que terminó en Marengo. Era un plan combinado en tres jugadas; Massena debía inmovilizar un ejército austriaco delante de Génova, Moreau otro en el Rin, y Bonaparte caería entre los dos atravesando los Alpes por el histórico paso del San Bernardo. Instalado en Milán, quedaba como una cuña entre Austria y los ejércitos austríacos de Italia, que habían ido a sitiar a Massena en Génova. El 14 de junio, ocho meses después del golpe de Estado, Bonaparte aniquilaba al ejército austriaco. Fue una completa victoria; toda la artillería del enemigo cayó en poder del primer cónsul. Bonaparte, en Santa Elena, recordaba a Marengo como su día más glorioso.

Otra victoria de Moreau en el Rin (Hohenlinden) obligó a firmar el tratado de Luneville, segunda edición del de Campo For-

Napoleón en la batalla de Jena. Galería de las Batallas. Versalles.

mio. Napoleón empezó entonces a coquetear con el zar reintegrándole ocho mil prisioneros. Por el tratado de Luneville, Austria reconocía la existencia de las Repúblicas Cisalpina (Italia Septentrional), Helvética (Suiza) y Bátava (Holanda). Para compensar al Imperio de sus pérdidas, Napoleón sacrificó la secular República de Venecia, que pasó a ser una provincia austríaca. El Consulado no creaba repúblicas sólo por ideas y principios como en tiempo de la Convención: se retrocedía a la política sin entrañas de traspasarse pueblos débiles para negociar la paz y crear Estados fronterizos que amortiguaran el choque en conflictos bélicos. La *política real de Europa* (que no fue política ni real durante todo el siglo XIX) empezó con Napoleón.

Al tratado de Luneville con Austria siguió el de Amiens con Inglaterra. Albión hizo creer que se desinteresaba de lo que ocurría en el Continente y se contentaba con liquidar los asuntos de Malta y Egipto. Pero no fue sino un compás de espera para prepararse y atacar con mayor probabilidad de éxito a la primera oportunidad. ¡La pérfida Albión!

De todos modos, las victorias militares y diplomáticas parecieron convertir a Bonaparte en árbitro supremo de Francia. ¿Qué haría entonces con su poder? Los monárquicos por cierto tiempo confiaron que seguiría el ejemplo de Monk, quien, a la muerte de Cromwell, restauró a los Estuardos en el trono de Inglaterra; mas pronto les dio a entender que trabajaba para sí mismo. Pero las proposiciones de los monárquicos se discutían entre bastidores y convenía convencer al pueblo con un golpe sensacional de que entre Bonaparte y los Borbones había un abismo infranqueable. Este fue el crimen. Napoleón hizo secuestrar en la pequeña Ettenheim, del ducado de Baden, territorio neutral, a un Borbón emigrado, el duque de Enghien, de la rama de los Condé. Enghien era casi un muchacho, que había conspirado siempre a plena luz para atacar lo que él, como los demás emigrados, consideraba un Gobierno ilegítimo y usurpador. El duque de Enghien residía

Napoleón

en Baden porque se había casado en secreto con una prima suya de más edad, Carlota de Rohán. Secuestrado por una patrulla de gendarmes franceses que había violado la neutralidad de Baden, fue conducido a Vincennes y fusilado al día siguiente, después de una parodia de juicio. Como en Brumario, Bonaparte no se había tomado la molestia de falsificar documentos y tramar un complot que justificara el atropello. Aquella víctima inocente servía para su objeto de demostrar al pueblo que entre Bonaparte y los Borbones no había colaboración posible.

Por algunos meses las cancillerías de Europa parecieron agitarse. Pero si la Francia napoleónica merece reproches, las otras potencias de Europa eran peores por su ineficacia y falta de generosidad. Viendo que el escándalo se había apaciguado pronto, Napoleón creyó que podía desafiar la opinión tomando el título de *Emperador de la República francesa*. La siguiente etapa sería proclamarse Emperador del Imperio francés; pero a esta sucesión de fases se adelantaron los acontecimientos. Napoleón decía que sólo eran posibles dos imperios: el de Oriente y el de Occidente. Ya vislumbró el primero en Egipto y ahora veía más cercano el segundo, con París por capital Contaba instalar reyezuelos feudatarios en todos los Estados de Europa, sin pensar en distribuir los territorios del Atlántico al Volga en provincias proconsulares como las del Imperio romano. Su imperio hubiera sido más bien una repetición del de Carlomagno que del de Augusto, y esperaba que sus hechos le ganarían bastantes admiradores entre los príncipes de las casas reinantes para no tener que deponerlos a todos y substituirlos por sus mariscales.

Así como Marengo fue necesario para el reconocimiento del Consulado, se necesitó Austerlitz para que Austria reconociera el Imperio. Austerlitz fue una victoria en toda regla: Napoleón se arriesgó allí como nunca, hasta que la retirada resultó imposible. Austerlitz está en Moravia, no lejos de Vie-

Napoleón en la batalla de Eylau. Cuadro de Gross. Museo del Louvre.

Napoleón recibe en Erfurt al embajador del emperador de Austria. De pie, a la derecha, el zar Alejandro. Museo de Versalles.

na. Al día siguiente de la batalla el emperador de Austria en persona acudía a proponer un armisticio y conformarse con negociar la paz.

Acogida Austria, quedaban aún incólumes sus aliadas Prusia y Rusia; la batalla de Jena inutilizó a la primera; Rusia fue vencida en Friedland. Esta última victoria ocasionó la entrevista de Tilsit entre Napoleón y el zar. La iniciativa partió de Napoleón. Los dos emperadores se encontraron en una tienda levantada sobre una armadía en medio del Niemen, río que después de la batalla de Friedland había quedado entre los dos ejércitos. El zar Alejandro era un joven romántico, hastiado de las derrotas y de la defección de Austria y Prusia, y simpático a Napoleón. Al verse se juraron amistad eterna. Desgraciadamente el uno era corso y el otro eslavo, y por naturaleza inconstantes, aunque fogosos. En Tilsit fraternizaron también los oficiales de ambos ejércitos y aun los soldados. Allí empezó la aproximación entre Rusia y Francia, que había de prolongarse durante todo el siglo XIX.

Napoleón y el zar Alejandro concertaron en Tilsit una alianza para bloquear a Inglaterra, que era la única que se resistía a hacer la paz. El plan de Napoleón consistía en abandonar el proyecto de atacar a Inglaterra con ejércitos o armadas. En el campo de batalla de Austerlitz había recibido la noticia del desastre de Trafalgar... Pero podía estrangular a Inglaterra imposibilitando su comercio y obligarla a capitular cerrándole los puertos de Europa. Francia dominaba la costa de Holanda y del Canal y podía imponer su voluntad a los Estados de Italia, exceptuando a Nápoles; Bonaparte, sin embargo, se comprometió a obligarle a no aceptar mercancías de bandera inglesa, y el zar tenía que hacer lo propio con los países escandinavos.

Quedaba sólo la Península Ibérica, mejor dicho, Portugal, porque España había aceptado la alianza casi impuesta por Napoleón. Esta fue la parte más difícil del programa. Para interrumpir el comercio inglés por aquella vía, Napoleón envió un ejército, que con otro, español, debía invadir a Portugal. Entre tanto los ingleses desembarcaban otro ejército en Lisboa mandado por sir Arturo Wellesley, que había aprendido en la India, combatiendo a Tipo Sahib, el mortífero método de acabar con ejércitos casi sin pelea, empleado por los indígenas contra el suyo.

Las campañas de la Península Ibérica fueron, en todos conceptos, desastrosas para Napoleón. Perdió no sólo ejércitos, sino también prestigio. Una de las causas del fracaso provino de la condición deplorable en que se encontraba España en aquel momento. La familia real (con el trío Carlos IV, María Luisa y Godoy de un lado, y el rebelde príncipe de Asturias, después Fernando VII, de otro) era el colmo de la ineptitud y de la mala fe. España sintió cierto desahogo, como una liberación, al acusar a Napoleón y a la invasión francesa de acrecentar su propia miseria. El enemigo exterior, Napoleón, fue un espantajo que permitió rehabilitar el trono tambaleante de los Borbones. La familia real se había refugiado en Bayona, por su propia voluntad, para tomar como árbitro de las querellas entre padre, hijo y amante, a Bonaparte, quien creyó que tales ejemplares de testas coronadas no merecían ni la conside-

Napoleón condecora en Tilsit a un soldado del ejército ruso (9 de julio de 1807). Cuadro de Debret. Museo de Versalles.

ración de ser destronados legalmente, y que podía instalar como rey de España a su hermano José. Los españoles se sintieron ofendidos de que un emperador extranjero dispusiera de sus señores naturales por imbéciles que fueran. Se desconocía la razón de la campaña contra Portugal. La Península, como siempre aislada, no se había enterado del abrazo de Tilsit, ni comprendía que en Portugal Napoleón trataba de desquitarse de Trafalgar...

Se ha acusado a Napoleón de ligereza y falta de estudio al decidir las operaciones en España. Pero en aquel momento (1808) estaba en el apogeo de su poder y la ocupación de un país tan pésimamente gobernado debía de parecerle una friolera. El mismo año del Dos de Mayo, Bailén y Cintra, Napoleón reunía en Erfurt a todos los monarcas aliados o tributarios suyos. El de más talla era Alejandro de Rusia, quien en una fiesta

Entrevista de Napoleón y el emperador Francisco II de Austria, después de Austerlitz. Museo de Versalles.

Capítulo XXIV

quiso aplicar a Napoleón el verso del *Edipo:* «La amistad de un gran hombre es un don de los dioses.» Como astros menores brillaban en Erfurt los reyes de Baviera, Wurtemberg, Sajonia y Westfalia, el príncipe Guillermo de Prusia y los príncipes y magnates de la Confederación del Rin. Allí Goethe y Wieland fueron condecorados por Napoleón como miembros de la Legión de Honor, la nueva Orden del Mérito creada para substituir a las de la Francia monárquica.

Sólo faltaba en Erfurt el Emperador de Austria, que se había hecho representar por el barón de Vincent... ¿Preparaba ya el desquite?

La entrevista de Erfurt se efectuó en septiembre del año 1808, y en febrero de 1809 Napoleón estaba en guerra de nuevo con Austria y por cuarta vez tenía que imponerle la paz con una campaña más que rápida, fulminante: Campo Formio, Marengo, Austerlitz, Wagram. En Wagram se combatió a las puertas de Viena; fue todavía una gran victoria, pero el ejército ya no pudo perseguir y acorralar a los vencidos como en las campañas anteriores.

Sin embargo, la victoria de Wagram tuvo un singular resultado: un matrimonio. Napoleón estaba casado con una viuda de sangre criolla que le había proporcionado Barras cuando era sólo el general Bonaparte. Era algo mayor que él, pero todavía sensual y de gran hermosura. Desgraciadamente, Josefina, que había tenido un hijo y una hija del primer marido, no había proporcionado a Napoleón descendencia. Este había tenido ya bastardos de la polaca María Walewska. Era, pues, casi legítimo que quisiera divorciarse por razón de Estado, y el emperador de Austria, sobrino de María Antonieta, consintió que otra archiduquesa, una de sus hijas, se casara con Napoleón. Se la escogió casi principalmente porque las archiduquesas austríacas tenían fama de fecundas. Y, en efecto, a los pocos meses dio a luz

El mariscal Ney en la retaguardia de la *Grande Armée* durante la retirada de Rusia. Museo de Versalles.

Napoleón

al deseado heredero. El Imperio parecía consolidado y asegurada su continuidad con un Napoleón II.

Quedaba la nube de España. Wellington había fortificado una de las tantas mesetas españolas, que son fortalezas naturales casi inexpugnables. Es la que se ha llamado línea de Torres Vedras porque ésta forma su límite oriental; por el Sur la defiende el Tajo hasta Lisboa. Además, el mal humor creado por las veleidades de Napoleón con los partidarios de la independencia de Polonia hacía sospechar la defección del zar. El abrazo de Tilsit se iba desenlazando, y parecía haberse aguado el vino de los brindis de Erfurt.

Efectivamente, al comenzar el 1812 Napoleón estaba en guerra con Rusia. Con un ejército en el que había acumulado los soldados que le dejaba libres la pesadilla española, iba a lanzarse, enajenado, hacia el corazón de las estepas sin fin. Los rusos retrocedían vencidos, pero el zar no acudía como en Tilsit a abrazar a su hermano, el caballero corso. Napoleón entró en la desierta ciudad de Moscú, que pronto empezó a arder. Cuentan que ante la catástrofe, Napoleón dijo: «He hecho demasiado de emperador, es tiempo que vuelva a hacer de general.» Pero si bien es cierto que se puede ascender de general a emperador, retroceder de emperador a general es absolutamente imposible.

A su regreso a Francia, Napoleón encontró a toda Europa coligada de nuevo contra él. Por un momento pensó en abdicar en su hijo... Todavía se levantó para combatir contra todos. «Toda Europa estaba con nosotros hace un año — decía el Emperador al Senado —; toda Europa está hoy contra nosotros.» En fin, viendo a Francia invadida por primera vez desde 1795, Napoleón abdicó y consintió en ser rey de la isla de Elba, poco más que una roca de mineral de hierro situada frente a las costas de Toscana.

Allí vivió diez meses en soledad. Únicamente su antigua concubina polaca, la tierna Walewska, fue a consolarle. Josefina, la

Napoleón, por David. National Gallery. Washington.

esposa criolla, había muerto aquel mismo año. La archiduquesa austríaca, madre de su heredero, le abandonó, y se fue a vivir escandalosamente en Venecia con un tal Neipperg.

El 26 de febrero de 1814, Napoleón, escapado de la isla de Elba en el bergantín *Inconstant*, salta a tierra casi en el mismo sitio donde había desembarcado al retornar de Egipto. Francia parece electrizada, el Emperador está de regreso; se oyen otra vez los gritos de *¡Abajo los nobles!*, *¡Abajo el clero!*, mezclados con *La Marsellesa*. En

Capítulo XXIV

Lyon, camino de París, Bonaparte escribe una carta a su esposa, la austríaca, que empezaba así: «Madame y querida *amiga:* He subido otra vez a mi trono...»

Cien días después, Waterloo.

Pero la obra de Napoleón Bonaparte se iba a prolongar una vez desaparecido él de la escena política. En primer lugar, la división territorial de Francia en departamentos, al tiempo que terminaba con unas provincias ficticias, herencia de los tiempos feudales, daría a la nación gran estabilidad por huir de arbitrariedades y adaptarlas a regiones naturales.

En segundo lugar, el Código napoleónico, obra de su gran capacidad de legislador y administrador, serviría de pauta a todos los códigos civiles que se redactarían en la Europa del siglo XIX.

Por último, los movimientos de fronteras que provocaría con sus acciones militares tendría honda trascendencia: se puede decir que Suiza, Holanda y hasta cierto punto Italia son obra de Napoleón.

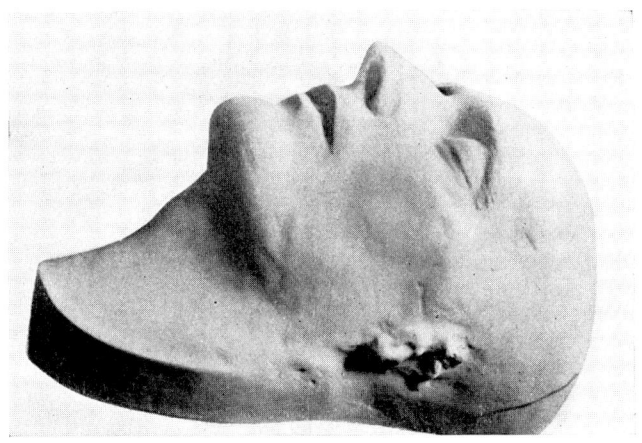

Mascarilla de Napoleón. Museo de Ginebra.

Entrada de Luis XVIII en París en 1814. Grabado de la época.

CAPITULO XXV

LIQUIDACION DEL PERIODO NAPOLEONICO. EL CONGRESO DE VIENA

EN 1814, después de la primera abdicación de Bonaparte, los *Aliados* consintieron a regañadientes la restauración de los Borbones en Francia. Sabían quién era el conde de Provenza, hermano de Luis XVI, porque desde el año 1807 vivía en Hartwell, pensionado por el Gobierno británico. Era ya de edad, conservaba las maneras de Versalles y apenas había aprendido, en la emigración, que los tiempos habían cambiado. Además, los Aliados, al entrar en Francia, se dieron cuenta de que los Borbones no contaban con simpatías en el pueblo. Se pensó por un momento en una regencia durante la menor edad del hijo de Napoleón; pero Inglaterra y Rusia se opusieron porque ello hubiera sido dejar a Francia a merced de Austria. Talleyrand, uno de los *regicidas* (como se llamaba a los que en la Convención habían votado la muerte de Luis XVI), el mismo que después tramara la jornada de Brumario y que a la caída de Napoleón se hallaba entre los Aliados, intrigó hasta conseguir que se llamara al conde de Provenza para reanudar la serie de los reyes franceses.

Capítulo XXV

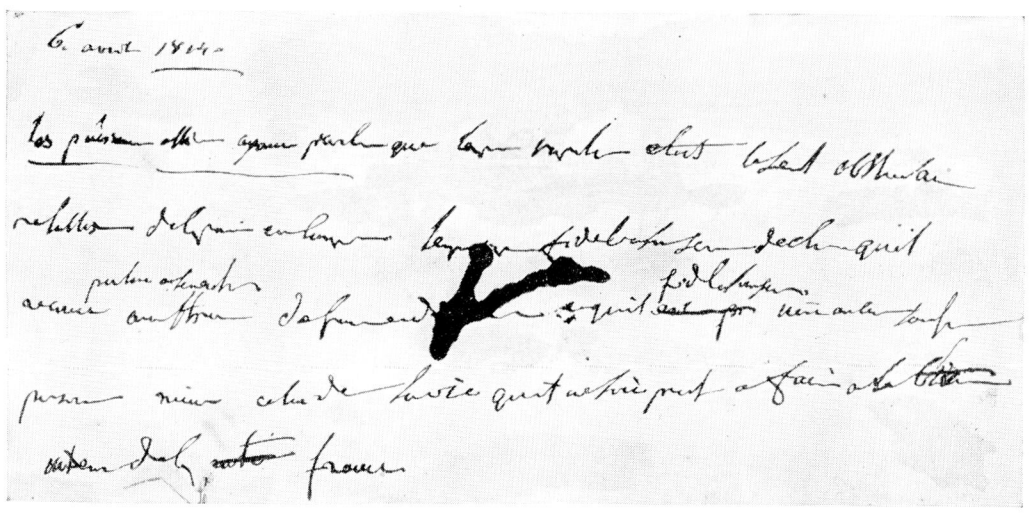

Acta definitiva de abdicación de Napoleón en Fontainebleau, después de Waterloo.

Los Aliados, esto es, el zar, el emperador de Austria, el rey de Prusia y Wellington, que estaban perplejos en París, se dejaron convencer por Talleyrand, quien obtuvo el voto del Senado para que el hermano de Luis XVI fuera a Francia a establecer un gobierno *sage et prudemment tempéré*. Este fue el *procedimiento* jurídico para legitimar el traspaso de la autoridad, superstición que duró todo el siglo. No importó tanto el derecho, cuanto que el príncipe o autoridad saliente lo transfiriese de grado o por fuerza al príncipe o autoridad entrante. Un pueblo era un rebaño que no podía estar sin pastor.

El Senado, único engranaje de la máquina gubernamental subsistente después de la abdicación de Bonaparte, redactó un proyecto de Constitución para salvar del naufragio algunas de las conquistas revolucionarias. El conde de Provenza leyó aquel plan o proyecto, y revistiendo de ambigüedad sus intenciones, replicó en estos términos: «Después de leído el proyecto de Constitución, ideado por el Senado, veo que las bases son buenas, pero que muchos artículos parecen redactados con precipitación, y, tal como están, no pueden ser leyes fundamentales del Estado.» Así empezó la secular lucha entre Rey constitucional y Parlamento, y entre liberales y reaccionarios, la cual caracterizó la Restauración.

Sin embargo, hasta aquel conde de Provenza, rey de Francia, que por el *martirio* de su hermano Luis XVI tenía derecho a estar prevenido contra la revolución, antes de llegar a París, el 2 de marzo de 1814, consintió en confirmar algunas conquistas revolucionarias en documento solemne dado en Saint-Ouen. Prometió «que no inquietaría a nadie por sus opiniones, que se podrían expresar libremente de palabra y por la prensa; que toleraría los cultos no católicos, que los jueces serían inamovibles, que los impuestos se votarían en parlamento y que gobernaría con un parlamento representativo de dos Cámaras».

La mayoría de las concesiones de Saint-Ouen se incorporaron en la Constitución definitiva, aunque no se le dio este nombre porque, según se predicaba en las iglesias de París, «toda Constitución era ya un regicidio». Se la llamó Carta Constitucional, y el nuevo rey tomó el nombre de Luis XVIII porque se suponía que el Delfín (que había sobrevivido a su padre) había reinado en la Cárcel del Temple, y que, por tanto, había habido un Luis XVII. Francia no podía haber estado ni un minuto sin rey. Para los

La liquidación del período napoleónico

monárquicos, Convención, Directorio e Imperio no habían existido; eran sueños. La Carta Constitucional se fechó en 1814, «año diecisiete de mi reinado»; esto es, que Luis XVIII había reinado ya diecisiete años; cuando príncipe emigrado, era rey en sus destierros de Alemania e Inglaterra. ¡Qué comienzos para un gobierno *sage et prudemment tempéré!*

Pero que el péndulo iba inevitablemente hacia la derecha, lo prueba la Constitución que redactó Napoleón a su regreso de la isla de Elba, durante los Cien Días. A la noticia de su llegada, el Borbón escapó a toda prisa y Bonaparte trató de restaurar rápidamente, no el Imperio, sino las *libertades republicanas*. En sus alocuciones empleó otra vez la palabra *ciudadanos* para dirigirse a los franceses; dijo que había regresado para restaurar los principios revolucionarios y que no quería ser más que emperador de una República francesa. Iba a hacer justicia en los traidores a la causa revolucionaria: *je les lanternerai* (los colgaré de postes de farol), etc. Con todo, en su Constitución de los Cien Días no reconoció el voto popular y subsistieron las listas de electores. Creaba dos Cámaras. El Senado de Pares, escogidos por el Emperador, irrevocables, y cuyos derechos se heredaban de padres a hijos, era todavía más absurdo que el de la Carta Constitucional de Luis XVIII. La Cámara popular —¡de 629 miembros escogidos de las listas comunales y de las listas departamentales! — causó gran decepción. Los ministros eran responsables; pero su responsabilidad era penal, no política. La Cámara de Representantes podía enjuiciar a un ministro ante la Cámara de los Pares, «bajo sospechas de haber comprometido la seguridad del Estado o el honor de la Nación». Pero los ministros no eran responsables políticamente; esto es, que un voto contrario de la Cámara no les obligaba a dimitir. En una palabra, Napoleón se proponía gobernar como antes de su abdicación, como Emperador, y sus *concesiones* no superaban las de Luis XVIII.

Waterloo produjo una nueva ocupación de París por los Aliados, quienes, esta vez, para castigar a Francia por haberse puesto del lado de Bonaparte, exigieron indemnización, ocupación e intervención. La indemnización, fijada en ochocientos millones de libras, se rebajó a setecientos; la ocupación por siete años se redujo a cinco, y la inter-

Luis XVIII fugándose de las Tullerías al tener noticia del regreso de Napoleón de la isla de Elba.

Capítulo XXV

vención consistió sencillamente en que por varios años los ministros del rey de Francia (otra vez Luis XVIII) tenían que consultar cada semana con los embajadores de los Aliados, reunidos en la casa de Wellington en París. ¡Este fue el precio que Francia pagó por Cien Días más de Imperio!

Después de Waterloo regresó Luis XVIII y empezó el régimen constitucional borbónico, que sirvió de modelo a casi todas las naciones de Europa. Se conservaron las instituciones establecidas durante el Imperio: Códigos, Concordato, Legión de Honor y hasta la nobleza imperial. Sólo se abolió el divorcio, «porque deshonraba el Código Civil», que era todavía el de Napoleón.

Se ha dicho que Francia fue «una sociedad democrática administrada por una burocracia centralizada»; pero si lo de burocracia es cierto, lo de democracia resulta

Luis XVIII con sus atavíos de monarca. Cuadro de Gérard. Museo de Toulouse.

dudoso. A lo único que tenía derecho un francés de principios del siglo XIX era a ser burócrata. Según la Carta Constitucional de Luis XVIII, los impuestos debían ser votados cada año por la Cámara popular de un modo puramente formulario; pero este voto comprendía el presupuesto anual, siempre improvisado, siempre artificial, porque no se podía saber lo que iba a ocurrir durante el año y siempre se liquidaba falseando balances de fin de ejercicio... Pero, además, la Cámara popular, con diputados escogidos de las listas electorales, fue, al comienzo, en Francia y en otros países, un verdadero fantasma.

Luis XVIII la llamaba la Cámara *Invisible*, porque nada proponía ni resistía a nada. Los diputados, sin dietas, habían de pagar por lo menos la contribución de mil francos anuales, y los electores trescientos francos de impuesto. El sufragio universal, que había de ser una de las grandes conquistas del siglo que comenzaba, se consideraba injusto e imposible. La libertad de Prensa estaba limitada por *la condición de sujetarse a las leyes que debían reprimir sus abusos*. Por lo demás, se ha hecho notar que era de poca importancia lo que se podía imprimir cuando los ciudadanos no habían aprendido a leer. A principios del siglo XIX los Gobiernos europeos no tenían empeño en difundir la instrucción; el presupuesto de Francia para escuelas primarias era de cincuenta mil francos; había más de 25.000 municipios sin escuela. Los periódicos hacían tiradas irrisorias; se calcula que los de la oposición, en París, llegaban, en conjunto, a tirar 45.000, y 15.000 los gubernamentales.

Así y todo, la Francia postnapoleónica quedó como un faro, un modelo de liberalismo para las demás naciones de Europa. Para que se convenza el lector vamos a cambiar de escenario, y le trasladaremos a Viena, donde se celebraba el Congreso para liquidar los innumerables problemas internacionales que había planteado el desastre napoleónico. Asistían al Congreso noventa soberanos reinantes y cincuenta y tres plenipotenciarios de príncipes o Estados despo-

Una sesión del Congreso de Viena. Dibujo de Isabey. Museo del Louvre. A la izquierda, de pie, Wellington, y sentado, Hardenberg. Al lado de la mesa, Metternich de pie hablando y Castlereagh sentado. A la derecha, sentados, Labrador, Talleyrand y Stackelberg.

seídos que reclamaban la restitución de sus dominios. Esto dará idea de la trituración territorial de Europa antes de Napoleón. Lo peor era todavía el espíritu de los reunidos. Para aquellos *grandes de la tierra* no había ocurrido nada antes ni después de Napoleón. Aparecían ataviados con insignias y condecoraciones de Órdenes de todos los santos del calendario, del Toisón, del Baño, la Jarretera, el Elefante, el Fénix, el Águila, la Espada, etc. Coronados y condecorados habían llegado a Viena con sus esposas y amantes; danzaban y jugaban, hacían cabalgatas y representaban cuadros plásticos, además de las funciones de gala que se daban en el teatro y los banquetes.

El Congreso se inauguró en octubre del año 1814, y entre fiestas y recepciones duró hasta el 8 de junio de 1815, en que se firmó el Acta final. Con excepción del zar, los personajes más importantes no fueron los cuatro monarcas que lo habían convocado (Inglaterra, Austria, Rusia y Prusia), sino Metternich y Talleyrand. El zar era todavía el mismo Alejandro I que había abrazado a Napoleón en Tilsit y brindado por la eterna amistad con el gran hombre en Erfurt. Su padre Pablo III, con síntomas de demencia, fue asesinado en una conspiración de palaciegos consentida por el propio Alejandro. Cuando el Congreso de Viena, el zar era todavía un joven voluntarioso que defendía sus intereses con más pasión que inteligencia.

Metternich, también joven, actuaba por cuenta del emperador de Austria, que, como anfitrión del Congreso, no tenía tiempo ni paciencia para seguir las negociaciones. Era un convencido de la perfección de la sociedad de tipo aristocrático representada por Austria. Metternich, disipado y calculador, engañaba hasta a sus propias amantes. Sobre todo, sabía disimular con su mirada afable: *Le regard avec lequel M. de Metternich tromperait Dieu!* De sus ideas políticas tenemos idea clara por sus manejos durante el Congreso y después de él. Creía como su amo, el emperador de Austria, que los pueblos sólo tenían derecho a un «gobierno paternal». Lo que después se llamó «despotismo ilustrado» entonces era solamente «férula paternal». ¡Difícil decir lo que es mejor o lo que es peor, cuando ya pasó el tiempo de esta clase de tutelas!

Insistiremos en las ideas políticas de Metternich porque fueron las que prevalecieron. Durante un cuarto de siglo Europa fue la de Metternich. Según Metternich, «la po-

Capítulo XXV

El zar Alejandro I en la época del Congreso de Viena. Miniatura de Isabey. Museo del Louvre.

lítica había de basarse en el reposo». «El mejor triunfo fuera no cambiar nada en el orden político.» El liberalismo, la filosofía, habían hecho estragos, convenciendo a todos de que podían opinar libremente en religión, moral, legislación, economía política y administración. «Estas difíciles materias parecen ser un bien común y accesible a todos», cuando hasta «la idea misma de la emancipación de los pueblos es un absurdo». Lo terrible, según Metternich, es que «la enfermedad del librepensamiento ha contaminado a los burgueses. El pueblo bajo teme los cambios. Las gentes agitadas son los rentistas, los empleados, los literatos, los abogados, los maestros. Su grito de guerra es constitución, que quiere decir cambios y desorden. Y en medio de esta agitación constitucional no se puede pensar en reformas; el buen sentido exige que en tales circunstancias no se haga más que conservar.» Las reformas, el progreso político eran «proyectos inmorales de hipócritas, de cabezas destornilladas, de locos soñadores». Por fin, «la libertad de Prensa — siempre según Metternich — era una calamidad, desconocida en el mundo hasta la segunda mitad del siglo XVIII». Y si el mundo había subsistido sin esta infección de la libertad de Prensa durante miles de años, ¿por qué afanarse en imponerla entonces? Tal era Metternich, algo rezagado para su tiempo (1815-1848), pero nada en comparación con los Metternich de nuestros días.

El tercer protagonista del Congreso de Viena fue Talleyrand. Llegaba con el bagaje de su pasado revolucionario, lo que hizo muy difícil que pudiera manejarse al principio. En las primeras fiestas y reuniones a que asistió se le dejaba solo, como a un apestado. El emperador de Austria, sobrino de María Antonieta, no podía olvidar fácilmente que Talleyrand, obispo de Autún cuando estalló la revolución, había sido ministro con Danton, votado la muerte del Rey y dirigido los negocios extranjeros del Directorio y del Imperio. Y, sin embargo, su talento insuperable, su natural urbanidad, sus audacias en los momentos favorables, le hicieron el jefe de la oposición — si es que tal existía en Viena — y, después del zar y Metternich, la figura más importante del Congreso.

Aquel obispo, que había colgado los hábitos, equilibrista de cuerda y trampolín, que había pasado del monarca Luis XVI a Dantón, y de Danton a Napoleón, y de Napoleón a Luis XVIII, se presentaba en el Congreso de Viena como defensor de los principios de libertad y justicia.

Talleyrand insistía en Viena — fíjese el lector: en la Viena de Metternich — en que «la primera necesidad era convencer a las gentes de que no se podía sujetar a un pueblo por el solo derecho de conquista». Según él, «un soberano que hubiera perdido sus Estados por derecho de conquista, no por esto dejaba de ser soberano, a menos que hubiera renunciado a sus derechos». El resultado de estos principios fue agrupar alrededor de Talleyrand a todos los desposeídos, y, según hemos dicho, nada menos

La liquidación del período napoleónico

que cincuenta y tres de ellos estaban en Viena personalmente o representados por sus plenipotenciarios. Talleyrand consiguió hacer jugar, como piezas de ajedrez, a todos aquellos que, sin haber sido desposeídos todavía, sentían peligrar sus tronos o sus fronteras por haber sido aliados de Napoleón. Entre éstos estaban los reyes de Baviera y Sajonia, y Murat, rey de Nápoles. Pero Talleyrand no era un Wilson, y cuando fue necesario sacrificó alguna de sus piezas para lo único que en el fondo le interesaba: mejorar la posición de Francia.

Para dar al lector idea cabal de la socarronería diplomática de Talleyrand, copiaremos una conversación que tuvo con el impetuoso zar, tal como él mismo la transcribió en sus Memorias. Una noche Alejandro I le llamó para tener con él una entrevista a solas, en su residencia de Viena. Zar: «Vamos al bulto, hay que acabar.» — Talleyrand: «Todo depende de que Vuestra Majestad lleve en estos asuntos la misma grandeza de miras que lleva Francia.» — Zar: «Pero es necesario que cada uno encuentre conveniente la solución.»—Talleyrand: «Y cada uno respete los derechos.» — Zar: «Pero yo conservaré todo lo que ocupo.» — Talleyrand: «Vuestra Majestad no debería conservar más que lo que sea legítimo.» — Zar: «Pero las Grandes Potencias estamos de acuerdo.» — Talleyrand: «Yo no sé todavía si Vuestra Majestad incluye a Francia entre las Grandes Potencias.» — Zar: «Ciertamente, pero si no queréis que cada uno encuentre en la solución lo que le conviene, ¿qué es lo que os proponéis?» — Talleyrand: «Yo pongo el derecho por encima de las conveniencias.» — Zar: «Las conveniencias de Europa son el derecho...» Aquí Talleyrand ya no pudo contestar. Cuenta que se llevó las manos a la cabeza y, aparentando sollozar, exclamó: «¡Europa, desgraciada Europa!» El Zar, sin inmutarse, añadió: «Antes la guerra otra vez que renunciar a lo que ocupo... Pero, ya es hora de ir al teatro...»

A pesar de estos *contratiempos*, Talleyrand tenía una ventaja que hacía siempre valer en sus escarceos con los Aliados. Repetía que Francia no quería aumento de territorio. Hasta renunciaba a la *utopía* revolucionaria de las fronteras naturales. Tanta generosidad francesa era forzada; Talleyrand sabía muy bien que Francia era la vencida, y que de la epopeya napoleónica le tocaba pagar los platos rotos. Sin embargo, maniobrando hábilmente e intercalando sus malsonantes *derechos imprescindibles, restauración de gobiernos legítimos, conservación del derecho público, independencia de pueblos*, Talleyrand ganó la partida. Ya hemos dicho que las ideas políticas que predominaron en Europa después del Congreso fueron las de Metternich, pero las fronteras que se aceptaron en Viena, sobre todo en el Oeste — esto es, con excepción de las de Polonia —, fueron las de Talleyrand.

La victoria — si así puede llamarse al resultado de las transacciones de Talleyrand —

El príncipe de Metternich, ministro del emperador de Austria y figura principal del Congreso de Viena.

Capítulo XXV

era tanto más difícil por cuanto en el tratado de paz con Francia los Aliados decían que «la disposición de los territorios a que renuncia Su Majestad cristianísima (el rey de Francia) y las relaciones que deben existir para procurar un equilibrio real y duradero en Europa serán reguladas por un Congreso (en Viena) *sobre bases convenidas de antemano por las Potencias aliadas*».

Las bases convenidas de antemano eran la suerte que tocaba a alguna de las víctimas de la Revolución y del Imperio. Austria se anexaba el Véneto y la Lombardía; el rey de Cerdeña tenía que sacrificar parte de Saboya y en cambio recibía Génova; Bélgica, reunida con Holanda, formaba un Estado limítrofe entre Francia e Inglaterra. Los territorios de la orilla izquierda del Rin (conquistas de la Revolución) se devolvían a Alemania, parte a Prusia, parte a Baviera. Con estas bases preestablecidas, Talleyrand sólo podía jugar con los territorios cuya suerte no estaba fijada por el tratado, esto es: Polonia, Italia (menos Véneto y Lombardía) y las fronteras interiores de los Estados alemanes. Había posibilidad de satisfacer con estos jirones de Europa a muchos ambiciosos. Por lo pronto fue sacrificado Murat, que, en los Cien Días, se había puesto del lado de Napoleón. Su reino de Nápoles fue reintegrado a los Borbones para satisfacer al agente de Fernando VII, rey de España, Gómez Labrador, que en otras cosas había secundado a Talleyrand, quien ni intentó defender a Murat. «No conocemos a *aquel hombre*», dijo en el Congreso, siendo Murat todavía rey de Nápoles. ¡Qué sarcasmo! Lo conocía desde mucho antes de ser rey.

El momento crítico del Congreso fue cuando el zar y el rey de Prusia llegaron a un acuerdo respecto a los territorios que se asignaban mutuamente en Polonia y en Sajonia. Para compensar a Prusia de que el zar recibiera Varsovia, Alejandro permitió que Prusia se engrandeciera a expensas de Sajonia. El rey de Sajonia había sido fiel a Napoleón hasta el último momento; había que castigarle por lo menos con una disminución de sus Estados. Cuando Talleyrand se enteró de este *arreglo,* convenido a espaldas del Congreso, intrigó de tal manera que hasta llegó a combinar una alianza de Francia, Inglaterra y Austria para impedir el reparto. Talleyrand escribía a su amo, Luis XVIII, dándole cuenta de esta nueva Alianza, diciendo: «¡Se acabó la Coalición; ya no está sola Francia contra toda Europa!» Pero el zar dio orden a sus tropas de retirarse de Sajonia, lo que equivalía a entregarla a Prusia, dando a comprender así que contrariarlo era la guerra. ¡Y quién podía atreverse a desencadenar otra guerra en Europa después de Napoleón!

Inglaterra asistía a estos regateos procurando sólo que pasasen olvidadas sus conquistas, que estaba decidida a conservar. Estas eran: Malta, Heligoland, Ceilán, Colonia del Cabo y Trinidad. Por haber sido traidor a Napoleón, que lo había colocado en el trono de Suecia, Bernadotte recibió la propina de Noruega.

El Acta definitiva del Congreso (8 de junio de 1815) va acompañada de una especie de codicilo que garantiza la neutralidad de Suiza y la libre navegación de los ríos de Europa. Los Aliados, por lo visto, satisfechos de su tarea *geográfica* y *política,* se comprometieron a «reunirse de nuevo periódicamente para decidir las medidas necesarias al mantenimiento de la paz europea, y para concertar la represión, caso de que las corrientes revolucionarias volvieran a alterar a Francia y a amenazar la paz de los demás Estados».

Pero el epílogo del Congreso de Viena fue la Santa e Indisoluble Alianza, con que se pensó iniciar un nuevo régimen de paz y gobierno cristiano en toda la haz de la tierra. Por entonces el zar estaba bajo la influencia de una dama mística protestante, la señora Krüdener, viuda, ex literata y casquivana hasta su conversión en Riga, el año 1804. Leyendo en Isaías «que vendría un hombre del Norte para destruir al Anticristo» (XLI, 25), se había convencido de que el hombre del Norte era el zar y el Anticristo Napoleón. Confirmada la profecía, la viuda consiguió que el zar la escuchara

La liquidación del período napoleónico

horas y horas, hasta que éste, bajo aquellas duchas proféticas, dijo que «había encontrado la paz interior». Inspirado por la Krüdener, redactó, firmó e hizo firmar a sus amigos, el rey de Prusia y el emperador de Austria, el extraordinario documento que, algo recortado, copiamos a continuación:

«En nombre de la muy Santa e indivisible Trinidad. Habiéndose convencido los soberanos firmantes de que es necesario asentar sus resoluciones sobre las verdades sublimes que nos enseña la religión eterna de nuestro Dios y Salvador, declaran solemnemente que quieren manifestar al Universo entero su determinación irrevocable de tomar por regla de conducta los preceptos de su santa religión, preceptos de paz y de justicia que, lejos de ser aplicados tan sólo en la vida privada, deben influir en las decisiones de los príncipes y guiarlos en todos sus actos.»

«Atendiendo, pues, a las palabras de las Santas Escrituras que ordenan que todos los hombres se amen como hermanos, los tres monarcas firmantes quedarán unidos por los lazos de una fraternidad vera e indisoluble y se prestarán en todas ocasiones ayuda y socorro; considerando a sus súbditos como hijos, los dirigirán hacia el mismo espíritu de fraternidad para proteger con ellos la religión, la paz y la justicia.»

«Así que, tanto ellos como sus súbditos, tratarán de ayudarse recíprocamente como miembros de una sola nación cristiana, como si los pueblos fueran ramas de una misma familia... y como si todos no tuvieran más que un solo soberano, Dios, nuestro divino Salvador, el Verbo del Altísimo, la Palabra de Vida...»

Estos son los párrafos más importantes del documento engendrado en el místico connubio del joven zar y la iluminada de Riga. Lo firmaban como autores el emperador de Austria, católico; el zar, ortodoxo de la Iglesia griega, y el rey de Prusia, protestante. El rey de Francia se adhirió por deferencia al Zar; ¡cómo debía de sonreír Talleyrand al comunicárselo! Sabemos que Metternich dijo que la Santa Alianza era un *rien sonore* (un nada retumbante).

Vizconde de Castlereagh, representante del rey de Inglaterra en el Congreso de Viena. Cuadro de T. Lawrence.

Y, sin embargo, las fuerzas espirituales, incluso desencaminadas por la intervención de gentes insensatas, producen efectos superiores a los del egoísmo frío y calculador de la política realista. La viuda Krüdener acabó su vida en una colonia de místicos del Cáucaso, pero el zar continuó adicto a su Santa Alianza, y por ella durante algún tiempo Rusia fue un factor importante en todas las cancillerías de Europa. Esto produjo cierto bien. Los reyes con la Santa Alianza se habían comprometido a ayudarse mutuamente para combatir el mal revolucionario, y esto producía un principio de solidaridad europea. Hasta el mismo Metternich decía: *C'est depuis longtemps que l'Europe a pris pour moi la valeur d'une patrie.* Al leer, en Santa Elena, el texto de la Santa Alianza, Napoleón dijo: *C'est une idée qu'on m'a volée.* Añadió que las guerras entre los pueblos de Europa siempre le habían parecido guerras civiles.

Capítulo XXV

Fernando VII de España. Cuadro de Goya. Museo del Prado.

Pero la dificultad es que aquella primera Paneuropa se establecía sólo para atajar la revolución y, para mayor desgracia, los monarcas aliados no coincidían en definir lo que era revolucionario o lo que era legítimo y deseable. Para Metternich y su amo el emperador Francisco II, Constitución y Revolución eran sinónimos. Para el zar, el tratamiento paternal, que se comprometían a aplicar a los pueblos por el Acta de la Santa Alianza, era compatible con la Constitución. Entonces se vio al zar autocrático de todas las Rusias defender a liberales y constitucionales en Francia, en Alemania y en Italia. Hasta en España, Fernando VII tenía muy en cuenta lo que proponía el embajador de Rusia, quien patrocinaba al ministro constitucional Garay. En cambio, el zar era contrario a que los coloniales de América quisieran emanciparse del rey de España. Confiado en la ayuda de los rusos para reconquistar las colonias, Fernando VII mantenía a Garay. Pero cuando por fin llegó a Cádiz, en 1818, la armada rusa que tenía que ayudar a la reconquista de América, y se vio que los buques no eran buenos para navegar, y que había que devolverlos con los tripulantes y hasta pagar los víveres para el viaje de regreso..., Fernando obligó a Garay a dimitir.

En otros países, la revolución tenía un carácter no sólo constitucional, sino antimonárquico y con ambiciones de reformar fronteras, y esto ya no podía tolerarse. La Santa Alianza intervino para sofocar focos revolucionarios, que hasta el zar consideró peligrosos, en Nápoles y el Piamonte. Las expediciones de policía en Italia corrieron, naturalmente, a cargo de Austria. Se hubo también de intervenir en Alemania y Polonia. La revolución, apagada en la superficie, parecía comunicarse de un país a otro a través de canales subterráneos. La masonería, internacional por esencia, acabaría por transformar los diferentes grupos nacionales de conspiradores en una gran fraternidad, con algo de místico y religioso. Esto también espantó al zar; veía mártires que se sacrificaban por una causa que no era la suya; los estudiantes disparaban contra sus agentes y embajadores; se conspiraba, por deporte, hasta en Rusia.

Metternich supo aprovechar el pánico de Alejandro, y en 1820 el zar reconoció, por fin, no sólo que había que atajar a la revolución, sino que constitucionales y liberales eran revolucionarios. La primera y única ocasión de demostrar este cambio de ideas de Alejandro se la dio España. Durante la guerra de la Independencia las Cortes de Cádiz habían redactado una Constitución de carácter acaso excesivamente liberal. Establecía que la Soberanía reside esencialmente en la Nación, y, por consiguiente, que a ella corresponde el derecho de redactar sus leyes fundamentales. Según la Constitución de Cádiz, el poder ejecutivo lo ejerce el Rey por sus ministros. Las Cor-

La liquidación del período napoleónico

tes están compuestas por una Asamblea única, elegida por sufragio universal indirecto y con miembros no reelegibles. El Rey tenía sólo el veto *suspensivo*.

A su regreso de Bayona, en el año 1814, al entrar en España y al oír los gritos de *¡Viva el Rey absoluto!*, Fernando VII declaró que «su real voluntad» era no jurar la Constitución. Cualquiera que quisiera sostenerla cometía un acto contrario a las prerrogativas de la soberanía y al bien de la Nación. Se declaraba culpable de lesa majestad y castigado con pena de muerte a quien defendiera la Constitución por escrito o de palabra. Las Cortes fueron disueltas y sus documentos sellados.

Más tarde, para contentar al zar, y también para mantener tranquilos a los liberales más impacientes, Fernando VII consintió en transigir con ciertas fórmulas constitucionales. Pero en 1818 se declaró francamente absolutista. Bastó, sin embargo, el pronunciamiento de Riego en 1820 para que Fernando VII cambiara de opinión. Entonces declaró que «todo español que no jurase la Constitución, o que lo hiciera con protesta o reserva, era indigno de ser llamado español y perdía, a causa de ello, sus honores, títulos y empleos. Debía ser alejado de la monarquía...»

Los liberales, envalentonados por esta nueva declaración de su «real voluntad», se llevaron casi secuestrado al rey a Sevilla. En el Norte y en Cataluña las partidas de absolutistas y legitimistas consiguieron por lo menos producir un estado de anarquía. Era, con toda evidencia, un caso que hacía necesaria la intervención de la Santa Alianza.

El zar, en aquel entonces, había ya cambiado de opinión y estaba conforme en todo con Metternich. En el Congreso de Aquisgrán se decidió, pues, la intervención para restablecer el orden (entiéndase absolutismo) en España. Asistió el zar al Congreso, y como nación más apropiada para enviar un ejército de policía se señaló a Francia. Naturalmente que Francia hizo todo lo posible por esquivar tan enojoso servicio. Pero el zar insistió en que a Francia le correspondía ir a España como agente de la Santa Alianza. Llegó a decir que si Francia se negaba a ir a hacer la guerra a los rebeldes españoles, se la obligaría a ir a la fuerza, esto es, haciendo la guerra a Francia.

Francia tuvo, pues, que avenirse a malgastar el poco prestigio que le podía quedar en España con una intervención de policía, y el ejército de Luis XVIII, los Cien Mil Hijos de San Luis, llegó sin obstáculos a Cádiz, donde se hallaban refugiados los *constitucionales*. El sitio de Cádiz duró tres meses. Por fin, Fernando VII pudo de nuevo sentarse cómodamente en el trono de sus mayores, sin la pesadilla de cortapisas constitucionales.

Las luchas entre absolutistas y liberales de principios del siglo en España acabaron con el experimento de restauración de la cultura española que se había iniciado en tiempos de Carlos III. En las Cortes de Cá-

Maurice de Talleyrand-Périgord, por Mlle. Godefroy. Museo de Versalles.

Capítulo XXV

diz todavía se manifiesta un espíritu renovador y diríamos *contemporáneo*. Algo de él sobrevive al ciclón de la invasión napoleónica. Jovellanos y sus amigos eran hombres civiles que podían parangonarse con los mejores de su tiempo. Pero las luchas fratricidas obligaron a los liberales a tomar el camino de la emigración, y un último eco de aquel movimiento civilizador se percibe en los periódicos que publicaron los emigrados españoles en el destierro, sobre todo en Londres.

Por fin el zar murió o desapareció de manera misteriosa. Recordemos que era hijo de un loco; la enorme responsabilidad de los tiempos difíciles que tuvo que vivir como figura principal de Europa debió de influir en que muriera joven, o se retirara de la escena del mundo sin dejar rastro. Se ha forjado una leyenda según la cual el zar vivió en Siberia como un ermitaño llamado Fedor Kousmitch, y que el cadáver desfigurado que se enterró como restos mortales del zar era, en cambio, el de un pobre campesino ruso. La historia oficial se oponía a esta versión, y nunca se consiguió probar que el ermitaño Kousmitch fuera el discípulo de la viuda Krüdener que, arrepentido de su vida pecadora, trataba de encontrar la paz en la soledad y la miseria. Pero recientemente las autoridades soviéticas abrieron el ataúd que se suponía que contenía el cadáver de Alejandro I, y se encontró vacío. Algo nos falta para explicar este detalle y otras singularidades de la autopsia y el entierro. Asusta considerar que los destinos de Europa pudieran depender tantos años de la decisión de un personaje como Alejandro I, que un día se manifestaba como liberal, otro día como reaccionario, sujeto a la influencia de una amante o una visionaria, de un Napoleón o un Metternich.

Talleyrand desterrado en Londres (1834).

Lugar donde se edificó la ciudad de Washington, capital de los Estados Unidos, en el año 1800, visto desde el otro lado del río Potomac.

CAPITULO XXVI

LA CONSTITUCION DE LOS ESTADOS UNIDOS. LA DOCTRINA DE MONROE

Durante los años transcurridos desde la Declaración de Independencia de los Estados Unidos de América (1776) hasta la elección de Washington como primer presidente (1789), puede decirse que la soberanía quedó relegada a las Colonias. Cada una de las trece que se habían asociado para luchar contra la metrópoli se consideraba independiente o con derecho a ser independiente. En consecuencia, haciendo uso de su soberanía, con la excepción de Rhode Island y Connecticut, que elevaron sus Cartas de fundación colonial a la categoría de Constitución de Estado, todas las demás ex colonias se dieron a sí mismas una constitución estatal, anterior, por lo tanto, de varios años a la constitución federal.

Así, los trece Estados fueron laboratorios de experimentación constitucional; la Constitución definitiva de los Estados Unidos es, en gran parte, el resultado de la ratificación o rectificación de las ideas filosóficas y políticas incorporadas en las constituciones locales de los Estados.

De las once Colonias que elaboraron una constitución estatal, siete la hicieron preceder de un prólogo llamado Declaración de Derechos. Algunos de los conceptos que aparecen en estos prólogos se encuentran de nuevo en el famoso documento de que ya tratamos en un capítulo anterior: esto es, la Declaración de Independencia de los Estados Unidos. No podía ser de otro modo, pues que su redactor fue Tomás Jefferson, el mismo que elaboró la Declaración y Constitución local de Virginia.

En el prólogo de aquel documento se declara ya que «todos los hombres son por

Capítulo XXVI

Edificios de la Universidad de Virginia como fueron planeados por Jefferson, en Charlottesville.

naturaleza libres e independientes y tienen derechos de los que no pueden privar a las generaciones sucesivas al constituirse en sociedad. Tales derechos son: goce de vida y libertad, el de adquirir y poseer bienes, así como el deseo de seguridad y felicidad...» Exactamente lo que Rousseau escribía en el *Contrato Social*.

La primera Constitución estatal de Virginia trata de conseguir la realización de estos fines con dieciséis artículos. Son todos ellos tan expresivos del espíritu que animaba a los coloniales americanos de entonces, que creemos un deber resumirlos a continuación:

1. El poder procede del pueblo *(eliminación del derecho divino de los reyes).* — 2. Los magistrados son sólo sus servidores y administradores *(eliminación del poder absoluto).*—3. El Gobierno debe ser para el bien común del pueblo, nación o comunidad *(eliminación de clases privilegiadas.)* — 4. Los emolumentos públicos deben ser para retribuir servicios; pero ningún cargo ha de ser hereditario *(supresión de derechos aristocráticos).* — 5. Los poderes legislativo y ejecutivo deben estar esencialmente separados del poder judicial *(garantía contra el despotismo gubernativo).*—6. El cuerpo electoral debe estar formado por todos los ciudadanos que sientan suficiente interés en el Estado *(igualdad de sufragio, pero restringido a los contribuyentes).* — 7. Sólo los representantes del pueblo tienen derecho a cambiar o suspender las leyes *(esto es, suspensión de garantías constitucionales, permitida sólo con autorización parlamentaria).*— 8. Los criminales tienen derecho a conocer el crimen de que se les acusa *(supervivencia germánica o anglosajona).* — 9. No debe exigirse fianza excesiva a los acusados *(para evitar la detención ilimitada).*— 10. No deben permitirse registros domiciliarios sin precisar causa u objetivo *(de conformidad con las libertades inglesas).* — 11. El juicio «antiguo» por jurados es preferible a todos los demás y debe considerarse «sagrado» *(nótese antiguo y sagrado, como en la épocas de las emigraciones teutónicas).* — 12. La libertad de Prensa es el baluarte de la libertad y sólo Gobiernos despóticos pueden restringirla *(escrito en junio de 1776, doce años antes de la Revolución francesa).* — 13. Milicia y fuerza militar siempre subordinadas al poder civil *(los Estados Unidos no han sufrido pronunciamientos ni caudillajes).* — 14. Unidad y uniformidad en el gobierno *(para evitar la anarquía).* — 15. La libertad sólo puede ser mantenida con templanza y justicia *(libertad es el supremo*

La Constitución de los Estados Unidos

bien). — 16. La religión debe ser profesada por convicción y raciocinio, no por la fuerza. Todos los ciudadanos tienen derecho a seguir en religión los dictados de su conciencia, y es deber de todos practicar las virtudes cristianas de paciencia, amor y caridad con los demás...

Estos son los dieciséis artículos de la primera Constitución de Virginia, inspirados o redactados por Tomás Jefferson. Después de los de Washington y Lincoln, el nombre de Jefferson es el más venerado por los norteamericanos. Saturado de filosofía, amante de las artes, constructor y arquitecto, Jefferson vivía en su hacienda de Monticello, en Virginia, cuando se desencadenó la revolución. Empleó los grandes recursos de su pingüe patrimonio en comprar libros, viajar y proveer a la educación de sus compatriotas. La Universidad de Virginia, fundada y dotada por Jefferson, conserva, con orgullo, intactos los edificios que para ella proyectó su fundador. Son de estilo neoclásico, con un refinamiento de simplicidad que no era de esperar en un colonial. La belleza de las fachadas depende de la geométrica proporción de sus partes. La belleza sin adornos de los edificios de Jefferson puede calificarse de belleza filosófica. Pero el alma de Jefferson, más que en aquellos edificios castísimos, está en la *Declaración de Indepen-*

Tomás Jefferson en la época de la Declaración de la Independencia (1776).

dencia y en los artículos de la *Primera Constitución de Virginia*. El arquitecto filósofo americano, que cuando planeaba un monumento lo hacía con reserva y laconismo pitagóricos, al proponer un régimen de gobierno se desbordaba románticamente con

Monticello, en Virginia. Residencia de Tomás Jefferson, edificada según sus planos.

El primer Ministerio de los Estados Unidos. Washington con Jefferson, Negocios Extranjeros; Hamilton, Hacienda, y Randolph, Justicia.

la elocuencia del candor de sus convicciones.

Las demás constituciones estatales de las colonias rebeldes y declaradas por su soberana voluntad independientes contrastan con la Constitución de Virginia, porque la reflejan deformada y empobrecida. Por ejemplo, la Constitución de Massachusetts, el Estado puritano del Norte, declara también inviolable la libertad de la Prensa y garantiza el derecho de expresar los ciudadanos sus pensamientos de palabra o por escrito, pero insiste en que los municipios proveerán al culto divino y costearán a «maestros protestantes que inculquen piedad, religión y moral».

Así, con el aprendizaje de estas constituciones provinciales o estatales, se iba cristalizando un régimen político que serviría para la nueva nación norteamericana. Entre tanto continuaba la guerra contra los ingleses, única cosa que parecía poder mantener unidas a las Colonias. Dirigían la guerra unos Congresos irregulares, intermitentes y casi tumultuosos que se reunían en Filadelfia. Se llamaron Congresos Revolucionarios para distinguirlos de los Congresos Constitucionales, que legislaron después con carácter de Cámaras federales. Los Congresos Revolucionarios estaban formados por delegados en número variable según los casos, pero no votaban individualmente, sino por Estados. Como eran trece las ex Colonias, que desde ahora llamaremos Estados, se necesitaban siete votos para tener mayoría. La principal tarea de los Congresos Revolucionarios era procurar fondos para las milicias que seguía capitaneando Washington, contratar empréstitos y formar alianzas. Hasta para eso se sentía la necesidad de un organismo político central con carácter permanente: a veces las tropas *continentales*, que así se llamaban los ejércitos de los insurrectos americanos, carecían de lo más necesario. En dos momentos críticos de la guerra los Congresos Revolucionarios concedieron a Washington autoridad dictatorial ilimitada; pero, existiendo una organización política central, el generalísimo no podía hacer más que aprovecharse de sus poderes en los lugares que ocupaba. Tan enojosa fue la situación del Ejército Continental, que un grupo de oficiales pidió a Washington por escrito que se declarara rey e impusiera su autoridad personal sobre los trece Estados como hubiera hecho el rey de Inglaterra. Washington contestó a este documento con una carta llena de indignación, manifestando que nunca hubiera imaginado que se atreviera nadie a proponerle semejante usurpación de poder.

Además del desconcierto que ocasionaba en las operaciones militares, la falta de Gobierno Federal causaba dificultades económicas.

Al declararse independientes, los americanos automáticamente se habían cerrado sus principales mercados, que eran las demás

La Constitución de los Estados Unidos

colonias inglesas y aun la misma Inglaterra. Era necesario establecer una nueva economía basada en otra clientela, y para esto era indispensable coordinación y acaso unificación... Pero, al contrario, los Estados procuraban substituir los ingresos legítimos del comercio con derechos de aduana y portazgo para los productos que iban de un Estado a otro. Los que tenían puertos imponían gabelas onerosas para los cargamentos que iban a otros Estados menos favorecidos. Así Connecticut, que no tiene puertos, era «un barril que se vaciaba por sus dos tapas», esto es, por los Estados limítrofes de Nueva York y Rhode Island. La Carolina del Norte, también desprovista de facilidades para anclar, «se desangraba por dos heridas», que eran sus fronteras con Virginia y la Carolina del Sur...

Tal situación obligó a pensar en confederarse, y por esto un Congreso Revolucionario nombró una Primera Ponencia que, lentamente, como cosa que se creía de importancia muy relativa, acabó por redactar unos «Artículos de Confederación y Unión perpetua» entre los trece Estados. En ellos se decía que la Unión era una firme Liga de Amistad... Pero el empeño en mantener la independencia de cada Estado se revelaba en que en las decisiones de esta Unión, Liga, Federación, o lo que fuere, cada Estado tenía un voto. Rhode Island, con 40.000 habitantes, tenía un voto, como Pennsylvania con 400.000 y Virginia con 700.000. El Gobierno Central únicamente podía actuar sobre los Estados; no tenía jurisdicción sobre los ciudadanos individualmente. Es más: el Gobierno Central no podía obligar a los Estados con una sanción; podía sólo amonestarlos. No se fijaban departamentos de gobierno, ni se precisaba el engranaje de la máquina gubernamental.

Es de toda evidencia que un Gobierno Central establecido sobre tan frágiles fundamentos tenía que resultar completamente ineficaz. Además, se preveía que pronto sería necesario reforzar el organismo central, ahora sólo coordinador de la política de los trece Estados, porque como resultado de la independencia vendría la anexión de los vastos territorios entre los antiguos límites de las Colonias por el Oeste y el Mississippi, que eran todavía tierras vírgenes. No habiendo sido incluidas en ninguna concesión colonial por la Corona británica, ¿a quién pertenecerían aquellas regiones?, ¿qué estatuto político tendrían cuando la paz con Inglaterra obligara a pensar en su aprovechamiento? Todos estos problemas se agitaban en los innumerables folletos que se imprimían, dando ya por descontada la victoria de la Revolución.

La iniciación de planear el régimen futuro de los Estados Unidos partió de Nueva York. En 1782, la Cámara o Parlamento del

Retrato de Franklin, por B. West, en que aparece haciendo saltar la chispa de una llave que pende de la cuerda de una cometa que se eleva a las nubes cargadas de electricidad. Un letrero dice: *Eripuit caelo fulmen sceptrumque tyrannis* (Arrancó el rayo del cielo y el cetro de los tiranos).

Carpenters's Hall, en Filadelfia, donde se reunió el primer Congreso o Parlamento de los Estados Unidos.

Casa en la Calle Sexta de Filadelfia, que sirvió como primer Ministerio de Estado en Norteamérica.

Estado de Nueva York decidió por unanimidad que el sistema de gobierno, representado por los «Artículos de Confederación» y la «Liga de Amistad», era deficiente, por no dar al Congreso (de los delegados de los trece Estados, que era todavía la única autoridad central) la facultad de arbitrar recursos. En consecuencia, la Cámara de Nueva York propuso a las Cámaras de los otros Estados que se convocara una Convención para revisar y enmendar los Artículos de Confederación. A pesar de la necesidad, tal era el temor de los Estados de perder su independencia, que tardaron varios años en contestar. Virginia, el primero que respondió a Nueva York, no lo hizo hasta 1786. Al inaugurarse la Convención, en 1787, faltaban delegados todavía de varios Estados. Washington, elegido presidente por los reunidos, aconsejó moderación y que no se exigiera el concurso o asistencia a los remisos. «Hagámonos dignos de su presencia aquí con nuestro comportamiento y, no lo dudéis, ya vendrán.»

La Convención se reunió en Filadelfia. Se habían nombrado setenta y tres delegados, todos personas calificadas de los trece Estados, pero de ellos dieciocho nunca asistieron, cuarenta y dos estaban presentes al terminar sus tareas, y sólo treinta y nueve firmaron la Constitución. Desde el primer momento se declaró que los acuerdos se tomarían por votos de Estados; por tanto, serían necesarios, por lo menos, siete votos para tener mayoría. Se acordó que las sesiones serían secretas con objeto de que críticas prematuras no estorbaran la deliberación de los reunidos.

Algunos de los delegados eran hombres de gran patriotismo; había talentos geniales, que después participaron en el gobierno de la nación que allí iban a crear. Faltaba Tomás Jefferson; había sido enviado de embajador a Francia para substituir a Franklin, quien, en cambio, estaba presente como uno de los delegados de Pennsylvania. Franklin, en la Convención, fue gran factor para suavizar asperezas. El «filósofo del sentido común» no tenía ningún dogma político que imponer; iba y venía de unos a otros sin más deseo que encontrar la fórmula razonable, moderada y sobre todo practicable. Cuando los bandos parecían enteramente irreconciliables, Franklin proponía hacer plegarias al «Padre de las luces», último resabio teísta que conservaba de su origen cuáquero.

Hemos usado la palabra *bandos* porque enfrente de Jefferson, ausente, pero cuyo espíritu subsistía en los delegados imbuidos por la Declaración de Independencia y de la Constitución de Virginia, levantábase un espíritu nuevo representado por la per-

La Constitución de los Estados Unidos

sona de Alejandro Hamilton, delegado por el Estado de Nueva York. Mientras el grupo que podríamos llamar jeffersoniano era celoso de la autonomía de los Estados, el grupo capitaneado por Hamilton pretendía aumentar las atribuciones del Gobierno Federal, tanto para fortalecer a la nación o confederación como para hacer más uniformes y ecuánimes los derechos y deberes de los ciudadanos. En otros términos, para los jeffersonianos el ideal hubiera sido que los Estados fueran las últimas e indivisibles células del organismo político que iban a fundar, mientras que para los hamiltonianos la célula social era el individuo. América era para unos un compuesto de Estados; para los otros, un compuesto de individuos, asociados en Estados por razones históricas y económicas que con el tiempo perderían importancia.

Alejandro Hamilton no era de origen norteamericano, y acaso esto explica la poca importancia que concedía a la tradición colonial. Había nacido de padres escoceses en una de las Antillas británicas. Huérfano y pobre, a la edad de doce años consiguió por sus méritos una beca en *King's College* de Nueva York, hoy Universidad de Columbia. Allí estudiaba cuando el frenesí revolucionario le obligó a dejar los libros y a alistarse en el Ejército Continental. Washington se dio cuenta de las excepcionales cualidades del soldado estudiante, lo agregó a su Estado Mayor y le hizo su secretario. La colaboración continuada de Washington y Hamilton en aquel período de las campañas explica la amistad y aun la influencia personal del pensador en el soldado.

Muchas de las ideas de Hamilton fueron propagadas por una hoja periódica que publicaba con el título que hoy nos parece inapropiado de *El Federalista*. Pero entonces unificar era sinónimo de federar, porque había fórmulas de gobierno interestatal mucho más relajadas y vagas que la de federación. Según Hamilton, «el gobierno americano había de tener un principio de fortaleza y estabilidad en la organización, que permitiera vigor en la obra...» Y para esto, «el gobierno central debía descansar lo más posible en el pueblo y lo menos posible en los gobiernos de los Estados». «La completa extinción de los Estados era deseable, pero no aconsejable.» «Los Estados debían subordinarse al gobierno central.» «Una nación crecerá y prosperará en la proporción y según la medida de los recursos de que disponga para su formación y subsistencia.»

Todo esto parece hoy economía política barata; pero eran tremendas afirmaciones, casi blasfemias, en el seno de la sociedad americana, todavía con una supersticiosa fe en los beneficios de la disgregación colonial. Como forma de gobierno, proponía Hamilton una República con presidente vitalicio, con veto y poder para nombrar a los gobernadores de los Estados, también con veto en cada Cámara estatal. Como se ve, Hamilton, que estaba convencido de la incapacidad de los Estados para gobernar conjuntamente sin un fuerte organismo federal, dudaba de la capacidad de los individuos para decidir lo más conveniente. Decía que «el hombre es un animal **racional, pero no un animal razonable**»; por esto

Alejandro Hamilton, como secretario de campaña de Washington (1780).

Capítulo XXVI

consideraba apetecible la tutela del poder ejecutivo inamovible y con veto. Así resulta, lo que hoy parece también paradoja, que Hamilton, al librar a los ciudadanos de la férula de un provincialismo estatal, los entregaba a la discreción de un Gobierno Central, que de momento era de tipo federativo, pero que a la larga tenía que ir heredando los derechos de los Estados, para acaso acabar en una aristocracia.

Con estos antecedentes puede imaginar el lector cuán difícil había de ser ponerse de acuerdo para redactar la Constitución. Se trabajó sobre dos proyectos: uno de cierto Randolph, diputado por Virginia, y otro de un tal Patterson, de Nueva Jersey. Hamilton avanzó también un tercer proyecto, pero no se aprobó ninguno; se discutió cada punto por todos los reunidos, con entera imparcialidad, sin prejuicios de partido o de clase. Todos los reunidos eran americanos, sin indigestión de filosofía política europea. Esto es lo más notable de la laboriosa tarea de redactar la Constitución. No fue un documento preparado de antemano por una Comisión redactora, que a su vez hubiese confiado a un ponente el trabajo de prepararlo... No. La Constitución americana fue debatida celosamente punto por punto por americanos, más o menos cultos, más o menos idealistas, pero todos ardientemente interesados en descubrir la forma de gobierno que convenía a su país. Los que tenían experiencia por haber viajado aducían en las discusiones lo que habían podido apreciar en otros países; los que tenían formación histórica y literaria recordaban ejemplos de gobiernos antiquísimos. Pero en lugar de enamorarse de una lejana fantasía política, acababan por descubrir que lo más práctico era crear un nuevo régimen estatal, sin precedentes, acomodado a sus necesidades. Esto es importante, no sólo por el gigantesco desarrollo que con el tiempo aquella Constitución ha permitido a los Estados Unidos, sino porque es el primer ejemplo en la historia del mundo de un pueblo que se da a sí mismo una Constitución libre y decide cada detalle de su gobierno. La Constitución americana es de 1788, poco antes de la convocación de los Estados Generales de Francia.

El primer punto de discusión fue el título que debía darse a la Constitución. Se acordó evitar el adjetivo nacional y que se llamaría del Pueblo de los Estados Unidos de América. Pero lo importante fue que el Parlamento, denominado *Congreso*, quedó dividido en dos Cámaras: el Senado, donde cada Estado, pequeño o grande, tendría uniformemente dos votos, y la Cámara popular *(House of the Representatives)*, con diputados elegidos en número diferente para cada Estado, en proporción a sus habitantes. Esto acarreó dificultades, porque los Estados del Sur, que eran los más poblados, tenían esclavos, y tuvo que definirse que el número de representantes se computaría de modo que cinco esclavos equivaliesen a un hombre libre para los efectos de la representación.

Hamilton quería que el Senado fuera también elegido en proporción al número de habitantes, en lugar de componerse uniformemente de dos por cada Estado, y que los senadores fuesen vitalicios, mientras se comportaran dignamente. Perdió en esto, pero consiguió, en cambio, que el Senado fuese el único que pudiera ratificar tratados propuestos por el Presidente. La extraña condición del Senado americano hace de él, por naturaleza, un poder aparte, y hoy en cierto modo anacrónico. Porque es evidente que una asamblea compuesta por dos senadores de cada Estado, algunos de ellos poco poblados, puede contrabalancear la opinión de la mayor parte de los ciudadanos de los Estados Unidos. Además, el derecho sin apelación de ratificar tratados incapacita hasta cierto punto al Presidente. Así Wilson, fundador de la Sociedad de Naciones, no pudo lograr que los Estados Unidos entraran en ella legalmente porque el Senado nunca ratificó el tratado de Versalles. La condición, en apariencia insignificante, de tener el derecho de oponerse a toda clase de alianzas, concede de hecho al Senado el monopolio de la Soberanía.

Como una concesión a los procedimientos constitucionales ingleses, la Cámara popular, o sea la *House of the Representatives*, elegida por votación según el número de habitantes, tiene la exclusiva de formar los presupuestos. Toda ley que ocasione gasto tiene que emanar en los Estados Unidos de la Cámara de representantes. El Senado puede aprobar o rechazar la ley, pero no tiene el derecho de iniciativa para proponerla. He aquí el Tesoro en el Parlamento.

Una vez aprobada por las dos Cámaras, la ley pasa al Presidente, y si en diez días no se opone a ella, automáticamente entra en vigor. Si el Presidente, antes de los diez días, la devuelve al Congreso especificando las razones de su veto, las Cámaras pueden votarla otra vez, y si es aprobada por dos tercios de ambas Cámaras *(representantes y senadores)*, el Presidente ya no puede evitar su ratificación.

Todo esto parece disminuir la eficacia del poder ejecutivo, puesto que el Presidente no puede proponer leyes ni en definitiva cerrar el paso a las que no sean de su agrado. Todas sus combinaciones diplomáticas pueden venirse abajo por un voto del Senado, el cual sólo por milagro puede coincidir en sus resoluciones con la opinión de la parte más progresiva de la nación. Estos son los principales defectos de la Constitución.

Pero es natural que una Convención de *coloniales,* que acababan de sentir los efectos del absolutismo, quisieran precaverse contra una recaída en los mismos excesos, aun exponiéndose a inmovilizar la marcha del Estado. Así y todo, el Presidente de los Estados Unidos, como resabio de absolutismo, tiene el derecho de declarar la guerra. Aquel Presidente que no podía por sí solo hacer la paz, puesto que necesitaba del Senado para ratificar sus tratados, para declarar la guerra no tiene cortapisas ni sanción; no tiene que hacer sino comunicar, sin más, al Congreso que él según su criterio ha declarado la guerra. Constitucionalmente es comandante en jefe de los ejércitos de mar y tierra, puede disponer de la marcha de las operaciones y nombrar el Estado Mayor. En

La Granja,
residencia de Hamilton en Nueva York.

Casa solariega del presidente Madison
en Montpelier, Virginia.

tiempo de guerra el Presidente de los Estados Unidos es un autócrata. En tiempo de paz, escoge sus ministros sin atender estrictamente a la mayoría política del Congreso. Los ministros no asisten a las sesiones, no pueden defender su gestión, pero tampoco están obligados a dimitir si se les censura, a no ser que se trate de delito de peculado. Los ministros del Gobierno federal de los Estados Unidos son sólo servidores del Presidente; el ministerio americano es una su-

Vista de Washington en la época de su construcción.

pervivencia del *Privy Council,* o Consejo de la Cámara Real inglesa de la época en que se redactó la Constitución americana.

Un tercer organismo federal, de tremenda importancia en los Estados Unidos, es el Tribunal Supremo *(Supreme Court),* cuya misión tendría que ser únicamente velar por el mantenimiento del régimen y para que no se infrinja la Constitución ni por los individuos ni por los Estados. Las leyes locales o estatales contrarias a la Constitución de los Estados Unidos, como los actos anticonstitucionales de los individuos, son por naturaleza ilegales. Incumbe, pues, al Tribunal decidir lo que es anticonstitucional, cosa que a veces no resulta muy clara. En los últimos veinte años el Tribunal Supremo de los Estados Unidos ha sido la rémora del progreso político. Compuesto de nueve jueces, de los cuales siempre se ha procurado que cinco sean reaccionarios, muchas de sus sentencias han aparecido con el voto contrario de cuatro disidentes.

La Constitución americana establece que sus enmiendas deben emanar del Congreso y ser propuestas al voto de los Estados. Y aquí nuevamente encontramos el fatídico voto por Estados. Se necesitan tres cuartas partes de los Estados para que la enmienda pueda considerarse aprobada y formar parte de la Constitución. Hasta el presente, la Constitución ha sido objeto de veintiuna enmiendas; la última es la que deroga la enmienda dieciocho, que prohibía la fabricación, transporte y venta de bebidas alcohólicas. Como estas dos enmiendas se contradicen, quedan, en realidad, diecinueve enmiendas a la Constitución.

Aprobada en 1788, el Primer Congreso Constitucional eligió por unanimidad a Washington por Presidente de los Estados Unidos. Este tomó posesión el 30 de abril de 1789. Nombró ministros de Estado y Hacienda a Tomás Jefferson y Alejandro Hamilton, respectivamente. Esto dará idea del carácter estabilizador que procuró a su presidencia. Reelegido por unanimidad cuatro años después, Washington estableció así el precedente de un segundo período presidencial, pero rehusó ser elegido por tercera

La Constitución de los Estados Unidos

vez. Sin embargo, acaso la mayor contribución de Washington a la política de los Estados Unidos fue la carta en la que recomienda al pueblo americano mantenerse aislado, no participar en contiendas de otros países y no tratar de adquirir colonias o posesiones lejanas. Este documento, que se llama el «Testamento de Washington», ha servido para moderar el nuevo espíritu imperialista que en ocasiones ha tratado de dirigir la política americana.

El crecimiento natural de los Estados Unidos era su expansión hacia el Oeste, y, en efecto, en 1806, Lewis y Clark, en una exploración sin intenciones políticas, atravesaban por primera vez el Continente por la región de los Estados Unidos.

Además, Jefferson, elegido tercer Presidente, pudo redondear el patrimonio de la nación americana con el estupendo negocio de la compra de la Luisiana. Esta, francesa en sus comienzos, había sido cedida a España, pero en el período napoleónico Carlos IV y Godoy consintieron en devolverla a Francia. Apurado por falta de recursos, Napoleón vendió la Luisiana a los Estados Unidos, sin saber bien lo que vendía, por quince millones de dólares. Continuando esta política, los Estados Unidos en 1810 ocuparon la Florida occidental española y en 1819 compraron a España la Florida oriental por cinco millones de dólares.

Pero, además de su crecimiento, que podríamos calificar de interior porque se ejercía dentro de la América del Norte, los Estados Unidos hicieron en 1823 su famosa declaración llamada la «Doctrina de Monroe», por la que empezaban a querer olvidarse del «Testamento de Washington» y entraban resueltamente en la política internacional.

La causa inmediata de la declaración de Monroe fue el temor de que la Santa Alianza interviniera en América, tratando los Aliados de restituir otra vez las colonias españolas al despotismo de Fernando VII. El ejemplo de Norteamérica y la Revolución francesa había soliviantado a las colonias de la América latina y se habían formado allí Repúblicas reconocidas por los Estados

La ciudad de Washington a mediados del siglo XIX, según un grabado de la época.

Capítulo XXVI

Madison, cuarto presidente de los Estados Unidos (1809-1817).

Monroe, quinto presidente de los Estados Unidos (1817-1825).

Unidos. Chile fue reconocido en 1818, Perú en 1812 y las demás Repúblicas en 1822. Al ponerse de su parte, los Estados Unidos no obraban por motivos de pura filantropía. Es verdad que no veían peligro para ellos en que una restitución de los americanos del Sur a la Corona de España sirviera de estímulo para la reconquista por Inglaterra de sus colonias ya emancipadas; pero por el Oeste empezaban a aparecer los rusos y el zar Alejandro imponía restricciones a la navegación por el Pacífico a partir del paralelo 55.

Hostigado por la casi impertinencia rusa y animado por la misma Inglaterra, que declaró que no consentiría el restablecimiento de la soberanía española en la América latina, Monroe hizo su famosa declaración en 1823. La hizo aconsejado por Jefferson, que vivía retirado en Virginia, y parece que la letra del documento fue compuesta por John Quincy Adams, que entonces era secretario de Estado y después fue presidente de los Estados Unidos. La declaración de Monroe es, pues, un documento meditado y la importancia y calidad de sus autores le caracteriza de documento nacional. Sólo haría falta que los Estados Unidos atendieran a los principios allí enunciados para que fuera un hecho la paz y cordialidad entre latinos y anglosajones en el Continente americano. Recuérdese que la Doctrina de Monroe fue establecida para conservar la independencia de sus «Hermanos del Sur». Claro está que en la interpretación de aquella Doctrina cabe el que los «Hermanos del Sur» puedan ser esclavos de un mal gobierno (digamos de un tirano-dictador), como antes eran esclavos del mal gobierno del rey de España, y los hermanos mayores del Norte, que los defendieron contra sus enemigos europeos, los defiendan ahora contra los enemigos americanos que brotan de su seno... Y ya se ven los peligros que esto envuelve. Pero el espíritu de Monroe y Jefferson era del todo contrario a esta interpretación. Jefferson creía que las naciones jóvenes de Sudamérica crecerían en vigor

La Constitución de los Estados Unidos

político con la responsabilidad de una entera independencia. He aquí los tres párrafos más importantes de la Declaración de Monroe para que el lector la juzge según su realidad y la interpretación que se le ha dado:

«...Debemos declarar, para mantener las relaciones de amistad entre los Estados Unidos y las demás Potencias, que consideraremos peligrosas para nuestra paz y seguridad las tentativas por su parte para extender su sistema a cualquier porción de este Continente. No hemos intervenido ni intervendremos en los asuntos de las colonias de las naciones extranjeras existentes todavía en América. Pero con los Gobiernos que han hecho ya declaración de su independencia y que continúan manteniéndola y cuyos justos y bien considerados motivos de independencia hemos reconocido, nosotros consideramos toda intromisión con el propósito de oprimirles, o de cualquier otra manera gobernar sus destinos, por cualquier potencia europea, como una manifestación de enemistad hacia los Estados Unidos.»

«Nuestra política con respecto a Europa, adoptada al comenzar el período de guerras que por más de un cuarto de siglo han agitado esta región del Globo, es la de no mezclarnos en sus luchas intestinas y considerar sus gobiernos *de facto* como gobiernos legítimos. Hemos tratado de mantener con ellos buenas relaciones con una política franca, firme y humana, otorgándoles todo lo que era justo y resistiendo sólo a sus arbitrariedades. Pero por lo que toca a este Continente, las circunstancias son muy distintas. Es intolerable que los Poderes Aliados *(Santa Alianza)* traten de imponer su sistema político a una parte cualquiera de este Continente sin peligrar nuestra paz y felicidad. Es imposible que nuestros Hermanos del Sur, abandonados a sí mismos, adopten aquel régimen político. Es imposible que nosotros veamos tal intromisión con indiferencia.»

«En las discusiones a que los intereses encontrados de Europa y América han dado

John Quincy Adams, secretario de Monroe, que redactó el famoso documento de la Doctrina de Monroe, cuando joven y cuando era sexto presidente de los Estados Unidos (1825-1829).

Capítulo XXVI

ya lugar y que con amistosos arreglos se han terminado, hemos tenido ocasión de comprender que ha llegado el momento de declarar como un principio fundamental de la política de los Estados Unidos: Que estos continentes son, por la libre e independiente posición que han asumido y que mantienen, impropios para ser considerados como lugares apropiados para una colonización futura por cualquier potencia europea.»

¡Qué estupendo documento! La mano de Jefferson parece haberlo redactado; mejor dicho, su corazón está en la Doctrina de Monroe como en la Declaración de la Independencia de los Estados Unidos. ¿Qué más quieren los Hermanos del Sur?... Nada. Sólo que la cumplan los que la promulgaron, que los Estados Unidos se apliquen a sí mismos la Doctrina de Monroe. Se la ha criticado diciendo que es un pacto unilateral, que los Hermanos del Sur nunca pidieron aquella protección y tutela. Pero no se trata de pacto; los Estados Unidos en el año 1823 daban sin pedir. La política del dólar no se había inventado todavía.

Casa donde nació el presidente Jaime Monroe.

Vista de Guayaquil, donde se verificó la entrevista de Bolívar, *el Libertador*, y San Martín, *el Protector*.

CAPITULO XXVII

LA EMANCIPACION DE LAS COLONIAS ESPAÑOLAS EN SUDAMERICA

A fines del siglo XVIII la América latina apenas empezaba a sentir los efectos de la marejada revolucionaria. Mucho se ha hablado del fermento espiritual preparatorio de las revoluciones; pero sinceramente creemos que se ha exagerado por lo que toca a Sudamérica. Se publicaron allí algunos periódicos subversivos y folletos tendenciosos, pero ni por asomo en la cantidad prodigiosa en que se imprimieron en Norteamérica los años anteriores a su revolución. Estos llenan estantes enteros de una biblioteca; los de Sudamérica cabrían en el rincón de una alacena. No cabe duda que la independencia de los Estados Unidos y la Revolución francesa debieron de ejercer alguna influencia en el espíritu de los hispanoamericanos. Pero, en el fondo, lo cierto es que el mundo descubierto y civilizado por España, repoblado y fecundado con la sangre de su raza, sentía ansias de independencia, viéndose la estirpe mayor de edad al cabo de tres siglos de generaciones criollas. Mucho les había costado a los criollos de la América latina acostumbrarse a la idea de que ya no serían españoles, sino simplemente americanos. Algunos estaban contaminados de ideas liberales; habían leído la literatura demagógica y anticlerical francesa, que se introducía de contrabando, pero no pasaban de platónicos aficionados a la política, que escondían en una viga los libros prohibidos: el *Contrato Social* o los volúmenes de la *Enciclopedia*,

Capítulo XXVII

más satisfechos de su posesión que de su lectura. Se habían hecho masones, pero sus mejores amigos eran eclesiásticos, por la sencilla razón de que eran los únicos con quienes se podía filosofar de política y discutir programas de gobierno.

Al principio no fue el clero enemigo declarado de la revolución, pues tuvo oradores en las asambleas de tipo más o menos parlamentario que redactaron constituciones, y hasta cabecillas en los campos de batalla. Con tal que se respetara la persona real y los privilegios de la Iglesia, el clero estaba dispuesto a caer del lado de los revolucionarios. Lo que más repugnaba al carácter caballeresco de los hispanoamericanos era quebrantar la fidelidad jurada al monarca. He aquí el caso de Antonio Nariño, uno de los más conscientes *patriotas* de Sudamérica. En el año 1794 Nariño estudiaba en la Universidad de Santa Fe de Bogotá, y se había procurado una biblioteca de literatura avanzada. En su cuarto de estudiante se reunía un cenáculo de jóvenes para discutir los principios de la Revolución francesa. Los presidía un retrato de Benjamín Franklin. Habiendo llegado a sus manos la *Declaración de los Derechos del Hombre*, Nariño la tradujo y mandó imprimir, difundiendo millares de ejemplares en castellano. Fue condenado, desposeído de sus bienes y enviado prisionero a España. De regreso, publicó una *Defensa* en que, sin claudicar de los principios revolucionarios, se mostraba aún respetuoso con la autoridad legítima del rey de España.

La vacilación ideológica en este punto de la independencia compatible con la realeza adquiere importancia tratándose de una personalidad tan relevante como Nariño. Encarcelado de nuevo en 1798, sufrió tortura en manos de las autoridades españolas, junto con su amigo Zea, por no querer denunciar a sus cómplices en una conspiración. Ya después, no vaciló más y fue un sincero separatista. Pocos meses después se encuentra en Europa «escapado de la justicia». Dice el embajador español en París: «Se presentó a este Gobierno (el francés) proponiendo revolucionar aquellos países y mostrando relaciones y amistades que allí tenía con varios sujetos traidores y enemigos del Rey y de su Gobierno. Aquí — sigue diciendo el embajador español en París —, no obstante su propaganda democrática, no le dieron oídos y se fue a Londres, proponiendo a Pitt que si le ayudaba con dinero, municiones y alguna escuadra, haría levantar la Tierra Firme (Venezuela y Colombia). Parece que dicho ministro no hizo mucho caso de él... Poco después compareció otro aventurero llamado Caro, que estuvo complicado en la conspiración de Caracas, y propuso el mismo proyecto que Nariño con más medios y habilidad que él; pero tampoco fueron admitidas las proposiciones, y, siguiendo los pasos de su antecesor, fue a Londres con su proyecto de insurrección. Como sus planes estaban mejor trazados, admitió el Gobierno inglés sus proposiciones y resolvió enviar algunas fuerzas navales con armas y auxilios para apoyar los movimientos internos provocados por Caro; pero mientras se estaba disponiendo esta expedición, ocurrió la insurrección de la marina inglesa. Caro volvió a París y conversó largamente con los exaltados que aquí abundan; se juntó con Nariño, y uno y otro en los meses pasados han hecho varios viajes a Inglaterra entendiéndose con el famoso rebelde general Miranda, que es allí el centro de todos los conjurados contra la dominación española. Caro ha vuelto a París y se sabe que está dispuesto a introducirse en Bogotá con singular disfraz. Le han confeccionado una peluca de negro tan natural, que imita perfectamente el pelo lanoso de los negros, y además se ha barnizado la cara y el cuerpo con un ingrediente tan tenaz, que no lo destiñan ni el agua ni el sudor.»

Esta era la vida de los conspiradores, pasando con mediano éxito de Francia a Inglaterra, desembarcando en América y sufriendo allí las alternativas de victorias y fracaso de la Revolución. Para terminar su acción de revolucionario auténtico, Nariño retornó a América disfrazado de clérigo, lu-

La emancipación de las colonias españolas

chó y participó en varias sublevaciones y Asambleas Constituyentes. Elegido presidente de un gobierno en Bogotá, traicionado por los suyos y derrotado en 1813 por los españoles, Nariño fue conducido prisionero otra vez a España, permaneciendo varios años en las mazmorras de la Carraca en Cádiz. En 1820 la sublevación de Riego le puso en libertad, pero fue para volver a sufrir el calvario de la ingratitud y la incomprensión de los suyos hasta que murió en 1833. Politiquear se había convertido en conspirar, pelear, sufrir destierros y cárceles y morir desengañado... Virgilio dice que fue necesario mucho penar para dar luz y grandeza a la antigua Roma. ¡Qué penar no fue necesario para la gestación de las naciones sudamericanas, no llegadas todavía a su madurez!

En el relato de 1798 del embajador español en París, cuyos párrafos hemos copiado, se menciona con el calificativo de «rebelde general» a otro conspirador, Miranda, «centro de todos los conjurados contra España». Con éste se suele empezar la Historia de la Revolución americana, aunque hemos preferido empezarla por Nariño porque es más típico ejemplar de criollo, sin tanta influencia de un modo de pensar extraño; pero Francisco Miranda es personaje de más enjundia que Nariño. Se le ha llamado el *Precursor,* porque era ya «general rebelde» cuando Nariño y Bolívar empezaban a conspirar.

Miranda nació en Caracas en 1756, de un mercader natural de las islas Canarias, poseedor de regular fortuna. Estudió en su ciudad natal, pero a los veintidós años compró un empleo de capitán español del regimiento de la Princesa. Empezó sus primeras campañas en Marruecos. En 1781 formó parte del ejército que fue a las Antillas para cooperar con los franceses en la tarea de ayudar a la revolución de las colonias inglesas en Norteamérica. Era la época de la alianza francoespañola, resultante del pacto de familia borbónico, y ambas naciones deseaban hostigar todo lo posible al Gobierno británico en América. Miranda tomó

El general Francisco Miranda, precursor de la Independencia de la América española.

parte en la expedición española contra los ingleses en Florida y las Bahamas. Es posible que entonces se le revelara la posibilidad de emancipar también a su América. Pero acaso contribuyó a todo lo que hizo o dejó de hacer después un contratiempo que tuvo en Cuba. Estaba allí disfrutando de la confianza del capitán general Cagigal, al que se acusó de un negocio de contrabando. Miranda escapó a los Estados Unidos, y desde entonces no cesó de viajar, intrigando y conspirando contra España. Desde Londres, siendo todavía fugitivo y «reo de Estado» (porque se le condenó como a Cagigal), escribió a Floridablanca, ministro de Carlos III, enviando su dimisión de capitán del ejército español y pidiendo que se le devolvieran los 8.000 pesos que había pagado por el empleo. Durante las guerras de la Convención, Miranda sirvió a las órdenes del general Dumouriez, mientras se le entretenía para enviarle a América a fomentar

Capítulo XXVII

la rebelión. Francia y España ya no eran aliadas; todo lo contrario. Los Borbones de España se habían aliado con Inglaterra y hostilizaban a la Francia revolucionaria. «Es necesario—decía el girondino Brissot—desencadenar la revolución en España y en las colonias españolas al mismo tiempo. El éxito depende de Miranda.» Se trataba de aprovechar doce mil soldados del ejército francés, que estaban inmovilizados en Santo Domingo, nombrando a Miranda capitán general de aquella isla.

Entre tanto, Miranda servía con talento a Dumouriez. Desempeñó servicios importantes en el ejército de Holanda, que después recordó Napoleón. Bonaparte mandó grabar el nombre de Miranda en el arco de la Estrella de París con los demás generales de la primera República y del Imperio. Pero desgraciadamente Miranda estaba todavía a las órdenes de Dumouriez en la desdichada batalla de Neerwinden, que obligó a los franceses a evacuar los Países Bajos. De nuevo fue acusado de traición como cómplice de Dumouriez. El Tribunal Revolucionario lo declaró inocente, pero fue encarcelado otra vez, permaneciendo inactivo hasta 1798, en que de nuevo lo vemos en Londres, donde tenía más probabilidades de ser escuchado que en París. Otra vez España estaba a favor de Francia contra Inglaterra. Además, en Inglaterra se comprendía mejor la importancia de la emancipación de la América latina, por el comercio que se podía establecer con aquellos países. Miranda tenía exacto conocimiento de las fortalezas de Cuba y otras Antillas, que podían servir como base de operaciones a los ingleses. Sin embargo, como la revolución se desencadenó con más fuerza en Venezuela, la isla de la Trinidad sirvió de punto de apoyo a los revolucionarios en lugar de la de Cuba.

Hasta 1806 no logró Miranda que los Estados Unidos e Inglaterra le favorecieran permitiéndole una primera expedición filibustera. Se organizó en Nueva York, en complicidad con el Gobierno norteamericano. Miranda tenía relaciones amistosas con Hamilton, John Adams, Madison y el presidente Jefferson. Además, los buques de Miranda iban protegidos por Inglaterra. Cuando la expedición amenazaba acabar en completo desastre, el almirante inglés Lord Cochrane, que vigilaba la aventura, declaró que sus órdenes eran: «proteger a Miranda en caso de ataque de la marina española, impedir que llegaran a América refuerzos de Europa y asegurar la retirada, caso de que los filibusteros tuvieran que reembarcarse; pero no intervenir». ¿Qué querrá decir no intervenir para los ingleses?

El desembarco y la retirada de Miranda en 1806 no aumentaron su prestigio en Londres, porque nadie le secundó en Venezuela. La llegada de Miranda en 1806 no ocasionó

Vista de Caracas, según un grabado de 1835.

Declaración de la Independencia de Venezuela en el salón del Consejo Municipal de Caracas, el 5 de julio de 1811.

levantamientos ni tumultos entre los coloniales. Pero fue de consecuencias tremendas, porque los criollos se dieron cuenta de que podían contar con Inglaterra, y en América la reputación de Miranda no hizo más que crecer. Hasta las autoridades coloniales españolas tenían empeño en agrandar a aquel a quien habían obligado a reembarcarse. Uno de los aventureros ingleses que iban con Miranda en 1806, un tal Biggs, nos ha dejado la clásica descripción de este personaje: «Es alto, proporcionado, aunque corpulento, muy activo, moreno, ojos grises claros, mirada inteligente y severa, cabello algo gris y bigotes hasta las orejas... Se mueve constantemente, su pie o su mano agitados prueban que su mente está en continuo ejercicio. Raramente bebe vino y nunca licores fuertes. Se expresa con dignidad, excepto cuando se enfada; la contradicción le impacienta. Tiene memoria privilegiada y está enterado de las cosas más diversas.» Esta última afirmación está comprobada por la biblioteca de Miranda; cuando fue registrada su casa en Belleville, cerca de París, por los agentes de la Convención, encontraron éstos *une Bibliothèque inmense, composée des livres les mieux choisis et les plus rares, les cartes de tous les pays et des meilleurs géographes...* Miranda pudo, en 1806, procurarse dos mil libras esterlinas pignorando su biblioteca en Londres.

Después de su fracaso, en 1806, Miranda regresó a Inglaterra, donde continuó redactando memoriales para interesar a los ministros en la emancipación de Sudamérica. Europa, después de Jena, parecía a merced de Napoleón; como no se preveía su caída, podía pensarse en contrabalancear su influencia levantando un Nuevo Mundo que se pusiera al lado de los ingleses. En la nerviosidad de aquellos días, hasta los ingleses buscaban salvación en utopías.

El Dos de Mayo y la expedición dirigida por Wellington contra Napoleón en la Península Ibérica desviaron la atención de los ingleses de la América latina. Miranda, en cambio, recibía noticias alentadoras de América. Las colonias españolas, creyendo permanecer fieles al Rey legítimo, se habían aprovechado del cautiverio de Fernando VII creando Juntas de regencia. Si España no obedecía al *rey intruso*, José Bonaparte, los coloniales podían y hasta debían seguir el ejemplo de los españoles, deponiendo virreyes y audiencias. ¿No eran los virreyes el *alter ego* del Rey absoluto y las audiencias la imagen del Consejo de Estado? ¿No se habían ambas autoridades eclip-

Capítulo XXVII

sado en España y sus funciones confiado a las Juntas? Pues igual tenía que hacerse en América, y acaso, del mismo modo que en España, una Constitución fabricaría un nuevo régimen; las colonias saldrían de la crisis con un régimen más moderno que el secular de los virreyes y audiencias, impropio de la época.

Los virreyes y audiencias trataron de resistir; pero creyendo que se trataba de algaradas pasajeras, toleraron que los patriotas organizaran Juntas como en España. Algunas se crearon espontáneamente y otras fueron nombradas por una sombra de asambleas tumultuosas, que se llamaban *Cabildos Abiertos*. El Cabildo Cerrado era la corporación municipal presidida por los alcaldes y compuesta de regidores. Estos administraban las poblaciones sin ambición de hacer política. Pero se recordaba que, en los primeros días de la conquista, los negocios se discutían en Cabildo Abierto, o asamblea compuesta de todos los cabezas de familia. Era difícil aprovechar, para substituir a las autoridades depuestas, aquellas asambleas o cabildos abiertos: no se conservaba tradición del método de convocarlos ni se había legislado acerca de ellos. Sin embargo, se reunieron, bien o mal, cabildos abiertos y sirvieron, por lo menos, para nombrar las Juntas que pretendían suplantar — siempre en nombre de Fernando VII — a los virreyes.

Patriotas como Nariño, Zea y Miranda vieron, desde Londres, en las Juntas nacidas del seno mismo de la sociedad colonial, los organismos que acabarían por exigir la independencia de América. La Junta formada en Caracas constaba de veintitrés miembros. Al principio declaró que se disolvería una vez repuesto Fernando VII en el trono, «o se estableciera en España un Gobierno apropiado a toda la nación». Ya de más trascendencia era declarar que Venezuela se sentía con derecho de entrar en el grupo de los pueblos libres. Esto despertó recelos en las Cortes de Cádiz y las Juntas de España. Los muchos y riquísimos españoles de Venezuela empezaron a impacientarse con la Junta de Caracas, formaron también sus Juntas y ayudaron a los restos que quedaban del ejército de ocupación. La guerra civil se convirtió en una guerra a muerte en 1811 con la Declaración de la Independencia de Venezuela, que redactó Martín Tovar.

La Junta de Caracas, consciente de la gravedad del acto de independencia, enviaba a los Estados Unidos a dos de sus miembros: Telesforo de Orea y Simón Bolívar. La ambigua situación de desafectos a España y afectos a su Rey que pretendían mantener los venezolanos no interesó a los norteamericanos. Pero Bolívar con cierto Méndez fue a Londres, donde precisamente se deseaba tal ambigua situación. Empeñada Inglaterra en la guerra peninsular, no podía favorecer a enemigos declarados de España; pero veía con gran simpatía la independencia de América, porque con el cambio se facilitaría su comercio. Bolívar y Méndez visitaron, no sólo a los ministros ingleses, sino al «general rebelde» Miranda, mantenido siempre en Londres como la úl-

Antonio Nariño, uno de los primeros patriotas colombianos que lucharon por la independencia de las colonias americanas.

tima carta que podía jugar el Gobierno inglés, de quien recibía una pensión de 700 libras esterlinas anuales y 200 para su secretario, un tal Molini. Tanto se estimaba su valor como rehén o esperanza, que Miranda salió de Londres casi a escondidas y llegó a Venezuela en diciembre de 1810. Dos años después, prisionero de los españoles, lo embarcaron para España, de donde no debía volver. Murió en la Carraca de Cádiz el 14 de julio de 1818. Sus huesos, no identificados, yacen allí sin respetos ni honores; el sepulcro magnífico que se construyó después para Miranda, en la catedral de Caracas, es un cenotafio vacío en honor del *Precursor*.

La desaparición trágica de Miranda de la escena americana ha sido comentada más tristemente acaso de lo que se debiera. Según la fórmula evangélica, a unos toca menguar para que otros crezcan sin estorbos. Al Precursor ha de seguir el Salvador, el Libertador. Miranda llegó a América con ideas preconcebidas; tenía su plan de Constitución neoclásica para un Estado que debía abarcar la mitad de Sudamérica. Como hemos leído en la carta de Biggs, Miranda se impacientaba a la menor contradicción. Es posible que con los años pasados por Miranda en Londres intrigando y conspirando se hubiera atenuado el instinto estratégico, que requiere percepción de circunstancias de lugar y tiempo incalculables, imponderables para la razón y el cálculo. Además, el año 1810, cuando Miranda regresó para organizar la administración y el ejército de la colonia sublevada, contaba ya cincuenta y cuatro años, muchos de los cuales habían sido años de desgaste y desilusión. Se necesitaba un caudillo joven, ambicioso, fogoso, carente de escrúpulos: Bolívar. Este era un verdadero revolucionario.

Simón Bolívar nació en Caracas en el año 1783. Estaba emparentado con las más antiguas familias de la colonia. Era riquísimo, y uno de sus tutores había sido Andrés Bello, uno de los espíritus más finos que ha producido hasta ahora la América española. Otro de sus maestros era un vi-

Bolívar durante su estancia en Londres el año 1810.

sionario filósofo, caricatura de Rousseau, llamado Rodríguez, pero que se hacía llamar Robinsón. Con este compañero disparatado, Bolívar viajó por Europa entre los años 1799 y 1802. En Madrid se casó con una criolla venezolana, Teresa del Toro, que lo dejó viudo al cabo de tres años. Trató de distraer su soledad con disipación y derroches; se vanagloriaba de que en tres meses consiguió gastar en Londres treinta mil pesos, que serían como trescientos mil actualmente. En el año 1810 estaba en Caracas cuando el Cabildo Abierto instituyó la Junta de Venezuela, y ya hemos visto que fue uno de los comisionados que marcharon al extranjero en busca de alianzas. Bolívar firmó la declaración de independencia de Venezuela en 1811. Hemos dicho ya que tal desacato provocó, por parte del partido español, la contrarrevolución; ésta fue singularmente favorecida por un terremoto. Se creyó señal de la divina Providencia en pro del soberano ungido del Señor.

Bolívar en 1826. Del natural, por Gil. Palacio Federal de Caracas.

Muchos patriotas, atemorizados, desertaron de las filas de los rebeldes. La consecuencia fue la derrota de Miranda y Bolívar el año 1812. Durante algunos meses permaneció Bolívar en Curazao, presenciando desde aquella atalaya la disolución del partido antiespañol; pero pronto se le abrió otro campo de acción en Nueva Granada, la provincia que forma la actual República de Colombia. Allí también se habían constituido Juntas. Apoyándose en los rebeldes de aquella región vecina de Venezuela, Bolívar empezó otra vez a hostigar a los españoles. Los patriotas de Venezuela habían sido castigados duramente durante la restauración y, desengañados, se pasaban a Bolívar. En agosto del año 1813 entró triunfalmente el Libertador en Caracas. Su coche iba tirado por doncellas uncidas a una cinta de flores. Pero en 1814 hubo de abandonar a Caracas de nuevo, y en el año 1815, todo quedó por completo perdido, tanto en Venezuela como en Nueva Granada, y él embarcaba, fugitivo, hacia la isla de Jamaica.

Jamaica fue el lugar, para Bolívar, de la revelación. Allí, en la soledad de un país extranjero, en forma de carta a un amigo anónimo, publicó una especie de monólogo acerca del porvenir de la América española que ha resultado una verdadera profecía. Visitó también a Pétion, presidente de la vecina Haití, quien se interesó en sus proyectos y le ayudó para reanudar la tarea emancipadora. En 1816 estaba de nuevo al frente de un ejército de patriotas venezolanos, pero fue derrotado, y lo mismo ocurrió en 1817. Estos descalabros le enseñaron que era insensato atacar el poder de España en la costa, donde estaban las fortalezas y las ciudades comerciales, y que en cambio una campaña en el interior del país sería desmoralizadora para las tropas regulares destacadas por la metrópoli. Los semisalvajes *llaneros,* verdaderos centauros venezolanos, formaron la caballería del ejército libertador. A éstos se unieron patriotas de la costa y muchos aventureros extranjeros, que formaban, en cuerpo aparte, la Legión inglesa.

Con tales fuerzas, Bolívar tuvo en jaque dos años al ejército español de Venezuela, mandado por un general pundonoroso y de mucho talento: Pablo Morillo. Fue la época de la guerra sin cuartel, la «guerra a muerte». Pero Bolívar no sólo consiguió burlar victoriosamente la estrategia de Morillo en Venezuela, sino que desde el fondo del valle del Orinoco realizó la magna proeza de libertar a Nueva Granada. En agosto de 1819 cruzó la Cordillera a 4.000 metros de altitud, con sólo 2.000 hombres. Extenuados de fatiga y diezmados por el hambre, vencieron al otro lado de los Andes al ejército realista de Nueva Granada. La batalla de Boyacá consolidó definitivamente la independencia de Nueva Granada, la actual Colombia (nombre que le dio Bolívar,

La emancipación de las colonias españolas

creyendo que incluiría también a Venezuela y Ecuador). Con las tres grandes provincias de la región norte de Sudamérica, Bolívar contaba formar la Gran Colombia, casi igual en extensión a los Estados Unidos.

La actual República del Ecuador había formado en la época colonial una provincia aparte: la Presidencia de Quito. Bolívar creyó indispensable incluirla en el proyecto de la Gran Colombia, porque su puerto de Guayaquil es el mejor del Pacífico. Para libertar aquella región, Bolívar envió, desde Bogotá, un ejército a las órdenes de Antonio José de Sucre. Una sola batalla en las alturas de Pichincha, frente a Quito, decidió la campaña. Sucre tenía entonces veintisiete años, pero se portó en aquella ocasión no sólo como un héroe, sino también como un hábil político. En aquel momento era dudoso si el Ecuador debía formar parte de la unidad de naciones que Bolívar llamaba Colombia o unirse al Perú, del que ya había formado parte en la época precolombina. Sucre realizó los deseos de Bolívar, constituyendo en Quito una Junta que acordó la anexión a la Gran Colombia; pero este acuerdo suscitó inquietudes en el Perú, y para calmarlas y tratar del porvenir de la América emancipada, San Martín, «Protector» del Perú, pasó a Guayaquil con la finalidad de entrevistarse con Bolívar, «Libertador» de Colombia.

La entrevista de Bolívar y San Martín, en Guayaquil, es uno de los jalones de la Historia de América. San Martín llegó por mar a Guayaquil y Bolívar lo recibió recalcando que fuera bienvenido «en tierra colombiana».

La estancia de San Martín en Guayaquil apenas duró cuarenta horas entre los días 25 al 27 de julio de 1822.

Por referencias del propio San Martín se colige lo tratado con Bolívar en Guayaquil. Llevaron a San Martín a entrevistarse con Bolívar la situación de Guayaquil y su incorporación al Perú; pero al llegar a dicha ciudad halló que Bolívar la había anexado ya a Colombia. San Martín ofreció ponerse a las órdenes de Bolívar, lo que éste no aceptó alegando razones constitucionales y agregando que su delicadeza no le consentiría mandarle. «San Martín — como escribe José Pacífico Otero — no ocultaba sus ideas políticas en lo relativo a la forma de gobierno. Era, como se sabe, un republicano de convicciones, y más aún, un republicano en sus actos; pero en la cuestión peruana procedía con un criterio circunstancial y creía que la suerte política del Perú exigía, para que el país escapase a la anarquía, el que se fundamentase en un trono, ya que esta combinación podría atraerle el apo-

El Libertador como llanero. Cuadro moderno de T. Salas, en la casa natal de Bolívar.

Capítulo XXVII

El general Pablo Morillo, jefe de las tropas españolas durante el período de la guerra a muerte con los separatistas venezolanos.

yo inmediato de los Gobiernos del Viejo Mundo».

En la biblioteca de la Universidad de Caracas se conservan todavía los dos libros que más influyeron en la formación de Bolívar: el *Contrato Social* y las *Vidas paralelas*, de Plutarco. En cuanto a la ilustración de San Martín, se conoce el catálogo de los libros que regaló para que se fundara la Biblioteca Nacional de Lima, creación suya, y que acreditan en él una vasta cultura, técnica y literaria.

Bolívar y San Martín eran como el fuego y el agua, ambos muy necesarios e incompatibles en un mismo sitio. Discreto y modesto, San Martín se retiró de Guayaquil sin mostrar su descontento, pero escribió a su amigo O'Higgins, en Chile, la desilusión que tuviera con Bolívar. Prefirió sacrificarse a ver envuelta a América en guerras fratricidas, con un acto de abnegación y con modestia suma que sublimiza su extraordinario gesto de renunciación al regresar a la región del Plata.

Pasemos ahora a las campañas de San Martín. En 1810, en plena invasión napoleónica en España, un Cabildo Abierto en Buenos Aires, celebrado el 22 de mayo con 252 asistentes, votó por mayoría la cesación de las autoridades españolas. Tras un proceso que había durado varios días, el 25 de mayo, por imposición del pueblo, se estableció una Junta compuesta de nueve individuos, de los cuales siete eran criollos y dos españoles. La Junta de Buenos Aires manifestó tendencias separatistas, y las autoridades de Montevideo, Córdoba y Asunción se negaron a reconocerla. La guerra civil entre españolistas y separatistas reveló cualidades militares en Belgrano, uno de los miembros de la Junta. A pesar de sus éxitos, la causa de los patriotas del Plata estaba paralizada mientras no se pudiera abatir el virreinato del Perú, cuya capital, Lima, se hallaba guarnecida con importantes efectivos.

El proyecto para lograr esta empresa lo planeó y llevó a cabo San Martín, con éxito insuperable. San Martín era americano y había servido en España, donde formó su extraordinaria personalidad militar. Nació el 12 de febrero del año 1778, en una antigua reducción jesuítica denominada Yapeyú, situada en la actual provincia argentina de Corrientes. Sus padres fueron don Juan de San Martín y doña Gregoria Matorras, ambos españoles. Su progenitor, que tenía el grado de capitán, ejercía la tenencia de gobernador en el departamento de Yapeyú. Cuando San Martín tenía seis años, sus padres se trasladaron a España. A los doce años ingresó en el ejército. Combatió en Africa y tomó parte en la guerra de la Independencia contra Napoleón, llegando al empleo de teniente coronel. Noticioso de lo que ocurría en América, obtuvo su retiro en el ejército español y se trasladó a Buenos Aires, adonde arribó en el año 1812, poniendo su experiencia al servicio de la independencia americana. El Gobierno de Buenos Aires le confió la or-

La emancipación de las colonias españolas

ganización de un escuadrón de Granaderos a caballo, con el que obtuvo su primer triunfo en San Lorenzo, el 3 de febrero del año 1813; al año siguiente sucedía a Belgrano en el mando del Ejército del Norte.

En este año, siendo intendente de Mendoza, proyectó la organización del ejército que habría de llevar triunfalmente hasta Lima. Se estableció en la ciudad de Mendoza, y allí lo formó e instruyó. Quería atacar al Perú por el lado de Chile, mientras las tropas de Güemes guarnecían el norte argentino.

Un Cabildo Abierto reunido en Santiago había inducido al capitán general a dimitir en el año 1810. Vencidos los chilenos en Rancagua el 2 de octubre de 1814, pasaron los Andes y fueron acogidos por San Martín en Mendoza. En aquellos cuatro años cimentó su prestigio en Chile Bernardo O'Higgins, hijo de un presidente de la capitanía general del reino de Chile, que murió siendo virrey del Perú. Enviado a Inglaterra para completar sus estudios, en Londres había recibido la influencia de Miranda.

En el año 1817 San Martín cruzó los Andes, con 3.978 hombres. El paso de la Cordillera por aquella fuerza duró tres semanas. Empezaron la marcha el 18 de enero y el 12 de febrero derrotaban al ejército español en Chacabuco, en la vertiente del Pacífico y lo vencían nuevamente en los llanos de Maipú el 5 de abril de 1818. Después de su primera victoria, un Cabildo Abierto celebrado en Santiago ofreció a San Martín el cargo de Director de Chile, que no aceptó. Sin embargo, ¡quedaba todavía el Perú! No se podía ir de Santiago a Lima por tierra, porque desiertos intransitables lo impedían. San Martín creó una marina chilena, ayudado por Lord Cochrane, que ya había protegido a Miranda, y que, dejando la Marina inglesa, prefería la aventura de mandar las primeras naves de guerra sudamericanas. Finalmente se comprenderá que un lord almirante que se mete a filibustero no puede ser de carácter ecuánime y moderado. Cochrane ocasionó a O'Higgins y San Martín disgustos sin cuento, hasta que al fin improvisó ocho fragatas y dieciséis transportes, con lo que mantuvo el mar libre de navíos españoles. Con esta marina y un ejército de unos 4.500 hombres, entre chilenos y argentinos, San Martín marchó de Valparaíso para el Perú en septiembre del año 1820.

En Lima no se había creado Junta ni había habido Cabildo Abierto, pero el virrey La Serna, ante la hostilidad de la población, había abandonado la capital y concentrado toda su fuerza en el Cuzco. El desembarco del ejército argentino-chileno y su entrada en Lima decidieron a los notables de la ciudad a reunirse en Cabildo Abierto y declarar a la faz del mundo la independencia del Perú, el 15 de julio de 1821.

Ahora debemos reanudar el relato interrumpido cuando la entrevista de Guayaquil. San Martín acaso creía posible cooperar con Bolívar, pero la entrevista de Guayaquil debió de convencerle de que el sentido de exaltación de la personalidad, que hacía intolerantes a los españoles, se encontraba también, y acaso más intenso todavía,

Litografía de la época representando la entrevista de Bolívar y San Martín en Guayaquil el año 1822.

Capítulo XXVII

en los criollos. De una carta de despedida que San Martín dirigió a Bolívar desde Lima, la capital del Perú, extractamos los siguientes párrafos:

«Estoy firmemente convencido, o de que usted no ha creído sincero mi ofrecimiento de servir bajo sus órdenes con la fuerza de mi mando, o de que mi persona le es embarazosa... Por fin, general, mi partido está irrevocablemente tomado; para el 20 del mes entrante he convocado el primer Congreso del Perú y al siguiente día de su instalación me embarcaré para Chile, convencido de que mi presencia es el único obstáculo que le impide a usted venir al Perú con el ejército de su mando. Para mí hubiera sido el colmo de la felicidad terminar la guerra de la Independencia bajo las órdenes de un general a quien América del Sur debe su libertad; el destino lo dispone de otro modo y es preciso conformarse.»

El general San Martín, pintura moderna de Kronstrand.

San Martín procedió de acuerdo con los propósitos que manifestaba en la carta a Bolívar. Abandonó el Perú y marchó a Chile. Allí dejó a O'Higgins bien establecido y cruzó los Andes de regreso al Plata. Después de unos meses de retiro en su chacra de los Barriales, en Mendoza, dos noticias debieron de conmover su espíritu profundamente: su esposa había fallecido en la ciudad de Buenos Aires y ambiciones de campanario habían derribado al Gobierno de O'Higgins en Chile.

Empezaba la tragedia de América, que parece herencia fatal de la raza hispánica. Empezaban los americanos a destrozarse, con más aptitud para el odio fratricida que para el amor que engendra y plasma un común ideal. Los más excelsos empezaban a perecer o quedaban postergados. San Martín embarcaba en el año 1824 para Europa, acompañado de su única hijita, Mercedes, con el propósito de dedicarse exclusivamente a atender a su educación.

En 1829 regresó a América con el deseo de establecerse allí definitivamente, pero conocedor de dolorosos sucesos políticos recientes, prefirió retornar a Europa en el mismo navío en que viajara, sin desembarcar en Buenos Aires. Puede decirse que se sobrevivió a sí mismo hasta 1850. Murió en Boulogne-sur-Mer. En París se había encontrado en el año 1830 con un antiguo compañero de armas, don Alejandro Aguado, que al fallecer en 1842 le asignó una pensión. Las filias y las fobias de los genios son siempre excusables, mas los sentimientos de San Martín son dignos de un drama de Esquilo.

Regresemos ahora al Perú. La retirada de San Martín ocasionó un recrudecimiento de las hostilidades por parte de los españoles. Los gobiernos revolucionarios del Perú, efímeros e incapaces, buscaron el substituto del Protector en el Libertador, que estaba en Guayaquil. Bolívar aceptó la responsabilidad, desembarcando en el Callao en septiembre del año 1823. El virrey, encastillado en el Alto Perú, contaba con un ejército numeroso, pero dividido en absolutistas y

La emancipación de las colonias españolas

Ultimo retrato del general San Martín. de un daguerrotipo del año 1842.

camisas, porque muchos de sus soldados sólo llevaban bragas por todo vestido. Ello ocurría el día 9 de diciembre de 1824.

Bolívar, después de Ayacucho, dominaba toda la América del Sur, menos el estuario del Plata y el Brasil, que por caminos diversos seguían también su proceso de emancipación. América era libre de decidir sus destinos y Bolívar era capaz de dirigirla hacia un régimen mejor que el anacrónico gobierno de virreinatos, capitanías generales y audiencias. En los años de conspiración y durante sus campañas, Bolívar pensó y escribió, acaso demasiado, sobre el porvenir político de América. Por lo pronto, a su proyecto de la Gran Colombia con un Estado que comprendiera las actuales repúblicas de Colombia, Venezuela y Ecuador, siguió otro, en que incluía en un nuevo Estado el Perú, Chile y la actual Bolivia. Las

liberales. Bolívar, consciente de la partida que se iba a jugar en el Alto Perú, con una generosidad rara en casos semejantes, después de la batalla de Junín, en agosto del año 1824, quiso que Sucre diera el último golpe a las tropas españolas de aquella región. La acción más sensacional de todas las de la Independencia americana se dio en el llano de Ayacucho, en el Alto Perú. La víspera, los ejércitos español (de 9.000 hombres) y americano (de 6.000), atrincherados frente a frente, se obsequiaron con un concierto de sus bandas militares en el valle que los separaba. Al rayar el día cargaron uno contra el otro, y al atardecer, Sucre, que todavía no había cumplido treinta años, enviaba un parte a Bolívar, en Lima, comunicando que el virrey en persona, una docena de generales españoles y varios centenares de oficiales habían caído prisioneros de la banda de patriotas mal comidos y peor vestidos que formaban el ejército insurrecto. Acompañando a este parte, en carta particular a Bolívar, Sucre pedía que le enviara

Parte del general San Martín dando cuenta de la destrucción del ejército español en Chile.

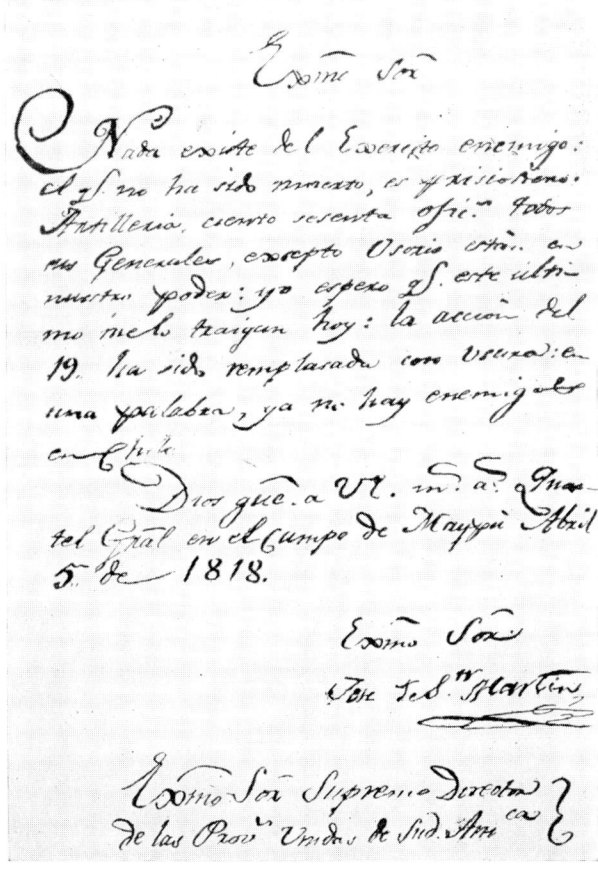

Capítulo XXVII

Almirante Cochrane,
fundador de la Marina sudamericana.

No sólo no se consiguió esta unificación, sino que las regiones de una misma provincia, celosas de la capital, se empeñaron en que las Constituciones de la Nueva América no fueran unitarias, sino federales. Presentaban como prueba de su eficacia el ejemplo de la Confederación Norteamericana de tipo federal, sin advertir que allí, en Norteamérica, las trece colonias inglesas que formaron el primer núcleo de Estados Unidos tenían carácter muy diferente cada una y habían sido pobladas en diferentes épocas por cuáqueros, puritanos y católicos, distintos no sólo en religión, sino en maneras y tradiciones. La América del Sur, en cambio, poblada y gobernada bajo los auspicios de un monarca absoluto, no requería la federación, y sus habitantes, esparcidos en regiones inmensas, no habían hecho aprendizaje político en asambleas coloniales como las que se habían ensayado en Norteamérica. Ya hemos visto que todo lo que pudieron aprovechar del régimen colonial, que tenía a los americanos alejados de las tareas del gobierno, fueron los cabildos abiertos.

provincias del estuario del Plata debían formar una tercera unidad, de modo que, con el Brasil, la América del Sur quedaría dividida en cuatro grandes naciones o federaciones nacionales.

Bolívar proyectó una Constitución fantástica, casi tan neoclásica como la de Miranda, pero que al cabo de algún tiempo de tanteos y enmiendas hubiera llegado a ajus-

El lugar de Ayacucho, donde se dio la batalla final de la independencia americana el 9 de diciembre de 1824.

Campo de batalla de Junín, donde Sucre venció la resistencia española el 6 de agosto de 1824.

tarse a la realidad. Los criollos, envalentonados por su triunfo, acostumbrados ya a pelear, amargaron los últimos años de Bolívar, que murió en el año 1830. Pocos meses antes, Sucre había muerto asesinado cobardemente en una emboscada de los federalistas. Bolívar, declarado enemigo nacional por sus compatriotas, que votaron su expulsión de Venezuela, murió en una hamaca, huésped de un español en Santa Marta. Sus últimas palabras fueron: «Hemos arado los mares...»

Probablemente recordaba que el aqueo Aquiles, para dar idea de la máxima locura, no pudo imaginar nada más insensato que arar la playa... La playa, donde los surcos no hacen mella, fue para Bolívar la tierra de América barrida por las olas del feroz individualismo.

Acaso los males que ha sufrido la América latina pueden atribuirse a su falta de educación política durante el período colonial. Bolívar ya lo tenía presente, según se infiere del discurso pronunciado ante el Congreso de Angostura. He aquí sus elocuentes palabras:

«América todo lo recibía de España... Esta abnegación nos había puesto en la imposibilidad de conocer el curso de los negocios públicos; no gozábamos de la consideración personal que inspira el brillo del poder a los ojos de la multitud y que es de tanta importancia en las grandes revoluciones.»

«Uncido el pueblo americano al triple yugo de la ignorancia, de la tiranía y del vicio, no hemos podido adquirir ni saber, ni poder, ni virtud... Las lecciones que hemos recibido y los ejemplos que hemos estu-

Sucre, mariscal de Ayacucho.
Cuadro de Michelena. Senado de Bolivia.

Capítulo XXVII

diado son de los más destructores. Se nos ha dominado más por el engaño que por la fuerza; se nos ha degradado por el vicio más que por la superstición... Y un pueblo pervertido, si alcanza su libertad, pronto vuelve a perderla.» «La esclavitud es hija de las tinieblas; un pueblo ignorante es un instrumento ciego de su propia destrucción; la ambición, la intriga, abusan de la credulidad y de la inexperiencia de hombres ajenos a todo conocimiento político, económico o civil; adoptan como realidades las que son puras ilusiones; toman la licencia por la libertad, la traición por el patriotismo, la venganza por la justicia...»

¡Ah, si América hubiera tenido sólo una docena de hombres para pensar así en grande! Y, sobre todo, para declarar sus pensamientos con tanta claridad y eficacia como lo hacía el Libertador Simón Bolívar.

Medallón de Bolívar, por David d'Angers.

GRAN BRETAÑA

IMPERIO GERMANICO

FRANCIA

AUST

SABOYA

ESPAÑA